大学のアラビア語
初級表現

العربية لطلاب الجامعة
تعبيرات أساسية

[著]
青山弘之
スライマーン・アラーエルディーン

[題字]
イハーブ・アハマド・エベード

[装幀・本文デザイン]
小塚久美子

大学のアラビア語 初級表現

❖❖❖❖ はじめに ❖❖❖❖

本書の目的

　外国語の学習は、その目的や到達目標に応じたもっとも適切な方法をとることが重要です。例えば、海外での観光旅行で必要最低限のことを片言で伝えるために外国語を学びたいというのであれば、いくつかの簡単な定型句や語彙を覚えるだけで充分でしょうし、翻訳アプリを使いこなせれば、用は足せるかもしれません。これに対して、外国語で新聞や論文を読めるようになりたい、そして自分の関心がある専門分野についての知的な会話や意思疎通ができるようになりたいというのであれば、その外国語の文法構造、テクニカル・ターム、さらにはその背景にある文化や歴史などの教養一般を身につけることが不可欠になるでしょう。

　大学で学ぶ外国語は、当然のことながら、正確な読み書き、知的な会話、高度な意思疎通を行えるようになることが到達目標となるので、そのために必要なあらゆる知識を体系的に学ぶことが求められます。また、言語そのものの学習に限って見た場合、文法の習得が重要となります。しかし、文法の学習は、ともするとそれ自体が目的化してしまい、文法に関する知識の多くが、実際の読み書き、意思疎通に活かせない自己完結なものになりがちです。日本人は、外国語の勉強はよくできるが、外国語で表現する能力に長けていないなどといわれます。多くの場合、その原因は、間違いを恐れて萎縮し、本来の能力を発揮できないことになると説明されますが、それは同時に、文法に関する知識と表現の技術がうまく連動していないことの結果だとも言えます。

　机上でのアラビア語の文法の学習と、読解、作文、聴解、会話といった「現場」での外国語の表現の練習をどのようにしたらうまく結び付けることができるのか、机上で学んだ文法事項を、初学者が実際の表現のなかで使いこなせるようにするにはどのようにしたらよいのか。本書はこうした問題意識のもと、『大学のアラビア語』シリーズとして制作されました。その目的は、『大学のアラビア語：詳解文法』（以下『詳解文法』）において具体的かつ体系的に解説されているアラビア語の文法項目に沿って、表現能力を身につけることにあります。

青山　弘之

スライマーン・アラーエルディーン

本書の構成と使い方

　本書は、全13章からなっており、『詳解文法』での内容に沿ったかたちで構成しています。文字や簡単な挨拶について学ぶ第1章を除く12の章は、「例文」（第1節）、「解説」（第2節）、「文法の復習」（第3節）、練習問題、「اِسْتِرَاحَةٌ」、参考文献、そして東京外国語大学出版会ウェブサイト（http://www.tufs.ac.jp/blog/tufspub/）からダウンロード可能な音声データからなり、アラビア語の文法事項を復習しつつ、初級レベルの表現能力を習得できるようになっています。各章の文法用語をタイトルに冠していますが、そのことは本書が文法書であることを意味しません。本書はあくまでも「初級表現」能力を身につけることを到達目標としています。

例文（第1節）

　『詳解文法』の文法事項を内容に沿って、各章で学ぶ文法事項を織り込んだ例文です。最初にこの例文を読んで、単語の意味、文法などを確認しながら、実際の会話で用いられる表現を理解してください。文法の「復習」（第3節）で解説する表現は赤字で示しました。

　なお、例文では、以下の人物を登場させ、性別、世代などに応じた表現のヴァリエーションを示すことに心がけました。

- 凌功（りく）رِيكُو：日本人男子学生。
- 和奏（わかな）وَاكَانَا：日本人女子学生。凌功と同世代。
- 陽太（はるた）هَارُوتَا：日本人男子学生。凌功、和奏と同世代。
- ザイーム先生 اَلْأُسْتَاذُ زَعِيمٌ：アラブ人男性。アラビア語の先生。
- ムハンマド مُحَمَّدٌ：アラブ人男性。凌功、和奏、陽太と同世代の留学生。
- アーヤ آيَةٌ：アラブ人女性。凌功、和奏、陽太、ムハンマドと同世代の留学生。
- サルワー سَلْوَى：アラブ人女性。凌功、和奏、陽太、ムハンマド、アーヤと同世代の留学生。
- アフマド أَحْمَدُ：アラブ人男性。凌功、和奏、陽太、ムハンマド、アーヤ、サルワーと同世代の留学生。
- ライラー لَيْلَى：アラブ人男性。凌功、和奏、陽太、ムハンマド、アーヤ、サルワー、アフマドと同世代の留学生。
- 医師 اَلطَّبِيبُ：アラブ人男性医師。

解説（第2節）

「例文」（第1節）のなかから、まず初出単語・表現を2-1で概説します。また、初級レベルの表現実践能力を習得するうえで重要な表現は「☞」という記号を付け、2-2で詳しく解説します。「例文」の意味を理解する際に参照してください。重要な箇所は赤字で示してあるので注意してください。

文法の復習（第3節）

「例文」（第1節）に登場する主な文法事項を『詳解文法』の内容に沿って簡潔に解説してあります。重要な箇所は赤字で示してあるので注意してください。また、各所に「📖」という記号で、『詳解文法』内の該当箇所を明示しています。この記号にあるアラビア語の「رَاجِعْ」は「参照せよ」という意味です。「例文」（第1節）と「解説」（第2章）で登場する文法事項について『詳解文法』に立ち返って復習するための手引きにしてください。

なお、本節および、「例文」（第1節）、「解説」（第2節）のアラビア語の語句の日本語訳は、文法の構造を理解できるように直訳に近いものを採用しました。そのなかには、日本語らしくない表現も散見されるかと思いますが、適宜意訳し、その意味を理解してください。

練習問題

練習問題は文法練習問題と表現練習問題の2種類を用意しました。文法練習問題は、「文法の復習」（第3節）で解説した文法項目に関する問題なので、復習を兼ねて解いてみてください。表現練習問題は、「解説」（第2節）の「重要な会話表現」（2-2）で解説した表現や「文法の復習」（第3節）で確認した文法事項を駆使した表現を練習するための問題なので、クラスメートや先生、あるいは周囲の人との実際の会話で練習したり、ノートに書いてみてください。

اِسْتِرَاحَةٌ

「اِسْتِرَاحَةٌ」はアラビア語で「休憩」、「小休止」を意味します。中・上級レベルの表現実践能力を身につけるための準備段階として、目を通してみてください。

単語帳

本書中の単語は、「解説」（第2節）や初出箇所で以下のように意味や複数形を簡単に示しました。

▶ 名詞、形容詞の場合：単数形・非限定・男性のかたち、意味、複数形の順で示しています。

طَالِبٌ 学生 طُلَّابٌ

▶ 動詞の場合：完了形・3人称・単数・男性のかたち、意味、未完了形における第2語根の母音（第Ⅰ形のみ）の順で示しています。

خَرَجَ 出る (i)

また、より正確な意味や用法を示すため、本書と『詳解文法』に登場する単語を巻末にまとめました。辞書を使いこなせるようになるまで参考にしてください。

なお、本書、『詳解文法』、そして『大学のアラビア語：表現実践』（以下『表現実践』）の単語は、「東京外国語大学言語モジュール」（http://www.coelang.tufs.ac.jp/mt/）内の「アラビア語フスハー正則語　語彙モジュール」（http://www.coelang.tufs.ac.jp/mt/ar/vmod/）に納められており、「単語検索」で意味などを調べることができるので、併せて活用ください。

参考文献

参考文献を巻末で紹介しています。副教材として随時参照してみてください。

ウェブサイト

本書では付録として、「🔊」で示したアラビア語の文——第1章を除く各章の「例文」（第1節）——の音声データを東京外国語大学出版会ウェブサイトより配信しています。アラビア語の発音を学ぶ際に参照してください。

〈音声ダウンロードはこちら〉

東京外国語大学出版会　　http://www.tufs.ac.jp/blog/tufspub/
ダウンロードページ　　　http://www.tufs.ac.jp/blog/tufspub/download/
＊ダウンロードページはメンテナンス等により休止する場合があります。

凡例

本文中のアラビア語のローマ字転写はLC（Library of Congress）方式（『詳解文法』15～17ページを参照）に準拠しました。またアラビア語のカタカナ表記に関しては、一部の例外を除き、大塚和夫・小杉泰・小松久男他編『岩波イスラーム辞典』（岩波書店、2002年）10～15ページに従いました。

大学のアラビア語　初級表現

◆◆◆ 目　次 ◆◆◆

はじめに……………………… 3

第1章　アラビア文字と簡単な挨拶 ———————————— 12
- 第1節　アラビア文字の書き順 ……………………… 12
- 第2節　アラビア文字の数字 ………………………… 16
- 第3節　簡単な挨拶 …………………………………… 16
- 第4節　名前、出身地の訊き方 ……………………… 19
- 第5節　（日本の）名前、地名の書き方 ……………… 19
- اِسْتِرَاحَةٌ ١　アラブ人の名前 …………………………… 21

第2章　基本名詞文 ———————————————————— 22
- 第1節　先生の部屋を初訪問 ………………………… 22
- 第2節　解説 …………………………………………… 24
  - 2-1　初出単語・表現 ……………………………… 24
  - 2-2　重要な会話表現 ……………………………… 25
- 第3節　文法の復習 …………………………………… 27
  - 3-1　限定／非限定 ………………………………… 27
  - 3-2　格変化の基本 ………………………………… 28
  - 3-3　性 ……………………………………………… 29
  - 3-4　数 ……………………………………………… 29
  - 3-5　基本名詞文 …………………………………… 30
- اِسْتِرَاحَةٌ ٢　授業で使うアラビア語表現 ……………… 33

第3章　基本名詞文の応用 ————————————————— 34
- 第1節　大学の思い出を友人に見せてもらう ……… 34
- 第2節　解説 …………………………………………… 36
  - 2-1　初出単語・表現 ……………………………… 36
  - 2-2　重要な会話表現 ……………………………… 37
- 第3節　文法の復習 …………………………………… 38
  - 3-1　人称代名詞、指示詞 ………………………… 38
  - 3-2　前置詞 ………………………………………… 40
  - 3-3　動詞「لَيْسَ」と疑問詞「هَلْ」、「أَ」……………… 42
- اِسْتِرَاحَةٌ ٣　東京外国語大学について ………………… 46

第4章　修飾 —— 48

- 第1節　アラブ諸国からの友人を連れて、大学を案内 …………… 48
- 第2節　解説 ……………………………………………………………… 50
  - 2-1　初出単語・表現 ………………………………………………… 50
  - 2-2　重要な会話表現 ………………………………………………… 51
- 第3節　文法の復習 …………………………………………………… 53
  - 3-1　形容詞による修飾 ……………………………………………… 53
  - 3-2　イダーファ表現 ………………………………………………… 54
  - 3-3　イダーファ表現の応用 ………………………………………… 55
  - 3-4　名詞文のまとめ ………………………………………………… 55
- اِسْتِرَاحَةٌ ٤　挨拶のときの動作 ……………………………………… 61

第5章　名詞と形容詞のまとめ —— 62

- 第1節　自転車のいいところ ………………………………………… 62
- 第2節　解説 ……………………………………………………………… 63
  - 2-1　初出単語・表現 ………………………………………………… 63
  - 2-2　重要な会話表現 ………………………………………………… 64
- 第3節　文法の復習 …………………………………………………… 66
  - 3-1　二段変化と無変化 ……………………………………………… 66
  - 3-2　「غَيْرُ」の用法 …………………………………………………… 67
  - 3-3　比較・最上級 …………………………………………………… 68
  - 3-4　複合形容詞 ……………………………………………………… 69
- اِسْتِرَاحَةٌ ٥　家族・親戚の表現 ………………………………………… 72

第6章　数詞 —— 74

- 第1節　時間との闘い ………………………………………………… 74
- 第2節　解説 ……………………………………………………………… 76
  - 2-1　初出単語・表現 ………………………………………………… 76
  - 2-2　重要な会話表現 ………………………………………………… 76
- 第3節　文法の復習 …………………………………………………… 82
  - 3-1　基数詞 …………………………………………………………… 82
  - 3-2　序数詞 …………………………………………………………… 83
  - 3-3　分数 ……………………………………………………………… 84
- اِسْتِرَاحَةٌ ٦　アラブ諸国の通貨 ………………………………………… 86

第7章　動詞完了形 —— 88

- 第1節　友人と楽しく過ごす ………………………………………… 88
- 第2節　解説 ……………………………………………………………… 89
  - 2-1　初出単語・表現 ………………………………………………… 89
  - 2-2　重要な会話表現 ………………………………………………… 90
- 第3節　文法の復習 …………………………………………………… 91
  - 3-1　完了形――基本動詞第Ⅰ形―― ……………………………… 91
  - 3-2　完了形の応用――基本動詞第Ⅱ～Ⅹ形―― ………………… 93
- اِسْتِرَاحَةٌ ٧　アラブ世界のコーヒー …………………………………… 96

第8章　動詞未完了形直説形 ———————————— 98
第1節　必ずエジプトに行く！……………………………… 98
第2節　解説 ………………………………………………… 99
　2-1　初出単語・表現 ………………………………………… 99
　2-2　重要な会話表現 ……………………………………… 100
第3節　文法の復習 ……………………………………… 101
　3-1　未完了形直説形の基礎——基本動詞第Ⅰ形—— …… 101
　3-2　未完了形直説形の応用——基本動詞第Ⅱ～Ⅹ形—— … 102
　3-3　疑問詞、副詞 ………………………………………… 104
اِسْتِرَاحَةٌ ٨　アラビア語での国名、首都名 ……………………… 107

第9章　動詞未完了形接続形、短形、命令形 ———————————— 110
第1節　健全な精神は健全な肉体に宿る ……………… 110
第2節　解説 ……………………………………………… 112
　2-1　初出単語・表現 ……………………………………… 112
　2-2　重要な会話表現 ……………………………………… 113
第3節　文法の復習 ……………………………………… 114
　3-1　未完了形接続形、短形 ……………………………… 114
　3-2　命令形 ………………………………………………… 117
　3-3　動詞の受動態、分詞、動名詞 ……………………… 118
اِسْتِرَاحَةٌ ٩　体の部位 ………………………………………… 121

第10章　「كَانَ」 ———————————— 122
第1節　試験を優先するも結果にいまひとつ自信持てず … 122
第2節　解説 ……………………………………………… 123
　2-1　初出単語・表現 ……………………………………… 123
　2-2　重要な会話表現 ……………………………………… 124
第3節　文法の復習 ……………………………………… 126
　3-1　「كَانَ」の活用 ………………………………………… 126
　3-2　「كَانَ」の用法 ………………………………………… 126
اِسْتِرَاحَةٌ ١٠　邪視 ……………………………………………… 129

第11章　いろんな動詞 ———————————— 130
第1節　遅刻しても、会議開始に支障は与えず ……… 130
第2節　解説 ……………………………………………… 132
　2-1　初出単語・表現 ……………………………………… 132
　2-2　重要な会話表現 ……………………………………… 133
第3節　文法の復習 ……………………………………… 135
　3-1　ハムザ動詞 …………………………………………… 135
　3-2　重語根動詞 …………………………………………… 136
　3-3　第1語根弱動詞 ……………………………………… 137
　3-4　第2語根弱動詞 ……………………………………… 138
　3-5　第3語根弱動詞 ……………………………………… 140
　3-6　その他の動詞 ………………………………………… 142
اِسْتِرَاحَةٌ ١١　アラブ人と天気 ………………………………… 147

第12章　名詞節、接続詞 ——————————— 150
 第1節　夏休みの過ごし方 ……………………………………… 150
 第2節　解説 ……………………………………………………… 152
  2-1　初出単語・表現 ………………………………………… 152
  2-2　重要な会話表現 ………………………………………… 153
 第3節　文法の復習 ……………………………………………… 155
  3-1　「إِنَّ」、「أَنَّ」、「أَنْ」、「إِنْ」 …………………………………… 155
  3-2　「أَنْ」の仲間：「لِ」、「كَيْ」、「لِكَيْ」、「حَتَّى」、「كَيْلَا」、「لِكَيْلَا」、「لِئَلَّا」 … 157
  3-3　接続詞 …………………………………………………… 158
  3-4　条件文 …………………………………………………… 159
 اِسْتِرَاحَةٌ ١٢　お呼ばれしたときの礼儀 ……………………………… 164

第13章　関係節、分詞、動名詞の応用 ——————————— 166
 第1節　なぜアラビア語を学ぶのか ……………………………… 166
 第2節　解説 ……………………………………………………… 168
  2-1　初出単語・表現 ………………………………………… 168
  2-2　重要な会話表現 ………………………………………… 170
 第3節　文法の復習 ……………………………………………… 171
  3-1　関係節 …………………………………………………… 171
  3-2　動名詞節、分詞節 ……………………………………… 173
 اِسْتِرَاحَةٌ ١٣　アラブ人とお酒 ……………………………………… 179

練習問題解答… 180
単語帳………… 216
参考文献……… 251

第1章 アラビア文字と簡単な挨拶

本章では、まず文字をしっかりと覚えるために、書き方や書き順を詳しく解説します。次にアラビア語での簡単な挨拶を学び、文字や発音に慣れ親しんでいきます。

第1節 アラビア文字の書き順

本書で用いられているアラビア文字は「ナスヒー体」と呼ばれる書体です。アラビア文字には、この「ナスヒー体」のほかにも「ルクア体」などのさまざまな書体があります。ここでは、「ナスヒー体」のアラビア文字の書き順、書き方について解説します。

アラビア文字

アラビア文字には以下の28文字があります。その書き順、名称、転写は以下のとおりです。🔊 1)

	独立体	連結体			名称	転写
		頭字体	中字体	尾字体		
1	ا	ا	ل	ل	'alif	—2)
2	ب	ب	ب	ب	bā'	b
3*	ت	ت	ت	ت	tā'	t
4*	ث	ث	ث	ث	thā'	th
5	ج	ج	ج	ج	jīm	j
6	ح	ح	ح	ح	ḥā'	ḥ
7	خ	خ	خ	خ	khā'	kh

1) ホームページ🔊では、文字の名称に続いて、発音記号「َ」(a)、「ِ」(i)、「ُ」(u) を付けた音を収録しました。

2) 「ا」('alif) そのものには音ではありませんが、ホームページ🔊では、「ا」に発音記号「َ」(a)、「ِ」(i)、「ُ」(u) を付けたときの音 (a、i、u) を収録しました。

第 1 章　アラビア文字と簡単な挨拶

	独立体	連結体			名称	転写
		頭字体	中字体	尾字体		
8*	د	د	ـد	ـد	dāl	d
9*	ذ	ذ	ـذ	ـذ	dhal	dh
10*	ر	ر	ـر	ـر	rā'	r
11*	ز	ز	ـز	ـز	zāy	z
12*	س	سـ	ـسـ	ـس	sīn	s
13*	ش	شـ	ـشـ	ـش	shīn	sh
14*	ص	صـ	ـصـ	ـص	ṣād	ṣ
15*	ض	ضـ	ـضـ	ـض	ḍād	ḍ
16*	ط	طـ	ـطـ	ـط	ṭā'	ṭ
17*	ظ	ظـ	ـظـ	ـظ	ẓā'	ẓ
18	ع	عـ	ـعـ	ـع	'ain	'
19	غ	غـ	ـغـ	ـغ	ghain	gh
20	ف	فـ	ـفـ	ـف	fā'	f
21	ق	قـ	ـقـ	ـق	qāf	q
22	ك	كـ	ـكـ	ـك	kāf	k
23*	ل	لـ	ـلـ	ـل	lām	l
24	م	مـ	ـمـ	ـم	mīm	m

	独立体	連結体			名称	転写
		頭字体	中字体	尾字体		
25*	ن	نـ	ـنـ	ـن	nūn	n
26	ه	هـ	ـهـ	ـه	hā'	h
27	و	و	ـو	ـو	wāw	w
28	ي	يـ	ـيـ	ـي	yā'	y

数字に * を付けた文字は太陽文字、それ以外は月文字と呼ばれます。

その他、通常は文字に含まれませんが、文字と同じように用いられるものに以下の3つがあります。

	独立体	連結体			名称	転写
		頭字体	中字体	尾字体		
29	ء	أ إ	ـئـ ـأـ ـؤـ	ـأ ـئ ـؤ	hamzah	'
30	ة		ـتـ	ـة	tā' marbūṭah	t（あるいはh）
31	ى			ـى	'alif maqṣūrah	

それぞれの文字を書くときには以下の点に注意してください。

▶ 「ب」、「ت」、「ث」の台は浅く、「ن」の台は深いです。

▶ 「د」と「ذ」は角を付けるように書くのに対して、「ر」と「ز」は直線（斜線）に近い弧を描くように書きます。

▶ 「س」、「ش」、「ص」、「ض」の4文字は、独立体と尾字体の書き始めと書き終わりがほぼ同じ高さになります。

▶ 「ـعـ」、「ـغـ」の丸い部分は黒く塗りつぶすこともあります。

▶ 「ف」は浅く、「ق」は深いです。

▶ 「ر」、「ز」、「و」の左下への「払い」はほぼ水平になります。

▶ 「ل」の次に「ج」、「ح」、「خ」、そして「م」が続くと以下のように書かれることもあります。

$$
\begin{aligned}
لجـ... &\rightarrow \text{(連結形)} \\
لحـ... &\rightarrow \text{(連結形)} \\
لخـ... &\rightarrow \text{(連結形)} \\
لمـ... &\rightarrow \text{(連結形)}
\end{aligned}
$$

二つ以上の文字をつなげて書く場合は、まず線を書いて、次にそれぞれの文字に付く点（あるいは線）を書きます。

▶ ثبت　　　ســ　→　ثــ　→　ثبــ　→　ثبت

▶ خرج　　　حر　→　حرح　→　خرح　→　خرج

発音記号

発音記号の書き方は以下のとおりです。

発音記号	書き順	転写	発音記号	書き順	転写
ًó	↙	a	ً	↙↙	an
ِó	↙	i	ٍ	↙↙	in
ُó	᧠	u	ٌ	᧠	un
ْó	↻		ó	↓	ā
ّó	ω		~ó	～	ā
ّó	᧠				

書くときは以下の点に注意してください。

▶ 「ْó」は「ـس」(「س」の頭字語) を書く要領で書きます。

▶ 「ّó」は「ـص」(「ص」の頭字語) を書く要領で書きます。

第2節 アラビア文字の数字

アラビア文字の数字の書き順は以下のとおりです。

書き順	٠	١	٢	٣	٤	٥	٦	٧	٨	٩

数字の読み方や用法については、第6章で詳しく学びます。なお「٢」、「٣」は手書きではそれぞれ以下のようになりますので、注意してください。

▶ ٢ → ۲

▶ ٣ → ۳

文法練習問題 1-1

以下のアラビア文字をつなげて書いたうえで、（ ）で示した転写のとおり、発音記号を付けて、実際に発音してください。

(1) م د ر س (mudarrisun) (2) ط ا ل ب (ṭālibin) (3) ط ا ل ب ة (ṭālibatan)
(4) أ س ت ا ذ ('ustādhun) (5) ج ا م ع ة (jāmi'atin) (6) م ج ت ه د (mujtahidun)
(7) ا ل ع ر ب ي ة (al'arabiyyata) (8) ل ط ي ف (laṭīfin)
(9) م ح ا ض ر ة (muḥāḍaratan) (10) م ك ت ب ة (maktabatun)

第3節 簡単な挨拶

第1、2節では、アラビア文字や数字の書き方、書き順を解説しました。そこで次に、アラビア文字、そして発音に慣れ親しむために、アラビア語の簡単な挨拶について学びます。

出会い頭の挨拶

会ったときの主な挨拶は以下のとおりです。

▶ 比較的親しい友人・知人などに会ったときにするもっとも一般的な挨拶が以下の挨拶です。

مَرْحَبًا. こんにちは。
مَرْحَبًا (بِكُمْ). こんにちは。（返事、複数）

この挨拶は朝昼晩にかかわらず、いつでも使えます。返事は「مَرْحَبًا بِكَ」（男性単数）、「مَرْحَبًا بِكِ」（女性単数）ということも可能です。[3]

---

[3] アラビア語の単語には、性（男性/女性）、数（単数/双数/複数）がありますが、これらについては、第2章以降で順次学んでいきます。

▸ 主にイスラーム教徒の間で交わされる挨拶が以下の挨拶です。

  اَلسَّلَامُ عَلَيْكُمْ. あなたたちに平和があれ。
  وَعَلَيْكُمُ ٱلسَّلَامُ. あなたたちに平和があれ。（返事）

 イスラーム教徒が多いアラブ人においてもっとも一般的で、公式の挨拶の一つです。なお、複数の人と対面する場合、一人ひとりに向けてこの挨拶を繰り返すのは不自然で、通常は全員に向けて一度だけ行います。

▸ 午前中に交わされる挨拶が以下の挨拶です。

  صَبَاحُ ٱلْخَيْرِ. おはようございます。
  صَبَاحُ ٱلنُّورِ. おはようございます。（返事）

 直訳すると上が「善なる朝」、下が「光の朝」という意味になります。

▸ 日中に交わされるのが以下の挨拶です。

  نَهَارُكَ سَعِيدٌ. （男性単数）
  نَهَارُكِ سَعِيدٌ. （女性単数）

 直訳すると「あなたの一日が幸福でありますように」という意味になります。返事も同じで、「نَهَارُكَ سَعِيدٌ」（男性単数）、「نَهَارُكِ سَعِيدٌ」（女性単数）です。ただしこの挨拶は、あまり使われません。

▸ 晩に交わされる挨拶が以下の挨拶です。

  مَسَاءُ ٱلْخَيْرِ. こんばんは。
  مَسَاءُ ٱلنُّورِ. こんばんは。（返事）

 直訳すると上が「善なる晩」、下が「光の晩」という意味になります。なお日本語の「こんばんは」は夕方の挨拶にも用いられますが、アラビア語のこの挨拶は日暮れ後（夜）に用いられます。

▸ 初対面の相手と交わす挨拶には以下のようなものがあります。

  تَشَرَّفْنَا. 初めまして。
  تَشَرَّفْنَا. 初めまして。（返事）

 直訳すると「私達は光栄です」という意味になります。

  فُرْصَةٌ سَعِيدَةٌ. 初めまして。
  فُرْصَةٌ سَعِيدَةٌ. 初めまして。（返事）

 直訳すると「良い機会」という意味になります。

相手の体調、機嫌を尋ねる挨拶

▸ 相手の体調、機嫌を尋ねる挨拶のなかでもっとも一般的なのは以下のような挨拶です。

كَيْفَ حَالُكَ؟　元気ですか。（男性単数）
كَيْفَ حَالُكِ؟　元気ですか。（女性単数）
كَيْفَ حَالُكُمْ؟　元気ですか。（複数）

▶ 返事には以下のような挨拶があります。

أَنَا بِخَيْرٍ.　元気です。
اَلْحَمْدُ لِلَّهِ.　おかげさまで。

「اَلْحَمْدُ لِلَّهِ」は直訳すると「アッラーに讃えあれ」という意味です。

別れるときの挨拶

▶ 別れるときの挨拶には主に以下のようなものがあります。

مَعَ ٱلسَّلَامَةِ.　さようなら（安寧とともに）。
مَعَ ٱلسَّلَامَةِ.　さようなら（安寧とともに）。（返事）

إِلَى ٱللِّقَاءِ.　また会いましょう（再会へ）。
إِلَى ٱللِّقَاءِ.　また会いましょう（再会へ）。（返事）

▶ 就寝の際の挨拶は以下のとおりです。

تُصْبِحُونَ عَلَى خَيْرٍ.　おやすみなさい。
وَأَنْتَ مِنْ أَهْلِهِ.　おやすみなさい。（男性単数に対する返事）
وَأَنْتِ مِنْ أَهْلِهِ.　おやすみなさい。（女性単数に対する返事）

「تُصْبِحُونَ عَلَى خَيْرٍ」は直訳すると「あなたたちが起きたときに良い朝でありますように」という意味になります。また「وَأَنْتَ مِنْ أَهْلِهِ」、「وَأَنْتِ مِنْ أَهْلِهِ」は「あなたに同じことがありますように」という意味になります。

人を歓迎するときの挨拶

▶ 人を歓迎するときの挨拶には以下のようなものがあります。

أَهْلًا وَسَهْلًا (وَمَرْحَبًا).　ようこそ。
أَهْلًا بِكُمْ.　こちらこそ。（返事、複数）

「أَهْلًا وَسَهْلًا」は直訳すると「家族のように、そして穏やかに」という意味になります。返事は「أَهْلًا بِكَ」（男性単数）、「أَهْلًا بِكِ」（女性単数）ということも可能です。

お礼の挨拶

▶ お礼の挨拶には以下のようなものがあります。

شُكْرًا.　ありがとう。
شُكْرًا جَزِيلًا.　どうもありがとう。

شُكْرًا لَكَ. どうもありがとう。(男性単数)
شُكْرًا لَكِ. どうもありがとう。(女性単数)
شُكْرًا لَكُمْ. どうもありがとう。(複数)
عَفْوًا. どういたしまして。(返事)

第4節　名前、出身地の訊き方

▸ 「あなたの名前は何ですか」は、以下のように言います。

مَا اسْمُكَ؟ (男性単数) (mā smu-kaではなくma smu-kaと発音)
مَا اسْمُكِ؟ (女性単数) (mā smu-kiではなくma smu-kiと発音)

これに対して、「私の名前は～です」という返事は、以下のように言います。

اِسْمِي ~. 私の名前は～です。
أَنَا ~. 私は～です。
أَنَا اسْمِي ~. 私は名前が～です。

▸ 「あなたの出身はどこですか」は、以下のように言います。[4]

مِنْ أَيْنَ أَنْتَ؟ (男性単数に対して)
مِنْ أَيْنَ أَنْتِ؟ (女性単数に対して)

これらの質問に対して、「私は～出身です」、「私は～生まれです」と答える場合は、以下のように言います。

أَنَا مِنْ ~.

第5節　（日本の）名前、地名の書き方

次に、みなさんの名前をアラビア文字で書いてみましょう。外国（非アラビア語圏）の人の名前や地名は通常、アラビア文字だけを用いて表し、発音記号を振ることはありません（ただし本書では発音を明確に理解するため発音記号を補記しています）。すなわち、名前に含まれている子音は、対応するアラビア文字を用い、母音は「a」は「ا」、「i」と「e」は「ي」、「u」と「o」は「و」で表します。

田中　تَانَاكَا
鳥取（地名）　تُوتُّورِي
長野（地名）　نَاغَانُو

---

[4]　なお、「أَنْتَ」（男性単数）、「أَنْتِ」（女性単数）は日本語の「お前」という言葉に近く、目上の人や初対面の人に呼びかける際に用いられることはほとんどありません。多くの場合、「أَنْتَ」、「أَنْتِ」よりも丁寧な「حَضْرَتُكَ」（男性単数）、「حَضْرَتُكِ」（女性単数）が用いられます。
مِنْ أَيْنَ حَضْرَتُكَ؟ (男性単数)
مِنْ أَيْنَ حَضْرَتُكِ؟ (女性単数)

「a」は「آ」、「i」と「e」は「ئي」、「إي」、「u」と「o」は「ؤو」、「أو」というように表します。

　　秋田（地名）　آكِيتَا

　　愛媛（地名）　إِيهِيمِي

また、アラビア文字での非アラブ世界の人名、地名の標記には、以下のような慣例化しているものもあります。

　　東京　طُوكِيُو

　　長崎　نَاغَازَاكِي

 表現練習問題　1-1

以下のアラビア語の挨拶への答えをアラビア文字で書いて、また実際に発音してください。

(1) شُكْرًا.　(2) مَرْحَبًا.　(3) اَلسَّلَامُ عَلَيْكُمْ.　(4) أَهْلًا وَسَهْلًا.　(5) صَبَاحُ الْخَيْرِ.
(6) مَسَاءُ الْخَيْرِ.　(7) تُصْبِحُونَ عَلَى خَيْرٍ.　(8) مَعَ السَّلَامَةِ.　(9) إِلَى اللِّقَاءِ.
(10) فُرْصَةٌ سَعِيدَةٌ.

 表現練習問題　1-2

以下の表現を使って、クラスメートや先生、あるいは周囲の人と(1)名前、(2)出身地を尋ね合い、声を出して答えてください。また、その答えをアラビア文字で書いてください。

(1) مَا اسْمُكَ؟／مَا اسْمُكِ؟　(2) مِنْ أَيْنَ أَنْتَ؟／مِنْ أَيْنَ أَنْتِ؟

 表現練習問題　1-3

以下の会話の（　）部分にアラビア語を書き込んで、完成させてください。また、完成した会話をクラスメートや先生、周囲の人と声を出して実際に交わしてください。

A：مَرْحَبًا.

B：(1)(　　). أَنَا اسْمِي (　　). وَمَا اسْمُكَ؟／مَا اسْمُكِ؟

A：(2)(　　). أَنَا مِنْ طُوكِيُو. وَمِنْ أَيْنَ أَنْتَ؟／وَمِنْ أَيْنَ أَنْتِ؟

B：(3)(　　). تَشَرَّفْنَا.

A：(4)(　　).

اِسْتِرَاحَةٌ ١　アラブ人の名前

　日本人のフルネームは姓と名からなっており、姓、名という順番で書かれますが、アラブ人の場合は通常、①本人の名前、父の名前、祖父の名前、②本人の名前、父の名前、姓、というように三つの名を連ねます。①はエジプト、イラクなどで多用されています。②はシリア、レバノン、パレスチナなどで多用されています。

　一方、アラブ人の名前には、フランス人の名前の「ジャン・ピエール」（Jean-Pierre）のような二つの名からなるものがあります。例えば「ムハンマド・ムスタファー」（مُحَمَّد مُصْطَفَى）、「ムハンマド・アリー」（مُحَمَّد عَلِيّ）です。また「アッラー」（اَللّٰه）という言葉を名前に入れた「アブドゥッラー」（عَبْدُ اللّٰه）、アッラーの美名を入れた「アブドゥッラフマーン」（عَبْدُ ٱلرَّحْمٰن）、そして「サラーフッディーン」（صَلَاحُ ٱلدِّين、サラディン）などもあります。さらに、アラブ人の姓（とりわけ北アフリカ）には「〜の息子」を意味する「ベン・アリー」（بِنْ عَلِيّ）、「ベン・ジャディード」（بِنْ جَدِيد）、「ブー・ヤースィーン」（بُو يَاسِين）などもあります。

　このような事情で、アラブ人の名前のなかには、どれが本人の名前なのか、どれが父の名前なのか、どれが祖父の名前なのかが分からないことがしばしばあります。大げさな例ですが「ムハンマド・ムスタファー・ムハンマド・アブドゥッラフマーン・ブー・ヤースィーン」と言う人がいたら、どこまでが彼自身の名で、どこからどこまでが父、祖父の名か皆目見当がつかないといった具合です。

第2章　基本名詞文

アラビア語の文法には、五つの基本的な要素があります。その五つの要素とは、①非限定／限定、②格（主格／属格／対格）、③性（男性／女性）、④数（単数／双数／複数）、⑤人称（1人称／2人称／3人称）です。これら五つの要素を理解することで、基本名詞文と呼ばれる構文を自由自在に作ることができます。

本章では、この五つの要素と基本名詞文を練習します。　詳しい文法解説は『詳解文法』第2～6章を参照

第1節　先生の部屋を初訪問

男子学生（凌功(りく)）が同級生の和奏(わかな)、陽太(はるた)とともにザイーム先生の部屋に入り、簡単な自己紹介や大学の印象について会話をします。

凌功、和奏、陽太1：こんにちは、ザイーム先生。	رِيكُو وَوَاكَانَا وَهَارُوتَا ١: اَلسَّلَامُ عَلَيْكُمْ يَا أُسْتَاذُ زَعِيمٌ.[1]
ザイーム先生1：こんにちは。	اَلْأُسْتَاذُ زَعِيمٌ ١: وَعَلَيْكُمُ ٱلسَّلَامُ.
凌功1：今、お時間はよろしいですか。	رِيكُو ١: هَلِ ٱلْوَقْتُ مُنَاسِبٌ ٱلْآنَ؟
ザイーム先生2：はい、どうぞ。	اَلْأُسْتَاذُ زَعِيمٌ ٢: نَعَمْ، تَفَضَّلْ.

---

1) アラブ人の名前の多くは厳密には格変化（三段変化、二段変化）をします。しかし、今日ほとんどの場合、フスハー、アーンミーヤの双方において、人名を格変化させることはありません。本書では、アラブ人の氏名の語尾には便宜的に発音記号をふっていますが、実際に音読する場合は語尾はスクーンで発音してください。

第 **2** 章　基本名詞文

凌功2：どうもありがとうございます。彼女は和奏さんです。彼は陽太くんです。そして私の名前は凌功です。	رِيكُو ٢: شُكْرًا جَزِيلًا. هِيَ اَلْآنِسَةُ وَاكَانَا، وَهُوَ اَلسَّيِّدُ هَارُوتَا، وَأَنَا اَسْمِي رِيكُو.
ザイーム先生3：はじめまして。あなたは日本のどちらの出身ですか、陽太。	اَلْأُسْتَاذُ زَعِيمٌ ٣: تَشَرَّفْنَا. مِنْ أَيْنَ أَنْتَ فِي اَلْيَابَانِ يَا هَارُوتَا؟
陽太1：私は東京出身です。	هَارُوتَا ١: أَنَا مِنْ طُوكِيُو.
ザイーム先生4：では、あなたも東京出身ですか、和奏。	اَلْأُسْتَاذُ زَعِيمٌ ٤: وَهَلْ أَنْتِ مِنْ طُوكِيُو أَيْضًا يَا وَاكَانَا؟
和奏1：いいえ、私は大阪出身です。	وَاكَانَا ١: لَا، أَنَا مِنْ أُوسَاكَا.
ザイーム先生5：すばらしい、ようこそ、東京外国語大学へ。	اَلْأُسْتَاذُ زَعِيمٌ ٥: مَا شَاءَ اَللّٰهُ، أَهْلًا وَسَهْلًا فِي جَامِعَةِ طُوكِيُو لِلدِّرَاسَاتِ اَلْأَجْنَبِيَّةِ.
凌功、和奏、陽太2：ありがとうございます、先生。	رِيكُو وَوَاكَانَا وَهَارُوتَا ٢: شُكْرًا لَكَ يَا أُسْتَاذُ.
ザイーム先生6：大学はどうですか、和奏。	اَلْأُسْتَاذُ زَعِيمٌ ٦: مَا رَأْيُكِ فِي اَلْجَامِعَةِ، يَا وَاكَانَا؟
和奏2：大学はきれいです。キャンパスは広いし、図書館はとても大きいです。	وَاكَانَا ٢: اَلْجَامِعَةُ جَمِيلَةٌ، وَاَلْحَرَمُ وَاسِعٌ وَاَلْمَكْتَبَةُ كَبِيرَةٌ جِدًّا.
ザイーム先生7：そうです、それに先生や学生もすごく勤勉でやさしいです。	اَلْأُسْتَاذُ زَعِيمٌ ٧: نَعَمْ، وَاَلْأَسَاتِذَةُ وَاَلطُّلَّابُ مُجْتَهِدُونَ وَلُطَفَاءُ جِدًّا.
陽太2：すみません、講義はいつですか。	هَارُوتَا ٢: مِنْ فَضْلِكَ، مَتَى اَلْمُحَاضَرَةُ؟
ザイーム先生8：講義は明日です。	اَلْأُسْتَاذُ زَعِيمٌ ٨: اَلْمُحَاضَرَةُ غَدًا إِنْ شَاءَ اَللّٰهُ.
和奏3：すみません、教室はどこですか。	وَاكَانَا ٣: وَمِنْ فَضْلِكَ، أَيْنَ اَلْقَاعَةُ؟
ザイーム先生9：教室は図書館の隣です。	اَلْأُسْتَاذُ زَعِيمٌ ٩: اَلْقَاعَةُ بِجَانِبِ اَلْمَكْتَبَةِ.
凌功、和奏、陽太3：どうもありがとうございます。明日会いましょう。	رِيكُو وَوَاكَانَا وَهَارُوتَا ٣: شُكْرًا جَزِيلًا، وَإِلَى اَللِّقَاءِ غَدًا.
ザイーム先生10：ではまた。	اَلْأُسْتَاذُ زَعِيمٌ ١٠: إِلَى اَللِّقَاءِ.

第2節　解説

2-1　初出単語・表現

رِيكو وَوَاكَانَا وَهَارُوتَا ١

▶ يَا ~　☞2-2 重要な会話表現

▶ أُسْتَاذٌ　أَسَاتِذَةٌ　先生

اَلْأُسْتَاذُ زَعِيمٌ ١

▶ وَ　そして、また、と

رِيكو ١

▶ هَلْ　☞2-2 重要な会話表現

▶ وَقْتٌ　أَوْقَاتٌ　時間（time）

▶ مُنَاسِبٌ　適切な、ふさわしい（لِ ～に）

▶ اَلْآنَ　今

اَلْأُسْتَاذُ زَعِيمٌ ٢

▶ نَعَمْ　はい

▶ تَفَضَّلْ　☞2-2 重要な会話表現

رِيكو ٢

▶ هِيَ　彼女、それ

人称代名詞を含む代名詞については本書の第3章で詳しく学びます。

▶ اَلْآنِسَةُ ~　☞2-2 重要な会話表現

▶ هُوَ　彼、それ

▶ اَلسَّيِّدُ ~　☞2-2 重要な会話表現

▶ أَنَا　私

▶ اِسْمٌ　أَسْمَاءٌ　名

「اِسْمِي」は「私の名前」という意味になりますが、「私の」という人称代名詞「ـِي」については第3章で学びます。

اَلْأُسْتَاذُ زَعِيمٌ ٣

▶ مِنْ أَيْنَ أَنْتَ؟　あなたの出身はどこですか？（本書第1章第4節を参照）

▶ مِنْ ~　～から

英語の「from」を意味する前置詞です。なお、前置詞の後に続く名詞は属格になります（前置詞句については第3章で詳しく学びます）。

▶ أَيْنَ　☞2-2 重要な会話表現

▶ أَنْتَ　あなた（男性単数）

▶ فِي ~　～のなかに

英語の「in」を意味する前置詞です。「مِنْ」同様、「فِي」の後に続く名詞は属格になります。

▶ اَلْيَابَانُ　日本

日本をはじめとする国名については「اِسْتِرَاحَةٌ ٨」を参照してください。

اَلْأُسْتَاذُ زَعِيمٌ ٤

▶ أَنْتِ　あなた（女性単数）

▶ أَيْضًا　～も

وَاكَانَا ١

▶ لَا　いいえ

اَلْأُسْتَاذُ زَعِيمٌ ٥

▶ مَا شَاءَ ٱللّٰهُ　☞2-2 重要な会話表現

- ▶ لَطِيفٌ، لُطَفَاءُ 優しい
- **هَارُوتَا ٢**
- ▶ مِنْ فَضْلِكَ ☞2-2 重要な会話表現
- ▶ مَتَى ☞2-2 重要な会話表現
- ▶ مُحَاضَرَةٌ 講義
- **اَلْأُسْتَاذُ زَعِيمٌ ٨**
- ▶ غَدًا 明日

  ちなみに今日は「اَلْيَوْمَ」、昨日は「أَمْسِ」と言います。

- ▶ إِنْ شَاءَ ٱللَّهُ ☞2-2 重要な会話表現
- **وَاكَانَا ٣**
- ▶ قَاعَةٌ 講堂、ホール、教室
- **اَلْأُسْتَاذُ زَعِيمٌ ٩**
- ▶ بِجَانِبِ ~ ～の隣に、～のそばに

- ▶ جَامِعَةُ طُوكِيُو لِلدِّرَاسَاتِ ٱلْأَجْنَبِيَّةِ

  東京外国語大学（جَامِعَةٌ　大学）

- **اَلْأُسْتَاذُ زَعِيمٌ ٦**
- ▶ مَا رَأْيُكَ فِي ~؟ ☞2-2 重要な会話表現
- **وَاكَانَا ٢**
- ▶ جَمِيلٌ، جُمَلَاءُ 美しい、きれいな
- ▶ حَرَمٌ، أَحْرَامٌ キャンパス
- ▶ وَاسِعٌ 広い
- ▶ مَكْتَبَةٌ 図書館
- ▶ كَبِيرٌ، كِبَارٌ 大きい
- ▶ جِدًّا とても、非常に
- **اَلْأُسْتَاذُ زَعِيمٌ ٧**
- ▶ طَالِبٌ، طُلَّابٌ 学生
- ▶ مُجْتَهِدٌ 勤勉な、まじめな

2-2　重要な会話表現

呼びかけの表現「يَا」と敬称

- ▶ يَا

  「يَا」は呼びかけの際に用いられる感嘆詞で、「～よ」などと訳出されます。この語に続く名詞は（ほとんどの場合）定冠詞「اَلْ」を付けず、語尾は限定主格とします。　詳しくは『詳解文法』第11章の「もっと学ぶために」を参照

  يَا أُسْتَاذُ زَعِيمُ　ザイーム先生（呼びかけ）

  يَا سَيِّدُ هَارُوتَا　陽太くん（呼びかけ）

  يَا آنِسَةُ وَاكَانَا　和奏さん（呼びかけ）

- ▶ 敬称

  これに対して、文中で「～くん」、「～さん」、「～先生」という場合、「أُسْتَاذٌ」（先生）、「سَيِّدٌ」（～くん、～さん（男性））、「آنِسَةٌ」（～さん（未婚女性））、「سَيِّدَةٌ」（～さん（女性））といった敬称を表す名詞には定冠詞「اَلْ」を付けます。

  اَلْأُسْتَاذُ زَعِيمٌ ~　ザイーム先生は～

اَلسَّيِّدُ هَارُوتَا ~　陽太くんは~
اَلْآنِسَةُ وَاكَانَا ~　和奏さんは~

疑問詞「أَيْنَ」、「مَتَى」、「مَا」、「هَلْ」

▶ هَلْ

「هَلْ」に文節を続けると疑問文になります（第3章を参照）。「هَلْ」の後に定冠詞「اَلْ」が付いた名詞が続くと、「هَلْ」は「هَلِ」、定冠詞「اَلْ」のアリフ「ا」は「ٱ」になります（定冠詞「اَلْ」の発音については本章3-1を参照）。

هَلِ ٱلْوَقْتُ مُنَاسِبٌ ٱلْآنَ؟　今、お時間はよろしいですか。

答えは、「نَعَمْ」（はい）、「لَا」（いいえ）です。

▶ مَا

第1章で学んだ「مَا ٱسْمُكَ؟」や、後述する「مَا رَأْيُكَ فِي ~؟」で用いている「مَا」はその後に名詞（限定、主格）を続けると、「~は何ですか」という意味の疑問文になります。「مَا」に続く名詞は限定、主格となります。　疑問詞については『詳解文法』第18章第1節を参照)

▶ مَتَى

「مَتَى」はその後に名詞（限定、主格）を続けると、「~はいつですか」という意味の疑問文になります。

مَتَى ٱلْمُحَاضَرَةُ؟　講義はいつですか。（matā l-muḥāḍaratuではなくmata l-muḥāḍaratuと発音）

▶ أَيْنَ

「أَيْنَ」はその後に名詞（限定、主格）を続けると、「~はどこですか」という意味の疑問文になります。

أَيْنَ ٱلْقَاعَةُ؟　教室はどこですか。

なお、本書第1章で学び、本章の例文にも登場する「مِنْ أَيْنَ أَنْتَ؟」という表現の「مِنْ أَيْنَ」は「どこから」という意味です。

勧誘、依頼の表現「مِنْ فَضْلِكَ」、「تَفَضَّلْ」

▶ تَفَضَّلْ

「تَفَضَّلْ」は「どうぞ」という意味の言葉です。この表現は、話しかける相手の性、数により、「تَفَضَّلْ」（男性単数）、「تَفَضَّلِي」（女性単数）、「تَفَضَّلُوا」（複数）などと変化させなければなりません[2]。

---

2) この変化は動詞の活用に関わる変化です。詳細については本書第7章以降を参照。

▶ مِنْ فَضْلِكَ

「مِنْ فَضْلِكَ」は、「お願いします」、「すみません」という意味で、人に何かを頼む場合に用います。表現は話しかける相手の性、数により、「مِنْ فَضْلِكِ」（女性単数）、「مِنْ فَضْلِكُمْ」（複数）などと変化させなければなりません[3]。なお、この表現は単独で用いられることはなく、その直後、ないしは直前に、勧誘、依頼の文を伴います。

頻繁に用いられるアッラーが入った表現「مَا شَاءَ ٱللَّهُ」、「إِنْ شَاءَ ٱللَّهُ」

▶ مَا شَاءَ ٱللَّهُ

「مَا شَاءَ ٱللَّهُ」は「すばらしい」、「うらやましいですね」という意味の表現です。直訳すると「アッラーが望んだもの」となります。自分が欲しいものを相手が得た場合に用いられる表現です。📖 詳しくは第10章の「١٠. اِسْتِرَاحَةٌ」や『表現実践』第8章第3節を参照

▶ إِنْ شَاءَ ٱللَّهُ

「إِنْ شَاءَ ٱللَّهُ」は「はい」、「本当に」などと訳出されます。直訳すると「アッラーが望めば」という意味です。未来についての確実性（場合によっては不確実性）を強調するために頻繁に用いられる表現ですので、第1節の例文では訳出していません。📖 詳細しくは『表現実践』第8章を参照

意見を訊く表現「مَا رَأْيُكَ فِي ~؟」

「مَا رَأْيُكَ فِي ~؟」（男性単数）、「مَا رَأْيُكِ فِي ~؟」（女性単数）は訳すと「~におけるあなたの意見は何ですか」、「~についてどう思いますか」、「~はどうですか」となります。「رَأْيُكَ」の「رَأْيٌ」は「意見」という意味で、「كَ」は「あなた（男性）の」、「كِ」は「あなた（女性）の」という意味の人称代名詞です。また、「رَأْيٌ فِي ~」というように前置詞「فِي」を伴い、「~についての意見」という意味になります[4]。📖 人称代名詞については『詳解文法』第7章を参照

第3節　文法の復習

3-1　限定／非限定

第1節の例文に登場する名詞に着目して、①定冠詞「اَلْ」の語頭の「ا」の発音、②

---

3) これ以外のかたちもありますが、ここでは割愛します。
4) この表現は性、数によって「مَا رَأْيُكُمْ فِي ~」（複数）というように変化させなければなりませんが、ここでは解説を割愛します。

定冠詞「اَلْ」の「لْ」の発音と太陽文字・月文字の対応、そして③定冠詞が付いている名詞と付いていない名詞の語尾の発音について確認しましょう。

文法練習問題 2-1

以下の非限定形の名詞に定冠詞「اَلْ」を付けて限定にし、発音記号を正しく直してください。

(1) رَجُلٌ (男、رِجَالٌ)　(2) وَلَدٌ (男の子、少年、أَوْلَادٌ)
(3) بِنْتًا (娘、少女、بَنَاتٌ)　(4) شَابٌّ (青年、شَبَابٌ)　(5) مُدَرِّسٌ (教師)
(6) مُوَظَّفًا (従業員)　(7) كَاتِبٌ (作家、著者、كُتَّابٌ)　(8) مُمَرِّضًا (看護師)
(9) مُتَرْجِمٌ (通訳、翻訳者)　(10) طَبِيبًا (医師、أَطِبَّاءُ)
(11) عَرَبِيَّةٌ (アラビア語)　(12) إِسْلَامٌ (イスラーム)

文法練習問題 2-2

以下の限定形の名詞を非限定にし、発音記号を正しく直してください。

(1) اَلسَّيَّارَةُ (自動車)　(2) اَلْقِطَارُ (汽車、列車、قِطَارَاتٌ)　(3) اَلْقَهْوَةَ (コーヒー)
(4) اَلْكِتَابَ (本、كُتُبٌ)　(5) اَلْقَلَمُ (ペン、أَقْلَامٌ)　(6) اَلْحَقِيبَةِ (鞄、حَقَائِبُ)
(7) اَللُّغَةِ (言語)　(8) اَلْبَيْتِ (家、بُيُوتٌ)　(9) اَلدَّفْتَرَ (ノート、دَفَاتِرُ)
(10) اَلْقَامُوسُ (辞書、قَوَامِيسُ)

3-2 格変化の基本

第1節の例文の単語が、主格、属格、対格のどれにあたるのかを語尾から判断してみましょう。また定冠詞「اَلْ」が付いている場合と付いていない場合の語尾の違いにも注意しましょう。 詳しくは『詳解文法』第3章を参照

文法練習問題 2-3

例に従って、以下の非限定形容詞の主格、属格、対格、定冠詞「اَلْ」を付けた主格、属格、対格を書いてください。

(例) قَدِيمٌ (古い、قُدَمَاءُ、قُدَامَى) ← قَدِيمٌ قَدِيمٍ قَدِيمًا اَلْقَدِيمُ اَلْقَدِيمِ اَلْقَدِيمَ

(1) جَدِيدٌ 新しい (جُدُدٌ)　(2) ضَيِّقٌ (狭い)　(3) صَغِيرٌ 小さい (صِغَارٌ)
(4) سَهْلٌ (容易な)　(5) صَعْبٌ 難しい (صِعَابٌ)　(6) جَيِّدٌ 良い (جِيَادٌ)
(7) مُمْتَازٌ (優れた、すばらしい)　(8) رَائِعٌ (すばらしい)
(9) كَرِيمٌ 寛大な (كِرَامٌ、كُرَمَاءُ)　(10) سَعِيدٌ 幸せな (سُعَدَاءُ)

3-3 性

アラビア語の単語は原則として、語尾に「ة」があるかないかで性が決まります。「ة」がない場合は通常は男性名詞、ある場合は女性名詞です。

基本名詞文では、補語が形容詞の場合、主語である名詞と性を一致させなければなりません。第1節の例文でも主語と補語の性が一致していることを確認してください。

 基本名詞文については『詳解文法』第4章を参照

文法練習問題 2-4

以下の形容詞の格をそのままにして、男性から女性、ないしは女性から男性に変化させてください。

(1) رَخِيصٌ (安い) (2) مُرِيحَةٍ (快適な) (3) نَظِيفًا (清潔な、نُظَفَاءُ、نِظَافٌ)
(4) حَارَّةٌ (暑い、辛い) (5) مُهِمٍّ (重要な) (6) غَنِيَّةً (金持ちな、豊かな、أَغْنِيَاءُ)
(7) مَشْغُولٍ (忙しい) (8) مُمِلٌ (退屈な、つまらない)
(9) مُهَذَّبًا (礼儀正しい) (10) لَذِيذَةٌ (おいしい)

3-4 数

アラビア語には単数、双数、複数という数の区分があります。『詳解文法』第6章で学んだとおり、このうち双数形と語尾複数形は、単数形を規則的に変化させて作られますが、語幹複数形は、語のかたちが変化するので、単数形とはまったく別の単語として見えることがあります。またどの単語が語尾複数形となり、どの単語が語幹複数形になるか、そして語幹複数形になる場合にどのようなかたちになるかを決める厳密な規則がないため、基本的には新出単語を学習する度に、その複数形を調べて、覚えていく必要があります。しかし、一般的な傾向をいうと、動詞に近い意味で用いられる名詞、形容詞（分詞や動名詞など）の複数形は語尾複数形となり、それ以外の名詞、形容詞の多くは語幹複数形になります。

本章第1節の例文では「الْأَسَاتِذَةُ وَالطُّلَّابُ مُجْتَهِدُونَ وَلُطَفَاءُ」という文がありますが、このなかの名詞、形容詞はいずれも複数形です。

أَسَاتِذَةٌ 「أُسْتَاذٌ」の語幹複数形
طُلَّابٌ 「طَالِبٌ」の語幹複数形
مُجْتَهِدُونَ 「مُجْتَهِدٌ」の語尾複数形
لُطَفَاءُ 「لَطِيفٌ」の語幹複数形[5]

---

5) 「لُطَفَاءُ」は三段変化ではなく、准二段変化という格変化をします。これについては第5章で詳しく学びます。

文法練習問題 2-5

以下のアラビア語の文の主語を双数形と複数形に書き換えたうえで、質問と答えを日本語に訳してください。

(1) اَلرَّجُلُ مُوَظَّفٌ. (2) اَلْوَلَدُ طَالِبٌ. (3) اَلْجَامِعَةُ وَاسِعَةٌ. (4) اَلْبَيْتُ قَدِيمٌ.
(5) اَلْمُحَاضَرَةُ صَعْبَةٌ. (6) اَلْكَاتِبُ مَشْهُورٌ. (مَشْهُورٌ 有名な)
(7) اَلْأُسْتَاذُ فَقِيرٌ. (فَقِيرٌ 貧しい فُقَرَاءُ) (8) اَلْغُرْفَةُ نَظِيفَةٌ. (غُرْفَةٌ 部屋 غُرَفٌ)
(9) اَلْمَطْعَمُ جَدِيدٌ. (مَطْعَمٌ レストラン مَطَاعِمُ) (10) اَلْمُدَرِّسُ مُجْتَهِدٌ.

3-5 基本名詞文

基本名詞文とは「A（主語）はB（補語）である」というアラビア語におけるもっとも基本的な構文です。主語は意味上限定された名詞で、補語には、形容詞、名詞、前置詞句、副詞などが来ます。

اَلْوَقْتُ مُنَاسِبٌ. 　　補語が形容詞
نَحْنُ طُلَّابٌ. 　　補語が名詞
نَحْنُ مِنَ الْيَابَانِ. 　　補語が前置詞句
اَلْمُحَاضَرَةُ غَدًا. 　　補語が副詞

本章第1節の例文で使われている基本名詞文を改めて見直して、①主語が意味上限定されていること、格が主格であること、②補語の形容詞、名詞が非限定で、主格であること、を確認しましょう。また第3章で改めて解説しますが、アラビア語の前置詞句では、前置詞に続く名詞は属格となりますので、これについても頭の片隅にとどめておいてください。

表現練習問題 2-1

以下の(1)から(10)の語に合う補語を□のなかから選び、非限定／限定、格、性を変化させて、基本名詞文を作り、音読してください。□のなかの単語は何度用いても構いません。また、作った文の主語を双数形と複数形に書き換えて、同じく音読してください。また、作った文を日本語に訳して下さい。

صَعْبٌ	سَهْلٌ	وَاسِعٌ	ضَيِّقٌ	لَطِيفٌ
كَرِيمٌ	مُجْتَهِدٌ	مَشْغُولٌ	مُمِلٌّ	
مُمْتِعٌ (面白い)	طَوِيلٌ (背が高い、長い طِوَالٌ)			
قَصِيرٌ (背が低い、短い قِصَارٌ)				

(1) مُوَظَّفٌ   (2) كِتَابٌ   (3) شَابٌّ   (4) غُرْفَةٌ   (5) مُمَرِّضَةٌ   (6) بِنْتٌ
(7) مَكْتَبٌ (事務所、机)   (مَكَاتِبُ)   (8) مُحَاضَرَةٌ
(9) حَفْلَةٌ (パーティー、祝祭   حَفَلَاتٌ)   (10) فِيلْمٌ (映画；フィルム   أَفْلَامٌ)

 表現練習問題　2-2

例に従って、第1章と本章で学んだ表現を用いて挨拶の練習をしてください。

(例)　هَارُوتَا: مَرْحَبًا يَا أُسْتَاذُ زَعِيمُ.

اَلْأُسْتَاذُ زَعِيمٌ: مَرْحَبًا يَا سَيِّدُ هَارُوتَا، كَيْفَ حَالُكَ؟

هَارُوتَا: اَلْحَمْدُ لِلَّهِ، وَكَيْفَ حَالُكَ، يَا أُسْتَاذُ؟

اَلْأُسْتَاذُ زَعِيمٌ: أَنَا بِخَيْرٍ، اَلْحَمْدُ لِلَّهِ.

 表現練習問題　2-3

例に従って、□のなかの単語を適切なかたちに変化させて用い、以下の名詞について尋ねる会話の練習をしてください。□のなかの単語は何度用いても構いません。また、作った文を日本語に訳して下さい。

جَدِيدٌ	صَعْبٌ	سَهْلٌ	قَصِيرٌ	طَوِيلٌ
مُمْتِعٌ	حَارٌّ	طَالِبٌ	مُوَظَّفٌ	قَدِيمٌ
مُمِلٌّ	بَارِدٌ (寒い、冷たい)			

(例)　طَالِبٌ　←　هَلِ الطَّالِبُ طَوِيلٌ؟

その学生（男性）は長身ですか。

نَعَمْ، اَلطَّالِبُ طَوِيلٌ.

はい、その学生（男性）は長身です。

لَا، اَلطَّالِبُ قَصِيرٌ.

いいえ、その学生（男性）は背が低いです。

(1) جَامِعَةٌ   (2) مُحَاضَرَةٌ   (3) بِنْتٌ   (4) سَيَّارَةٌ   (5) فِيلْمٌ
(6) شَابٌّ   (7) دِرَاسَةٌ (勉強、研究)   (8) طَالِبَةٌ   (9) كِتَابٌ
(10) جَوٌّ (天気、陽気、空気　أَجْوَاءٌ)

表現練習問題 2-4

例に従って、「مَا رَأْيُكَ فِي ~؟」という疑問文で、相手の意見を質問したうえで、□の単語を用いてその答えを述べてください。□のなかの単語は何度用いても構いません。また、作った文を日本語に訳して下さい。

لَطِيفٌ	مُجْتَهِدٌ	كَرِيمٌ	مَشْهُورٌ	مَشْغُولٌ
قَدِيمٌ	جَدِيدٌ	مُمْتِعٌ	جَمِيلٌ	حَارٌّ
بَارِدٌ	مُرِيحٌ	مُمِلٌّ	نَظِيفٌ	وَاسِعٌ
ضَيِّقٌ	وَسِخٌ (汚い、汚れた)	مُزْعِجٌ (不快な) (مُزْعِجَاتٌ)		
مُمْطِرٌ (雨の、雨が降っている)	عَاصِفٌ (嵐の)			

***

| جِدًّا | اَلْيَوْمَ | غَدًا | أَيْضًا | |

(例) فِيلْمٌ ← مَا رَأْيُكَ فِي الْفِيلْمِ؟
あなた（男性）はその映画をどう思いますか。

اَلْفِيلْمُ مُمْتِعٌ جِدًّا.
その映画はとても面白いです。

(1) طَبِيبٌ (2) جَوٌّ (3) حَفْلَةٌ (4) مَكْتَبَةٌ (5) مَطْعَمٌ (6) مَدِينَةٌ 都市 مُدُنٌ
(7) فُنْدُقٌ (ホテル) فَنَادِقُ (8) سَفَرٌ (旅) أَسْفَارٌ (9) حَرَمٌ وَمَكْتَبَةٌ
(10) مَطْبَخٌ 台所 مَطَابِخُ

اِسْتِرَاحَةٌ ٢　授業で使うアラビア語表現

アラビア語の習得は、アラビア語を通して学ぶのがもっとも近道です。教室で使われる主なアラビア語を以下に紹介します。

◇ مُمْتَازٌ　大変よくできました。
◇ جَيِّدٌ　よくできました。
◇ يَا سَيِّدُ ~　~くん（男性に対する呼びかけ）
◇ يَا آنِسَةُ ~　~さん（未婚女性に対する呼びかけ）
◇ يَا سَيِّدَةُ ~　~さん（女性に対する呼びかけ）
◇ يَا أُسْتَاذُ ~　~先生（男性教師に対する呼びかけ）
なお、「يَا أُسْتَاذُ」だけで「先生」という呼びかけになります。
◇ يَا أُسْتَاذَةُ ~　~先生（女性教師に対する呼びかけ）
◇ يَا أُسْتَاذُ، عِنْدِي سُؤَالٌ.　先生、質問があります。
◇ هَلْ هُنَاكَ أَيُّ سُؤَالٍ؟　何か質問はありますか。
◇ هَلْ هُنَاكَ أَسْئِلَةٌ أُخْرَى؟　その他に質問はありますか。
◇ مَرَّةً أُخْرَى، مِنْ فَضْلِكَ.　もう一度、お願いします。
◇ مَرَّةً ثَانِيَةً، مِنْ فَضْلِكَ.　もう一度、お願いします。
◇ مِنْ فَضْلِكَ، مَا مَعْنَى ~؟　すみません、~は何という意味ですか。
◇ مِنْ فَضْلِكَ، كَيْفَ نَقُولُ ~ بِالْعَرَبِيَّةِ؟　すみません、~はアラビア語で何と言いますか。

第3章　基本名詞文の応用

第1章、第2章で学んだ挨拶や例文で登場した文のなかには、説明を省略したいくつかの重要な文法項目が含まれていました。人称代名詞、疑問詞、前置詞句などです。そこで本章では、代名詞、前置詞句、倒置文、文を補語とする名詞文、「持っている」という表現（所有・携帯を表す構文）、倒置文、「لَيْسَ」を用いた否定文について学び、これらを使いこなせるよう、練習します。　詳しい文法解説は『詳解文法』第7〜9章を参照

第1節　大学の思い出を友人に見せてもらう

和奏と陽太は、エジプトから留学してきたムハンマドに写真を見せてもらっています。

和奏1：これは何ですか、ムハンマド。

وَاكَانَا ١: مَا هٰذَا يَا مُحَمَّدُ؟

ムハンマド1：これは、カイロでの私の生活についてのレポートです。

مُحَمَّدٌ ١: هٰذَا تَقْرِيرٌ عَنْ حَيَاتِي فِي ٱلْقَاهِرَةِ.

和奏2：で、これらの写真は何ですか。

وَاكَانَا ٢: وَمَا هٰذِهِ ٱلصُّوَرُ؟

ムハンマド2：これらは私の同級生との写真です。

مُحَمَّدٌ ٢: هٰذِهِ صُوَرِي مَعَ زُمَلَائِي.

和奏3：これらの写真は本当にきれいですね、ムハンマド。この若者たちは誰ですか。

وَاكَانَا ٣: هٰذِهِ ٱلصُّوَرُ جَمِيلَةٌ حَقًّا يَا مُحَمَّدُ. مَنْ هٰؤُلَاءِ ٱلشَّبَابُ؟

写真に写っている若者たちを指さしながら…

ムハンマド3：この人は名前がアフマドと言います。シリア出身です。この人は私の同級生のファーティマです。彼女もシリア人です。	**مُحَمَّدٌ** ٣: هٰذَا اسْمُهُ أَحْمَدُ، وَهُوَ مِنْ سُورِيَا. وَهٰذِهِ زَمِيلَتِي فَاطِمَةُ، وَهِيَ أَيْضًا سُورِيَّةٌ.
和奏4：この人があなたたちの先生ですか。	**وَاكَانَا** ٤: وَهَلْ هٰذَا أُسْتَاذُكُمْ؟
ムハンマド4：いいえ、私たちの先生ではなく、彼は隣人です。	**مُحَمَّدٌ** ٤: لَا، لَيْسَ أُسْتَاذَنَا، بَلْ هُوَ جَارِي.
和奏5：あなたたちの先生がたの写真を持っていますか。	**وَاكَانَا** ٥: وَهَلْ عِنْدَكَ صُوَرٌ لِأَسَاتِذَتِكُمْ؟
ムハンマド5：もちろんです、どうぞ…。この女性が私たちの先生です。	**مُحَمَّدٌ** ٥: طَبْعًا، تَفَضَّلِي .... وَهٰذِهِ السَّيِّدَةُ هِيَ أُسْتَاذَتُنَا.
陽太1：これは大学でのあなたの写真じゃないですよね。	**هَارُوتَا** ١: أَلَيْسَتْ هٰذِهِ صُورَتَكَ فِي الْجَامِعَةِ؟
ムハンマド6：いいえ、これは大学の前での私の写真です。私の隣にいるのは、アレキサンドリア出身の友人です。	**مُحَمَّدٌ** ٦: بَلَى، هٰذِهِ صُورَتِي أَمَامَ الْجَامِعَةِ، وَبِجَانِبِي صَدِيقٌ مِنَ الْإِسْكَنْدَرِيَّةِ.
陽太2：アレキサンドリアでの写真を持っていますか、ムハンマド。	**هَارُوتَا** ٢: وَهَلْ مَعَكَ صُوَرٌ فِي الْإِسْكَنْدَرِيَّةِ، يَا مُحَمَّدُ؟
ムハンマド7：いいえ、残念ながら、今は持っていません。PCに入っています。	**مُحَمَّدٌ** ٧: لَا، لِلْأَسَفِ، لَيْسَتْ مَعِي الْآنَ. هِيَ فِي الْكُومْبِيُوتَرِ.
陽太3：では、今日、あなたは時間がありますか、ムハンマド。	**هَارُوتَا** ٣: حَسَنًا، هَلْ لَدَيْكَ وَقْتُ الْيَوْمِ، يَا مُحَمَّدُ؟
ムハンマド8：ほんとにすみません。午後に講義が2コマ入っています。つまり、今日はちょっと忙しいです。	**مُحَمَّدٌ** ٨: آسِفٌ جِدًّا، عِنْدِي مُحَاضَرَتَانِ بَعْدَ الظُّهْرِ. أَيْ، أَنَا مَشْغُولٌ قَلِيلًا الْيَوْمَ.
陽太4：了解。明日会いましょう。	**هَارُوتَا** ٤: حَسَنًا، أَرَاكَ غَدًا إِنْ شَاءَ اللّٰهُ.
ムハンマド9：そうですね、ではまた。	**مُحَمَّدٌ** ٩: نَعَمْ، إِلَى اللِّقَاءِ.

第2節　解説

2-1　初出単語・表現

واكانا ١

- مَا هٰذَا؟　☞2-2 重要な会話表現

مُحَمَّد ١

- تَقْرِير　レポート、報告（書）　تَقَارِير
- حَيَاة　生活、人生、命　حَيَوَات
- اَلْقَاهِرَة　カイロ

واكانا ٢

- صُورَة　絵、写真、イメージ　صُوَر

مُحَمَّد ٢

- زَمِيل　同級生、同僚　زُمَلَاء

واكانا ٣

- حَقًّا　本当に

مُحَمَّد ٣

- سُورِيَا　シリア
  「سُورِيَّة」という綴りもあります。
- سُورِيّ　シリア人；シリアの
  「سُورِيَا」の関係形容詞です（関係形容詞については『詳解文法』第12章を参照）。

مُحَمَّد ٤

- بَلْ　むしろ；〜ではなく…
- جَار　隣人　جِيرَان

واكانا ٥

- هَلْ عِنْدَكَ ~؟　☞2-2 重要な会話表現

مُحَمَّد ٥

- طَبْعًا　もちろん

هَارُوتَا ١

- أَلَيْسَتْ ~؟　☞2-2 重要な会話表現

مُحَمَّد ٦

- بَلَى　☞2-2 重要な会話表現
- صَدِيق　友人　أَصْدِقَاء
- اَلْإِسْكَنْدَرِيَّة　アレキサンドリア（エジプトの都市）

هَارُوتَا ٢

- هَلْ مَعَكَ ~؟　☞2-2 重要な会話表現

مُحَمَّد ٧

- لِلْأَسَفِ　残念ながら
- كُومْبِيُوتَر　コンピュータ　كُومْبِيُوتَرَات

هَارُوتَا ٣

- حَسَنًا　☞2-2 重要な会話表現
- هَلْ لَدَيْكَ ~؟　☞2-2 重要な会話表現

مُحَمَّد ٨

- آسِف　遺憾な、すまない、申し訳ない
- ظُهْر　正午　بَعْدَ الظُّهْر　午後
- أَيْ　すなわち
- قَلِيلًا　☞2-2 重要な会話表現

هَارُوتَا ٤

- أَرَاكَ غَدًا　☞2-2 重要な会話表現

2-2　重要な会話表現

「これは何ですか」：指示代名詞を用いた疑問文

「مَا هٰذَا؟」はアラビア語の指示代名詞を用いたもっとも基本的な疑問文で、「これは何ですか」という意味です。この疑問文に対しては、「هٰذَا ~」などと答えます。

なお、「この人は誰ですか？」は以下のように言います。

مَنْ هٰذَا؟[1)]

「~を持っていますか」：所有・携帯を表す構文

「هَلْ لَدَيْكَ ~؟」、「هَلْ مَعَكَ ~؟」、「هَلْ عِنْدَكَ ~؟」は「…は~を持っている」などと訳出される所有・携帯を表す構文の疑問文で、「あなた（男性）は~を持っていますか」などと訳出されます。詳しくは本章3-2で解説します。　『詳解文法』第8章を参照

否定疑問文

「أَلَيْسَ ~؟」（「لَيْسَ」については本章3-3を参照）は基本名詞文を否定疑問文にする際の表現で、「~ではないですか」などと訳出されます。また、「~ أَلَيْسَ كَذٰلِكَ؟」（~ではないですか）という表現を用いて付加疑問文にすることもできます。これらの表現は肯定文だけの直接的、断定的な表現を回避し、丁寧さや相手との一体感を出すのに効果的な表現です。

هٰذِهِ صُورَتُكَ فِي ٱلْجَامِعَةِ.　これは大学でのあなた（男性）の写真です。
أَلَيْسَتْ هٰذِهِ صُورَتُكَ فِي ٱلْجَامِعَةِ؟　これは大学でのあなた（男性）の写真じゃないですよね。
هٰذِهِ صُورَتُكَ فِي ٱلْجَامِعَةِ، أَلَيْسَ كَذٰلِكَ؟　これは大学でのあなた（男性）の写真じゃないですよね。

否定疑問文に対する答えで「いいえ」と言いたい場合は「بَلَى」、「はい」と言いたい場合は「لَا」を用います。　『詳解文法』第9章の「もっと学ぶために」を参照

بَلَى، هٰذِهِ صُورَتِي أَمَامَ ٱلْجَامِعَةِ.　いいえ、これは大学の前での私の写真です。
لَا، هٰذِهِ لَيْسَتْ صُورَتِي أَمَامَ ٱلْجَامِعَةِ.　はい、これは大学の前での私の写真ではありません。

---

1) ただしこの表現は、「この人」がいる場所で用いると失礼にあたります。

副詞

「حَسَنًا」は「حَسَنٌ」(良い)(حِسَانٌ)という形容詞を副詞にしたもので、「よろしい」、「了解」などと訳出されます。また、「قَلِيلًا」は「قَلِيلٌ」(少ない)(قَلَائِلُ、أَقِلَّاءُ)という形容詞を副詞にしたもので、「少し」などと訳出されます。アラビア語ではこのように形容詞を非限定対格にすると副詞になります。

別れ際の挨拶

「أَرَاكَ غَدًا」は「明日会いましょう」という意味の分かれ際の挨拶です。「أَرَاكَ」の「أَرَى...」の部分は「を見る」という意味の動詞 (رَأَى) が変化したかたち (未完了形直説形、1人称単数)[2]で、「كَ」は人称代名詞非分離形の2人称男性単数です。女性に対してこの挨拶をするときは「أَرَاكِ غَدًا」と言います。また、複数の人に向かってこの挨拶をするとき、そして1人の相手に丁寧に挨拶するときは「أَرَاكُمْ غَدًا」と言います。

第3節 文法の復習

3-1 人称代名詞、指示詞

人称代名詞には、文の主語などとして用いられる分離形と、名詞の後に続けて綴られ、「〜の」という意味になったり、動詞の後に続けて綴られ、目的語となる非分離形があります。

　　分離形　　　أَنَا مَشْغُولٌ　私は忙しいです。
　　非分離形　　أُسْتَاذُكُمْ　あなたたちの先生

指示詞は、指示代名詞として用いられる場合と、指示形容詞として用いられる場合があります。指示形容詞に続く名詞には定冠詞「اَلْ」が付いていることに注意してください。　詳しくは『詳解文法』第7章第1節を参照

　　指示代名詞　　هٰذِهِ صُوَرِي　これらは私の写真（複数）です。
　　指示形容詞　　مَا هٰذِهِ الصُّوَرُ؟　これらの写真は何ですか？

文を補語とする名詞文

第1章では、「私の名前は〜です」という表現は「أَنَا اسْمِي 〜」と言うと学びました。また、第1節の例文では以下のような文がありますが、これらが文を補語とする名詞文です。

　　هٰذَا اسْمُهُ أَحْمَدُ.　この人は名前がアフマドと言います。

この文の主語は「هٰذَا」、補語は「اسْمُهُ أَحْمَدُ」で、日本語で直訳すると、「「この人」

---

2)　動詞の活用については第7章以降で学びます。

（主語）は『名前がアフマドです』（補語）」といった具合になります。この文の人称代名詞非分離形「هُ...」は文全体の主語「هٰذَا」を指しています。 詳しくは『詳解文法』第7章第2節（2-4）を参照

 文法練習問題　3-1

　例に従って、以下の語の格を変えずに、（　）で示した人称代名詞独立形と同じ人称、性、数の人称代名詞非分離形を付けて「…の〜」という意味の句を作ってください。

（例）صُورَةٌ (أَنْتَ) ← صُورَتُكَ

(1) أُخْتٌ (هُوَ)　　(2) جَامِعَةٌ (هِيَ)　　(3) أُسْتَاذًا (أَنْتَ)　　(4) اِسْمٌ (أَنْتِ)
(5) بِنْتٍ (هُمْ)　　(6) دِرَاسَةٍ (أَنْتُمْ)　　(7) طَبِيبٌ (نَحْنُ)　　(8) قَلَمٍ (أَنَا)
(9) غُرْفَةٌ (أَنَا)　　(10) كِتَابًا (أَنَا)

 文法練習問題　3-2

　例に従って、（　）のなかに指示詞「هٰذَا」と「ذٰلِكَ」を適切なかたちにして入れて、文を完成させたうえで、日本語に訳してください。

（例）（　） رَجُلٌ. ← هٰذَا رَجُلٌ. ／ ذٰلِكَ رَجُلٌ.

(1) （　） مُشْكِلَةٌ. (problem) 問題 مُشْكِلَةٌ、مَشَاكِلُ、مُشْكِلَاتٌ
(2) （　） شَرِكَتَانِ. (会社 شَرِكَةٌ)　　(3) （　） مَحَطَّةٌ. (駅 مَحَطَّةٌ)
(4) （　） قَلَمٌ.　　(5) （　） أَقْلَامٌ.　　(6) （　） مَطْعَمٌ.
(7) （　） بَيْتَانِ.　　(8) （　） طُلَّابٌ.　　(9) （　） كُتُبٌ.
(10) （　） مُدَرِّسُونَ.

 文法練習問題　3-3

　以下の単語を正しく並び替えたうえで、各語の発音記号、限定／非限定を適切なかたちに変え、日本語に訳してください。

(1) بَعِيدَةٌ／مَحَطَّةٌ／هٰذِهِ／جِدًّا　　(2) سَيَّارَةٌ／هٰذِهِ／هَلْ／رَخِيصَةٌ
(3) غُرْفَةٌ／تِلْكَ／هَلْ／فِي／طُلَّابٌ　　(4) شَرِكَتَانِ／مَشْهُورَتَانِ／هَاتَانِ／هَلْ
(5) طُوكِيُو／تِلْكَ／فِي／هَلْ／جَامِعَةٌ　　(6) طُلَّابٌ／أُولٰئِكَ／مُدَرِّسٌ／مَعَ
(7) الْيَابَانِ／هٰؤُلَاءِ／مِنْ／هَلْ／طُلَّابٌ
(8) صَعْبٌ／جِدًّا／هٰذَا／دَرْسٌ (レッスン、授業 دُرُوسٌ)
(9) جَيِّدَةٌ／هٰذِهِ／جِدًّا／فِكْرَةٌ (考え方、アイデア فِكَرٌ)
(10) هَلْ／هٰذَا／مَقْعَدٌ／شَاغِرٌ (空いている、空席の) مَقَاعِدُ (腰掛け、座席)

3-2　前置詞

前置詞は、本書でこれまでにいくつも登場していますが、アラビア語には以下のような前置詞があります。

بِ	～で、～によって（by、with）	بَعْدَ	～の後に（時間）（after）
لِ	～のために（for）、～の（of）	قَبْلَ	～の前に（時間）（before、ago）
كَ	～のような、～のように（as）	مُنْذُ	～以来、～前に（since、ago）
وَ	～にかけて	فَوْقَ	～の上に（above）
فِي	～のなかに（in）	تَحْتَ	～の下に（below）
عَلَى	～の上に（on）	خِلَالَ	～の間（時間）（during）
إِلَى	～へ（to）	أَثْنَاءَ	～の間（時間）（during）
حَتَّى	～まで（till）	بَيْنَ	～の間（場所）（between）
مِنْ	～から（from）	حَوْلَ	～の周りに、～をめぐって
عَنْ	～について、から（about、from）	بِدُونِ／دُونَ	～なしに（without）
مَعَ	～といっしょに（with）	مِثْلَ	～のような、～のように（like）
أَمَامَ	～の前に（場所）（in front of）	عِنْدَ	～のところに
وَرَاءَ	～の後ろに（場所）（behind）	لَدَى	～のもとで

前置詞の後に続く名詞は属格になります。一部の前置詞は、その後に続く名詞（定冠詞「اَلْ」を伴う名詞）や人称代名詞によってかたちや発音が変化する場合があるので、注意してください。

فِي الْجَامِعَةِ　大学で（fī l-jāmi'atiでなくfi l-jāmi'atiと発音）
مَعِي　私と
لِلطَّالِبِ　学生（男性）のために（لِاْلطَّالِبِ とつづらない）
لِلَّهِ　アッラーのために（لِاْللَّهِ とつづらない）

前置詞を用いた構文のなかでもっとも重要なのは、①所有・携帯を表す構文と②倒置文です。

所有・携帯を表す構文

所有・携帯を表す構文は「عِنْدَ」、「لَدَى」、「مَعَ」、「لِ」といった前置詞を用いて表され、「～は…を持っている」などと訳出されます。　それぞれの前置詞の意味の違いについては『詳解文法』第8章を参照

عِنْدَكَ صُوَرٌ　あなたは写真を持っている。
لَدَيْكَ صُوَرٌ　あなたは写真を持っている。

مَعَكَ صُوَرٌ　あなたは写真を持っている（身に付けている、携帯している）。

倒置文

　倒置文は主語が話し手や聞き手にとって未知であることを表すことができる構文です。第2章で学んだ基本名詞文においては、主語が話し手や聞き手にとって既知（それゆえに定冠詞「اَلْ」によって限定されている）ですが、主語が未知の場合は、主語と補語である前置詞句の順序を倒置させます。前置詞句を補語とする基本名詞文と倒置文を日本語であえて訳し分けると、基本名詞文は「（限定されている主語）は～にある」、倒置文は「～に（既知でない主語）がある」というようになります。主語のあとの「は」と「が」の違いに注意してください。

بِجَانِبِي صَدِيقٌ.　私の隣に（とある）友人がいる。
اَلصَّدِيقُ بِجَانِبِي.　（その）友人は私の隣にいる。

前置詞を伴う慣用句、熟語

　第2章では「مَا رَأْيُكَ فِي ~」の「رَأْيٌ فِي ~」というように、名詞と前置詞が組み合わせられ、慣用句、熟語をなすと解説しました。前置詞は、名詞、形容詞、動詞と組み合わせられ、慣用句、熟語として用いられることが多く、その場合、前置詞の働きは基本的な意味とは異なる場合もあるので注意しましょう。詳しくは『詳解文法』第8章の「もっと学ぶために」を参照

مَوْقِفٌ مِنْ ~　～に関する立場（مَوْقِفٌ 立場 مَوَاقِفُ）
قَرِيبٌ مِنْ ~　～から近い（قَرِيبٌ 近い）
بَعِيدٌ عَنْ ~　～から遠い（بَعِيدٌ 遠い）

📝 文法練習問題　3-4

　例に従って、以下の前置詞に人称代名詞を付け、発音記号を正確にふってください。
（例）عَنْ
→ عَنَّا／عَنِّي／عَنْكُنَّ／عَنْكُمْ／عَنْكُمَا／عَنْكِ／عَنْكَ／عَنْهُنَّ／عَنْهُمْ／عَنْهُمَا／عَنْهَا／عَنْهُ

(1) فِي　(2) عَلَى　(3) أَمَامَ　(4) عِنْدَ　(5) مَعَ　(6) مِنْ　(7) إِلَى　(8) بِ
(9) لِ　(10) لَدَى

3-3 動詞「لَيْسَ」と疑問詞「هَلْ」、「أَ」

動詞「لَيْسَ」

動詞「لَيْسَ」は、基本名詞文や倒置文を否定にする場合に用いられる特殊な動詞です。その活用は第7章以降に学ぶ動詞（完了形）の活用とほぼ同じですので、動詞を学ぶ準備も兼ねてしっかりと覚えてください。また「لَيْسَ」と主語となる名詞の順序（「主語＋لَيْسَ＋補語」、「لَيْسَ」＋主語＋補語）が意味にどのような違いをもたらすかを留意するとともに、「لَيْسَ」の補語として名詞や形容詞が来る場合、対格にすることを忘れないでください。

لَيْسَ أُسْتَاذَنَا.　彼は私たちの先生ではありません。

لَيْسَتْ مَعِي صُوَرٌ فِي ٱلْإِسْكَنْدَرِيَّةِ.　私はアレキサンドリアでの写真を持っていません。

疑問詞「هَلْ」、「أَ」

疑問詞「هَلْ」、「أَ」は、本書の第1、2章ですでに何度か登場していますが、それぞれの疑問詞に続けることができる文、続けることができない文について改めて確認してください。 詳しくは『詳解文法』第9章第4節を参照

هَلْ هٰذَا أُسْتَاذُكُمْ؟　この人はあなたたちの先生ですか。

أَلَيْسَتْ هٰذِهِ صُورَتَكَ؟　これはあなた（男性）の写真じゃないですよね。

文法練習問題　3-5

例に従って、「لَيْسَ」を用いて以下の文を否定文にしたうえで、日本語に訳してください。

(例) اَلطُّلَّابُ مُجْتَهِدُونَ.　←　اَلطُّلَّابُ لَيْسُوا مُجْتَهِدِينَ. ／ لَيْسَ ٱلطُّلَّابُ مُجْتَهِدِينَ.

(1) اَلْمَحَطَّةُ قَرِيبَةٌ مِنَ ٱلْجَامِعَةِ.

(2) اَلْمُوَظَّفَاتُ مَشْغُولَاتٌ دَائِمًا.

(いつも　دَائِمًا)

(3) بَيْتُهَا قَرِيبٌ مِنَ ٱلْمَحَطَّةِ.

(4) اَلِامْتِحَانُ صَعْبٌ جِدًّا.

(اِمْتِحَانٌ 試験　اِمْتِحَانَاتٌ)[3]

(5) اَلتَّلَامِيذُ نُشَطَاءُ فِي هٰذِهِ ٱلْمَدْرَسَةِ.

---

3) 「اِمْتِحَانٌ」などのように「ا」で始まる語の語頭の「ا」は、文中ではワスラがついて「ٱ」になり発音されませんが、これらの語に定冠詞「اَلْ」が付くと、発音上、「ْ」が連続してしまいます。そこで補助母音を補い、定冠詞の発音を「اَلْ」（al）から「اَلِ」（ali）にします。 詳しくは『詳解文法』第11章を参照

اَلْاِمْتِحَانُ　→　اَلِ + ٱمْتِحَانُ　→　اَلْ + ٱمْتِحَانُ

(مَدَارِسُ 学校 مَدْرَسَةٌ、نُشَطَاءُ 活発な نَشِيطٌ、تَلَامِيذُ 生徒 تِلْمِيذٌ)

(6) اَلْقِطَارَاتُ مُزْدَحِمَةٌ فِي هٰذَا الْوَقْتِ.

(مُزْدَحِمٌ 混雑している)

(7) اَلطَّقْسُ بَارِدٌ غَدًا.

(طَقْسٌ 天気 طُقُوسٌ)

(8) اَلرِّيَاضَةُ ضَارَّةٌ بِالصِّحَّةِ.

(رِيَاضَةٌ スポーツ、ضَارٌّ 有害な、害のある (بِ 〜に)、صِحَّةٌ 健康)

(9) هُوَ مُتَخَصِّصٌ فِي اللُّغَةِ الْعَرَبِيَّةِ.

(مُتَخَصِّصٌ 専攻している (فِي 〜を)、اَللُّغَةُ الْعَرَبِيَّةُ アラビア語)

(10) زَمِيلِي وَزَمِيلَتِي لَطِيفَانِ.

表現練習問題　3-1

以下の文をアラビア語に訳したうえで、アラビア語で答えてください。また、その答えを日本語に訳して下さい。

(1) あなた（男性）のペンはどこですか。
(2) あなた（女性）のペンは鞄の中にありますか。
(3) 彼女の大学はどこにありますか。
(4) 彼女の大学は東京にありますか。
(5) レストランは大学から遠いですか。
(6) あなた（女性）の家は駅前にありますか。
(7) 彼の家は大学の裏（後ろ）にありますか。
(8) 今、誰があなたたちといっしょにいますか。
(9) 彼は2台の車を持っていますか。
(10) あなた（女性）はペンを持っていますか。
(11) あなた（男性）には兄弟がいますか。
(12) 明日、あなた（女性）には時間がありますか。
(13) 明日、あなた（男性）は試験がありますか。
(14) あなたたちは勉強のことで問題がありますか。
(15) あなた（女性）は私のペンを持っていますか。
(16) あなた（女性）はあの会社に友人（女性）がいますか。
(17) あなた（男性）の家はこの道（沿い）にありますか。(طُرُقٌ 道 طَرِيقٌ)
(18) あなた（女性）は質問がありますか。(أَسْئِلَةٌ 問い、質問 سُؤَالٌ)

表現練習問題　3-2

例に従って、以下の質問に「لَيْسَ」を用いた否定文で答えたうえで、質問と答えを日本語に訳してください。

(例) هَلْ أَنْتَ مَشْغُولٌ؟

あなた（男性）は忙しいですか。

لاَ، لَسْتُ مَشْغُولاً.

いいえ、私は忙しくありません。

(1) هَلْ هٰذَا كِتَابُكَ؟

(2) هَلْ مَعَكِ فَكَّةٌ؟

(فَكَّةٌ　小銭)

(3) هَلْ لَدَيْكُمْ أَصْدِقَاءُ فِي تِلْكَ الْجَامِعَةِ؟

(4) هَلْ عِنْدَكِ وَقْتٌ بَعْدَ الْمُحَاضَرَةِ؟

(5) هَلْ هِيَ مِنْ طُوكِيُو؟

(6) هَلْ أُوسَاكَا بَعِيدَةٌ عَنْ طُوكِيُو؟

(7) هَلْ لَدَيْكُمْ حَجْزٌ فِي الْمَطْعَمِ؟

(حَجْزٌ　予約)

(8) هَلْ لَدَيْكَ فِكْرَةٌ جَيِّدَةٌ؟

(9) هَلْ لَدَيْكَ اِهْتِمَامٌ بِالثَّقَافَةِ فِي أَمِيرِكَا؟

(أَمِيرِكَا アメリカ、ثَقَافَةٌ 文化、اِهْتِمَامَاتٌ (بِ 〜への) اِهْتِمَامٌ 関心)

(10) هَلِ الْاِجْتِمَاعُ مَعَ الْمُدِيرِ غَدًا؟

(اِجْتِمَاعٌ 会議、مُدِيرٌ 経営者 مُدَرَاءُ)

第3章 基本名詞文の応用

表現練習問題 3-3

例に従って、（ ）のなかに前置詞を入れたうえで、発音記号、限定・非限定、数などを適切なかたちに変化させ、日本語の意味に合うように文を完成させてください。そのうえで、下線を引いた語（前置詞の目的語）を主語にして、文を作り換えてください。

(例) ( ) مَحَطَّة دُكَّان.
駅前に1軒の店があります。(دَكَاكِين 店 دُكَّان)
← أَمَام ( ) ٱلْمَحَطَّةِ دُكَّان.
← ٱلْمَحَطَّةُ أَمَامَهَا دُكَّان.

(1) ( ) طَاوِلَة دَفْتَر.
テーブルの上に1冊のノートがあります。(دَفَاتِر ノート، طَاوِلَة テーブル)

(2) ( ) بَيْت أَنَا مَطْعَم.
私の家の隣に1軒のレストランがあります。

(3) ( ) أُسْتَاذ سَيَّارَة.
先生は車を1台持っています。

(4) ( ) سَائِق فَكَّة.
運転手は小銭を持っています。(سَاقَة 運転手、ドライバー سَائِق)

(5) ( ) مُوَظَّف صَدِيق فِي هٰذِهِ ٱلشَّرِكَةِ.
その従業員にはこの会社に友人（女性）がいます。

(6) ( ) مِصْعَد طُلَّاب وَأَسَاتِذَة.
エレベーターには学生たちと先生たちがいます。(مِصْعَد エレベーター مَصَاعِد)

(7) ( ) ٱلْقَاهِرَةُ طَائِرَة ٱلْآنَ.
今、カイロ上空に飛行機がいます。(طَائِرَة 飛行機)

(8) ( ) جَامِعَة حَدِيقَة.
大学の裏（後ろ）には公園があります。(حَدِيقَة 公園 حَدَائِق)

اِسْتِراحَةٌ ٣ 東京外国語大学について

第2章第1節の会話では「أَهْلًا وَسَهْلًا بِكُمْ فِي جَامِعَةِ طُوكِيُو لِلدِّرَاسَاتِ ٱلْأَجْنَبِيَّةِ」(ようこそ、東京外国語大学へ)というくだりがありましたが、東京外国語大学（Tokyo University of Foreign Studies）はアラビア語で以下のようにいいます。

◇ جَامِعَةُ طُوكِيُو لِلدِّرَاسَاتِ ٱلْأَجْنَبِيَّةِ

「دِرَاسَاتٌ」は「دِرَاسَةٌ」（勉強、研究）の複数形で、「أَجْنَبِيٌّ」は「外国の」、「外国人」（複数形は أَجَانِبُ）という意味です。

「外国語大学」なので「لُغَاتٌ」は「لُغَةٌ」「جَامِعَةُ طُوكِيُو لِلُغَاتِ ٱلْأَجْنَبِيَّةِ」（言語）の複数形）と訳されることもありますが、正式名称は「جَامِعَةُ طُوكِيُو لِلدِّرَاسَاتِ ٱلْأَجْنَبِيَّةِ」です。

東京外国語大学を構成する二つの学部はアラビア語ではそれぞれ以下のように言います。

◇ كُلِّيَّةُ ٱلدِّرَاسَاتِ ٱللُّغَوِيَّةِ وَٱلثَّقَافِيَّةِ　言語文化学部
◇ كُلِّيَّةُ ٱلدِّرَاسَاتِ ٱلدُّوَلِيَّةِ وَٱلْإِقْلِيمِيَّةِ　国際社会学部

また両学部でアラブ地域情勢、アラビア語を学ぶ学生からなるアラビア語専攻（通称アラ科）は以下のように言います。

◇ قِسْمُ ٱلدِّرَاسَاتِ ٱلْعَرَبِيَّةِ　アラビア語専攻（学科）

ここでも日本語訳からの類推で「قِسْمُ ٱللُّغَةِ ٱلْعَرَبِيَّةِ」と訳されることもありますが、正式には「قِسْمُ ٱلدِّرَاسَاتِ ٱلْعَرَبِيَّةِ」と言います。

第4章　修飾

前章では、主に代名詞について学びましたが、「この〜」という指示形容詞の用法や、「私の〜」という人称代名詞の非分離形の用法は、文法的には修飾と言います。

本章では、この修飾、具体的には形容詞による名詞の修飾、そして（普通）名詞による（普通）名詞の修飾（イダーファ表現）を含む表現を練習します。詳しい文法解説については『詳解文法』第10章を参照

第1節　アラブ諸国からの友人を連れて、大学を案内

エジプトに留学した経験のある陽太がアラブ諸国から来た友人のムハンマド、サルワー、アーヤを多磨駅で迎えて、大学に連れて行きます。

陽太1：おはよう、みんないますか。

هَارُوتَا ١: صَبَاحُ ٱلْخَيْرِ، هَلْ كُلُّكُمْ حَاضِرُونَ؟

ムハンマド1：はい、みんないますし、準備できてます。

مُحَمَّدٌ ١: نَعَمْ، كُلُّنَا حَاضِرُونَ وَجَاهِزُونَ.

陽太2：では、大学に行きましょう。

هَارُوتَا ٢: حَسَنًا، هَيَّا بِنَا إِلَى ٱلْجَامِعَةِ.

大学に着いて…

陽太3：これが大学です。ようこそ、東京外国語大学に。

هَارُوتَا ٣: هٰذِهِ هِيَ ٱلْجَامِعَةُ، أَهْلًا وَسَهْلًا بِكُمْ فِي جَامِعَةِ طُوكِيُو لِلدِّرَاسَاتِ ٱلْأَجْنَبِيَّةِ.

ムハンマド2：すばらしい、今、大学のキャンパスにいますか。

مُحَمَّدٌ ٢: مَا شَاءَ ٱللّٰهُ، هَلْ نَحْنُ فِي حَرَمِ ٱلْجَامِعَةِ ٱلْآنَ؟

陽太4：はい、私たちは大学のなかです。

هَارُوتَا ٤: نَعَمْ، نَحْنُ دَاخِلَ ٱلْجَامِعَةِ.

آيَةُ ١: وَلٰكِنْ، أَيْنَ بَوَّابَةُ ٱلْجَامِعَةِ وَسُورُهَا؟	アーヤ1：でも、大学の門や塀はどこですか。
هَارُوتَا ٥: هٰذِهِ مُلَاحَظَةٌ جَيِّدَةٌ. ٱلْجَامِعَاتُ فِي ٱلشَّرْقِ ٱلْأَوْسَطِ بِصِفَةٍ عَامَّةٍ بِهَا بَوَّابَاتٌ وَأَسْوَارٌ. وَلٰكِنْ، جَامِعَتُنَا لَيْسَتْ بِهَا بَوَّابَاتٌ أَوْ أَسْوَارٌ. وَدُخُولُ ٱلْجَامِعَةِ مَسْمُوحٌ لِلْجَمِيعِ.	陽太5：良いところに気付きましたね。一般に中東の大学には門や塀があります。でも、私たちの大学には門や塀はありません。大学に入ることはみなに許されています。
سَلْوَى ١: وَمَا تِلْكَ ٱلْبِنَايَةُ ٱلْكَبِيرَةُ؟	サルワー1：あの大きな建物は何ですか。
هَارُوتَا ٦: تِلْكَ ٱلْبِنَايَةُ مَسْرَحُ ٱلْجَامِعَةِ، وَوَرَاءَهُ مَكْتَبَةُ ٱلْجَامِعَةِ.	陽太6：あの建物は大学の劇場です。その後ろにあるのは大学の図書館です。
مُحَمَّدٌ ٣: وَمَا تِلْكَ ٱلْبِنَايَةُ ٱلْحَدِيثَةُ؟ هَلْ هِيَ ٱلسَّكَنُ ٱلْجَامِعِيُّ؟	ムハンマド3：あの近代的な建物は何ですか。学生寮ですか。
هَارُوتَا ٧: لَا، تِلْكَ ٱلْبِنَايَةُ لَيْسَتِ ٱلسَّكَنَ ٱلْجَامِعِيَّ. تِلْكَ بِنَايَةُ ٱلْمُحَاضَرَاتِ، وَبِهَا مَكَاتِبُ ٱلْأَسَاتِذَةِ وَقَاعَاتُ ٱلْمُحَاضَرَاتِ، وَبِجَانِبِهَا صَالَةُ ٱلْأَلْعَابِ ٱلرِّيَاضِيَّةِ.	陽太7：いいえ、あの建物は学生寮ではありません。あれは講義棟です。そこには先生がたの研究室や教室があります。その隣には体育館があります。
آيَةُ ٢: وَهَلْ هُنَاكَ مَلَاعِبُ أُخْرَى؟	アーヤ2：ほかにも競技場はありますか。
هَارُوتَا ٨: نَعَمْ، هُنَاكَ مَلَاعِبُ تِنِسٍ، وَمَلْعَبٌ كَبِيرٌ لِكُرَةِ ٱلْقَدَمِ …. وَٱلْآنَ، هَيَّا بِنَا إِلَى مَطْعَمِ ٱلْجَامِعَةِ.	陽太8：はい、テニス・コートや大きなサッカー競技場もあります…。さて、学食に行きましょう。
مُحَمَّدٌ ٤: مُمْتَازٌ، نَحْنُ عَطْشَانُونَ وَجَوْعَانُونَ.	ムハンマド4：いいですねえ、私たちはのどが渇いて、お腹が空いています。
سَلْوَى ٣: شُكْرًا لَكَ يَا هَارُوتَا، مَا شَاءَ ٱللهُ، جَامِعَتُكَ رَائِعَةٌ جِدًّا.	サルワー3：ありがとうございます、陽太。ほんとに、あなたの大学はとてもすばらしいです。
هَارُوتَا ٩: شُكْرًا لَكُمْ.	陽太9：ありがとう。

第2節　解説

2-1　初出単語・表現

هَارُوتَا ١

- ▶ كُلُّكُمْ ☞2-2 重要な会話表現
- ▶ حَاضِرٌ ☞2-2 重要な会話表現

مُحَمَّدٌ ١

- ▶ جَاهِزٌ　準備ができている

هَارُوتَا ٢

- ▶ ~ هَيَّا بِنَا ☞2-2 重要な会話表現

هَارُوتَا ٤

- ▶ دَاخِلَ　～の中に、～の中で
  対義語は「خَارِجَ」（～の外に、～の外で）です。

آيَةُ ١

- ▶ وَلَكِنْ　しかし
- ▶ بَوَّابَةٌ　門、玄関
- ▶ سُورٌ　أَسْوَارٌ　塀、外壁

هَارُوتَا ٥

- ▶ مُلَاحَظَةٌ　注目（すること）、着目（すること）
  「هٰذِهِ مُلَاحَظَةٌ جَيِّدَةٌ.」は直訳すると、「これは良い注目点です」となりますが、「良いところに気付きましたね」という意味で用いられています。
- ▶ اَلشَّرْقُ الْأَوْسَطُ　中東
- ▶ بِصِفَةٍ عَامَّةٍ ☞2-2 重要な会話表現
- ▶ بِهَا ☞2-2 重要な会話表現

- ▶ أَوْ　または、あるいは
- ▶ دُخُولٌ　入ること、入場、入園、入学
  対義語は「خُرُوجٌ」（出ること、退場、退出）です。
- ▶ مَسْمُوحٌ　許されている
- ▶ جَمِيعٌ　みな、すべて

سَلْوَى ١

- ▶ بِنَايَةٌ　建物

هَارُوتَا ٦

- ▶ مَسْرَحٌ　مَسَارِحُ　劇場

مُحَمَّدٌ ٣

- ▶ حَدِيثٌ　近代的な
- ▶ اَلسَّكَنُ الْجَامِعِيُّ　大学寮（سَكَنٌ　住居、جَامِعِيٌّ　大学の）

هَارُوتَا ٧

- ▶ صَالَةٌ　ホール
- ▶ أَلْعَابٌ　لَعِبٌ　遊び
- ▶ رِيَاضِيٌّ　スポーツの（رِيَاضَةٌ　スポーツ）

آيَةُ ٢

- ▶ ~ هُنَاكَ ☞2-2 重要な会話表現
- ▶ مَلْعَبٌ　مَلَاعِبُ　競技場、スタジアム
- ▶ أُخْرَى ☞2-2 重要な会話表現

مُحَمَّدٌ ٤	هَارُوتَا ٨
▶ عَطْشَانُ/عَطْشَانَ 喉が渇いている عَطْشَى	▶ تِنِسْ テニス
▶ جَوْعَانُ/جَوْعَانَ 空腹な جَوْعَى	▶ كُرَةٌ ボール、كُرَةُ ٱلْقَدَمِ サッカー قَدَمٌ 足 (أَقْدَامٌ)

2-2 重要な会話表現

「全体」を表す「كُلٌّ」

「كُلُّنَا حَاضِرُونَ وَجَاهِزُونَ.」、「هَلْ كُلُّكُمْ حَاضِرُونَ؟」という文で用いられている「كُلٌّ」は、「全体」を表す表現で用いられるもっとも代表的な語です。この語は非限定・単数形・属格の名詞が続くと「各～」(every)、限定・複数形・属格が続くと「すべての～」(all)、限定・単数形・属格が続くと「～じゅう」(entire) という意味になります。

📖 詳しくは『詳解文法』第10章の「もっと学ぶために」を参照

كُلَّ يَوْمٍ 毎日 (every day) (أَيَّامٌ يَوْمٌ 日)
كُلُّ ٱلْأَيَّامِ すべての日に (all the days)
كُلَّ ٱلْيَوْمِ 1日中 (the entire day)

在・不在を表す表現

「حَاضِرٌ」は「出席している」、「在室の」、「いる」などと訳出され、「هَلِ ٱلسَّيِّدُ ~ حَاضِرٌ؟」（～さんはいますか。）、「نَعَمْ، هُوَ حَاضِرٌ.」（はい、彼はいます。）などと言うように、学校などで出席を確認する際に多用されます。

似た表現として以下のような語があります。

مَوْجُودٌ 存在している、いる

また「欠席している」、「不在の」、「いない」という意味の対義語としては「غَائِبٌ」、「مُتَغَيِّبٌ」1)といった語があります。もちろん動詞「لَيْسَ」を用いて「لَيْسَ حَاضِرًا」という否定文を作ることでも表すことができます。

勧誘の表現「それでは～」

「هَيَّا بِنَا ~」は「それでは～」、「さあ～」という意味で用いられる勧誘表現です。「～」には前置詞句や動詞文などが続きます。📖 動詞文については『詳解文法』第9章第2節を参照

هَيَّا بِنَا إِلَى ٱلْجَامِعَةِ. では、大学に行きましょう。

---

1) このほかに「غَيْرُ مَوْجُودٍ」（不在の）という表現があります。 📖 詳しくは『詳解文法』第12章を参照

هَيَّا بِنَا إِلَى مَطْعَمِ ٱلْجَامِعَةِ.　さて、学食に行きましょう。

なお「هَيَّا بِنَا.」単独で用いることもできます。

程度を表す表現

「بِصِفَةٍ عَامَّةٍ」صِفَة　性質、عَامّ　一般的な、全般的な、総合的な）は「一般的に」という慣用句です。アラビア語では前置詞「بِ」と、「صِفَة」、「طَرِيق」、「صُورَة」、「شَكْل」（かたち أَشْكَال）、「طَرِيقَة」（方法 طُرُق، طَرَائِق）、「أُسْلُوب」（やり方 أَسَالِيب）などといった名詞、そして程度や状態を表す形容詞を用いて、人やものなどの状態を表す副詞を表すことができます。📖　詳しくは『詳解文法』第22章の「もっと学ぶために」、『表現実践』第7章第2節を参照

بِصِفَةٍ خَاصَّةٍ　とりわけ（خَاصّ　特別な）
بِصُورَةٍ غَامِضَةٍ　曖昧に（غَامِض　曖昧な）
بِشَكْلٍ مَلْمُوسٍ　具体的に（مَلْمُوس　具体的な）

付属・付随を表す前置詞「بِ」

前置詞「بِ」は付属・付随を表し、「〜がついている」、「〜が付属している」などと直訳できます。

بِهَا بَوَّابَاتٌ وَأَسْوَارٌ.　それ（大学）には門や塀はあります。

بِهَا مَكَاتِبُ ٱلْأَسَاتِذَةِ وَقَاعَاتُ ٱلْمُحَاضَرَاتِ.　そこには先生がたの研究室や教室があります。

第1節の例文で登場した上記二つの文を直訳すると、それぞれ「それ（大学）には門や壁が付属している」、「そこ（講義棟）には先生がたの研究室や教室がついている」となります。第3章で学んだ所有・携帯を表す構文で用いられる「عِنْدَ」などの前置詞に似た用法、意味合いとなります。

存在を表す「هُنَا」、「هُنَاكَ」を用いた倒置文

基本名詞文の補語になる品詞・句には、形容詞、名詞、前置詞句のほかにも副詞があり、そのなかには主語と補語の順序が逆転する倒置文もあります。基本名詞文、そして倒置文の補語となる副詞のなかでもっとも代表的なのが「هُنَاكَ」（そこ）と「هُنَا」（ここ）です。📖　詳しくは『詳解文法』第8章の「もっと学ぶために」を参照

هُنَاكَ بِنْتٌ.　そこに（ある）少女がいる。／少女がいる。
هُنَا رَجُلٌ.　ここに（ある）男がいる。
ٱلْبِنْتُ هُنَاكَ.　（その）少女はそこにいる。
ٱلرَّجُلُ هُنَا.　（その）男はここにいる。

基本名詞文と倒置文は、原則として主語が話者にとって既知か否かによって使い分

けられますので、この違いを念頭において「هُنَا」と「هُنَاكَ」を用いた名詞文の練習をしてみてください。

形容詞「آخَرُ」

「هَلْ هُنَاكَ مَلَاعِبُ أُخْرَى؟」という文の「أُخْرَى」は「別の」という意味の女性形容詞で、もとのかたち（男性形容詞）は「آخَرُ」です。

قِطَارٌ آخَرُ　別の列車

مَرَّةً أُخْرَى　もう一度（別の回に）　(مَرَّاتٌ　回　مَرَّةٌ)

「آخَرُ」はまた、名詞としても用いられ、定冠詞「اَلْ」などで限定されると、「他人」、「その他の人」、「その他のもの」、「別のもの」という意味になります。

なお「آخَرُ」は准二段変化と呼ばれる格変化を、「أُخْرَى」は無変化と呼ばれる格変化をします。これらの格変化ついては第5章で学びます。

第3節　文法の復習

3-1　形容詞による修飾

形容詞で名詞を修飾するときは、形容詞を名詞の後ろに置き、アラビア語の文法における基本要素である①非限定／限定、②性、③数のすべてに関し、修飾する名詞と一致させます。詳しくは『詳解文法』第10章第1節を参照

文法練習問題　4-1

（　）内の単語を日本語に合うよう、適切なかたちに変化させてください。

(1) اَلْفَتَاةُ (خَجُولٌ) (مُهَذَّبٌ).
その恥ずかしがりの女の子は礼儀正しい。(恥ずかしがりの　خَجُولٌ、فَتَيَاتٌ　少女　فَتَاةٌ)

(2) اَلشَّوَارِعُ (ضَيِّقٌ) (مُزْدَحِمٌ) دَائِمًا.
狭い街はいつも混んでいる。(شَارِعٌ　通り、街　شَوَارِعُ)

(3) عَبْدُ ٱلنَّاصِرِ قَائِدٌ (مَشْهُورٌ) عِنْدَ ٱلْعَرَبِ.
ナセルはアラブ人にとって有名な指導者です。(指導者　قَائِدٌ　ナセル　عَبْدُ ٱلنَّاصِرِ、قَادَةٌ)

(4) مُحَمَّدٌ وَوَاكَانَا (طَالِبٌ) (مُجْتَهِدٌ) وَ(مُتَوَاضِعٌ).
ムハンマドと和奏は勤勉で謙虚な学生です。(謙虚な　مُتَوَاضِعٌ)

(5) تِلْكَ ٱلطَّالِبَةُ (مُتَكَبِّرٌ) لَيْسَ لَهَا أَصْدِقَاءُ.
あの傲慢な女子学生には友人がいない。(傲慢な　مُتَكَبِّرٌ)

(6) هُنَاكَ مَشَاكِلُ (كَثِيرٌ) فِي ٱلشَّرْقِ ٱلْأَوْسَطِ.

中東には多くの問題がある。(كِثَار 多い كَثِير)

(7) اَلْمَحَطَّةُ (قَرِيبٌ) مِنْ بَيْتِي اَسْمُهَا "تَامَا".

私の家の近くの駅の名前は「多磨」です。

(8) أَمَامَ بَيْتِي مَسْجِدٌ (كَبِيرٌ).

私の家の前には、大きなモスクがあります。(مَسَاجِدُ モスク مَسْجِدٌ)

(9) اَلطُّلَّابُ (ذَكِيٌّ) فِي مَكْتَبَةِ الْجَامِعَةِ.

賢い学生たちは大学の図書館にいます。

(10) اَلطَّالِبَاتُ (مُهَذَّبٌ) (مُجْتَهِدٌ).

礼儀正しい女子学生たちは勤勉です。

3-2 イダーファ表現

　イダーファ表現、すなわち名詞による名詞の修飾は、修飾語を属格にして被修飾語の直後に置きます。「AのB」という場合のAが修飾語、Bが被修飾語ですので、「B+A」という順番になります。例えば「その家の戸」と言う場合、「A」に相当する修飾語が「اَلْبَيْتُ」（家）、「B」に相当する被修飾語が「بَابٌ」ですので、「B+A」、すなわち「بَابُ الْبَيْتِ」となります。

　イダーファ表現の名詞句は、①非限定／限定、②格、③性、④数の表し方が若干複雑です。非限定／限定は修飾語（名詞A）、それ以外は被修飾語（名詞B）で表されるためです。会話や作文の際に、最初はとまどうかと思いますが、辛抱強く練習を重ねてください。　詳しくは『詳解文法』第10章第2節を参照

文法練習問題　4-2

　例に従って、□のなかの名詞を用いて、日本語に合うようにイダーファ表現を作ってください。その際、格は（　）に示した格にしてください。

اِجْتِمَاعٌ　جَامِعَةٌ　حَقِيبَةٌ　شَرِكَةٌ　عُنْوَانٌ (住所)
غُرْفَةٌ　قِطَارٌ　مَطْعَمٌ　حَرَمٌ　مُدِيرٌ
الْعَرَبِيَّةُ　مَحَطَّةٌ　رَقَمٌ (数字 (figure)、番号 أَرْقَامٌ)
شُبَّاكٌ (窓 شَبَابِيكُ)　مُوَظَّفٌ　مِفْتَاحٌ (鍵 مَفَاتِيحُ)
مَوْعِدٌ (約束（の期日）مَوَاعِدُ)　هَاتِفٌ (電話 هَوَاتِفُ)
قَوَاعِدُ (文法、ルール (常に複数形) (単数は قَاعِدَةٌ))

(例) その家のドア（主格）بَابُ الْبَيْتِ

(1) その部屋の窓（主格）　　　　(2) その大学の住所（属格）

(3) アラビア語の文法（対格）　　(4) ある鞄の鍵（主格）

(5) ある食堂の従業員（属格）　　(6) ある会社の経営者（対格）

(7) その電話番号（主格）　　　　(8) ある会議の期日（属格）

(9) その大学のキャンパス（対格）　(10) 列車の駅（属格）

3-3　イダーファ表現の応用

　イダーファ表現の基本的な作り方を習得したら、イダーファ表現と形容詞を組み合わせた表現、イダーファ表現と代名詞を組み合わせた表現を少しずつ練習して、より豊かで正確な表現ができるようにしてください。　　詳しくは『詳解文法』第10章の第3節や「もっと学ぶために」を参照

3-4　名詞文のまとめ

　これまで第2、3章において基本名詞文、文を補語とする名詞文、倒置文の練習をしてきました。そのなかには、主語が限定、ないしは非限定になるもの、名詞、イダーファ表現、形容詞、副詞、前置詞句が補語となるものなど多くのかたちがあります。以下の表では名詞文のまとめとして、名詞文を作ることができる品詞、句、文節の組み合わせと作ることができない組み合わせを一覧します。「○」は名詞文を作ることができる組み合わせ、「×」は作ることができない組み合わせを意味しています。　　詳しくは『詳解文法』第4、7、8、10章を参照

補語\主語	非限定 شَابٌّ	限定 اَلشَّابُّ	人称代名詞 هُوَ	指示代名詞 هٰذَا	イダーファ表現（限定） صَدِيقُ ٱلشَّابِّ
名詞 非限定 طَالِبٌ	× شَابٌّ طَالِبٌ	○ اَلشَّابُّ طَالِبٌ その青年は学生です。	○ هُوَ طَالِبٌ. 彼は学生です。	○ هٰذَا طَالِبٌ. この人は学生です。	○ صَدِيقُ ٱلشَّابِّ طَالِبٌ その青年の友人は学生です。
名詞 限定 اَلطَّالِبُ	× شَابٌّ ٱلطَّالِبُ	×²⁾ اَلشَّابُّ ٱلطَّالِبُ	○ هُوَ ٱلطَّالِبُ. 彼がその学生です。	×³⁾ هٰذَا ٱلطَّالِبُ	×⁴⁾ صَدِيقُ ٱلشَّابِّ ٱلطَّالِبُ

2)　「اَلشَّابُّ ٱلطَّالِبُ」は「その青年、すなわちその学生は」という同格の意味になります。ただし、以下のとおり、文を補語にする名詞文を作ることで、主語、補語ともに限定名詞にすることができます。
　　اَلشَّابُّ هُوَ ٱلطَّالِبُ.　その青年がその学生です。

3)　「هٰذَا ٱلطَّالِبُ」は「この学生は」という意味になります。ただし、以下のとおり、文を補語にする名詞文を作ることで、指示詞を主語、限定名詞を補語にすることができます。
　　هٰذَا هُوَ ٱلطَّالِبُ.　その人がその学生です。

4)　イダーファ表現を主語、限定名詞を補語にする場合は、以下のとおり、文を補語とする名詞文にする必要があります。
　　صَدِيقُ ٱلشَّابِّ هُوَ ٱلطَّالِبُ.　その青年の友人がその学生です。

補語 \ 主語	非限定 شَابٌّ	限定 اَلشَّابُّ	人称代名詞 هُوَ	指示代名詞 هٰذَا	イダーファ表現（限定）صَدِيقُ ٱلشَّابِّ
イダーファ表現 非限定 طَالِبُ جَامِعَةٍ	× شَابٌّ طَالِبُ جَامِعَةٍ	○ اَلشَّابُّ طَالِبُ جَامِعَةٍ. その青年はある大学の学生です。	○ هُوَ طَالِبُ جَامِعَةٍ. 彼はある大学の学生です。	○ هٰذَا طَالِبُ جَامِعَةٍ. この人はある大学の学生です。	○ صَدِيقُ ٱلشَّابِّ طَالِبُ جَامِعَةٍ. その青年の友人はある大学の学生です。
イダーファ表現 限定 طَالِبُ ٱلْجَامِعَةِ	× شَابٌّ طَالِبُ ٱلْجَامِعَةِ	○ اَلشَّابُّ طَالِبُ ٱلْجَامِعَةِ. その青年はその大学の学生です。	○ هُوَ طَالِبُ ٱلْجَامِعَةِ. 彼はその大学の学生です。	○ هٰذَا طَالِبُ ٱلْجَامِعَةِ. この人はその大学の学生です。	○ صَدِيقُ ٱلشَّابِّ طَالِبُ ٱلْجَامِعَةِ. その青年の友人はその大学の学生です。
形容詞 لَطِيفٌ	× شَابٌّ لَطِيفٌ	○ اَلشَّابُّ لَطِيفٌ. その青年は優しい。	○ هُوَ لَطِيفٌ. 彼は優しい。	○ هٰذَا لَطِيفٌ. この人は優しい。	○ صَدِيقُ ٱلشَّابِّ لَطِيفٌ. その青年の友人は優しい。
副詞 هُنَا	× شَابٌّ هُنَا 5)	○ اَلشَّابُّ هُنَا. その青年はここです。	○ هُوَ هُنَا. 彼はここです。	○ هٰذَا هُنَا. この人（これ）はここです。	○ صَدِيقُ ٱلشَّابِّ هُنَا. その青年の友人はここです。
前置詞句 أَمَامَ ٱلْمَحَطَّةِ	× شَابٌّ أَمَامَ ٱلْمَحَطَّةِ 6)	○ اَلشَّابُّ أَمَامَ ٱلْمَحَطَّةِ. その青年は駅前です。	○ هُوَ أَمَامَ ٱلْمَحَطَّةِ. 彼は駅前です。	○ هٰذَا أَمَامَ ٱلْمَحَطَّةِ. この人（これ）は駅前です。	○ صَدِيقُ ٱلشَّابِّ أَمَامَ ٱلْمَحَطَّةِ. その青年の友人は駅前です。
名詞文 مَعَهُ رَجُلٌ	× شَابٌّ مَعَهُ رَجُلٌ	○ اَلشَّابُّ مَعَهُ رَجُلٌ. その青年はある男性といっしょです。	○ هُوَ مَعَهُ رَجُلٌ. 彼はある男性といっしょです。	○ هٰذَا مَعَهُ رَجُلٌ. この人はある男性といっしょです。	○ صَدِيقُ ٱلشَّابِّ مَعَهُ رَجُلٌ. その青年の友人はある男性といっしょです。

5) ただし、倒置文にすることで、非限定名詞を主語、副詞を補語とすることができます。
 هُنَا شَابٌّ.　ここにある青年がいます。

6) ただし、倒置文にすることで、非限定名詞を主語、前置詞句を補語とすることができます。
 أَمَامَ ٱلْمَحَطَّةِ شَابٌّ.　駅前にある青年がいます。

第4章 修飾

文法練習問題　4-3

以下の単語を日本語に合うように並び替えたうえで、格、限定／非限定を適切なかたちに変化させてください。

(1) سَائِقٌ／سَيَّارَةٌ／شَرِكَةٌ　とある会社の車の運転手（主格）
(2) سَائِقٌ／سَيَّارَةٌ／شَرِكَةٌ　その会社の車の運転手（属格）
(3) سَائِقٌ／سَيَّارَةٌ／شَرِكَةٌ／هُمْ　彼らの会社の車の運転手（対格）
(4) مِفْتَاحٌ／مَكْتَبٌ／أُسْتَاذٌ　その先生の研究室の鍵（主格）
(5) حَقِيبَةٌ／مُوَظَّفَةٌ／شَرِكَةٌ　その会社の女性従業員の鞄（対格）

文法練習問題　4-4

以下の文を日本語に訳してください。

(1) سَيَّارَةُ الْأُسْتَاذَةِ الْجَدِيدَةِ أَمَامَ الْجَامِعَةِ.
(2) هٰذَا هُوَ عُنْوَانُ الْبَيْتِ الْقَدِيمِ.
(3) بَيْتُ هَارُوتَا قَرِيبٌ مِنْ مَكْتَبِ الشَّرِكَةِ الْكَبِيرَةِ.
(4) هٰذِهِ حَقِيبَةُ الْفَتَاةِ الْجَمِيلَةِ.
(5) مَعِي صُورَةُ الطَّالِبَةِ الْجَدِيدَةِ.
(6) هٰذِهِ سَيَّارَةُ الْمُوَظَّفِ الطَّوِيلِ.
(7) مِفْتَاحُ مَكْتَبِ الْأُسْتَاذِ الْجَدِيدِ مَعِي.
(8) أَمَامَ الْبَيْتِ صَاحِبُ الْكَلْبِ الذَّكِيِّ.
（صَاحِبٌ　持ち主、飼い主　أَصْحَابٌ，كَلْبٌ 犬　كِلَابٌ，ذَكِيٌّ 賢い　أَذْكِيَاءُ）
(9) رِسَالَةُ الْأُسْتَاذَةِ اللَّطِيفَةِ عَلَى الْمَكْتَبِ.
（رِسَالَةٌ　手紙、メッセージ　رَسَائِلُ）
(10) حَدِيقَةُ الْجَامِعَةِ الْوَاسِعَةِ جَمِيلَةٌ.

表現練習問題　4-1

例に従って、以下の文の主語や補語の名詞を□のなかの形容詞で修飾してください。そのうえで、作った文の主語を双数、複数に変化させてください。また、作った文を日本語に訳して下さい。

سَعِيدٌ	رَخِيصٌ	رَائِعٌ	جَمِيلٌ	جَدِيدٌ
قَصِيرٌ	قَدِيمٌ	طَوِيلٌ	ضَيِّقٌ	صَغِيرٌ
مُرِيحٌ	مُجْتَهِدٌ	لَطِيفٌ	كَرِيمٌ	كَبِيرٌ
وَاسِعٌ	نَظِيفٌ	مُهَذَّبٌ	مَشْهُورٌ	مَشْغُولٌ
			مُهِمٌّ	وَسِخٌ

(例) اَلرَّجُلُ أُسْتَاذٌ.

その男性は先生です。

اَلرَّجُلُ الْمُهَذَّبُ أُسْتَاذٌ مَشْهُورٌ.

その礼儀正しい男性は有名な先生です。

اَلرَّجُلَانِ الْمُهَذَّبَانِ أُسْتَاذَانِ مَشْهُورَانِ.

その２人の礼儀正しい男性は有名な先生です。

اَلرِّجَالُ الْمُهَذَّبُونَ أَسَاتِذَةٌ مَشْهُورُونَ.

その礼儀正しい男性たちは有名な先生です。

(1) اَلطَّالِبُ شَابٌّ.
(2) اَلْأُسْتَاذَةُ بَاحِثَةٌ.

(بَاحِثٌ 研究者)

(3) اَلشَّابُّ طَبِيبٌ.
(4) اَلْفَتَاةُ طَالِبَةٌ.
(5) اَلْكِتَابُ وَثِيقَةٌ.

(وَثِيقَةٌ 文書　وَثَائِقُ)

表現練習問題 4-2

例に従って、以下のイダーファ表現における被修飾語を主語、（ ）に示した語句を補語とする文を作ってください。そのうえで、この文を補語、イダーファ表現の修飾語を主語とする名詞文に作りかえ、その文を日本語に訳してください。

(例) بَابُ ٱلْبَيْتِ

その家のドア（أَمَامَ ٱلْمَكْتَبِ）

اَلْبَابُ أَمَامَ ٱلْمَكْتَبِ.

そのドアは事務所の前です。

اَلْبَيْتُ بَابُهُ أَمَامَ ٱلْمَكْتَبِ.

その家はドアが事務所の前です。

(1) شُبَّاكُ ٱلْغُرْفَةِ

部屋の窓（بِجَانِبِ ٱلْبَابِ）

(2) عُنْوَانُ ٱلْجَامِعَةِ

大学の住所（مَكْتُوبٌ فِي ٱلدَّفْتَرِ）（مَكْتُوبٌ 書かれている）

(3) قَوَاعِدُ ٱلْعَرَبِيَّةِ

アラビア語の文法（لَيْسَ صَعْبًا جِدًّا）

(4) مِفْتَاحُ ٱلْحَقِيبَةِ

鞄の鍵（فِي ذٰلِكَ ٱلدُّرْجِ）（دُرْجٌ 引き出し أَدْرَاجٌ）

(5) مُوَظَّفُ ٱلْمَطْعَمِ

食堂の従業員たち（لَطِيفٌ）

(6) مُدِيرُ ٱلشَّرِكَةِ

会社の経営者（男性）（غَنِيٌّ）

(7) رَقْمُ ٱلْهَاتِفِ

電話番号（صَحِيحٌ）（صَحِيحٌ 正しい）

(8) مَوْعِدُ ٱلِٱجْتِمَاعِ

会議の期日（بَعْدَ أُسْبُوعٍ）（أُسْبُوعٌ 週 أَسَابِيعُ）

(9) حَرَمُ ٱلْجَامِعَةِ

大学のキャンパス（رَائِعٌ جِدًّا）

(10) مَحَطَّةُ ٱلْقِطَارِ

列車の駅（أَمَامَ ٱلسُّوقِ ٱلْمَشْهُورِ）（سُوقٌ 市場（両性名詞）أَسْوَاقٌ）

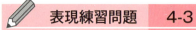

表現練習問題　4-3

以下の疑問文をアラビア語に訳したうえで、アラビア語で答えてください。また、答えを日本語に訳して下さい。

(1) あなた（男性）の大学の名前は何ですか。
(2) あなた（女性）の大学の住所は何ですか。
(3) アラビア語の勉強は難しいですか。
(4) これはあなた（男性）の同僚（男性）のペンですか。
(5) この会社の従業員たちは勤勉ですか。
(6) あなた（男性）の試験結果はどうでしたか（何ですか）。(نَتِيجَةٌ 結果 نَتَائِجُ)
(7) あなた（女性）の友人（女性）の家はどこですか。
(8) ムハンマドの友人（男性）の本はどこですか。
(9) あなたたちの大学の図書館は大きいですか。
(10) 彼女の両目はきれいですか。(عَيْنٌ 目 عُيُونٌ、أَعْيُنٌ)

اِسْتِرَاحَةٌ ٤　挨拶のときの動作

日本語で挨拶するときは、会釈も合わせて行うのが一般的ですが、アラビア語の挨拶も相手への敬意・親しみを表す動作を伴います。

人と会ったときのもっとも代表的な動作は以下の通りです。

◇ 右手で握手。
◇ 握手しながらのハグ：右頬を１回、左頬を１回合わせます。たまにもう一回右頬を１回合わせます。
◇ 右手を胸にあてる：宗教的に厳格な人が異性との握手を避ける場合などに行います。
◇ 握手した後で右手を胸にあてる。
◇ 敬礼。
◇ 敬礼風に右手をあげる。

一番基本的な動作は握手です。これらの挨拶をする場合、非常に親しい相手を除いて立ち上がります。

別れ際の動作も会った動作と同じです。客人などを見送るときは手を振ったりします。見送られる客人は必ず一度振り返って見送りの挨拶に答えますので、見送る側は手抜きをせず、最後まで見送らなければなりません。

上記の動作は挨拶時に行われるものですが、文脈やその組み合わせによっては異なる意味になってしまうものがあります。

◇ 相手が何か差し出したときに右手を胸にあてると、「要りません」という意味になります。
◇ 敬礼した後で右手を胸にあてると、同様に「要りません」という意味になります。
◇ ちなみに、アラビア語では差し出されたものを断るときに「شُكْرًا」と言って婉曲的に断ります。

第5章　名詞と形容詞のまとめ

これまでの章では「اِسْمٌ」や「اِمْتِحَانٌ」のように文頭とそれ以外の場所で発音が変化する語や、「لُطَفَاءُ」（「لَطِيفٌ」の語幹複数形）のように語尾が「ٌ」でなく、「ُ」という発音記号で終わる単語がいくつか登場しました。

本章では、こうした変則的なかたちの名詞や形容詞（准二段変化、無変化、語尾が伸びる変化）、そして複合形容詞、否定名詞、否定形容詞、比較・最上級などについて練習を重ねることにします。　詳しい文法解説については『詳解文法』第11、12章を参照

第1節　自転車のいいところ

和奏がアフマドに自転車のいいところを語ります。

和奏1：アフマド、自動車と自転車、どっちが良いですか。

وَاكَانَا ١: يَا أَحْمَدُ، أَيُّهُمَا أَفْضَلُ، اَلسَّيَّارَةُ أَمِ ٱلدَّرَّاجَةُ؟

アフマド1：自動車の方がもちろん自転車より良いです。

أَحْمَدُ ١: اَلسَّيَّارَةُ طَبْعًا أَفْضَلُ مِنَ ٱلدَّرَّاجَةِ.

和奏2：なぜですか、アフマド。

وَاكَانَا ٢: لِمَاذَا يَا أَحْمَدُ؟

アフマド2：両者の間には大きな違いがあります。自動車は自転車より速く、より快適です。自動車はもっとも良い交通手段だと思います。一方、自転車は疲れるし、不快です。

أَحْمَدُ ٢: هُنَاكَ فَرْقٌ كَبِيرٌ بَيْنَهُمَا. اَلسَّيَّارَةُ أَسْرَعُ مِنَ ٱلدَّرَّاجَةِ، وَأَكْثَرُ رَاحَةً. فِي رَأْيِي، اَلسَّيَّارَةُ أَفْضَلُ وَسَائِلِ ٱلْمُوَاصَلَاتِ. أَمَّا ٱلدَّرَّاجَةُ فَهِيَ مُتْعِبَةٌ وَغَيْرُ مُرِيحَةٍ.

和奏3：環境汚染やそのほか諸々の車の問題をどう思いますか。

وَاكَانَا ٣: وَمَا رَأْيُكَ فِي ٱلتَّلَوُّثِ ٱلْبِيئِيِّ وَغَيْرِ ذٰلِكَ مِنْ مَشَاكِلِ ٱلسَّيَّارَاتِ؟

第 5 章　名詞と形容詞のまとめ

أَحْمَدُ ٣: هٰذَا هُوَ ٱلسُّؤَالُ ٱلْأَصْعَبُ، وَٱلْجَانِبُ ٱلْمُؤْسِفُ فِي مَوْضُوعِ ٱلسَّيَّارَاتِ. بِٱلْمُنَاسَبَةِ، هَلْ عِنْدَكِ سَيَّارَةٌ أَوْ دَرَّاجَةٌ، يَا وَاكَانَا؟

وَاكَانَا ٤: نَعَمْ، عِنْدِي دَرَّاجَةٌ! دَرَّاجَتِي خَفِيفَةُ ٱلْوَزْنِ، وَغَيْرُ ضَارَّةٍ بِٱلْبِيئَةِ، وَفَوْقَ ذٰلِكَ مُفِيدَةٌ لِلصِّحَّةِ. وَفِي ظَنِّي، ٱلدَّرَّاجَةُ أَفْضَلُ وَسِيلَةٍ لِلْمُوَاصَلَاتِ.

أَحْمَدُ ٤: يَعْنِي، دَرَّاجَتُكِ مُتَعَدِّدَةُ ٱلْفَوَائِدِ، يَا وَاكَانَا. حَسَنًا، مَا لَوْنُهَا وَشَكْلُهَا؟

وَاكَانَا ٥: لَوْنُهَا أَحْمَرُ، وَشَكْلُهَا حَدِيثٌ.

أَحْمَدُ ٥: دَرَّاجَةٌ حَمْرَاءُ ٱللَّوْنِ وَحَدِيثَةُ ٱلشَّكْلِ، وَهِيَ بِٱلتَّأْكِيدِ غَالِيَةُ ٱلثَّمَنِ.

وَاكَانَا ٦: تِلْكَ ٱلدَّرَّاجَةُ هَدِيَّةٌ مِنْ أَبِي وَأُمِّي.

أَحْمَدُ ٦: مَا شَاءَ ٱللّٰهُ، تِلْكَ أَجْمَلُ هَدِيَّةٍ عَلَى ٱلْإِطْلَاقِ.

وَاكَانَا ٧: شُكْرًا لَكَ يَا أَحْمَدُ.

アフマド3：それは一番難しい問題です。車をめぐる問題の残念な面です。ところで、あなたは自動車や自転車を持っていますか、和奏。

和奏4：はい、私は自転車を持ってます！　私の自転車は軽量で、環境にも無害です。そのうえ、健康にもいいです。自転車は最善の交通手段だと思います。

アフマド4：つまり、あなたの自転車は多くのメリットがあるということですね、和奏。では、何色、そしてどんなかたちですか。

和奏5：色は赤です、かたちは新型です。

アフマド5：赤い色で新型の自転車ですか、きっと高価ですよね。

和奏6：その自転車は父と母からのプレゼントです。

アフマド6：すばらしい。まったく最高の贈り物ですね。

和奏7：ありがとう、アフマド。

第2節　解説

2-1　初出単語・表現

وَاكَانَا ١

- ▶ ~ أَيُّهُمَا　☞2-2 重要な会話表現
- ▶ أَفْضَلُ　より良い、もっとも良い（比較・最上級でしか用いられません）
- ▶ دَرَّاجَةٌ　自転車

وَاكَانَا ٢

- ▶ لِمَاذَا　なぜ（第10章を参照）

أَحْمَدُ ٢

- ▶ بَيْنَ ~ وَ...　فَرْقٌ　違い、差異（~と…の）فُرُوقٌ
- ▶ سَرِيعٌ　速い
- ▶ رَاحَةٌ　くつろぎ、快適さ
- ▶ فِي رَأْيِي　☞2-2 重要な会話表現

- ▶ وَسَائِلُ 手段 وَسِيلَةٌ ▶
- ▶ مُوَاصَلَاتٌ 交通 (「مُوَاصَلَةٌ」の複数形で、通常複数形で用いられます)
- ▶ أَمَّا ... فَ ~ ☞2-2 重要な会話表現
- ▶ مُتْعِبٌ （人を）疲れさせる

وَاكَانَا ٣
- ▶ تَلَوُّثٌ 汚染、公害
- ▶ بِيئِيٌّ 環境の（بِيئَةٌ 環境）
- ▶ غَيْرَ ذٰلِكَ مِنْ ~ それ以外の~

أَحْمَدُ ٣
- ▶ مُؤْسِفٌ 残念な、遺憾な
- ▶ مَوْضُوعٌ 主題、テーマ、話題 مَوَاضِيعُ
- ▶ بِالْمُنَاسَبَةِ ところで

وَاكَانَا ٤
- ▶ أَخْفَافٌ、خِفَافٌ、أَخِفَّاءُ 軽い خَفِيفٌ
- ▶ وَزْنٌ 重さ
- ▶ فَوْقَ ذٰلِكَ そのうえ
- ▶ مُفِيدٌ 有益な（لِ ~に）

- ▶ فِي ظَنِّي ☞2-2 重要な会話表現

أَحْمَدُ ٤
- ▶ يَعْنِي ☞2-2 重要な会話表現
- ▶ مُتَعَدِّدٌ 多数の、多くの
- ▶ فَوَائِدُ 利益、メリット فَائِدَةٌ
- ▶ أَلْوَانٌ 色 لَوْنٌ

وَاكَانَا ٥
- ▶ أَحْمَرُ 赤い 女性形 حَمْرَاءُ 複数形 حُمْرٌ

أَحْمَدُ ٥
- ▶ بِالتَّأْكِيدِ 確かに、きっと
- ▶ غَالٍ 値段の高い、高価な
- ▶ أَثْمَانٌ 値段 ثَمَنٌ

وَاكَانَا ٦
- ▶ هَدَايَا 贈り物 هَدِيَّةٌ
- ▶ آبَاءٌ 父 أَبٌ
- ▶ أُمَّهَاتٌ 母 أُمٌّ

أَحْمَدُ ٦
- ▶ عَلَى الْإِطْلَاقِ 完全に、絶対に

2-2 重要な会話表現

選択疑問文「どの~？」

　本章は比較・最上級をマスターすることを一つの課題としていますが、表現能力を高めるのであれば、比較・最上級と合わせて、「どちらの~」を意味する「~ أَيُّ」という疑問詞の用法についても覚えておくことをお勧めします。

　「أَيُّ」は、通常、非限定・単数・属格の名詞か、限定・複数・属格の名詞、あるいは人称代名詞の非分離形が後に続きます。このうち「非限定・単数・属格」、「限定・複数・属格」という組み合わせは、最上級の意味で用いられる形容詞の後に続く名詞と同じです。また「أَيُّ」で始まる疑問文の後に、具体的な選択肢を列挙する場合は、

第5章 名詞と形容詞のまとめ

接続詞「أَمْ」で並置します。 詳しくは『詳解文法』第18章第1節（1-1）、第30章第3節（3-3）を参照

أَيُّ ٱلطُّلَّابِ أَذْكَى فِي هٰذَا ٱلصَّفِّ؟ この学年でどの学生がより賢いのですか。

أَيُّهُمَا أَفْضَلُ، اَلسَّيَّارَةُ أَمِ ٱلدَّرَّاجَةُ؟ 自動車と自転車、どっちが良いですか。

意見を述べるときの表現

▶ فِي رَأْيِي

「اَلسَّيَّارَةُ أَفْضَلُ وَسَائِلِ ٱلْمُوَاصَلَاتِ ،فِي رَأْيِي」という文の「فِي رَأْيِي」は直訳すると、「私の意見では」という意味になり、自分の意見を述べるときに頻繁に用いられます。「～と思います」と言う場合に使えるもっとも簡単な表現です。「بِرَأْيِي」という表現もあります。

また、「رَأْي」を用いた別の表現として第2章で学んだ「مَا رَأْيُكَ فِي ~؟」という疑問文を合わせて覚えることをお勧めします。こちらは「～についてのあなた（男性）の意見はどのようなものですか」、「～についてどう思いますか」という意味になります。

▶ فِي ظَنِّي

一方、「اَلدَّرَّاجَةُ أَفْضَلُ وَسِيلَةٍ لِلْمُوَاصَلَاتِ ،فِي ظَنِّي」という文の「فِي ظَنِّي」は直訳すると、「私の考えでは」という意味になり、「فِي رَأْيِي」と同じく、自分の意見を述べるときに頻繁に用いられます。「ظَنّ」は「推測」ظُنُونٌ」という意味です。「فِي رَأْيِي」と同じように用いますが、「فِي ظَنِّي」は自分の推測、不確実な意見、期待しないことへの意見を表す場合に用いる点で若干異なります。

話題を変えるときの言い回し

「أَمَّا ~ فَ...」は、話題を変える際の言い回しで、「～に関して言うと…」などと訳出されます。「أَمَّا」と「فَ」の間には、次に話したい話題（多くの場合、名詞（主格）、前置詞句）を入れます。 詳しくは『詳解文法』第30章の「もっと学ぶために」を参照

أَمَّا ٱلدَّرَّاجَةُ فَهِيَ مُتْعِبَةٌ وَغَيْرُ مُرِيحَةٍ. 自転車についていうと、それは疲れるし、不快です。

言い換え表現「つまり」

「يَعْنِي」は「つまり」という意味で多用される語です。直訳すると、「それは～を意味する」となります。なお「يَعْنِي」は第3語根弱動詞「عَنَى」の未完了形直説形の三人称単数男性ですが、動詞の活用については本書第7章以降で集中的に学びますので、ここでは「يَعْنِي」をこのままのかたちで覚えておいてください。 詳しくは『表現実践』第3章第2節を参照

يَعْنِي، دَرَّاجَتُكِ مُتَعَدِّدَةُ ٱلْفَوَائِدِ. つまり、あなた（女性）の自転車は多くのメリットがあります。

第3節　文法の復習

3-1　二段変化と無変化

　アラビア語においてもっとも基本的な格変化は、第2章で学んだ三段変化です。しかし、双数形、複数形などを見れば明らかなとおり、アラビア語には三段変化以外の格変化も多くあります。二段変化、無変化、語尾が伸びる変化などです。無変化については、当然変化しないので解説するまでもないかと思いますが、二段変化は、非限定と限定でかたちが変わるなど、混乱しがちですので、実際の表現のなかで確認しながらしっかりと覚えてください。詳しくは『詳解文法』第11章を参照

　　准二段変化（非限定において属格と対格が同じになるもの）　أَفْضَلُ
　　二段変化（主格と属格が同じになるもの）　غَالٍ

文法練習問題　5-1

　（　）内の単語を日本語訳に合うよう、適切なかたちに変化させてください。

(1) ثَمَنُ ٱلْمَوْزِ (غَالٍ) فِي سُورِيَّةَ.
シリアではバナナの値段は高い。（مَوْزٌ　مَوْزَةٌ　バナナ）

(2) لَيْسَ ثَمَنُ ٱلْمَوْزِ (غَالٍ) فِي ٱلْيَابَانِ.
日本ではバナナの値段は高くありません。

(3) هٰذِهِ ٱلسَّيِّدَةُ (مُحَامٍ).
その女性は弁護士です。（مُحَامٍ　弁護士）

(4) هٰذَا ٱلرَّجُلُ لَيْسَ (مُحَامٍ).
この男は弁護士ではありません。

(5) هٰذَا (مُحَامٍ) خِرِّيجُ جَامِعَتِنَا.
この弁護士は私たちの大学の卒業生です。（خِرِّيجٌ　卒業生）

(6) حَسَنٌ لَيْسَ (مُحَامٍ) ٱلْوَحِيدَ فِي ٱلْمَدِينَةِ.
ハサンはその町で唯一の弁護士ではありません。（وَحِيدٌ　独りの、唯一の）

(7) ٱلْأَقْلَامُ فِي صُنْدُوقٍ (أَسْوَدُ).
それらのペンは黒い箱の中です。（سَوْدَاءُ　黒い　女性形、صَنَادِيقُ　箱　صُنْدُوقٌ　複数形　سُودٌ）

(8) لَيْسَتِ ٱلْمِمْحَاةُ فِي ٱلصَّنْدُوقِ (أَسْوَدُ).
消しゴムはその黒い箱の中ではありません。(مِمْحَاةٌ 消しゴム)

(9) سَيَّارَتُهُ وَرَاءَ سَيَّارَةٍ (أَبْيَضُ).
彼の車は白い車の後ろです。(أَبْيَضُ 白い 女性形 بَيْضَاءُ 複数形 بِيضٌ)

(10) (أَبٌ)ـهُ وَ(أَبٌ)ـي مُوَظَّفَانِ فِي هٰذِهِ ٱلشَّرِكَةِ.
彼の父と私の父はこの会社の従業員です。

3-2 「غَيْرُ」の用法

「غَيْرُ」には、「〜以外のもの、人」、「非〜」という意味の名詞として用いられる場合と、形容詞を伴って「非〜な」、「不〜な」という意味の否定形容詞をなす場合の二つの用法があります。名詞として用いられる場合の格変化などはイダーファ表現に順じますが、否定形容詞をなす場合の非限定／限定、格、性、数の表し方は、これまで学んだ名詞、形容詞と若干異なります。 詳しくは『詳解文法』第11章第3節、第12章第2節を参照

名詞として用いられる場合　غَيْرُ ذٰلِكَ مِنْ مَشَاكِلِ ٱلسَّيَّارَاتِ

否定形容詞をなす場合　اَلدَّرَّاجَةُ غَيْرُ مُرِيحَةٍ.

文法練習問題　5-2

以下の文を「غَيْرُ」を使って否定の意味にしたうえで、日本語に訳してください。

(1) اَلْوَقْتُ مُنَاسِبٌ ٱلْآنَ.

(2) هٰذِهِ ٱلْأَلْبِسَةُ تَقْلِيدِيَّةٌ.
(لِبَاسٌ، أَلْبِسَةٌ 衣服　تَقْلِيدِيٌّ 伝統的な)

(3) هٰذَا ٱلِاجْتِمَاعُ رَسْمِيٌّ.
(رَسْمِيٌّ 公式な)

(4) اَلتَّدْخِينُ مَسْمُوحٌ هُنَا.
(تَدْخِينٌ 喫煙)

(5) هٰذَا عَمَلٌ قَانُونِيٌّ.
(عَمَلٌ، أَعْمَالٌ 仕事、行為、事業　قَانُونِيٌّ 法律の、(合)法的な)

(6) كَلَامُهُ صَحِيحٌ.
(كَلَامٌ 言葉、話)

(7) ثَمَنُ تَذْكِرَةِ ٱلطَّائِرَةِ مَعْقُولٌ.
(تَذْكِرَةٌ، تَذَاكِرُ チケット、切符　مَعْقُولٌ 理にかなった、適正な)

3-3 比較・最上級

アラビア語の比較・最上級は、①もととなる形容詞からどのように比較・最上級を作るかを理解したうえで、②比較級、最上級の意味にするための具体的な用法を学ぶ必要があります。 詳しくは『詳解文法』第12章の第4、5節を参照

比較級　اَلسَّيَّارَةُ أَفْضَلُ مِنَ ٱلدَّرَّاجَةِ.　自動車は自転車よりも良いです。

最上級　اَلسَّيَّارَةُ أَفْضَلُ وَسَائِلِ ٱلْمُوَاصَلَاتِ.　自動車はもっとも良い交通手段です。

اَلدَّرَّاجَةُ أَفْضَلُ وَسِيلَةٍ لِلْمُوَاصَلَاتِ.　自転車はもっとも良い交通手段です。

تِلْكَ أَجْمَلُ هَدِيَّةٍ.　それは最高の贈り物です。

文法練習問題　5-3

（　）内の単語を日本語訳に合うよう、適切なかたちに変化させてください。

(1) أَخِي (صَغِيرٌ) مِنْ أُخْتِكَ.
私の弟はあなた（男性）の妹より小さい。（أَخٌ　إِخْوَةٌ　兄、弟）

(2) أُخْتُكَ (طَوِيلٌ) مِنْ أَخِي.
あなた（男性）の妹は私の弟より背が高い。（أُخْتٌ　أَخَوَاتٌ　姉、妹）

(3) اَلطَّعَامُ فِي هٰذَا ٱلْمَطْعَمِ (لَذِيذٌ) مِنْ مَطْعَمِ ٱلْجَامِعَةِ.
このレストランの食事は学食よりおいしい。（طَعَامٌ　أَطْعِمَةٌ　食事、食べ物）

(4) اَلطَّعَامُ فِي هٰذَا ٱلْمَطْعَمِ (غَالٍ) مِنْ مَطْعَمِ ٱلْجَامِعَةِ.
このレストランの食事は学食より値段が高い。

(5) طُوكِيُو (كَبِيرٌ) (مَدِينَةٌ) فِي ٱلْيَابَانِ.
東京は日本でもっとも大きい都市です。

(6) قِطَارُ "شِينْكَانْسِين" (سَرِيعٌ) (قِطَارٌ) فِي ٱلْيَابَانِ.
「新幹線」は日本でもっとも速い列車です。

(7) لَيْسَتِ ٱللُّغَةُ ٱلْعَرَبِيَّةُ (صَعْبٌ) (لُغَةٌ) فِي ٱلْعَالَمِ.
アラビア語は世界でもっとも難しい言語ではない。（عَالَمٌ　عَوَالِمُ　世界）

(8) جَامِعَةُ "نِيهُون" هِيَ (كَبِيرٌ) فِي ٱلْيَابَانِ.
「日本」大学は日本で最大です。

(9) بُرْجُ "سُكَاي-تُرِي" (عَالٍ) (بُرْجٌ) فِي ٱلْيَابَانِ.
「スカイツリー」は日本でもっとも高い塔です。（بُرْجٌ　أَبْرَاجٌ　塔、タワー　عَالٍ（高さが）高い）

(10) عَدَدُ ٱلطُّلَّابِ فِي قِسْمِ ٱلدِّرَاسَاتِ ٱلْعَرَبِيَّةِ بِجَامِعَتِنَا لَيْسَ (قَلِيلٌ).
我々の大学のアラビア語学科の学生数は最小ではありません。（عَدَدٌ　أَعْدَادٌ　数（かず））

3-4　複合形容詞

複合形容詞は「غَيْرُ」を用いた否定形容詞と並んで、アラビア語の形容詞のなかでもっとも活用が難解な形容詞です。アラビア語の基本要素である①非限定／限定、②格、③性、④数の表し方は、これまでに学んだ形容詞と若干異なります。詳しくは『詳解文法』第12章第6節を参照

خَفِيفُ الْوَزْنِ　　軽量の（重さが軽い）
مُتَعَدِّدُ الْفَوَائِدِ　　メリットが多い
أَحْمَرُ اللَّوْنِ　　赤色の（色が赤い）
حَدِيثُ الشَّكْلِ　　新型の（型が近代的な）
غَالِي الثَّمَنِ　　高価な（値段が高い）

文法練習問題　5-4

以下の単語を日本語訳に合うよう並び替えたうえで、適切なかたちに変化させ、複合形容詞を用いた文を作ってください。

(1) أَدَبٌ／رَجُلٌ／قَلِيلٌ　その男は無礼です（教養が少ない）。(أَدَبٌ 文学、礼儀、教養　آدَابٌ)
(2) طَالِبَةٌ／قَوِيٌ／إِرَادَةٌ　その女子学生は意志が強い。(قَوِيٌ 強い　أَقْوِيَاءُ、إِرَادَةٌ 意志)
(3) ثَمَنٌ／غَالٍ／وَ／كَبِيرٌ／سَيَّارَةٌ／حَجْمٌ／أَمِيرِكِيٌّ
　　米車（複数）はサイズが大きく、値段が高い。(أَمِيرِكِيٌّ 米国の、حَجْمٌ サイズ　أَحْجَامٌ)
(4) أَخْلَاقٌ／هِيَ／زَوْجٌ／خُلْقٌ／حَسَنٌ　彼女の夫は気立てが良い（善徳の）。(خُلْقٌ 徳)
(5) أُسْتَاذٌ／سَرِيعٌ／غَضَبٌ　その先生は怒りやすい。(غَضَبٌ 怒り)
(6) خَفِيفٌ／دَمٌ／عَرَبِيٌّ
　　そのアラブ人は性格が明るい（血が軽い）。(عَرَبِيٌّ アラブ人　عَرَبٌ、دِمَاءٌ 血　دَمٌ)

表現練習問題　5-1

例に従って、以下の質問に「غَيْرُ」を用いた否定文で答えてください。また合わせて「لَيْسَ」を用いた否定文でも答え、両者の意味の違いを踏まえながら、日本語に訳してください。

(例) هَلْ هٰذَا ٱلطَّلَبُ مَقْبُولٌ؟
この要求は受け入れられますか。

لَا، هٰذَا ٱلطَّلَبُ غَيْرُ مَقْبُولٍ.
いいえ、この要求は受け入れられません（unacceptable）。

لَا، هٰذَا الطَّلَبُ لَيْسَ مَقْبُولًا.

いいえ、この要求は受け入れられません（not acceptable）。(طَلَبٌ 注文　طَلَبَاتٌ、مَقْبُولٌ 受け入れられた)

(1) هَلْ ثَمَنُ هٰذِهِ الْبِضَاعَةِ مَعْقُولٌ؟

(بِضَاعَةٌ 商品　بَضَائِعُ)

(2) هَلِ التَّدْخِينُ مَسْمُوحٌ هُنَا؟

(3) هَلِ الْأَعْمَالُ الْإِرْهَابِيَّةُ مَشْرُوعَةٌ؟

(合法的な مَشْرُوعٌ、テロの إِرْهَابِيٌّ、行為 أَعْمَالٌ عَمَلٌ)

(4) هَلِ السَّفَرُ إِلَى سُورِيَّةَ مُمْكِنٌ الْآنَ؟

(مُمْكِنٌ 可能な)

(5) هَلِ الْقَامُوسُ ضَرُورِيٌّ فِي هٰذِهِ الْمُحَاضَرَةِ؟

(ضَرُورِيٌّ 必要な、不可欠な)

(6) هَلْ هٰذِهِ الْمُقَابَلَةُ مَعَ الْمَسْؤُولِينَ لَازِمَةٌ؟

(مُقَابَلَةٌ 面談、面会　لَازِمٌ 必要な、義務の)

表現練習問題 5-2

例に従って、以下の質問に答えたうえで、質問と答えを日本語に訳してください。

(例) أَيُّهُمَا أَكْبَرُ، دِمَشْقُ أَمِ الْقَاهِرَةُ؟

ダマスカスとカイロではどちらが大きいですか。(دِمَشْقُ ダマスカス)

اَلْقَاهِرَةُ أَكْبَرُ مِنْ دِمَشْقَ.

カイロの方がダマスカスより大きいです。

(1) أَيُّهُمَا أَرْخَصُ، هٰذِهِ الْبِضَاعَةُ أَمْ تِلْكَ؟

(2) أَيُّهُمَا أَسْرَعُ، اَلسَّيَّارَةُ أَمِ الْقِطَارُ؟

(3) أَيُّهُمْ أَلَذُّ، اَلطَّعَامُ الْيَابَانِيُّ أَمِ الْفَرَنْسِيُّ أَمِ الْإِيطَالِيُّ؟

(يَابَانِيٌّ 日本の、فَرَنْسِيٌّ フランスの、إِيطَالِيٌّ イタリアの)

(4) أَيُّهُمْ أَسْهَلُ، اَللُّغَةُ الْعَرَبِيَّةُ أَمِ الْفَرَنْسِيَّةُ أَمِ الْإِنْكِلِيزِيَّةُ؟

(إِنْكِلِيزِيٌّ イギリスの、英語の)

(5) أَيُّ الْمَكَانَيْنِ أَكْثَرُ رَاحَةً لَكَ، اَلْجَامِعَةُ أَمِ الْبَيْتُ؟

(مَكَانٌ 場所　أَمَاكِنُ)

(6) أَيُّ الْاِمْتِحَانَيْنِ أَصْعَبُ، اِمْتِحَانُ الْقَوَاعِدِ أَمِ امْتِحَانُ الْإِمْلَاءِ؟

(إِمْلَاءٌ 聞き取り)

(7) أَيُّ الْمَحَطَّتَيْنِ أَقْرَبُ مِنْ بَيْتِكَ، مَحَطَّةُ "تَامَا" أَمْ مَحَطَّةُ "مُوسَاشِيسَاكَايِ"؟

(8) مَا لَوْنُ ٱلتُّفَّاحِ؟

(تُفَّاحٌ リンゴ تُفَّاحَةٌ)

(9) مَا أَلْوَانُ عَلَمِ ٱلْيَابَانِ؟

(أَعْلَامٌ 旗 عَلَمٌ)

(10) مَا لَوْنُ حَقِيبَتِكَ؟

(11) مَا لَوْنُكَ ٱلْمُفَضَّلُ؟

(مُفَضَّلٌ 好きな、好みの)

اِسْتِرَاحَةٌ ٥　家族・親戚の表現

　アラブ世界の人々は家族・親戚のつながりを大切にしますので、会話のなかでも、「うちのおじさんが～」、「いとこが～」というように家族・親戚の話が一杯出てきます。そこで家族・親戚に関する単語を以下の国のとおり整理してみました。

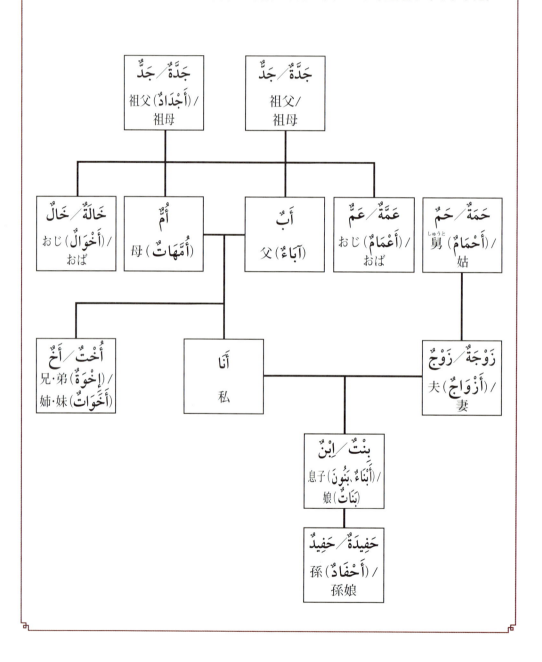

第6章 数詞

前章では変則的な名詞と形容詞について学びましたが、数詞もまたこれらの名詞や形容詞に含めることができます。このうち基数詞は、男性形の語尾に「ة」がついていたり、1の位と10の位の順序が逆になったりし、また形容詞として非限定名詞を修飾する場合（形容詞的用法）、第4章で学んだ形容詞とは異なった修飾の仕方をするため、若干難解です。しかし、数詞をマスターすれば、アラビア語の名詞、形容詞の用法のほぼすべてをマスターしたことになります。

本章では、数詞、具体的には基数詞、序数詞を使いこなせるよう練習を重ねます。

詳しい文法解説については『詳解文法』第13章を参照

第1節　時間との闘い

留学生のアフマドは、1年生の和奏に2年生がどこで何をしているかを聞いています。

アフマド1：学生はどこですか、和奏。

أَحْمَدُ １: أَيْنَ ٱلطُّلَّابُ يَا وَاكَانَا؟

和奏1：学生は813番の部屋です。

وَاكَانَا １: اَلطُّلَّابُ فِي ٱلْغُرْفَةِ رَقْمِ ثَمَانِي مِئَةٍ وَثَلَاثَةَ عَشَرَ.

アフマド2：そこに学生は何人いますか。そして彼らは何年生ですか。

أَحْمَدُ ２: وَكَمْ طَالِبًا هُنَاكَ وَفِي أَيِّ صَفٍّ هُمْ؟

和奏2：部屋には19人の男子学生と12人の女子学生がいます。彼らは2年生です。

وَاكَانَا ２: فِي ٱلْغُرْفَةِ تِسْعَةَ عَشَرَ طَالِبًا، وَٱثْنَتَا عَشْرَةَ طَالِبَةً، وَهُمْ طُلَّابٌ فِي ٱلصَّفِّ ٱلثَّانِي.

アフマド3：その部屋は何階にありますか、和奏。

أَحْمَدُ ３: وَفِي أَيِّ طَابِقٍ تِلْكَ ٱلْغُرْفَةُ يَا وَاكَانَا؟

和奏3：部屋は8階にあります。	وَاكَانَا ٣: اَلْغُرْفَةُ فِي اَلطَّابِقِ الثَّامِنِ.
アフマド4：明日、つまり木曜日の彼らのアラビア語の授業はいつですか。	أَحْمَدُ ٤: مَتَى مُحَاضَرَةُ اللُّغَةِ الْعَرَبِيَّةِ عِنْدَهُمْ غَدًا، أَيْ يَوْمَ الْخَمِيسِ؟
和奏4：その授業は10時10分から12時20分前、つまり2時間めです。	وَاكَانَا ٤: تِلْكَ الْمُحَاضَرَةُ مِنَ السَّاعَةِ الْعَاشِرَةِ وَعَشْرِ دَقَائِقَ حَتَّى السَّاعَةِ الثَّانِيَةَ عَشْرَةَ إِلَّا الثُّلُثَ، أَيِ الْحِصَّةُ الثَّانِيَةُ فِي جَدْوَلِ الْمُحَاضَرَاتِ.
アフマド5：今何時ですか。	أَحْمَدُ ٥: وَكَمِ السَّاعَةُ الْآنَ؟
和奏5：今はちょうど9時です。	وَاكَانَا ٥: اَلسَّاعَةُ الْآنَ التَّاسِعَةُ تَمَامًا.
アフマド6：1年生の試験はいつですか。	أَحْمَدُ ٦: وَمَتَى امْتِحَانُ الصَّفِّ الْأَوَّلِ؟
和奏6：たぶん、7月3日です。	وَاكَانَا ٦: رُبَّمَا فِي (الْيَوْمِ) الثَّالِثِ مِنْ شَهْرِ تَمُّوزَ / يُولِيُو.
アフマド7：今日は何日ですか。	أَحْمَدُ ٧: مَا تَارِيخُ الْيَوْمِ؟
和奏7：6月12日です。つまり私たちの試験は3週間後です。	وَاكَانَا ٧: (الْيَوْمُ) الثَّانِي عَشَرَ مِنْ (شَهْرِ) حَزِيرَانَ / يُونِيُو. أَيِ امْتِحَانُنَا بَعْدَ ثَلَاثَةِ أَسَابِيعَ.
アフマド8：もちろん、あなたたちはみな試験の準備はできてるんですよね。	أَحْمَدُ ٨: وَطَبْعًا، أَنْتُمْ كُلُّكُمْ جَاهِزُونَ لِلِامْتِحَانَاتِ أَلَيْسَ كَذَلِكَ؟
和奏8：いやぁ、どうしよう。	وَاكَانَا ٨: يَا إِلَهِي، مَا الْعَمَلُ؟
アフマド9：うまくいきますよ、和奏、私はいつでも手伝う用意できてますよ。	أَحْمَدُ ٩: بِالتَّوْفِيقِ، إِنْ شَاءَ اللَّهُ، يَا وَاكَانَا، وَأَنَا مُسْتَعِدٌّ لِلْمُسَاعَدَةِ فِي أَيِّ وَقْتٍ!

第2節　解説

2-1　初出単語・表現

أَحْمَدُ ٢
- كَمْ ☞2-2 重要な会話表現
- صَفٌّ ☞2-2 重要な会話表現

وَاكَانَا ٣
- طَابِقٌ ☞2-2 重要な会話表現

أَحْمَدُ ٤
- يَوْمَ الْخَمِيسِ ☞2-2 重要な会話表現

وَاكَانَا ٤
- حِصَّةٌ　割り当て；時間目、時限
  حِصَصٌ
- جَدْوَلٌ　スケジュール、予定　جَدَاوِلُ

أَحْمَدُ ٥
- كَمِ السَّاعَةِ الْآنَ؟ ☞2-2 重要な会話表現

وَاكَانَا ٥
- تَمَامًا　ちょうど（時間）；完全に
  「おおよそ」という場合は、「تَقْرِيبًا」と言います。

وَاكَانَا ٦
- رُبَّمَا　たぶん
- (الْيَوْمُ) الثَّالِثُ مِنْ شَهْرِ تَمُّوزَ / يُولِيُو
  ☞2-2 重要な会話表現

أَحْمَدُ ٧
- مَا تَارِيخُ الْيَوْمِ؟ ☞2-2 重要な会話表現

وَاكَانَا ٨
- يَا إِلَهِي ☞2-2 重要な会話表現
- مَا الْعَمَلُ؟ ☞2-2 重要な会話表現

أَحْمَدُ ٩
- بِالتَّوْفِيقِ ☞2-2 重要な会話表現
- مُسْتَعِدٌّ　準備ができている
  （لِ　～の）
- فِي أَيِّ وَقْتٍ　いつでも

2-2　重要な会話表現

数量を尋ねる疑問詞「كَمْ」

「كَمْ」は数量を尋ねる際に用いられる疑問詞で、「いくつ」、「どれだけ」などと訳出されます。この疑問詞を使えるようになると、数についての質問ができるようになりますので、ここで使い方を解説します。　詳しくは『詳解文法』第18章第1節を参照

「كَمْ」の後に限定名詞を主格にして続けると、「～はいくつですか」という意味になります。

كَمِ ٱلسَّاعَةُ ٱلْآنَ؟　今何時ですか。

كَمْ عُمْرُكَ؟　あなた（男性）の歳はいくつですか。（أَعْمَارٌ　عُمْرٌ　年齢）

また「كَمْ」の後に非限定の単数名詞を対格にして続けると、「いくつの～は…ですか」という意味になります。

كَمْ طَالِبًا هُنَاكَ؟　そこには何人の学生がいますか。

كَمْ مُحَاضَرَةً عِنْدَكَ ٱلْيَوْمَ؟　今日あなた（男性）は何コマの授業がありますか。

なお、「～はいくらですか」と値段を聞く場合は、「بِكَمْ」を用い、後ろに限定名詞を主格にして続けます。

بِكَمْ تَذْكِرَةُ ٱلْقِطَارِ حَتَّى مَحَطَّةِ طُوكِيُو؟　東京駅までの列車の切符はいくらですか。

اَلتَّذْكِرَةُ بِخَمْسِ مِئَةِ يَنٍ.　切符は500円です。（يَنْ　円）

序数を用いた学年の表し方

「صَفٌّ」（صُفُوفٌ）はもともと「列」という意味ですが、序数詞を伴って「～年生」という意味になります。

وَفِي أَيِّ صَفٍّ هُمْ؟　彼らは何年生ですか？

كُلُّ ٱلطُّلَّابِ فِي ٱلصَّفِّ ٱلثَّانِي　すべての学生は2年生です。

اِمْتِحَانُ ٱلصَّفِّ ٱلْأَوَّلِ　1年生の試験

なお1年生から4年生をアラビア語で言うと以下のとおりです。

اَلصَّفُّ ٱلْأَوَّلُ　　1年生
اَلصَّفُّ ٱلثَّانِي　　2年生
اَلصَّفُّ ٱلثَّالِثُ　　3年生
اَلصَّفُّ ٱلرَّابِعُ　　4年生

序数を用いた階の表し方

「طَابِقٌ」（طَوَابِقُ　階）に序数詞を続けると「～階」となります。第1節の例文では「ٱلطَّابِقِ ٱلثَّامِنِ」を「8階」と訳出しましたが、実際にはアラブ世界で8階というと、日本でいう7階を指すことになります。すなわち、アラビア語で各階は以下のように言います。

اَلطَّابِقُ ٱلْأَرْضِيُّ　　1階（أَرْضِيٌّ　地面の；地上の）（أَرْضٌ　土地、大地（أَرَاضٍ））
اَلطَّابِقُ ٱلْأَوَّلُ　　2階
اَلطَّابِقُ ٱلثَّانِي　　3階
اَلطَّابِقُ ٱلسَّادِسُ　　7階

曜日

アラビア語の曜日は以下のように言います。

金曜日	اَلْجُمْعَةُ、あるいは يَوْمُ ٱلْجُمْعَةِ	集まる（جَمَعَ）日（イスラームの集団礼拝の日）
土曜日	اَلسَّبْتُ、あるいは يَوْمُ ٱلسَّبْتِ	ユダヤ教徒の安息日（シャバト）の名称
日曜日	اَلْأَحَدُ あるいは يَوْمُ ٱلْأَحَدِ	「أَحَدٌ」(1) と同じ語根
月曜日	اَلْإِثْنَيْنِ あるいは يَوْمُ ٱلْإِثْنَيْنِ	「اِثْنَانِ」(2) と同じ語根
火曜日	اَلثُّلَاثَاءُ あるいは يَوْمُ ٱلثُّلَاثَاءِ	「ثَلَاثَةٌ」(3) と同じ語根
水曜日	اَلْأَرْبَعَاءُ あるいは يَوْمُ ٱلْأَرْبَعَاءِ	「أَرْبَعَةٌ」(4) と同じ語根
木曜日	اَلْخَمِيسُ あるいは يَوْمُ ٱلْخَمِيسِ	「خَمْسَةٌ」(5) と同じ語根

「يَوْمُ」は付けても付けなくても構いません。またアラビア語の曜日のうち、日曜日から木曜日までは数詞と対応してます。

なお、アラビア語で「今日は何曜日ですか」と曜日を尋ねる場合は、以下のように言います。

أَيُّ أَيَّامِ ٱلْأُسْبُوعِ ٱلْيَوْمَ؟

これに対する答え（「今日は〜曜日です」）は、以下のようになります。

نَحْنُ فِي يَوْمِ ~.

時間の表し方

第1節の例文では「مِنَ ٱلسَّاعَةِ ٱلْعَاشِرَةِ وَعَشْرِ دَقَائِقَ حَتَّى ٱلسَّاعَةِ ٱلثَّانِيَةَ عَشْرَةَ إِلَّا ٱلثُّلُثِ」といった時間を表す表現がありますが、アラビア語で「〜時〜分」は以下のよう表します。

▶ 「〜時」

「〜時」と言う場合は、「سَاعَةٌ」（時間 (hour)、時計）という語と序数を用います。

اَلسَّاعَةُ ٱلثَّانِيَةُ　2時
اَلسَّاعَةُ ٱلثَّالِثَةُ　3時

ただし「1時」だけは基数を用います。

اَلسَّاعَةُ ٱلْوَاحِدَةُ　1時

▶ 「〜分」

「〜分」は、「〜時」の後に接続詞「وَ」を置いたうえで、「分」を表す「دَقِيقَةٌ」（دَقَائِقُ）という語と基数で表します。

اَلسَّاعَةُ ٱلثَّانِيَةُ وَخَمْسُ دَقَائِقَ　2時5分

また15分、20分、30分は分数を用います。

اَلسَّاعَةُ ٱلثَّالِثَةُ وَٱلرُّبْعُ　3時15分

اَلسَّاعَةُ ٱلرَّابِعَةُ وَٱلثُّلْثُ　4時20分

اَلسَّاعَةُ ٱلْخَامِسَةُ وَٱلنِّصْفُ　5時30分（5時半）

40分、45分は同じく分数を用いますが、前置詞「إِلَّا」（〜以外に）を用いて「〜時〜分前」と言い表します。

اَلسَّاعَةُ ٱلسَّابِعَةُ إِلَّا ٱلثُّلْثُ　6時40分（7時20分前）

اَلسَّاعَةُ ٱلثَّامِنَةُ إِلَّا ٱلرُّبْعُ　7時45分（8時15分前）

同じ要領で、50分、55分も以下のように言います。

اَلسَّاعَةُ ٱلتَّاسِعَةُ إِلَّا عَشَرَ دَقَائِقَ　8時50分（9時10分前）

اَلسَّاعَةُ ٱلْعَاشِرَةُ إِلَّا خَمْسَ دَقَائِقَ　9時55分（10時5分前）

以上のようにして表された時間には「صَبَاحًا」（朝）、「ظُهْرًا」（昼）、「عَصْرًا」（午後）、「مَسَاءً」（晩）、「لَيْلًا」（夜）、「قَبْلَ ٱلظُّهْرِ」（午前）、「بَعْدَ ٱلظُّهْرِ」（午後）といった語が付け加えられることもあります。

فِي ٱلسَّاعَةِ ٱلثَّامِنَةِ صَبَاحًا　朝8時に

時間は数字では以下のように書かれます。

١١:٠٩　11時9分

▶ 「今何時ですか。」

アラビア語で「今何時ですか」と時間を尋ねる場合は、以下のように言います。

كَمِ ٱلسَّاعَةُ ٱلْآنَ؟

これに対する答え（「〜時です」）は、以下のようになります。

اَلسَّاعَةُ ٱلْآنَ ~.

▶ 「何時に〜しますか。」

また「何時に〜しますか（しましたか）」と言う場合は、「أَيُّ سَاعَةٍ ~」という表現を用います。

فِي أَيِّ سَاعَةٍ تَسْتَيْقِظُ فِي يَوْمِ ٱلْأَحَدِ؟　日曜日は何時に起きますか。（اِسْتَيْقَظَ 目覚める[1]）

期限・期日が明確に設定されている場合は、「مَا مَوْعِدُ ~؟」という表現で質問します。

مَا مَوْعِدُ مُحَاضَرَةِ ٱلْقَوَاعِدِ يَوْمَ ٱلْأَرْبِعَاءِ؟　水曜日の文法の講義の時間はいつですか。

---

[1] 動詞の活用は第7章以降で学びます。

（直訳すると、「水曜日、文法の講義の期限は何ですか」となります）

مُحَاضَرَةُ ٱلْقَوَاعِدِ مِنَ ٱلسَّاعَةِ ٱلثَّامِنَةِ وَٱلنِّصْفِ حَتَّى ٱلسَّاعَةِ ٱلْعَاشِرَةِ.　文法の授業は8時半から10時までです。

日付の表し方

アラビア語では、日、月、年の順で日付を言います。このうち日は序数詞、年は基数詞で表します。

فِي (ٱلْيَوْمِ) ٱلثَّالِثِ مِنْ شَهْرِ تَمُّوزَ / يُولِيُو　7月3日に

(ٱلْيَوْمُ) ٱلثَّانِي عَشَرَ مِنْ (شَهْرِ) حَزِيرَانَ / يُونِيُو　6月12日

アラブ世界では、西暦（ٱلتَّقْوِيمُ ٱلْمِيلَادِيُّ　西暦の）、مِيلَادِيٌّ　暦）とヒジュラ暦（ٱلتَّقْوِيمُ ٱلْهِجْرِيُّ　ヒジュラ暦の）、هِجْرِيٌّ）が併用されます。前者は太陽暦（1年365日）、後者は太陰暦（1年354日）です。

西暦の月名は、以下のとおり、アラム語系とラテン語由来の二つがあります。前者は東アラブ地域（シリア、レバノン、パレスチナ、ヨルダン、イラク）などで、後者はエジプトなどで用いられています[2]。

	アラム語系	ラテン語系
1月	كَانُونُ ٱلثَّانِي	يَنَايِر
2月	شُبَاطُ	فَبْرَايِر
3月	آذَارُ	مَارِس
4月	نِيسَانُ	أَبْرِيل
5月	أَيَّارُ	مَايُو
6月	حَزِيرَانُ	يُونِيُو ないしは يُونِيَه
7月	تَمُّوزُ	يُولِيُو ないしは يُولِيَه
8月	آبُ	أَغُسْطُس
9月	أَيْلُولُ	سِبْتَمْبِر
10月	تِشْرِينُ ٱلْأَوَّلُ	أُكْتُوبِر
11月	تِشْرِينُ ٱلثَّانِي	نُوفَمْبِر
12月	كَانُونُ ٱلْأَوَّلُ	دِيسَمْبِر

ただし本書では、「شُبَاطُ / فِبْرَايِرُ」というようにアラム語由来の月名ラテン語由来の月名を並記します。

月名は「تَمُّوزُ / يُولِيُو」と単独で言うこともありますし、「شَهْرٌ」（月　شُهُورٌ、أَشْهُرٌ

---

[2] なお、この二つの名称のほかに、チュニジア、アルジェリア、モロッコでは、別の月名がありますが、ここでは割愛します。

とともに「شَهْرُ تَمُّوزَ / يُولِيُو」と言うこともあります。

日付は数字では以下のように書かれます。
 ٢٠٠١/٩/١١　2001年9月11日

一方、ヒジュラ暦の月名は以下のとおりです。

ムハッラム月	مُحَرَّمٌ
サファル月	صَفَرٌ
ラビーウ・アウワル月	رَبِيعُ الْأَوَّلِ
ラビーウ・サーニー月	رَبِيعُ الثَّانِي
ジュマーダー・ウーラー月	جُمَادَى الْأُولَى
ジュマーダー・サーニー月	جُمَادَى الثَّانِي
ラジャブ月	رَجَبٌ
シャアバーン月	شَعْبَانُ
ラマダーン月	رَمَضَانُ
シャウワール月	شَوَّالٌ
ズー・カアダ月	ذُو الْقَعْدَةِ
ズー・ヒッジャ月	ذُو الْحِجَّةِ

アラビア語で「今日は何日ですか」と日付を尋ねる場合は、以下のように言います。

مَا تَارِيخُ الْيَوْمِ؟

「تَارِيخٌ」は「日付」という意味の語です。「日付」のほかに「歴史」という意味もあります。

これに対する答えは、以下のようになります。

(اَلْيَوْمُ) الْحَادِيَ عَشَرَ مِنْ (شَهْرِ) أَيْلُولَ / سِبْتَمْبِر عَامَ أَلْفَيْنِ وَوَاحِدٍ　2001年9月11日（です）。

なお「مَا تَارِيخُ الْيَوْمِ」以外にも「مَا الْيَوْمُ؟」という質問の仕方もあります。

ثَوَانٍ	秒	ثَانِيَةٌ	أَشْهُرٌ، شُهُورٌ	月 شَهْرٌ
دَقَائِقُ	分	دَقِيقَةٌ	سِنُونَ، سَنَوَاتٌ	年 سَنَةٌ
سَاعَاتٌ	時間	سَاعَةٌ	أَعْوَامٌ	年 عَامٌ
أَيَّامٌ	日	يَوْمٌ	عُقُودٌ	10年 عَقْدٌ
أَسَابِيعُ	週	أُسْبُوعٌ	قُرُونٌ	世紀 قَرْنٌ

また季節（فَصْلٌ、複数形は فُصُولٌ）を表す語は以下のとおりです。

秋 اَلْخَرِيفُ　　春 اَلرَّبِيعُ
冬 اَلشِّتَاءُ　　夏 اَلصَّيْفُ

困ったときに発する表現

▸ يَا إِلهِي

「يَا إِلهِي」は英語の「Oh my god」と同じ意味です。(إِلهٌ 神)

▸ مَا الْعَمَلُ؟

「مَا الْعَمَلُ؟」は困ったときに言う表現で、「どうしよう」、「どうしたらよいだろう」などと訳出されます。

相手の成功を願う表現

「بِالتَّوْفِيقِ」は相手の成功を願うときに言う表現で、「うまくいきますように」などと訳出されます。(تَوْفِيقٌ うまくいくこと)

第3節　文法の復習

3-1　基数詞

基数詞には名詞的用法と形容詞的方法がありますが、本章の冒頭でも述べたとおり、形容詞的用法において、非限定名詞を修飾する場合、通常の形容詞とは語順、格などが異なります。　詳しくは『詳解文法』第13章の第1節を参照

名詞的用法　　ثَمَانِيَةُ مِئَةٍ وَثَلَاثَةَ عَشَرَ
形容詞的用法　　تِسْعَةَ عَشَرَ طَالِبًا، وَاثْنَتَا عَشْرَةَ طَالِبَةً

文法練習問題　6-1

（　）内の単語を日本語訳に合うよう適切なかたちに変化させてください。その際、数詞は数字ではなくアラビア語で書いてください。

(1) (طَالِبٌ) وَ(طَالِبَةٌ) فِي السَّيَّارَةِ.
その2人の男子学生と2人の女子学生は車のなかにいます。

(2) فِي الْغُرْفَةِ (طَالِبَةٌ) وَ(طَالِبٌ).
その部屋には3人の女子学生と8人の男子学生がいます。

(3) أَنَا مَعَ (طَالِبٌ) وَ(طَالِبَةٌ).

私は11人の男子学生と18人の女子学生といっしょにいます。

(4) فِي ٱلْقَاعَةِ (وَلَدٌ) وَ(بِنْتٌ).

教室には12人の少年と12人の少女がいます。

(5) عَلَى ٱلْمَكْتَبِ (قَلَمٌ) وَ(مِمْحَاةٌ).

机の上には14本の鉛筆と15個の消しゴムがあります。

(6) فِي ٱلطَّائِرَةِ (مُهَنْدِسٌ) وَ(مُهَنْدِسَةٌ).

飛行機には29人の男性技術者と24人の女性技術者がいます。(مُهَنْدِسٌ 技師)

(7) فِي ٱلشَّارِعِ (سَيَّارَةٌ).

その街には408台の自動車があります。

(8) عِنْدِي (صَدِيقٌ) مِنَ ٱلْيَابَانِ وَ(صَدِيقٌ) مِنْ مِصْرَ.

私には日本出身の友人100人とエジプト出身の200人がいます。(مِصْرُ エジプト)

(9) فِي ٱلشَّرِكَةِ (مُوَظَّفٌ).

その会社には3,000人の従業員がいます。

(10) ثَمَنُ هٰذِهِ ٱلسَّيَّارَةِ (يَنٌ) تَقْرِيبًا.

その車の値段はだいたい400万円です。

3-2 序数詞

助数詞は、基数詞とは異なり、名詞的方法、形容詞的用法のいずれにおいても、そのほかの名詞、形容詞と同じ用法ですので、基数詞のそれぞれの数字の語根を頼りに、単語として覚えてしまいましょう。

なお、「اِسْتِرَاحَةٌ ٢」(第2章)で学んだ「مَرَّةً ثَانِيَةً، مِنْ فَضْلِكَ」(もう一度、お願いします)の「مَرَّةً ثَانِيَةً」は直訳すると、「二度目に」という意味になります。

 文法練習問題　6-2

例に従って、以下の年月日をアラビア語で書いてください。
(例) 2015年9月5日 → اَلْخَامِسُ مِنْ أَيْلُولَ / سِبْتَمْبِر عَامَ أَلْفَيْنِ وَخَمْسَةَ عَشَرَ
(1) 1973年10月6日　(2) 1948年4月9日　(3) 1967年6月5日　(4) 2011年1月25日
(5) 1958年2月22日　(6) 2000年3月12日　(7) 1887年9月8日　(8) 1945年8月15日
(9) 1947年11月29日　(10) 2003年7月26日

3-3 分数

分数は、本章で学んだ時間を表す場合に多用されます。以下に列記しますので覚えてしまってください。 詳しくは『詳解文法』第13章の「もっと学ぶために」を参照

أَسْبَاعٌ	7分の1	سُبْعٌ	أَنْصَافٌ	半分、2分の1	نِصْفٌ
أَثْمَانٌ	8分の1	ثُمْنٌ	أَثْلَاثٌ	3分の1	ثُلْثٌ
أَتْسَاعٌ	9分の1	تُسْعٌ	أَرْبَاعٌ	4分の1	رُبْعٌ
أَعْشَارٌ	10分の1	عُشْرٌ	أَخْمَاسٌ	5分の1	خُمْسٌ
			أَسْدَاسٌ	6分の1	سُدْسٌ

 表現練習問題　6-1

以下の質問にアラビア語で答えたうえで、質問と答えを日本語に訳してください。

(1) مَا مَوْعِدُ الْحِصَّةِ الْأُولَى بِجَامِعَتِكَ؟
(2) مَا مَوْعِدُ الْحِصَّةِ الثَّانِيَةِ بِجَامِعَتِكَ؟
(3) مَا مَوْعِدُ الْحِصَّةِ الثَّالِثَةِ بِجَامِعَتِكُمْ؟
(4) مَا مَوْعِدُ الْحِصَّةِ الرَّابِعَةِ بِجَامِعَتِكَ؟
(5) مَا مَوْعِدُ الْحِصَّةِ الْخَامِسَةِ بِجَامِعَتِكَ؟
(6) كَمِ السَّاعَةُ الْآنَ؟
(7) بِكَمْ هٰذَا؟

表現練習問題　6-2

以下の文をアラビア語に翻訳してください。

(1) 私は1冊の本を持っています。
(2) 机の上にはペン2本があります。
(3) 1週間は7日です。
(4) 私は15人の学生といっしょにいます。
(5) 1時間は60分で、1分は60秒です。
(6) 1年は12ヶ月です。
(7) 1日は24時間です。
(8) 1世紀は100年です。
(9) 1ヶ月は31日か30日ですが、2月は28日です。
(10) 1年には4つの季節があります。それらは春、夏、秋、冬です。
(11) その先生は2人の男子学生と2人の女子学生といっしょにいます。
(12) 大学の前には、車10台があり、男性8人がいます。
(13) 私はカフェで11人の女子学生といっしょにいます。(مَقْهًى カフェ、喫茶店 مَقَاهٍ)

表現練習問題　6-3

アラビア語で「誕生日はいつですか」は「مَتَى عِيدُ مِيلَادِكَ؟」(عِيدٌ 祭り、أَعْيَادٌ、مِيلَادٌ 誕生)、「مَا تَارِيخُ مِيلَادِكَ؟」と言います。クラスメートや先生、あるいは周囲の人々と誕生日を尋ね合ってください。

 表現練習問題　6-4

以下の質問にアラビア語で答えたうえで、質問と答えを日本語に訳して下さい。

(1) فِي أَيِّ يَوْمٍ مُحَاضَرَةُ ٱلْمُحَادَثَةِ؟

(مُحَادَثَةٌ　会話)

(2) فِي أَيِّ حِصَّةٍ هٰذِهِ ٱلْمُحَاضَرَةُ؟

(3) مَا رَقْمُ قَاعَةِ هٰذِهِ ٱلْمُحَاضَرَةِ؟

(4) مَا مَوْعِدُ هٰذِهِ ٱلْمُحَاضَرَةِ؟

(5) كَمْ عُمْرُكَ؟

(6) مَا ٱسْمُ هٰذَا ٱلشَّهْرِ؟

(7) مَا ٱسْمُ ٱلشَّهْرِ ٱلْقَادِمِ؟

(قَادِمٌ　来る)

(8) مَا ٱسْمُ ٱلشَّهْرِ ٱلْمَاضِي؟

(مَاضٍ　先の)

(9) مَا تَارِيخُ أَوَّلِ أَمْسِ؟

(أَوَّلُ أَمْسِ　一昨日)

(10) مَا مَوْعِدُ ٱلْمُقَابَلَةِ مَعَ ٱلْأُسْتَاذِ بَعْدَ غَدٍ؟

(بَعْدَ غَدٍ　明後日)

(11) فِي أَيِّ يَوْمٍ عِيدُ ٱلْجَلَاءِ فِي سُورِيَّةَ؟

(جَلَاءٌ　独立)

(12) مَا مَوْعِدُ مَهْرَجَانِ ٱلْجَامِعَةِ "غَايْغُو-سَايْ" هٰذَا ٱلْعَامَ؟

(مَهْرَجَانٌ　祭典　مَهْرَجَانَاتٌ)

(13) مَا مَوْعِدُ ٱنْتِهَاءِ هٰذِهِ ٱلْمُحَاضَرَةِ؟

(ٱنْتِهَاءٌ　終わり、終了)

(14) كَمْ عَدَدُ ٱلطُّلَّابِ ٱلْحَاضِرِينَ فِي هٰذِهِ ٱلْمُحَاضَرَةِ تَقْرِيبًا؟

(15) كَمْ عَدَدُ ٱلطُّلَّابِ فِي ٱلصَّفِّ ٱلْأَوَّلِ بِقِسْمِ ٱلدِّرَاسَاتِ ٱلْعَرَبِيَّةِ؟

اِسْتِرَاحَةٌ ٦ アラブ諸国の通貨

本章では数詞を学びましたが、数字を忘れずに記憶にとどめる近道のひとつが「カネ」です（笑）。アラブ世界は「٨ اِسْتِرَاحَةٌ」で改めて見るとおり、22カ国からなっており、そこで使われている通貨は何種類もあります。以下に、アラブ世界で流通している通貨22種類を列記しますので、数詞とともに用いて練習してみてください。

◇ جُنَيْهٌ (ポンド جُنَيْهَاتٌ)：エジプト（EGP）、スーダン（SDG）
◇ دِينَارٌ (ディーナール دَنَانِيرُ)：イラク（IQD）、ヨルダン（JOD）、リビア（LYD）、チュニジア（TND）、クウェート（KWD）、アルジェリア（DZD）、バハレーン（BHD）
◇ لِيرَةٌ (ポンド لِيرَاتٌ)：シリア（SYP）、レバノン（LBP）
◇ رِيَالٌ (リヤール رِيَالَاتٌ)：サウジアラビア（SAR）、イエメン（YER）、カタール（QAR）、オマーン（OMR）
◇ دِرْهَمٌ (ディルハム دَرَاهِمُ)：モロッコ（MAD）、アラブ首長国連邦（AED）
◇ أُوقِيَّةٌ (ウーキーヤ أُوقِيَّاتٌ)：モーリタニア（MRO）
◇ شِلِنٌ (シリング شِلِنَاتٌ)：ソマリア（SOS）
◇ شَيْكَلٌ (シェケル شَيْكَلَاتٌ)：シェケル（ILS）
◇ فِرَنْكٌ (フラン فِرَنْكَاتٌ)：ジブチ（DJF）、コモロ（KMF）

なお、言わずもがなですが、例えば、エジプトで使われているポンドとスーダンで使われているポンドは同じ通貨ではありません。両者を区別するには、各国の名前から作られる関係形容詞（「٨ اِسْتِرَاحَةٌ」を参照）を用いて以下のようにして表します。

◇ اَلْجُنَيْهُ الْمِصْرِيُّ　エジプト・ポンド
◇ اَلْجُنَيْهُ السُّودَانِيُّ　スーダン・ポンド

あと、円、米、ユーロはそれぞれ以下のとおりです。
◇ يَنٌّ 円 يَنَّاتٌ（中国の通貨「元」も「يَنٌّ」と言います）
◇ دُولَارٌ ドル دُولَارَاتٌ
◇ يُورُو ユーロ يُورُوهَاتٌ

第7章 　動詞完了形

これまでは、各章で動詞を用いないさまざまな構文を練習してきました。本章以降は、動詞を含む文や表現を学んでいくことにします。

アラビア語の動詞は、活用や派生語など覚えなければならないことが多く、これまで学んできた文法項目よりも難解だと感じるかもしれません。しかし、動詞

の種類（基本動詞、ハムザ動詞など）、活用形（完了形、未完了形など）、そして活用（性、数、人称による変化）には、一部の例外を除いて一定の規則があります。また動詞を含む文の構文（語順）は、第3章で学んだ「لَيْسَ」にほぼ準じます。また、主語、目的語、補語が名詞、形容詞の場合にどのような格をとるかについても、第2章ですでに学習しました。

本章ではまず、以上を踏まえて、基本動詞（派生形第Ⅰ～Ⅹ形）の完了形を使いこなす練習をします。📖 詳しい文法解説については『詳解文法』第14、15章を参照

第1節　友人と楽しく過ごす

ムハンマドが凌功に休日に何をしたのかを尋ねます。🔊

ムハンマド1：昨日の休日は何をしましたか、凌功。

مُحَمَّدٌ ١: مَاذَا فَعَلْتَ فِي يَوْمِ الْعُطْلَةِ أَمْسِ يَا رِيكُو؟

凌功1：昨日は、朝の10時まで、自分の部屋を掃除しました。それから、昼の1時までアラビア語の復習をして、来週の授業の準備をしました。その後、友人の陽太と会い、彼とテニスをしました。

رِيكُو ١: أَمْسِ، نَظَّفْتُ غُرْفَتِي حَتَّى السَّاعَةِ الْعَاشِرَةِ صَبَاحًا، ثُمَّ رَاجَعْتُ دُرُوسَ اللُّغَةِ الْعَرَبِيَّةِ وَحَضَّرْتُ دُرُوسَ الْأُسْبُوعِ الْقَادِمِ حَتَّى السَّاعَةِ الْوَاحِدَةِ ظُهْرًا. وَبَعْدَ ذَلِكَ، قَابَلْتُ صَدِيقِي هَارُوتَا، وَلَعِبْتُ مَعَهُ تِنِس.

ムハンマド2：その後は何をしたのですか。

مُحَمَّدٌ ٢: وَمَاذَا فَعَلْتَ بَعْدَ ذَلِكَ؟

リコ2：午後の4時頃に家に戻って、それから、陽太ともう一度会うために外出しました。そして私たちはいっしょに映画館に行きました。

ムハンマド3：映画館にはどうやって行ったのですか。

リコ3：「武蔵境」駅で陽太と会いました。そして、そこから列車に乗って、「吉祥寺」駅で降りました。

ムハンマド4：映画館では何を観たのですか。

リコ4：9・11事件に関する米国の有名な映画を観ました。

ムハンマド5：映画の後は何をしたのですか。

リコ5：駅前のカフェに入って、私はお茶を一杯注文し、友人はコーヒーを一杯飲みました。晩の10時に、陽太に感謝をして、幸せな気分で家に戻りました。

رِيكُو ٢: رَجَعْتُ إِلَى ٱلْبَيْتِ فِي ٱلسَّاعَةِ ٱلرَّابِعَةِ عَصْرًا تَقْرِيبًا، ثُمَّ خَرَجْتُ لِمُقَابَلَةِ هَارُوتَا مَرَّةً ثَانِيَةً، وَذَهَبْنَا مَعًا إِلَى دَارِ ٱلسِّينِمَا.

مُحَمَّدٌ ٣: وَكَيْفَ ذَهَبْتُمَا إِلَى دَارِ ٱلسِّينِمَا؟

رِيكُو ٣: قَابَلْتُ هَارُوتَا فِي مَحَطَّةِ "مُوسَاشِي-سَاكَايِ"، وَرَكِبْنَا قِطَارًا مِنْ هُنَاكَ، وَنَزَلْنَا فِي مَحَطَّةِ "كِيتشِيجُوجِي."

مُحَمَّدٌ ٤: وَمَاذَا شَاهَدْتُمَا فِي دَارِ ٱلسِّينِمَا؟

رِيكُو ٤: شَاهَدْنَا فِيلْمًا أَمِيرِكِيًّا مَشْهُورًا عَنْ أَحْدَاثِ ١١ أَيْلُولَ / سِبْتَمْبَر.

مُحَمَّدٌ ٥: وَمَاذَا فَعَلْتُمَا بَعْدَ ٱلسِّينِمَا؟

رِيكُو ٥: دَخَلْنَا مَقْهًى أَمَامَ ٱلْمَحَطَّةِ، وَطَلَبْتُ كُوبًا مِنَ ٱلشَّايِ، وَشَرِبَ صَدِيقِي فِنْجَانًا مِنَ ٱلْقَهْوَةِ، وَفِي ٱلسَّاعَةِ ٱلْعَاشِرَةِ مَسَاءً، شَكَرْتُ هَارُوتَا، وَرَجَعْتُ إِلَى ٱلْبَيْتِ سَعِيدًا.

第2節　解説

2-1　初出単語・表現

مُحَمَّدٌ ١

- ‏مَاذَا فَعَلْتَ؟ ☞ 2-2 重要な会話表現
- ‏عُطْلَة 休日、休み

رِيكُو ١

- ‏نَظَّفَ を掃除する、をきれいにする
- ‏ثُمَّ それから、その後で
- ‏رَاجَعَ を復習する、を参照する
- ‏حَضَّرَ を用意する、を準備する

- ‏بَعْدَ ذَلِكَ その後で
- ‏قَابَلَ に会う、と面談する
- ‏لَعِبَ （スポーツなど）をする、遊ぶ (a)

رِيكُو ٢

- ‏رَجَعَ 戻る (i)
- ‏خَرَجَ 出る (u)
- ‏ذَهَبَ 行く (a)

リィコゥ٤	
▶ أَحْدَاثُ ١١ أَيْلُولَ / سِبْتَمْبَر (أَحْدَاثٌ حَدَثٌ 事件) 9・11事件	▶ مَعًا いっしょに
	▶ دَارُ السِّينِمَا 映画館 (دَارٌ 屋敷、館 سِينِمَا، دُورٌ، دِيَارٌ 映画)
リィコゥ٥	مُحَمَّدٌ ٣
▶ دَخَلَ 入る (u)	▶ كَيْفَ ☞2-2 重要な会話表現
▶ طَلَبَ を頼む (مِنْ ~に) (u)	リィコゥ٣
▶ كُوبًا مِنْ ~ ☞2-2 重要な会話表現	▶ رَكِبَ に乗る (a)
▶ فِنْجَانًا مِنْ ~ ☞2-2 重要な会話表現	▶ نَزَلَ を降りる (i)
▶ شَرِبَ を飲む (a)	مُحَمَّدٌ ٤
▶ شَكَرَ に感謝する (u)	▶ شَاهَدَ を観る

2-2　重要な会話表現

「あなたは何をしましたか？」

「مَاذَا فَعَلْتَ؟」はアラビア語におけるもっとも基本的な動詞の一つである「فَعَلَ」（を行う、をする (a)）の完了形を用いた構文で、「あなた（男性）は何をしましたか？」と訳出できます。文頭の「مَاذَا」は「何」を意味する疑問詞です。「何」を意味する疑問詞には第1章で学んだ「مَا」もありますが、「مَا」は動詞を含まない名詞文、「مَاذَا」は動詞で始まる文で用いられます[1]。　詳しくは『詳解文法』第18章第1節を参照

　なお「あなた（男性）は何をしましたか」と質問する場合、「مَاذَا فَعَلْتَ؟」以外にも「مَاذَا عَمِلْتَ؟」という質問の仕方があります。「عَمِلَ」は「をする (a)」という意味のほかにも「を作る」、「行動する」といった意味をもちます。

方法、手段を尋ねる疑問詞「كَيْفَ」

「كَيْفَ」はすでに「كَيْفَ حَالُكَ؟」などいくつかの表現で学びましたが、方法や手段を問う疑問詞で「どのように」などと訳出されます。

كَيْفَ ذَهَبْتُمَا إِلَى دَارِ السِّينِمَا؟　映画館にはどうやって行ったのですか。

---

[1] なお会話の練習で用いられる「مَاذَا فَعَلْتَ؟」に類する表現（「هَلْ أَنْتَ ~؟」（お前は~か）、「مَنْ أَنْتَ؟」（お前は誰だ）、「مَا عَمَلُكَ؟」（お前の仕事は何だ）、「مَا اسْمُكَ؟」（お前の名前は何だ）など）は、場合によっては失礼にあたることもありますので、そのことを踏まえたうえでこうした表現を使用してください。

部分を表す前置詞「مِنْ」

「一杯のお茶」、「一杯のコーヒー」という場合は、前置詞「مِنْ」を用いて表します。

طَلَبْتُ كُوبًا مِنَ ٱلشَّايِ، وَشَرِبَ صَدِيقِي فِنْجَانًا مِنَ ٱلْقَهْوَةِ 　私はお茶を一杯注文し、友人はコーヒーを一杯飲みました。

前置詞「مِنْ」は「～から」という意味のほかにも、このように何かの一部分を表す際に用いられます。

وَاحِدٌ مِنَ ٱلْأَسْبَابِ　理由の一つ　（سَبَبٌ　理由、原因（أَسْبَابٌ））

وَاحِدَةٌ مِنْ مُحَاضَرَاتِ ٱلْيَوْمِ　今日の講義の一つ

جُزْءٌ مِنَ ٱلنَّصِّ　テキストの一部　（نَصٌّ　テキスト（نُصُوصٌ）、جُزْءٌ　部分）

なお「كُوبٌ」はガラス製の「コップ」(複数形 أَكْوَابٌ) を、「فِنْجَانٌ」は陶器の「カップ」(複数形 فَنَاجِينُ) を意味します。エジプトでは、お茶 (شَايٌ)、すなわち紅茶は「コップ」で、コーヒー (قَهْوَةٌ)、すなわちアラブ・コーヒー (ٱلْقَهْوَةُ ٱلْعَرَبِيَّةُ) やトルコ・コーヒー (ٱلْقَهْوَةُ ٱلتُّرْكِيَّةُ (تُرْكِيٌّ トルコの)) は「カップ」で飲みます[2]。

第3節　文法の復習

3-1　完了形――基本動詞第Ⅰ形――

アラビア語の動詞を使いこなすには、①活用、②語順の二つをしっかりマスターする必要があります。

活用

活用に関してはアラビア語の動詞には完了形、未完了形という二つの活用形があります。このうち本章で練習する完了形は、完了した行為一般を表す際に用いられ、「～した」などと訳出されます。完了形の活用、すなわち人称変化は接尾辞を加えることで表されます。　詳しくは『詳解文法』第14章を参照

語順

一方、語順に関しては、「لَيْسَ」に準じ、「主語＋動詞＋…」（名詞文）と「動詞＋主語＋…」（動詞文）という語順の二つがあります。「主語＋動詞＋…」（名詞文）は、基本名詞文と同様、主語が意味上、限定されていなければなりません。さらに、「動詞＋主語＋…」（動詞文）は、倒置文と同様、特定されていない何かを主語とする場合に用いられます。また「動詞＋主語＋…」（動詞文）においては、動詞は主語の数にかかわらず、単数となります。

---

2)　ただし、シリア、レバノンなどでは茶はガラス製の小さな「グラス」で飲み、この「グラス」は「كَأْسٌ」（複数形は كُؤُوسٌ）と言います。

否定辞「مَا」

完了形の動詞を否定する場合は、否定辞「مَا」を動詞の直前に置きます。アラビア語の動詞は活用形によって異なる否定辞を用いますので、未完了形を学ぶ際、どのような否定辞で否定の意味を表すのか注意してください。

文法練習問題 7-1

（　）内の動詞（完了形）を指示に従って活用・変化させたうえで、日本語に訳してください。

(1) (كَتَبَ) ٱلْوَاجِبَ ٱلدِّرَاسِيَّ فِي دَفْتَرِهَا.
3人称女性単数に（كَتَبَ を書く (u)、وَاجِبٌ دِرَاسِيٌّ 宿題 وَاجِبٌ 宿題；義務 دِرَاسِيٌّ 勉強の、研究の、学業の)、وَاجِبَاتٌ)

(2) (نَظَرَ) إِلَى ٱلسَّبُّورَةِ.
3人称男性複数に（نَظَرَ 見る (u) (إِلَى ～を)、سَبُّورَةٌ 黒板）

(3) (سَمِعَ) صَوْتَ ٱلْأُسْتَاذِ.
1人称単数に（سَمِعَ を聞く (a)、صَوْتٌ 声、音 أَصْوَاتٌ）

(4) (شَرَحَ) لَنَا مَعْنَى هَذِهِ ٱلْكَلِمَةِ فِي ٱلْمُحَاضَرَةِ.
3人称女性単数に（شَرَحَ を説明する (a) (لِ ～に)、مَعْنًى 意味 مَعَانٍ、كَلِمَةٌ 語、単語）

(5) هَلْ (حَضَرَ) مُحَاضَرَاتِ ٱلْأُسْبُوعِ ٱلْمَاضِي؟
2人称女性単数に（حَضَرَ に出席する (u)）

(6) فِي أَيِّ سَاعَةٍ (رَجَعَ) إِلَى بَيْتِكَ أَمْسِ؟
2人称男性単数に

(7) هَلْ (دَرَسَ) ٱللُّغَةَ ٱلْإِنْكِلِيزِيَّةَ مِنْ قَبْلُ؟
2人称男性複数に（دَرَسَ を学ぶ (u)、مِنْ قَبْلُ 以前に、これまでに）

(8) (دَخَلَ) دَارَ ٱلسِّينِمَا مَعَ زُمَلَائِنَا.
1人称複数に

(9) (خَرَجَ) مِنَ ٱلْقَاعَةِ فَجْأَةً.
3人称女性単数に（فَجْأَةً 突如）

(10) (ضَحِكَ) مِنْ حَدِيثِ ٱلْأُسْتَاذِ بَعْدَ ٱلْمُحَاضَرَةِ.
3人称男性複数に（ضَحِكَ（ゲラゲラ）笑う (مِنْ ～を、～のことで) (a)、حَدِيثٌ 話 أَحَادِيثُ）

3-2 完了形の応用──基本動詞第Ⅱ〜Ⅹ形──

現代アラビア語では、第Ⅰ形から第Ⅹ形という10の派生形が用いられます。それぞれの派生形はもととなる語根に母音や接辞を組み合わせることで規則的に作られます。

本文で練習する派生形の完了形の活用は、第Ⅰ形と全く同じように、接尾辞を加えることで表されます。

アラビア語の動詞の派生形は、語根が同じであれば類似した意味傾向を持ちます。また異なる語根をもとにして作られた同じかたちの派生形を比べると、共通した性格、機能があることが分かります。詳しくは『詳解文法』第15章の「もっと学ぶために」を参照

初学者は何よりもまず、語彙を増やすために、動詞を含む新出単語をがむしゃらに暗記することを推奨しますが、ある程度語彙が蓄積され、アラビア語に慣れ親しんだら、上述したような共通性を思い出し単語を類推してから、辞書を引いてみてください。基本動詞の第Ⅰ〜Ⅹ形の完了形の活用は『表現実践』「付録　アラビア語動詞活用一覧」を参照

文法練習問題　7-2

（　）内の動詞（完了形）を指示に従って活用させたうえで、日本語に訳してください。また活用させた動詞が派生形の第何形であるかについても答えてください。

(1) (قَدَّمَ) لِلْأُسْتَاذِ تَقْرِيرًا اَلْيَوْمَ.
1人称複数に　(قَدَّمَ　を提出する、を提示する、を出す　لِ　〜に)

(2) (نَظَّفَ) غُرْفَتِي كَالْعَادَةِ.
1人称単数に　(عَادَةٌ　習慣)

(3) (رَاجَعَ) اَلْكَلِمَاتِ اَلْعَرَبِيَّةَ اَلْجَدِيدَةَ مِرَارًا.
3人称女性単数に　(مِرَارًا　何度も)

(4) هَلْ (سَاعَدَ) وَالِدَتَكَ فِي اَلْأَعْمَالِ اَلْمَنْزِلِيَّةِ اَلْيَوْمَ؟
2人称男性単数に　(سَاعَدَ　(人)を手伝う　فِي　〜に関して)、وَالِدٌ　親、父親、اَلْأَعْمَالُ اَلْمَنْزِلِيَّةُ　家事　(مَنْزِلِيٌّ　家の))

(5) (أَرْسَلَ) لَهَا هٰذِهِ اَلْهَدِيَّةَ.
2人称女性単数に　(أَرْسَلَ　を送る　(لِ、إِلَى　〜に))

(6) (أَصْبَحَ) مُطْرِبِينَ مَشْهُورِينَ فَجْأَةً.
3人称男性複数に　(أَصْبَحَ　になる、مُطْرِبٌ　歌手)

(7) لِمَاذَا (تَكَلَّمَ) مَعَ صَدِيقَتِكَ أَثْنَاءَ اَلْمُحَاضَرَةِ أَمْسِ؟
2人称男性単数に　(تَكَلَّمَ　話す)

(8) هَلْ (تَعَلَّمَ) ٱللُّغَةَ ٱلْفَرَنْسِيَّةَ فِي فَصْلِ ٱلرَّبِيعِ ٱلدِّرَاسِيِّ؟

2人称男性複数に (تَعَلَّمَ を習得する、فَصْلٌ 学期 فُصُولٌ)

(9) (تَقَابَلَ) صُدْفَةً فِي حَفْلَةِ عِيدِ مِيلَادِ زَمِيلِنَا.

1人称複数に (تَقَابَلَ 遭う、صُدْفَةً 偶然に)

(10) لَقَدْ (اِنْدَهَشَ) مِنْ سُؤَالِكَ ٱلْغَرِيبِ.

3人称男性複数に (اِنْدَهَشَ 驚く (مِنْ ~に)、غَرِيبٌ 変な、奇妙な غُرَبَاءُ)

(11) لِمَاذَا (اِنْكَسَرَ) هٰذَا ٱلشُّبَّاكُ؟

「هٰذَا ٱلشُّبَّاكُ」を主語に (اِنْكَسَرَ 壊れる、割れる)

(12) (اِنْتَقَلَ) صَدِيقَتِي ٱلْأُرْدُنِّيَّةُ إِلَى ٱلْقَاهِرَةِ قَبْلَ شُهُورٍ.

「صَدِيقَتِي ٱلْأُرْدُنِّيَّةُ」を主語に (اِنْتَقَلَ 移る、引っ越す、移転する、أُرْدُنِّيٌّ ヨルダンの)

(13) وَالِدَايَ (اِنْتَظَرَ)نِي أَمَامَ ٱلْمَحَطَّةِ سَاعَةً.

「وَالِدَايَ」を主語に (اِنْتَظَرَ を待つ)

(14) (اِسْتَخْدَمَ) قَامُوسَ ٱلْعَرَبِيَّةِ – ٱلْإِنْكِلِيزِيَّةِ دَائِمًا فِي ٱلْمُحَاضَرَةِ.

3人称男性複数に (اِسْتَخْدَمَ を用いる、ٱلْإِنْكِلِيزِيَّةُ 英語)

(15) (اِسْتَمْتَعَ) بِٱلْفِيلْمِ ٱلْيَابَانِيِّ أَمْسِ مَعَ أُسْرَتِي.

1人称単数に (اِسْتَمْتَعَ 楽しむ (بِ ~を))

表現練習問題 7-1

クラスメートや先生、あるいは周囲の人々と「مَاذَا فَعَلْتَ ~؟」という疑問文で質問し合い、本章で学んだ動詞や付録の単語帳に所収の動詞を用いて自由に答えてください。その際、例で示したとおり、時、場所を表す前置詞句や副詞句を付けて表現してください。また、質問と答えを日本語に訳して下さい。

(例) مَاذَا فَعَلْتَ أَمْسِ؟

あなた（男性）は昨日、何をしましたか。

دَرَسْتُ ٱلْعَرَبِيَّةَ أَمْسِ مَعَ زُمَلَائِي فِي ٱلْجَامِعَةِ.

私は昨日、同級生たちとアラビア語を勉強しました。

(1) مَاذَا فَعَلْتَ أَمْسِ؟ (2) مَاذَا فَعَلْتِ أَوَّلَ أَمْسِ؟

(3) مَاذَا فَعَلْتَ فِي ٱلْعُطْلَةِ ٱلْمَاضِيَةِ؟ (4) مَاذَا فَعَلْتُمْ فِي ٱلْأُسْبُوعِ ٱلْمَاضِي؟

(5) مَاذَا فَعَلَتْ فِي بَيْتِهَا؟ (6) مَاذَا فَعَلُوا فِي ٱلْجَامِعَةِ؟

(7) مَاذَا فَعَلَ ٱلْأُسْتَاذُ فِي مَكْتَبِهِ؟ (8) مَاذَا فَعَلَتِ ٱلْمُدَرِّسَةُ مَعَ طُلَّابِهَا؟

表現練習問題　7-2

例に従って、（　）で示した疑問詞を用いて、以下の文が答えになるように疑問文を作ってください。また、質問と答えを日本語に訳して下さい。

(例) دَرَسْتُ ٱلْعَرَبِيَّةَ أَمْسِ مَعَ زُمَلَائِي فِي ٱلْجَامِعَةِ. (أَيْنَ)
私は昨日、大学で同級生たちとアラビア語を勉強しました。

أَيْنَ دَرَسْتَ ٱلْعَرَبِيَّةَ أَمْسِ مَعَ زُمَلَائِكَ؟
あなた（男性）は昨日、同級生たちとどこで勉強しましたか。

(1) ذَهَبْتُ إِلَى ٱلْقَاهِرَةِ بِٱلطَّائِرَةِ. (كَيْفَ)

(2) ذَهَبْتُ إِلَى ٱلْقَاهِرَةِ بِٱلطَّائِرَةِ. (أَيْنَ)

(3) كَتَبْتُ ٱسْمِي فِي ٱلدَّفْتَرِ بِشَكْلٍ سَرِيعٍ. (كَيْفَ)

(4) كَتَبْتُ ٱسْمِي فِي ٱلدَّفْتَرِ بِشَكْلٍ سَرِيعٍ. (مَاذَا)

(5) شَاهَدْنَا ٱلْفِيلْمَ مَعَ زُمَلَائِنَا أَمْسِ. (مَتَى)

(6) شَاهَدْنَا ٱلْفِيلْمَ مَعَ زُمَلَائِنَا أَمْسِ. (مَعَ مَنْ)

(7) قَابَلْنَاهَا فِي حَرَمِ ٱلْجَامِعَةِ بَعْدَ ٱلظُّهْرِ. (مَتَى)

(8) قَابَلْنَاهَا فِي حَرَمِ ٱلْجَامِعَةِ بَعْدَ ٱلظُّهْرِ. (أَيْنَ)

✦✦✦✦✦✦ اِسْتِرَاحَةٌ ٧ アラブ世界のコーヒー ✦✦✦✦✦✦

第1節の例文では、ムハンマドと凌功は映画を観た後、カフェでお茶とコーヒーを飲みましたが、アラブ世界でも当然、コーヒーを飲む習慣はあります。ただ、日本で言うコーヒー、いわゆるアメリカン・コーヒーはアラビア語では「コーヒー」とは言わず、なぜか「ネスカフェ」と言います。アラビア語で「コーヒー」、すなわち「اَلْقَهْوَةُ」と言うと、「トルコ・コーヒー」を指します。「トルコ・コーヒー」は自宅やカフェで飲むもっとも一般的なコーヒーです。

また「トルコ・コーヒー」があるのなら、「アラブ・コーヒー」もあります。これは、コーヒー豆を煮込んで作るコーヒーで、アラブ世界では冠婚葬祭などでよく飲まれます。さらに最近では、アラブ世界でもエスプレッソ、カプチーノも飲まれるようになっています。

本書も中盤にさしかかりました。ここで本当の「اِسْتِرَاحَةٌ」とはいきませんが、以下、コーヒー、つまり「トルコ・コーヒー」の作り方を紹介します。

◇ 専用の手鍋（كَنَكَةٌ）に水を入れ、コンロで沸騰させます。
◇ 沸騰したら、砂糖を適量入れ、かき混ぜて溶かします——コーヒーを作る前に飲む人に、砂糖をどのくらい入れるか、つまり「اَلْقَهْوَةُ مَعَ ٱلسُّكَّرِ」（砂糖入りコーヒー、سُكَّرٌ 砂糖）、「اَلْقَهْوَةُ بِدُونِ ٱلسُّكَّرِ」（砂糖抜きコーヒー）なのかを訊いておく必要があります。
◇ 専用の容器を火から離して、コーヒー豆を「どっ」と（コーヒー・カップ1杯に対して大さじ1杯くらいの割合で）入れ、静かにかき回します。
◇ 弱火で専用の容器をゆっくり温め、コーヒー豆を入れたお湯が沸騰して噴き出しそうになったら、火から離して、かき混ぜます。
◇ この作業を何回か繰り返し、沸騰したときの水泡が大きな泡になったら出来あがりです。

第8章 動詞未完了形直説形

アラビア語の動詞の活用形には前章で学んだ完了形のほか、未完了形、命令形があります。未完了形はさらに直説形、接続形、短形に細分されます。

本章では、基本動詞（派生形第Ⅰ～Ⅹ形）の未完了形直説形を使いこなす練習をします。詳しい文法解説については『詳解文法』第16章、第17章を参照

第1節　必ずエジプトに行く！

ライラーは陽太に日々の生活について尋ねます。

ライラー1：「あなたの日々の予定」は何ですか、陽太。

لَيْلَى ١: مَا هُوَ "بَرْنَامَجُكَ الْيَوْمِيُّ" يَا هَارُوتَا؟

陽太1：普段、私が毎日何をしているかという意味ですか。

هَارُوتَا ١: هَلْ تَقْصِدِينَ مَاذَا أَفْعَلُ عَادَةً كُلَّ يَوْمٍ؟

ライラー2：はい、あなたは毎日何をしていますか。

لَيْلَى ٢: نَعَمْ، مَاذَا تَفْعَلُ كُلَّ يَوْمٍ؟

陽太2：私は、休日以外は毎日大学に行っています。

هَارُوتَا ٢: أَذْهَبُ كُلَّ يَوْمٍ إِلَى الْجَامِعَةِ مَا عَدَا أَيَّامَ الْعُطْلَاتِ.

ライラー3：大学での講義の後は何をしていますか。

لَيْلَى ٣: وَمَاذَا تَفْعَلُ بَعْدَ الْمُحَاضَرَاتِ فِي الْجَامِعَةِ؟

陽太3：いつもは、図書館で、同級生とその日の授業を復習して、宿題をします。その後に家に帰ります。夕食後は時々テレビを1、2時間観たり、音楽を聴きます。

هَارُوتَا ٣: دَائِمًا أُرَاجِعُ دُرُوسَ الْيَوْمِ وَأَعْمَلُ وَاجِبَاتِي الدِّرَاسِيَّةَ مَعَ زُمَلَائِي فِي الْمَكْتَبَةِ. وَأَرْجِعُ إِلَى الْمَنْزِلِ بَعْدَ ذَلِكَ. وَبَعْدَ الْعَشَاءِ أُشَاهِدُ أَحْيَانًا التِّلِفِزْيُونَ سَاعَةً أَوْ سَاعَتَيْنِ، أَوْ أَسْتَمِعُ إِلَى الْمُوسِيقَى.

ライラー4：休日はどうですか。

لَيْلَى ٤: وَمَاذَا عَنْ أَيَّامِ الْعُطْلَاتِ؟

陽太4：休日は他の日と予定が違います。ときには、スポーツの練習をすることもありますし、学生セミナーとかの大学の活動に参加することもあります。	هَارُوتَا ٤: أَيَّامُ ٱلْعُطْلَاتِ تَخْتَلِفُ عَنِ ٱلْأَيَّامِ ٱلْأُخْرَى فِي بَرْنَامَجِهَا، وَأَحْيَانًا أُمَارِسُ بَعْضَ ٱلتَّمَارِينِ ٱلرِّيَاضِيَّةِ، أَوْ أُشَارِكُ فِي بَعْضِ ٱلْأَنْشِطَةِ ٱلْجَامِعِيَّةِ مِثْلَ ٱلنَّدَوَاتِ ٱلطُّلَّابِيَّةِ.
ライラー5：予習はいつするのですか、陽太。	لَيْلَى ٥: وَمَتَى تُحَضِّرُ دُرُوسَكَ يَا هَارُوتَا؟
陽太5：普段は寝る前に授業の準備をします。	هَارُوتَا ٥: أُحَضِّرُ دُرُوسِي قَبْلَ ٱلنَّوْمِ عَادَةً.
ライラー6：ところで、あなたの趣味は何ですか、陽太。	لَيْلَى ٦: بِالْمُنَاسَبَةِ، مَا هِوَايَتُكَ ٱلْمُفَضَّلَةُ يَا هَارُوتَا؟
陽太6：前にも言ったとおり、私はいろんな活動に参加しています。加えて、私はいろいろな場所を旅します。	هَارُوتَا ٦: كَمَا ذَكَرْتُ لَكِ، أُشَارِكُ فِي عِدَّةِ أَنْشِطَةٍ، وَبِالْإِضَافَةِ إِلَى ذَلِكَ، أُسَافِرُ إِلَى أَمَاكِنَ مُخْتَلِفَةٍ.
ライラー7：これまでにどこか外国に行ったことはありますか、陽太。	لَيْلَى ٧: هَلْ ذَهَبْتَ إِلَى أَيِّ بَلَدٍ أَجْنَبِيٍّ مِنْ قَبْلُ يَا هَارُوتَا؟
陽太7：いいえ。でも、今度の夏にはきっとエジプトに行きます。	هَارُوتَا ٧: لَا. وَلَكِنْ، بِالتَّأْكِيدِ سَأُسَافِرُ إِلَى مِصْرَ فِي ٱلصَّيْفِ ٱلْقَادِمِ.

第2節 解説

2-1 初出単語・表現

لَيْلَى ١

- بَرْنَامَجٌ　プログラム、予定；ソフトウェア　بَرَامِجُ
- يَوْمِيٌّ　毎日の、日々の

هَارُوتَا ١

- قَصَدَ　を意図する (i)
- عَادَةً　通常、普通は

هَارُوتَا ٢

- مَا عَدَا　を除いて

هَارُوتَا ٣

- مَنْزِلٌ　家、宅　مَنَازِلُ
- عَشَاءٌ　夕食
- أَحْيَانًا　時々
- تِلِفِزْيُونٌ　テレビ　تِلِفِزْيُونَاتٌ

▶ طُلَّابِيٌّ 学生の	▶ اِسْتَمَعَ 聴く、耳を傾ける（إِلَى 〜を）
هَارُوتَا ٥	
▶ نَوْمٌ 眠り	▶ مُوسِيقَى 音楽
هَارُوتَا ٦	هَارُوتَا ٤
▶ بِالْإِضَافَةِ إِلَى 〜 〜に加えて、〜のほかに	▶ اِخْتَلَفَ 異なる（عَنْ 〜と、فِي 〜において）
▶ سَافَرَ 旅行する	▶ مَارَسَ （行為）を行う
▶ مُخْتَلِفٌ 異なる	▶ تَمْرِينٌ 練習 تَمَارِينُ
لَيْلَى ٧	▶ شَارَكَ 参加する（فِي 〜に）
▶ بَلَدٌ くに、村 بِلَادٌ	▶ نَشَاطٌ 活動 أَنْشِطَةٌ
▶ أَجْنَبِيٌّ 外国の أَجَانِبُ	▶ نَدْوَةٌ セミナー نَدَوَاتٌ

2-2 重要な会話表現

「あなたは何をしているのですか」

「مَاذَا تَفْعَلُ؟」はアラビア語におけるもっとも基本的な動詞の一つである「فَعَلَ」の未完了形直説形を用いた構文で、「あなた（男性）は何をしているのですか」と訳出できます。また、前章で練習した完了形のときと同じく「あなた（男性）は何をしているのですか」と質問する場合、「مَاذَا تَفْعَلُ؟」以外にも、「عَمِلَ」という動詞を用いて「مَاذَا تَعْمَلُ؟」という質問の仕方があります。

「あなたの趣味は何ですか？」

▶ 「مَا هِوَايَتُكَ (الْمُفَضَّلَةُ)؟」は相手に「هِوَايَةٌ」（趣味）を訊く質問で、「あなた（男性）の趣味は何ですか？」と訳出できます。

「全体」、「一部」、「同一」を表す表現

▶ بَعْضُ 〜

「بَعْضُ」は、限定・複数形・属格の名詞が後ろに続き、「一部の〜」、「いくつかの〜」という意味になります。　詳しい文法解説については『詳解文法』第10章の「もっと学ぶために」を参照

أُمَارِسُ بَعْضَ التَّمَارِينِ الرِّيَاضِيَّةِ 　私はスポーツの練習をすることもあります。

أُشَارِكُ فِي بَعْضِ الْأَنْشِطَةِ الْجَامِعِيَّةِ 　私は大学の活動に参加することもあります。

بَعْضُ ٱلطُّلَّابِ 一部の学生たち
بَعْضُ ٱلنَّاسِ 一部の人々 (إِنْسَانٌ 人　نَاسٌ)

▶ ～ عِدَّةُ

「عِدَّةُ」は非限定・複数形・属格の名詞が後ろに続き、「たくさんの～」という意味になります。

أُشَارِكُ فِي عِدَّةِ أَنْشِطَةٍ
عِدَّةَ مَرَّاتٍ 何度も (مَرَّةٌ 回　مَرَّاتٌ)

接続詞「كَمَا」

「كَمَا」は「～のとおり」という意味の接続詞で、直訳すると、「私があなた（女性）に述べたとおり」となります。

本文の「كَمَا ذَكَرْتُ لَكِ」というイデオムは「私があなた（女性）に述べたとおり」という意味です。動詞「ذَكَرَ」（と語る、述べる (u)）の主語、前置詞「لِ」の目的語を適宜変化させて、「（～が…に）述べたとおり」、「前述のとおり」といった意味で用いられます。

كَمَا ذَكَرْتُ لَكُمْ　あなたたちに述べたとおり

第3節　文法の復習

3-1　未完了形直説形の基礎——基本動詞第Ⅰ形——

第7章でも述べたとおり、アラビア語の動詞を使いこなすには、①活用、②語順の二つをしっかりマスターする必要があります。未完了形直説形は、まだ完了していない行為一般を表す際に用いられ、「～する」、「～している」などと訳出されます。

活用・語順

未完了形の活用は、接頭辞と接尾辞を加えることで表されます。また活用によって変化しない語幹も完了形と母音が若干異なりますので注意してください。なお本書では派生形第Ⅰ形の未完了形における第2語根の母音は、(a)、(i)、(u) と付記しました。

語順は完了形と同じです。

否定辞「لَا」

未完了形直説形の動詞を否定する場合は、否定辞「لَا」を動詞の直前に置きます。また未来の意味を強調する場合は、「سَ」、ないしは「سَوْفَ」を置きます。詳しくは『詳解文法』第16章を参照

文法練習問題　8-1

（　）内の動詞を指示に従って活用させたうえで、日本語に訳してください。

(1) (رَكِبَ) كُلَّ يَوْمٍ ٱلْقِطَارَ مِنْ مَحَطَّةِ "تَامَا" حَتَّى مَحَطَّةِ "مُوسَاشِي-سَاكَاي".
未完了形直説形、3人称男性単数、肯定に

(2) ٱلْمُسْلِمُونَ (خَلَعَ) أَحْذِيَتَهُمْ قَبْلَ دُخُولِ ٱلْمَسَاجِدِ.
未完了形直説形、「ٱلْمُسْلِمُونَ」を主語、肯定に（مُسْلِمٌ イスラーム教徒、خَلَعَ を脱ぐ (a)、حِذَاءٌ 靴 أَحْذِيَةٌ）

(3) طُلَّابُ قِسْمِ ٱلدِّرَاسَاتِ ٱلْعَرَبِيَّةِ (جَلَسَ) فِي هٰذِهِ ٱلْغُرْفَةِ بَعْدَ ٱلْمُحَاضَرَةِ.
未完了形直説形、「طُلَّابُ قِسْمِ ٱلدِّرَاسَاتِ ٱلْعَرَبِيَّةِ」を主語、肯定に（جَلَسَ 座る (i)）

(4) (حَصَلَ) ٱلْفَتَاةُ ٱلْمُجْتَهِدَةُ عَلَى وَظِيفَةٍ فِي تِلْكَ ٱلشَّرِكَةِ ٱلْكَبِيرَةِ.
未完了形直説形、「ٱلْفَتَاةُ ٱلْمُجْتَهِدَةُ」を主語、肯定、未来に（حَصَلَ 得る、手に入れる (u)、وَظِيفَةٌ 職 وَظَائِفُ ～を عَلَى）

(5) عَادَةً (عَمِلَ) أَحْمَدُ وَاجِبَاتِهِ قَبْلَ ٱلنَّوْمِ.
未完了形直説形、「أَحْمَدُ」を主語、肯定に

(6) (رَغِبَ) فِي ٱلذَّهَابِ إِلَى مِصْرَ.
未完了形直説形、3人称男性複数、否定に（رَغِبَ 望む (a)、فِي ～を、ذَهَابٌ 行くこと（إِلَى ～へ））

(7) هَلْ (سَحَبَ) نُقُودًا مِنْ حِسَابِكِ فِي ٱلْبَنْكِ غَدًا؟
未完了形直説形、2人称女性単数、肯定、未来に（سَحَبَ を引く (a)、نُقُودٌ お金（常に複数形）、بَنْكٌ 銀行 بُنُوكٌ、حِسَابٌ 口座）

(8) (دَفَعَ) سَلْوَى ثَمَنَ دَرَّاجَتِهَا ٱلْجَدِيدَةِ.
未完了形直説形、「سَلْوَى」を主語、肯定に（دَفَعَ 支払う (a)）

(9) (عَرَفَ) سَبَبَ فَشَلِي فِي ٱمْتِحَانِ ٱلْأُسْبُوعِ ٱلْمَاضِي.
未完了形直説形、1人称単数、肯定に（عَرَفَ を知る (i)、فَشَلٌ 失敗（すること）（فِي ～での））

3-2　未完了形直説形の応用──基本動詞第Ⅱ～Ⅹ形──

　派生形第Ⅱ～Ⅹ形の未完了形の活用は、第Ⅰ形とまったく同じように、接頭辞と接尾辞を加えることで表されます。しかし、完了形が第Ⅰ形から第Ⅹ形のすべての派生形においてまったく同じ接尾辞を加えたのとは異なり、未完了形では接頭辞が伴う母音が派生形によって異なり、第Ⅱ～Ⅳ形が「ُ 」、第Ⅴ～Ⅹ形が第Ⅰ形と同じ「َ 」となります（なお、接尾辞はすべての派生形においてまったく同じです）。また語幹は、

未完了形の派生形第Ⅰ形が動詞によって第2語根の母音が異なっていたのに対して、第Ⅱ～Ⅹ形でそれぞれ一つのかたちしかなく、第Ⅰ形の第2語根に相当する子音が伴う母音は、第Ⅱ～Ⅳ形と第Ⅶ～Ⅹ形が「◌ِ」、第Ⅴ、Ⅵ形が「◌َ」となります。基本動詞の第Ⅰ～Ⅹ形の未完了形直説形の活用は『表現実践』「付録　アラビア語動詞活用一覧」を参照

文法練習問題　8-2

（　）内の動詞を指示に従って活用させたうえで、日本語に訳してください。また活用・変化させた動詞が派生形の第何形であるかについても答えてください。

(1) (دَرَّسَ) ٱلْأُسْتَاذُ ٱلْأَدَبَ وَٱلتَّرْجَمَةَ لِطُلَّابِ ٱلصَّفِّ ٱلثَّالِثِ.
未完了形直説形、「ٱلْأُسْتَاذُ」を主語、肯定に（دَرَّسَ を教える、تَرْجَمَةٌ 翻訳）

(2) (رَحَّبَ) ٱلْعَرَبُ دَائِمًا بِٱلضُّيُوفِ فِي بُيُوتِهِمْ.
未完了形直説形、「ٱلْعَرَبُ」を主語、肯定に（رَحَّبَ 歓迎する（بِ ～を）、ضَيْفٌ 来客（ضُيُوفٌ））

(3) ٱلْأَسَاتِذَةُ (طَالَبَ) طُلَّابَهُمْ بِمُرَاجَعَةِ دُرُوسِ ٱلْيَوْمِ.
未完了形直説形、「ٱلْأَسَاتِذَةُ」を主語、肯定に（مُرَاجَعَةٌ 復習、参照）

(4) (نَاقَشَ) ٱلطُّلَّابُ مَعَ أُسْتَاذِهِمُ ٱلْأَوْضَاعَ فِي ٱلشَّرْقِ ٱلْأَوْسَطِ.
未完了形直説形、「ٱلطُّلَّابُ」を主語、肯定、未来に（نَاقَشَ について議論する、وَضْعٌ 状況（أَوْضَاعٌ））

(5) هٰذِهِ ٱلطَّالِبَةُ (أَتْعَبَ) ٱلْمُدَرِّسَ دَائِمًا بِأَسْئِلَتِهَا ٱلْكَثِيرَةِ.
未完了形直説形、「ٱلطَّالِبَةُ」を主語、肯定に（أَتْعَبَ を疲れさせる（بِ ～で））

(6) (أَتْقَنَ) ٱللُّغَتَيْنِ ٱلْكُورِيَّةَ وَٱلصِّينِيَّةَ.
未完了形直説形、3人称男性複数、肯定に（أَتْقَنَ が上手である、كُورِيٌّ 韓国の、朝鮮の、صِينِيٌّ 中国の）

(7) فِي ٱلْيَابَانِ، (تَحَرَّكَ) ٱلْقِطَارَاتُ فِي مَوْعِدِهَا أَحْيَانًا.
未完了形直説形、「ٱلْقِطَارَاتُ」を主語、否定に（تَحَرَّكَ 動く）

(8) (تَخَرَّجَ) طُلَّابُ ٱلصَّفِّ ٱلثَّانِي مِنَ ٱلْجَامِعَةِ بَعْدَ سَنَتَيْنِ.
未完了形直説形、「طُلَّابُ ٱلصَّفِّ ٱلثَّانِي」を主語、肯定、未来に（تَخَرَّجَ 卒業する（مِنْ ～を））

(9) (تَبَادَلَ) هٰؤُلَاءِ ٱلْأَجَانِبُ ٱلتَّحِيَّاتِ بِلُغَةٍ غَيْرِ مَعْرُوفَةٍ.
未完了形直説形、「هٰؤُلَاءِ ٱلْأَجَانِبُ」を主語、肯定に（تَبَادَلَ を交わす、تَحِيَّةٌ 挨拶、مَعْرُوفٌ 知られている）

(10) عَاجِلًا أَوْ آجِلًا (تَفَاهَمَ) اَلطَّرَفَانِ.

未完了形直説形、「اَلطَّرَفَانِ」を主語、肯定未来に (عَاجِلًا أَوْ آجِلًا 遅かれ早かれ、طَرَفٌ 当事者 أَطْرَافٌ、تَفَاهَمَ 相互に理解する)

(11) (اِنْقَطَعَ) اَلْكَهْرَبَاءُ فِي اَلْيَابَانِ بِشَكْلٍ عَامٍّ.

未完了形直説形、「اَلْكَهْرَبَاءُ」を主語、否定に (كَهْرَبَاءٌ 電気، اِنْقَطَعَ 切れる)

(12) بَعْضُ اَلنَّاسِ (اِنْزَعَجَ) مِنْ تَصَرُّفَاتِ اَلشَّبَابِ.

未完了形直説形、「بَعْضُ اَلنَّاسِ」を主語、肯定に (اِنْزَعَجَ 腹を立てる (مِنْ ～に)、تَصَرُّفٌ 振る舞い تَصَرُّفَاتٌ)

(13) (اِجْتَمَعَ) فِي غُرْفَةِ اَلطُّلَّابِ بَعْدَ اَلْمُحَاضَرَةِ يَوْمِيًّا.

未完了形直説形、1人称複数、肯定に (اِجْتَمَعَ 集まる、يَوْمِيًّا 毎日、日々)

(14) (اِحْتَرَمَ) اَلطُّلَّابُ أَسَاتِذَةَ اَلْجَامِعَةِ.

未完了形直説形、「اَلطُّلَّابُ」を主語、肯定に (اِحْتَرَمَ を尊敬する)

(15) اَلْمُسْلِمُونَ وَالْيَهُودُ (اِسْتَعْمَلَ) دُهْنَ اَلْخِنْزِيرِ فِي اَلطَّعَامِ.

未完了形直説形、「اَلْمُسْلِمُونَ وَالْيَهُودُ」を主語、否定に (يَهُودِيٌّ ユダヤ教徒、يَهُودٌ، خِنْزِيرٌ 豚 خَنَازِيرُ、دُهْنٌ 脂、اِسْتَعْمَلَ を使う)

(16) (اِسْتَغْرَقَ) اَلطَّرِيقُ مِنْ جَامِعَتِنَا حَتَّى مَحَطَّةِ "تَامَا" حَوَالَيْ خَمْسِ دَقَائِقَ.

未完了形直説形、「اَلطَّرِيقُ」を主語、肯定、未来に (اِسْتَغْرَقَ (時間) を費やす、حَوَالَيْ おおよそ)

3-3 疑問詞、副詞

　疑問詞と副詞は自然な会話を行ううえで欠くことができないので、本書では各章で随時解説し、その用法を練習してきました。それゆえ、すでに疑問詞、副詞についてはある程度使いこなすことができるようになっていることと思いますが、文法的な知識を深め、より正確にこれらの品詞を使いこなせるよう練習を重ねてください。

 詳しくは『詳解文法』第18章第2節を参照

表現練習問題　8-1

　以下の疑問文に、本章で学んだ動詞を用いて自由に答えてください。その際、例で示したとおり、時、場所を表す前置詞句や副詞句を付けて、より具体的に表現してください。また、質問と答えを日本語に訳して下さい。

(例) مَاذَا سَتَفْعَلُ غَدًا فِي ٱلْجَامِعَةِ؟

あなた（男性）は明日、大学で何をしますか。

سَأُحَضِّرُ لِمُحَاضَرَةِ ٱلْعَرَبِيَّةِ قَبْلَ ٱلظُّهْرِ وَمُحَاضَرَةِ ٱلْإِنْكِلِيزِيَّةِ بَعْدَ ٱلظُّهْرِ.

私は午前中はアラビア語の講義の、午後は英語の講義の準備をします。

(1) مَاذَا يَفْعَلُ ٱلْمُدَرِّسُ فِي ٱلْمَدْرَسَةِ عَادَةً؟

(2) مَاذَا سَتَفْعَلُ ٱلْأُسْتَاذَةُ بَعْدَ مُحَاضَرَتِهَا؟

(3) مَاذَا تَفْعَلُ فِي ٱلْعُطْلَةِ بِشَكْلٍ عَامٍّ؟

(4) مَتَى تُسَافِرُونَ إِلَى ٱلْبُلْدَانِ ٱلْعَرَبِيَّةِ؟

(5) مَاذَا سَتَفْعَلِينَ بَعْدَ عَوْدَتِكِ إِلَى ٱلْبَيْتِ؟

(عَوْدَةٌ 戻ること)

(6) أَيْنَ سَتَسْكُنُ خِلَالَ إِقَامَتِكَ بِمِصْرَ؟

(إِقَامَةٌ 滞在（بِ ～での))

(7) كَيْفَ تَبْحَثِينَ عَنِ ٱلْكُتُبِ فِي ٱلْمَكْتَبَةِ؟

(بَحَثَ 探す、研究する、調査する (عَنْ ～を) (a))

(8) هَلْ تَسْكُنُ قُرْبَ ٱلْجَامِعَةِ؟

(سَكَنَ 住む (u)、قُرْبَ 近くに)

(9) كَمْ مَرَّةً فِي ٱلْأُسْبُوعِ تَذْهَبُ إِلَى ٱلْجَامِعَةِ؟

(10) كَمْ سَاعَةً فِي ٱلْيَوْمِ تَدْرُسِينَ ٱلْعَرَبِيَّةَ؟

表現練習問題 8-2

Aの□とBの□から適切な語句を一つずつ選んで（ ）内に適切なかたちにして入れ、「مَا هِيَ هِوَايَتُكَ ٱلْمُفَضَّلَةُ؟」という質問に対する答えを作って下さい。また、作った答えを日本語に訳してください。

A

اِسْتِمَاعٌ (聴くこと (إِلَى ～を))	عَزْفٌ (弾くこと (عَلَى (楽器)を))	
سَفَرٌ (旅行すること (إِلَى ～へ))	مُشَاهَدَةٌ (観ること、観覧、観戦)	
مَشْيٌ (歩くこと)	مُمَارَسَةٌ ((行為)を行うこと)	قِرَاءَةٌ (読むこと、読書)

B

أَطْعِمَةٌ عَرَبِيَّةٌ	أَغَانٍ عَرَبِيَّةٌ	أُغْنِيَةٌ 歌 (أَغَانٍ)	أَفْلَامٌ أَجْنَبِيَّةٌ
اَلْمَعَالِمُ السِّيَاحِيَّةُ	سِيَاحِيٌّ 観光の、مَعَالِمُ 名所 مَعْلَمٌ		بِيَانُو (ピアノ)
تِلْفِزْيُونٌ	رِيَاضَةٌ	غِيتَار (ギター)	فِي اَلْمَسَاءِ
كُرَةُ اَلْقَدَمِ	مَعَ أَصْدِقَائِي	مَعَ وَالِدَتِي	مُوسِيقَى
	وَحِيدًا (独りで)	رِوَايَةٌ (小説)	

(مثال) مَا هِيَ هِوَايَتُكَ اَلْمُفَضَّلَةُ؟

あなた（男性）の趣味は何ですか。

هِوَايَتِي هِيَ (قِرَاءَةُ)(اَلرِّوَايَاتِ).

私の趣味は小説を読むことです。

لَدَيَّ اهْتِمَامٌ بِـ(قِرَاءَةِ)(اَلرِّوَايَاتِ).

私は小説を読むことに関心があります。

(1) هِوَايَتِي هِيَ ( )( ).

(2) لَدَيَّ اهْتِمَامٌ بِـ( )( ).

(3) هِوَايَتِي هِيَ ( )( ).

(4) لَدَيَّ اهْتِمَامٌ بِـ( )( ).

(5) هِوَايَتِي هِيَ ( )( ).

(6) لَدَيَّ اهْتِمَامٌ بِـ( )( ).

第8章 未完了形直説形

اِسْتِرَاحَةٌ ٨　アラビア語での国名、首都名

　アラビア語を母語とするアラブ人（アラブ民族）は、西アジア、北アフリカにまたがるアラブ世界にその多くが暮らしています。ザグロス山脈、地中海、大西洋、サハラ砂漠、紅海に囲まれたこれらの地域には現在22のアラブ諸国が存在します。アラブ諸国を含む世界の主な国の国名、首都などについて以下にまとめました。

アラブ諸国

一般呼称	正式国名	首都	関係形容詞
مِصْرُ （エジプト）	جُمْهُورِيَّةُ مِصْرَ الْعَرَبِيَّةُ （エジプト・アラブ共和国）	اَلْقَاهِرَةُ （カイロ）	مِصْرِيٌّ
اَلْعِرَاقُ （イラク）	اَلْجُمْهُورِيَّةُ الْعِرَاقِيَّةُ （イラク共和国）	بَغْدَادُ （バグダード）	عِرَاقِيٌّ
سُورِيَّةُ／سُورِيَا （シリア）	اَلْجُمْهُورِيَّةُ الْعَرَبِيَّةُ السُّورِيَّةُ （シリア・アラブ共和国）	دِمَشْقُ／اَلشَّامُ （ダマスカス）	سُورِيٌّ
لُبْنَانُ （レバノン）	اَلْجُمْهُورِيَّةُ اللُّبْنَانِيَّةُ （レバノン共和国）	بَيْرُوتُ （ベイルート）	لُبْنَانِيٌّ
اَلْأُرْدُنُّ （ヨルダン）	اَلْمَمْلَكَةُ الْأُرْدُنِّيَّةُ الْهَاشِمِيَّةُ （ヨルダン・ハシミテ王国）	عَمَّانُ （アンマン）	أُرْدُنِّيٌّ
اَلسَّعُودِيَّةُ （サウジアラビア）	اَلْمَمْلَكَةُ الْعَرَبِيَّةُ السَّعُودِيَّةُ （サウジアラビア王国）	اَلرِّيَاضُ （リヤド）	سَعُودِيٌّ
اَلْيَمَنُ （イエメン）	اَلْجُمْهُورِيَّةُ الْيَمَنِيَّةُ （イエメン共和国）	صَنْعَاءُ （サナア）	يَمَنِيٌّ
لِيبِيَا （リビア）	دَوْلَةُ لِيبِيَا （リビア国）	طَرَابُلُسُ （トリポリ）	لِيبِيٌّ
اَلسُّودَانُ （スーダン）	اَلْجُمْهُورِيَّةُ السُّودَانِيَّةُ （スーダン共和国）	اَلْخُرْطُومُ （ハルツーム）	سُودَانِيٌّ
اَلْمَغْرِبُ （モロッコ）	اَلْمَمْلَكَةُ الْمَغْرِبِيَّةُ （モロッコ王国）	اَلرِّبَاطُ （ラバト）	مَغْرِبِيٌّ（مَغَارِبَةٌ）
تُونِسُ （チュニジア）	اَلْجُمْهُورِيَّةُ التُّونِسِيَّةُ （チュニジア共和国）	تُونِسُ （チュニス）	تُونِسِيٌّ
اَلْكُوَيْتُ （クウェート）	دَوْلَةُ الْكُوَيْتِ （クウェート国）	اَلْكُوَيْتُ （クウェート）	كُوَيْتِيٌّ
اَلْجَزَائِرُ （アルジェリア）	اَلْجُمْهُورِيَّةُ الْجَزَائِرِيَّةُ الدِّيمُوقْرَاطِيَّةُ الشَّعْبِيَّةُ （アルジェリア民主人民共和国）	اَلْجَزَائِرُ （アルジェ）	جَزَائِرِيٌّ
اَلْبَحْرَيْنُ （バーレーン）	مَمْلَكَةُ الْبَحْرَيْنِ （バーレーン王国）	اَلْمَنَامَةُ （マナマ）	بَحْرَينِيٌّ

一般呼称	正式国名	首都	関係形容詞
قَطَرُ (カタール)	دَوْلَةُ قَطَرَ (カタール国)	اَلدَّوْحَةُ (ドーハ)	قَطَرِيٌّ
اَلْإِمَارَاتُ (UAE)	دَوْلَةُ الْإِمَارَاتِ الْعَرَبِيَّةِ الْمُتَّحِدَةِ (アラブ首長国連邦)	أَبُو ظَبِي (アブダビ)	إِمَارَاتِيٌّ
عُمَانُ (オマーン)	سَلْطَنَةُ عُمَانَ (オマーン・スルタン国)	مَسْقَطُ (マスカト)	عُمَانِيٌّ
مُورِيتَانِيَا (モーリタニア)	جُمْهُورِيَّةُ مُورِيتَانِيَا الْإِسْلَامِيَّةُ (モーリタニア・イスラーム共和国)	نُوَاكْشُوط (ヌアクショット)	مُورِيتَانِيٌّ
اَلصُّومَالُ (ソマリア)	جُمْهُورِيَّةُ الصُّومَالِ (ソマリア共和国)	مُقَدِيشُو (モガディシオ)	صُومَالِيٌّ
فِلَسْطِينُ (パレスチナ)	دَوْلَةُ فِلَسْطِينَ (パレスチナ国)	اَلْقُدْسُ (エルサレム)	فِلَسْطِينِيٌّ
جِيبُوتِي (ジブチ)	جُمْهُورِيَّةُ جِيبُوتِي (ジブチ共和国)	جِيبُوتِي (ジブチ)	جِيبُوتِي
اَلْقُمُرُ (コモロ)	جُمْهُورِيَّةُ الْقُمُرِ الْمُتَّحِدَةُ (コモロ連合共和国)	مُورُونِي (モロニ)	قُمُرِيٌّ
اَلْبُلْدَانُ الْعَرَبِيَّةُ (アラブのくに) / اَلْوَطَنُ الْعَرَبِيُّ (アラブ諸国) (アラブ地域) / اَلْعَالَمُ الْعَرَبِيُّ (アラブ世界) / اَلْمِنْطَقَةُ الْعَرَبِيَّةُ			عَرَبِيٌّ (عَرَبٌ)

世界の主な国

一般呼称	正式国名	首都	関係形容詞	国語
اَلْيَابَانُ	اَلْيَابَانُ (日本国)	طُوكِيُو (東京)	يَابَانِيٌّ	اَلْيَابَانِيَّةُ
اَلصِّينُ	جُمْهُورِيَّةُ الصِّينِ الشَّعْبِيَّةُ (中華人民共和国)	بِكِين (北京)	صِينِيٌّ	اَلصِّينِيَّةُ
أَمْرِيكَا / أَمِيرِكَا	اَلْوِلَايَاتُ الْمُتَّحِدَةُ الْأَمْرِيكِيَّةُ / الْأَمِيرِكِيَّةُ (アメリカ合衆国)	وَاشِنْطُن (ワシントン)	أَمْرِيكِيٌّ (أَمْرِيكَانُ)	اَلْإِنْكِلِيزِيَّةُ
كُورِيَا الْجَنُوبِيَّةُ	اَلْجُمْهُورِيَّةُ الْكُورِيَّةُ (大韓民国)	سِيُول (ソウル)	كُورِيٌّ	اَلْكُورِيَّةُ
كُورِيَا الشَّمَالِيَّةُ	اَلْجُمْهُورِيَّةُ الْكُورِيَّةُ الشَّعْبِيَّةُ الدِّيمُقْرَاطِيَّةُ (朝鮮民主主義人民共和国)	بِيُونْغ يَانْغ (平壌)	كُورِيٌّ	اَلْكُورِيَّةُ
إِيرَانُ	جُمْهُورِيَّةُ إِيرَانَ الْإِسْلَامِيَّةُ (イラン・イスラーム共和国)	طَهْرَانُ (テヘラン)	إِيرَانِيٌّ	اَلْفَارِسِيَّةُ
تُرْكِيَا	اَلْجُمْهُورِيَّةُ التُّرْكِيَّةُ (トルコ共和国)	أَنْقَرَةُ (アンカラ)	تُرْكِيٌّ (أَتْرَاكُ)	اَلتُّرْكِيَّةُ
رُوسِيَا	اَلْجُمْهُورِيَّةُ الرُّوسِيَّةُ الْاِتِّحَادِيَّةُ (ロシア連邦)	مُوسْكُو (モスクワ)	رُوسِيٌّ (رُوسٌ)	اَلرُّوسِيَّةُ
بِرِيطَانِيَا	اَلْمَمْلَكَةُ الْمُتَّحِدَةُ لِبِرِيطَانِيَا الْعُظْمَى وَإِيرْلَنْدَا الشَّمَالِيَّةُ (グレートブリテンおよび北部アイルランド連合王国)	لَنْدَن (ロンドン)	بِرِيطَانِيٌّ	اَلْإِنْكِلِيزِيَّةُ

第 8 章　未完了形直説形

一般呼称	正式国名	首都	関係形容詞	国語
فَرَنْسَا	اَلْجُمْهُورِيَّةُ ٱلْفَرَنْسِيَّةُ （フランス共和国）	بَارِيس （パリ）	فَرَنْسِيٌّ	اَلْفَرَنْسِيَّةُ
أَلْمَانِيَا	جُمْهُورِيَّةُ أَلْمَانِيَا ٱلْاِتِّحَادِيَّةُ （ドイツ連邦共和国）	بَرْلِين （ベルリン）	أَلْمَانِيٌّ (أَلْمَانٌ)	اَلْأَلْمَانِيَّةُ
إِيطَالِيَا	اَلْجُمْهُورِيَّةُ ٱلْإِيطَالِيَّةُ （イタリア共和国）	رُومَا （ローマ）	إِيطَالِيٌّ	اَلْإِيطَالِيَّةُ
بَاكِسْتَانُ	جُمْهُورِيَّةُ بَاكِسْتَانَ ٱلْإِسْلَامِيَّةُ （パキスタン・イスラーム共和国）	إِسْلَامَ آبَاد （イスラマバード）	بَاكِسْتَانِيٌّ	اَلْأُرْدِيَّةُ
أَفْغَانِسْتَانُ	جُمْهُورِيَّةُ أَفْغَانِسْتَانَ ٱلْإِسْلَامِيَّةُ アフガニスタン・イスラーム国	كَابُول （カブール）	أَفْغَانِيٌّ (أَفْغَانٌ)	اَلْبَشْتَوِيَّةُ
	كُرْدِسْتَانُ クルディスタン（独立国ではありません）		كُرْدِيٌّ (أَكْرَادٌ)	اَلْكُرْدِيَّةُ
إِسْرَائِيلُ	دَوْلَةُ إِسْرَائِيلَ （イスラエル国）	تَلُّ أَبِيب （テルアビブ）	إِسْرَائِيلِيٌّ	اَلْعِبْرِيَّةُ

第9章　動詞未完了形接続形、短形、命令形

前章では動詞の未完了形直説形を学びましたが、本章では基本動詞（派生形第Ⅰ〜Ⅹ形）の**未完了形接続形**、**短形**、そして**命令形**を使いこなす練習をします。

また、アラビア語の動詞には、英語などと同じように、**受動態**、**分詞**（**能動分詞、受動分詞**）、**動名詞**があります。これらは動詞（の語根）から規則的に作られますので、それについて見ていきます。なお、分詞、動名詞の用法については、第12章で改めて学ぶこととし、本章では動詞をどのように変化させて作られるのかに重点を置きます。　詳しい文法解説については『詳解文法』第19章、第20章、第22章を参照

第1節　健全な精神は健全な肉体に宿る

和奏はアフマドの調子が悪そうなのに気づいて・・・。 🔊

和奏1：どうしたの、アフマド、顔が蒼いですよ。病気ですか。

وَكَانَا ١: مَاذَا بِكَ يَا أَحْمَدُ، وَجْهُكَ شَاحِبٌ، هَلْ أَنْتَ مَرِيضٌ؟

アフマド1：分かりません。でも、今朝から、疲れとお腹に痛み、そして頭痛を感じます。

أَحْمَدُ ١: لَا أَعْرِفُ، وَلٰكِنْ، أَشْعُرُ بِالتَّعَبِ، وَبِآلَامٍ فِي بَطْنِي، وَبِصُدَاعٍ مُنْذُ صَبَاحِ الْيَوْمِ.

和奏2：病院に行きましたか。

وَكَانَا ٢: وَهَلْ ذَهَبْتَ إِلَى مُسْتَشْفًى؟

アフマド2：いいえ、まだ行っていません。でも、家の近くの病院を予約しました。明日に行きます。

أَحْمَدُ ٢: لَا، لَمْ أَذْهَبْ بَعْدُ، وَلٰكِنْ حَجَزْتُ فِي مُسْتَشْفًى قَرِيبٍ مِنْ مَنْزِلِي، وَسَأَذْهَبُ إِلَيْهِ غَدًا.

第 9 章　未完了形接続形、短形、命令形

和奏3：明日まで待たないでください。すぐ行ってください。自分の健康をおろそかにしないでください。

وَاكَانَا ٣: لَا تَنْتَظِرْ حَتَّى ٱلْغَدِ. اِذْهَبْ فَوْرًا، وَلَا تُهْمِلْ فِي صِحَّتِكَ.

アフマド3：ありがとう、和奏…。

أَحْمَدُ ٣: شُكْرًا لَكِ يَا وَاكَانَا ….

和奏4：今日は時間があるから、私も病院にいっしょについて行ってあげます。すぐにいっしょに行きましょう。

وَاكَانَا ٤: عِنْدِي وَقْتٌ ٱلْيَوْمَ وَسَأُرَافِقُكَ إِلَى ٱلْمُسْتَشْفَى، فَلْنَذْهَبْ مَعًا فَوْرًا.

病院にて問診を受けつつ…。

医師1：…で、喫煙しますか。

ٱلطَّبِيبُ ١: … وَهَلْ تُدَخِّنُ؟

アフマド4：いいえ、吸いません。これまでに吸ったことはありませんし、将来も吸うことはありません。

أَحْمَدُ ٤: لَا أُدَخِّنُ، وَلَمْ أُدَخِّنْ مِنْ قَبْلُ، وَلَنْ أُدَخِّنَ إِنْ شَاءَ ٱللَّهُ فِي ٱلْمُسْتَقْبَلِ.

医師2：では、ストレスを感じてますか。

ٱلطَّبِيبُ ٢: إِذَنْ، هَلْ تَشْعُرُ بِضُغُوطٍ نَفْسِيَّةٍ؟

和奏5：実は、彼は最近、新しい仕事に就いて、毎日夜遅くまで働いています。

وَاكَانَا ٥: فِي ٱلْوَاقِعِ، اِلْتَحَقَ مُؤَخَّرًا بِعَمَلٍ جَدِيدٍ، وَيَعْمَلُ كُلَّ يَوْمٍ حَتَّى سَاعَةٍ مُتَأَخِّرَةٍ مِنَ ٱللَّيْلِ.

医師3：あなたの体は疲れています。休息が必要です、アフマドさん。激しい仕事は避けて、生活に関わる問題はあまり考えないでください。野菜、果物、新鮮な食べ物がお勧めですよ。

ٱلطَّبِيبُ ٣: جِسْمُكَ مُتْعَبٌ، وَأَنْتَ فِي حَاجَةٍ إِلَى رَاحَةٍ يَا سَيِّدُ أَحْمَدُ. وَتَجَنَّبْ ٱلْعَمَلَ ٱلشَّاقَّ، وَلَا تُفَكِّرْ كَثِيرًا فِي مَشَاكِلِ ٱلْحَيَاةِ. وَعَلَيْكَ بِٱلْخَضْرَوَاتِ وَٱلْفَوَاكِهِ وَٱلطَّعَامِ ٱلطَّازَجِ.

アフマド5：はい、おっしゃるとおりです。今後は健康をおろそかにしないようにします。忠告いただきありがとうございます。

أَحْمَدُ ٥: نَعَمْ، هٰذَا صَحِيحٌ، وَلَنْ أُهْمِلَ فِي صِحَّتِي بَعْدَ ٱلْيَوْمِ، وَأَشْكُرُكَ عَلَى هٰذِهِ ٱلنَّصَائِحِ.

第2節　解説

2-1　初出単語・表現

١ وَاكَانَا

- مَاذَا بِكَ؟ ☞2-2 重要な会話表現
- وُجُوه　وَجْه　顔、側面
- شَوَاحِب　شَاحِب　蒼い、蒼白の
- مَرْضَى　مَرِيض　病気の

١ أَحْمَد

- شَعَرَ بِ ~ ☞2-2 重要な会話表現
- تَعَب　疲れ（「تَعِبَ」（疲れる）（مِنْ ~で）(a))の動名詞）
- آلَام　أَلَم　痛み
- بَطْن　腹
- صُدَاع　頭痛

٢ وَاكَانَا

- مُسْتَشْفَيَات　مُسْتَشْفَى　病院
「مَشْفَى」（病院）という同義語もあります。

٢ أَحْمَد

- لَمْ ~ بَعْدُ ☞2-2 重要な会話表現
- حَجَزَ　を予約する (u)

٣ وَاكَانَا

- فَوْرًا　すぐに、即座に、直ちに
- أَهْمَلَ　を無視する、を怠る

٤ وَاكَانَا

- رَافَقَ　に付き添う、を同伴する

١ اَلطَّبِيب

- دَخَّنَ　（タバコ）を吸う、を喫煙する

٤ أَحْمَد

- مُسْتَقْبَل　未来、将来

٢ اَلطَّبِيب

- إِذَنْ　では
- ضُغُوط نَفْسِيَّة　ストレス（ضَغْط　圧力、ضُغُوط、نَفْسِيّ　心理的な、精神的な）

٥ وَاكَانَا

- فِي الْوَاقِع　実は（وَاقِع　現実、事実）
- اِلْتَحَقَ　就く；在籍する（بِ　~に）
- مُؤَخَّرًا　最近
- مُتَأَخِّر　遅い（時間など）

٣ اَلطَّبِيب

- أَجْسَام　جِسْم　体
- مُتْعَب　疲れている
「مُتْعِب」（(人を) 疲れさせる）との違いに注意しましょう。
- فِي حَاجَةٍ إِلَى ~ ☞2-2 重要な会話表現
- تَجَنَّبَ ☞2-2 重要な会話表現
- شَاقّ　過酷な
- فَكَّرَ　考える、思考する（فِي　~について）

- ▸ كَثِيرًا　たくさん
- ▸ عَلَيْكَ بِـ~　☞2-2 重要な会話表現
- ▸ خُضْرَوَاتٌ　野菜（常に複数形）
- ▸ فَوَاكِهُ　فَاكِهَةٌ　果物
- ▸ طَازَجٌ　新鮮な
- أَحْمَدُه
- ▸ نَصَائِحُ　نَصِيحَةٌ　忠告

2-2　重要な会話表現

相手の容態を尋ねる疑問文

「مَاذَا بِكَ؟」は英語の「What's with you?」に相当する表現で、「どうしたのですか？」というように相手の容態を尋ねるときに用いられる疑問文です。また相手に不快感を覚えたときに「何だ、お前！」と啖呵を切る表現にも用いられます。

似た表現としては以下のようなものがあります。

كَيْفَ حَالُكَ؟　元気ですか。（男性単数に対して）

مَا بِكَ؟　どうしたのですか。（英語で言う「What's with you?」）

هَلْ أَنْتَ بِخَيْرٍ؟　あなた（男性）は大丈夫ですか。

عَلَى مَا يُرَامُ؟　大丈夫ですか。（رَام を望む[1]）

相手が病気、体調不良だと答えた場合、「سَلَامَتُكَ」（お大事に（سَلَامَةٌ　無事））と言います。

体調を表す表現

「شَعَرَ」（感じる (u)）は常に前置詞「بِ」とともに用いられます。

أَشْعُرُ بِالتَّعَبِ　私は疲れを感じます。

هَلْ تَشْعُرُ بِضُغُوطٍ نَفْسِيَّةٍ؟　あなた（男性）はストレスを感じますか。

なお、身体の不調を感じる場合は、第3章で学んだ所有・携帯を表す構文で表すこともできます。

عِنْدِي أَلَمٌ فِي بَطْنِي.　私はお腹が痛いです。

عِنْدِي صُدَاعٌ.　私は頭痛がします。

عِنْدِي أَلَمٌ هُنَا.　私はここが痛いです。

---

[1] 「يُرَامُ」は第2語根弱動詞の「رَامَ」の未完了形直説形の受動態ですが、活用については第11章で学びます。

未然表現「いまだ〜ない」

「لَمْ」によって否定される未完了形短形の動詞が副詞「بَعْدُ」を伴う場合、「まだ〜ない」という意味になります。

لَمْ أَذْهَبْ بَعْدُ　私はまだ行っていません。

相手にアドバイスする表現

「فِي حَاجَةٍ إِلَى ~」は「〜を必要としている」という意味の慣用句です。

أَنْتَ فِي حَاجَةٍ إِلَى رَاحَةٍ.　あなた（男性）は休息が必要です。

「تَجَنَّبَ」は「を避ける」という意味の動詞で、その命令形「تَجَنَّبْ」は、相手に何かを控えるよう助言する際に用いられます。

تَجَنَّبِ ٱلْعَمَلَ ٱلشَّاقَّ.　激しい仕事は避けなさい。

「عَلَيْكَ بِـ~」は「あなた（男性）に〜をお勧めします」という意味の慣用句で、相手に何かを勧めるための助言をする際に用いられます。

عَلَيْكَ بِٱلْخَضْرَوَاتِ.　あなた（男性）には野菜をお勧めします。

なお、アラビア語では「忠告」は前述のとおり「نَصِيحَةٌ」と言い、「に忠告する」という動詞は「نَصَحَ」((a) بِـ 〜と) と言います。

نَصَحَ ٱلطَّبِيبُ أَحْمَدَ بِٱلرَّاحَةِ.　医師はアフマドに休息するよう忠告した。

第3節　文法の復習

3-1　未完了形接続形、短形

未完了形接続形、短形は、未完了形直説形の接尾辞を若干変化させることで表されます。　詳しくは『詳解文法』第19章を参照

接続形

接続形は、①未来の意味を強調した否定文を作る用法と②名詞節を作る用法があります。未来の意味を強調した否定文は、接続形の直前に否定辞「لَنْ」を置くことで表され、「〜しないだろう」などと訳出されます。名詞節を作る用法については、第12章で詳しく見ることにします。

短形

　短形は①完了の否定、②禁止、否定命令、③間接命令という三つの用法があります。完了の否定は短形の直前に否定辞「لَمْ」を置くことで表され、「～したことはない」、「いまだに～していない」などと訳出されます。禁止、否定命令は短形の直前に否定辞「لَا」を置くことで表され、「～するな」などと訳出されます。間接命令とは英語でいう「Let ～」という表現で、「لِـ」、「فَلْـ」を直前に付けて表されます。基本動詞の第Ⅰ～Ⅹ形の未完了形接続形、短形の活用は『表現実践』「付録　アラビア語動詞活用一覧」を参照

文法練習問題　9-1

　(　) 内の動詞を指示に従って活用・変化させたうえで、日本語に訳してください。また活用・変化させた動詞が派生形の第何形であるかについても答えてください。

(1) (قَبِلَ) طَلَبَهَا الْأَنَانِيَّ.
3人称男性単数、否定未来に (قَبِلَ を受け入れる、を受諾する (a)、أَنَانِيٌّ 利己的な)

(2) (حَضَرَ) بَعْضُ الطُّلَّابِ دُرُوسَ الْأُسْبُوعِ الْقَادِمِ.
「بَعْضُ الطُّلَّابِ」を主語、否定未来に

(3) (سَاعَدَ) ـكَ فِي وَاجِبَاتِكَ الدِّرَاسِيَّةِ.
3人称女性単数、否定未来に

(4) (أَعْجَبَ) أَصْدِقَاءَكَ ذٰلِكَ الْفِيلْمُ الْجَدِيدُ.
「ذٰلِكَ الْفِيلْمُ الْجَدِيدُ」を主語、否定未来に (أَعْجَبَ (物・事は人) を気に入らせる → (人) は (物・事) を気に入る)

(5) (تَدَخَّلَ) هَارُونَا فِي شُؤُونِ الْآخَرِينَ.
「هَارُونَا」を主語、否定未来に (شُؤُونٌ こと、事柄、تَدَخَّلَ 介入する、干渉する)

(6) (تَقَابَلَ) أَثْنَاءَ زِيَارَتِنَا إِلَى الْقَاهِرَةِ.
1人称複数、未来否定に (زِيَارَةٌ 訪問)

(7) (انْكَسَرَ) إِرَادَتُهُ الْقَوِيَّةُ.
「إِرَادَتُهُ الْقَوِيَّةُ」を主語、否定未来に

(8) (اعْتَرَفَ) بِالْهَيْمَنَةِ الْأَمِيرِكِيَّةِ عَلَى الشَّرْقِ الْأَوْسَطِ.
1人称複数、否定未来に (اعْتَرَفَ 認める、承認する (بِـ ～を)、هَيْمَنَةٌ 覇権、ヘゲモニー)

(9) (احْتَرَمَ) الطَّالِبَ الْكَسْلَانَ.
3人称男性複数、否定未来に (احْتَرَمَ を尊敬する、كَسْلَانٌ／كَسْلَانُ 怠けている (كَسْلَى、كَسَالَى))

(10) (اِسْتَغْرَبَ) مِنْ نَجَاحِ ٱلطُّلَّابِ ٱلْمُجْتَهِدِينَ.

1人称複数、否定未来に (اِسْتَغْرَبَ 奇妙だと思う、面白いと思う (مِنْ ～を))

文法練習問題　9-2

（　）内の動詞を指示に従って活用・変化させたうえで、日本語に訳してください。また活用・変化させた動詞が派生形の第何形であるかについても答えてください。

(1) (قَلِقَ) مِنْ فَشَلِكَ فِي ٱلْمَاضِي.

男性単数、否定命令に (قَلِقَ 心配する、懸念する (مِنْ ～を) (a)、ٱلْمَاضِي 過去)

(2) (فَهِمَ) كَلَامَكِ لِلْأَسَفِ.

1人称単数、完了の否定に (فَهِمَ を理解する (a))

(3) (رَاجَعَ) ٱلْقَامُوسَ قَبْلَ تِلَاوَةِ ٱلنَّصِّ.

女性単数、否定命令に (تِلَاوَةٌ 音読)

(4) (قَابَلَ) أُسْرَةَ ٱلْأُسْتَاذِ بَعْدُ.

1人称複数形、完了の否定に

(5) (أَرْسَلَ) لَهُ هٰذِهِ ٱلرِّسَالَةَ.

男性単数、否定命令に

(6) (أَحْزَنَ) ٱلرَّجُلَ خَبَرُ وَفَاةِ صَدِيقِهِ.

「خَبَرُ وَفَاةِ صَدِيقِهِ」を主語、完了の否定に (أَحْزَنَ (もの・ことは人) を悲しませる、خَبَرٌ أَخْبَارٌ 知らせ、ニュース、وَفَاةٌ 死去、死亡)

(7) (تَحَرَّكَ).

男性複数、命令否定に

(8) (تَعَلَّمَ) ٱلطَّالِبُ مِنْ أَخْطَائِهِ ٱلسَّابِقَةِ.

「ٱلطَّالِبُ」を主語、完了の否定に (خَطَأٌ أَخْطَاءُ 間違い、سَابِقٌ 以前の、前の)

(9) (تَعَامَلَ) مَعِي بِهٰذِهِ ٱلطَّرِيقَةِ.

女性単数、命令否定に (تَعَامَلَ 扱う、対処する (مَعَ ～に))

(10) (تَبَادَلَ) ٱلزِّيَارَاتِ مَعَ هَارُونَا.

1人称単数、完了の否定に

(11) (اِنْقَطَعَ) ٱلِاتِّصَالُ بَيْنَنَا.

「ٱلِاتِّصَالُ」を主語、完了の否定に (اِتِّصَالٌ اِتِّصَالَاتٌ 連絡 (بِ ～への))

(12) (اِعْتَبَرَ) صَمْتِي دَلِيلًا عَلَى ٱلْمُوَافَقَةِ.

女性単数、命令否定に (اِعْتَبَرَ を～とみなす、صَمْتٌ 沈黙、دَلِيلٌ 証拠 (عَلَى ～の)、مُوَافَقَةٌ أَدِلَّةٌ 同意 (عَلَى ～について))

第 **9** 章　未完了形接続形、短形、命令形

(13) (اِنْتَظَرَ)نِي.

3人称女性単数、完了の否定に

(14) (اِسْتَخْدَمَ) ٱلْمُوبَايِل فِي ٱلْمُحَاضَرَةِ.

男性複数、命令否定に (مُوبَايِل 携帯電話)

(15) لِمَاذَا (اِسْتَقْبَلَ) ٱلضُّيُوفَ فِي ٱلْمَطَارِ؟

2人称男性複数、完了の否定に (اِسْتَقْبَلَ を迎える、مَطَارٌ 空港 مَطَارَاتٌ)

3-2　命令形

　命令形は、未完了形接続形の接頭辞を変化させることで表され、「〜しろ」などと訳出されます。命令形の接頭辞は、派生形によって異なりますので、注意が必要ですが、命令形にできる動詞は限られていますので、接頭辞と派生形の関係を体系的に理解するのではなく、命令形のかたちのまま覚えてしまうのも手です。基本動詞の第Ⅰ〜Ⅹ形の命令形の活用は『表現実践』「付録　アラビア語動詞活用一覧」を参照

文法練習問題　9-3

　（　）内の動詞を指示に従って活用・変化させたうえで、日本語に訳してください。また活用・変化させた動詞が派生形の第何形であるかについても答えてください。

(1) (سَمِعَ) صَوْتَ ٱلْأُسْتَاذِ جَيِّدًا.

2人称男性単数、命令形に

(2) (رَجَعَ) إِلَى بَيْتِكِ ٱلْآنَ.

2人称女性単数、命令形に

(3) (كَتَبَ) ٱلْحُرُوفَ ٱلْعَرَبِيَّةَ فِي دَفَاتِرِكُمْ.

2人称男性複数、命令形に (حُرُوفٌ 文字 حَرْفٌ)

(4) (حَضَرَ) دُرُوسَكِ كُلَّ يَوْمٍ.

2人称女性単数、命令形に

(5) (سَاعَدَ)نِي فِي حَمْلِ هٰذِهِ ٱلْكُتُبِ مِنْ فَضْلِكَ.

2人称男性単数、命令形に (حَمْلٌ 持ち運ぶこと、携帯)

(6) (أَحْضَرَ) مَعَكَ هٰذَا ٱلْكِتَابَ غَدًا.

2人称男性単数、命令形に (أَحْضَرَ を持ってくる)

(7) (تَكَلَّمَ) مَعِي بِٱللُّغَةِ ٱلْعَرَبِيَّةِ.

2人称男性複数、命令形に

(8) (اِبْتَسَمَ) مِنْ فَضْلِكُمْ.

2人称男性複数、命令形に (اِبْتَسَمَ ほほえむ、(ニコっと) 笑う)

(9) (اِنْتَظَرَ)نِي هُنَا.

2人称女性単数、命令形に

(10) (اِسْتَمْتَعَ) بِوَقْتِكَ ٱلْمَحْدُودِ.

2人称男性単数、命令形に（مَحْدُودٌ 限られた、限定的な）

3-3 動詞の受動態、分詞、動名詞

アラビア語の動詞には、英語と同様に受動態、分詞（能動分詞、受動分詞）、動名詞があります。

受動態

受動態は、行為者が明らかでない場合や行為者が論点にならないような場合にしか用いられません。また能動態の母音を変化させるだけで表される受動態は、能動態との区別がつきにくいため、行為者を特定しない場合は、「تَمَّ」（〜される）と動名詞を用いた表現で表されます。（詳しくは『詳解文法』第22章第1節、24章を参照）

分詞、動名詞

分詞と動名詞は、すべての派生形において動詞から規則的に変化させて作られます。この規則に気づくと、本書で登場した多くの名詞、形容詞が分詞、ないしは動名詞であることに気付くはずです。これまで覚えた単語を改めて見直し、どの単語が分詞で、どの単語が動名詞なのかを確認してみてください。そのうえで元となる動詞のかたちを辞書などで調べて、語彙を増やす努力をしてみてください。基本動詞の第Ⅰ～Ⅹ形の分詞、動名詞は『表現実践』「付録 アラビア語動詞活用一覧」を参照

文法練習問題 9-4

以下の表は基本動詞の派生形の基本形（3人称男性単数）と分詞の基本形（男性単数、主格）、動名詞をまとめたものです。空欄を埋めて、表を完成させてください。

派生形	能動態		受動態		能動分詞	受動分詞	動名詞
	完了形	未完了形 直説形	完了形	未完了形 直説形			
Ⅰ	شَرَحَ	(1)	(2)	(3)	(4)	(5)	(6)
	عَرَفَ	(7)	(8)	(9)	(10)	(11)	(12)
	طَلَبَ	(13)	(14)	(15)	(16)	(17)	(18)
	عَمِلَ	(19)	(20)	(21)	(22)	(23)	(24)

第 **9** 章　未完了形接続形、短形、命令形

派生形	能動態		受動態		能動分詞	受動分詞	動名詞
	完了形	未完了形直説形	完了形	未完了形直説形			
Ⅱ	قَدَّمَ	(25)	(26)	(27)	(28)	(29)	(30)
Ⅲ	سَاعَدَ	(31)	(32)	(33)	(34)	(35)	(36)
Ⅳ	أَخْبَرَ	(37)	(38)	(39)	(40)	(41)	(42)
Ⅴ	تَعَلَّمَ	(43)	(44)	(45)	(46)	(47)	(48)
Ⅵ	تَبَادَلَ	(49)	(50)	(51)	(52)	(53)	(54)
Ⅶ	اِنْقَطَعَ	(55)	——	——	(56)	——	(57)
Ⅷ	اِحْتَرَمَ	(58)	(59)	(60)	(61)	(62)	(63)
Ⅹ	اِسْتَعْمَلَ	(64)	(65)	(66)	(67)	(68)	(69)

 表現練習問題　9-1

例に従って、以下の疑問文に肯定文、否定文の両方で答えたうえで、質問と答えを日本語に訳して下さい。

(例)　هَلْ سَتَرْجِعُ إِلَى ٱلْبَيْتِ قَبْلَ ٱلسَّاعَةِ ٱلثَّامِنَةِ ٱلْيَوْمَ؟

あなた（男性）は今日は7時前に家に戻りますか。

لَا، لَنْ أَرْجِعَ حَتَّى ٱلسَّاعَةِ ٱلتَّاسِعَةِ.

いいえ、私は9時まで戻りません。

نَعَمْ، سَأَرْجِعُ فِي ٱلسَّاعَةِ ٱلسَّابِعَةِ تَقْرِيبًا.

はい、私はだいたい8時に戻ります。

(1)　هَلْ سَتُسَافِرُ هٰذَا ٱلصَّيْفَ إِلَى تُرْكِيَا؟

(تُرْكِيَا　トルコ)

(2)　هَلْ سَتُسَاعِدُونَ زَمِيلَكُمْ فِي دِرَاسَتِهِ؟

(3)　هَلْ سَتَسْكُنُ بِٱلْقُرْبِ مِنْ جَامِعَتِكَ؟

(بِٱلْقُرْبِ مِنْ ～　～の近くに)

(4)　هَلْ شَاهَدْتِ مُبَارَاةَ كُرَةِ ٱلْقَدَمِ بَيْنَ مِصْرَ وَٱلْيَابَانِ؟

(مُبَارَاةٌ　試合)

(5)　هَلْ تَحَدَّثْتُمْ مَعَهُ عَنْ هٰذَا ٱلْمَوْضُوعِ مِنْ قَبْلُ؟

(تَحَدَّثَ　話す、会話する)

(6)　هَلِ ٱنْتَظَرْتَ فِي ٱلْمَطَارِ كَثِيرًا؟

(7) هَلْ سَتُشَارِكِينَ فِي حَفْلَةِ ٱلْأُسْبُوعِ ٱلْقَادِمِ؟
(8) هَلْ أَعْجَبَتْكَ حَيَاتُكَ فِي ٱلْجَامِعَةِ؟

 表現練習問題　9-2

（　）内の動詞を使って、以下の日本語をアラビア語に訳してください。その際、人称、性は指示に従ってください。

(1) 名前、住所、電話番号を書いて下さい。男性単数に（كَتَبَ）

(2) どうか、ここで待たないでください。女性単数に（اِنْتَظَرَ）

(3) 先生、この文の意味を説明してください。男性単数に（شَرَحَ）

(4) 自分の気持ちをアラビア語で表現してください。

男性単数に（عَبَّرَ 表現する（عَنْ ～を）、مَشَاعِرُ 感情）

(5) この秘密について、誰にも話さないでください。女性単数に（أَسْرَارٌ سِرٌّ 秘密）

(6) どうか、支払わないでください。あなた（男性）は今日、我々のお客さんです。

男性単数に（دَفَعَ）

(7) この単語を文のなかで使ってください。男性複数に（اِسْتَخْدَمَ）

(8) この単語の発音に注意してください。

男性単数に（اِنْتَبَهَ 気を付ける（إِلَى ～に）、نُطْقٌ 発音）

(9) この駅で降りないで、次の駅で降りてください。女性単数に（نَزَلَ）

(10) 窓を開けてください。男性単数に（فَتَحَ を空ける、を開く (a)）

(11) あなた（男性）のアドレスをE-mailで知らせてください。

男性単数に（أَخْبَرَ に知らせる（بِ ～を）、رِسَالَةٌ إِلِيكْتُرُونِيَّةٌ E-mail（إِلِيكْتُرُونِيٌّ 電気の））

(12) どうか、私の勉強を手伝ってください。女性単数に（سَاعَدَ）

اِسْتِرَاحَةٌ ٩　体の部位

第1章の例文では、身体の不調について表すくだりがありましたが、ここで、万一（！）に備えて、身体の部位を学んでおきましょう。

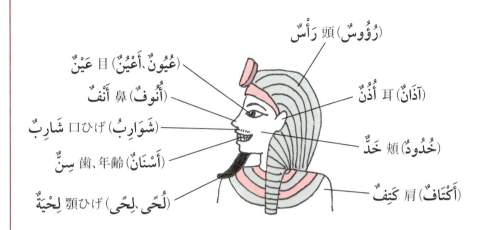

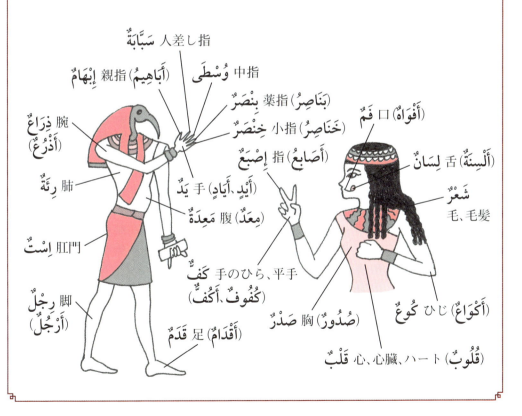

第10章 「كَانَ」

「كَانَ」はアラビア語の動詞のなかでもっとも重要で使用頻度が高い動詞の一つです。

本章では、この動詞を使いこなす練習を行い、より豊かな表現力を身に付けることをめざします。

詳しい文法解説については『表現実践』第10章を参照

第1節　試験を優先するも結果にいまひとつ自信持てず

ライラーは昨日のパーティーに来なかった凌功に理由を問います。

لَيْلَى ١: أَيْنَ كُنْتَ أَمْسِ يَا رِيكُو؟ كُنَّا نَنْتَظِرُكَ فِي ٱلْحَفْلَةِ.

ライラー1：昨日、どこにいましたか、凌功。私たちはあなたをパーティーで待っていたんですよ。

رِيكُو ١: كَلَّفَنِي أُسْتَاذِي بِوَاجِبَاتٍ كَثِيرَةٍ، وَكَانَ عِنْدِي ٱمْتِحَانٌ فِي ٱلْيَوْمِ ٱلتَّالِي، وَلِذلِكَ لَمْ يَكُنِ ٱلْوَقْتُ كَافِيًا لِلذَّهَابِ إِلَى ٱلْحَفْلَةِ. كَيْفَ كَانَتِ ٱلْحَفْلَةُ؟

凌功1：先生がたくさんの宿題を私に出したんです。また次の日にテストもありました。だからパーティーに行くための時間が充分ではなかったのです。パーティーはどうでしたか。

لَيْلَى ٢: كَانَتِ ٱلْحَفْلَةُ مُمْتِعَةً بِشَكْلٍ عَامٍّ. وَكَيْفَ كَانَ ٱلِٱمْتِحَانُ؟

ライラー2：パーティーはおおむね楽しかったです。テストはどうでしたか。

رِيكُو ٢: كَانَ ٱلِٱمْتِحَانُ صَعْبًا، وَكُنْتُ أُفَكِّرُ كَثِيرًا قَبْلَ ٱلْإِجَابَةِ عَلَى كُلِّ سُؤَالٍ، وَلِهذَا لَسْتُ وَاثِقًا مِنَ ٱلنَّتِيجَةِ.

凌功2：テストは難しかったです。各質問に答える前にたくさん考えてしまいました。だから結果に自信がありません。

لَيْلَى ٣: لَا تَكُنْ مُتَشَائِمًا يَا رِيكُو. سَتَكُونُ نَتِيجَتُكَ طَيِّبَةً إِنْ شَاءَ ٱللّٰهُ.

ライラー3：悲観しないで、凌功。あなたの結果はきっと良いはずですよ。

第 10 章 「كَانَ」

رِيكُو ٣: شُكْرًا لَكِ يَا لَيْلَى.	凌功3：ありがとう、ライラー。
لَيْلَى ٤: وَمَتَى سَتَعْرِفُ ٱلنَّتِيجَةَ؟	ライラー4：いつ結果がわかりますか。
رِيكُو ٤: إِعْلَانُ ٱلنَّتِيجَةِ سَيَكُونُ فِي ٱلْأُسْبُوعِ ٱلْقَادِمِ، وَلَنْ أَكُونَ هُنَا فِي ذٰلِكَ ٱلْوَقْتِ.	凌功4：結果発表は来週です。でも、私はその時にここにはいません。
لَيْلَى ٥: لِمَاذَا يَا رِيكُو؟	ライラー5：なぜですか、凌功。
رِيكُو ٥: لِأَنَّنِي سَأَكُونُ فِي دِمَشْقَ لِلْمُشَارَكَةِ فِي أَحَدِ ٱلْمُؤْتَمَرَاتِ ٱلطُّلَّابِيَّةِ.	凌功5：なぜなら、ある学生大会に参加するため、ダマスカスにいるからです。
لَيْلَى ٦: إِذَنْ، سَأَذْهَبُ إِلَى ٱلْجَامِعَةِ لِلسُّؤَالِ عَنِ ٱلنَّتِيجَةِ نِيَابَةً عَنْكَ. وَسَأُبْلِغُكَ بِهَا بِرِسَالَةٍ إِلِيكْتُرُونِيَّةٍ.	ライラー6：じゃあ、私があなたの代わりに、結果を尋ねるために大学に行ってあげましょう。そしてE-mailで知らせますよ。
رِيكُو ٦: شُكْرًا لَكِ يَا لَيْلَى، وَلٰكِنَّنِي سَأُرْسِلُ رِسَالَةً إِلِيكْتُرُونِيَّةً مُبَاشَرَةً لِلْأُسْتَاذِ لِلسُّؤَالِ عَنْ نَتِيجَتِي.	凌功6：ありがとう、ライラー。でも、私は先生に直接E-mailで結果を尋ねます。

第2節　解説

2-1　初出単語・表現

رِيكُو ١
- كَلَّفَ　に課す（بِ　～を）
- تَالٍ　次の、以下の
- كَافٍ لِ ～　☞2-2 重要な会話表現
- لِذٰلِكَ　だから
- كَيْفَ كَانَ ~ ؟　☞2-2 重要な会話表現

رِيكُو ٢
- إِجَابَةٌ　答えること（عَلَى　～に）（「أَجَابَ」（答える（عَلَى　～について））の動名詞）

- وَاثِقٌ　信用している（مِنْ　～を）

لَيْلَى ٣
- مُتَشَائِمٌ　悲観的な
  対義語は「مُتَفَائِلٌ」（楽観的な）です。
- طَيِّبٌ　良い

رِيكُو ٤
- إِعْلَانٌ　発表、宣言（「أَعْلَنَ」（を発表する、を宣言する）の動名詞）

لَيْلَى ٥
- لِمَاذَا　☞2-2 重要な会話表現

■ リーラー

- ▶ نِيَابَةً عَنْ ~ ～の代わりに、～の代理で（نِيَابَةٌ 代理）
- ▶ أَبْلَغَ に知らせる、に告知する（بِ ～を）

■ リーコ

- ▶ وَلٰكِنَّ ☞ 2-2 重要な会話表現
- ▶ مُبَاشَرَةً 直接に

■ リーコ

- ▶ لِأَنَّ ☞ 2-2 重要な会話表現
- ▶ شَارَكَ「 مُشَارَكَةٌ 参加（فِي ～への）（参加する（فِي ～に））の動名詞）
- ▶ أَحَدُ ~ ☞ 2-2 重要な会話表現
- ▶ مُؤْتَمَرَاتٌ مُؤْتَمَرٌ 大会
- ▶ طُلَّابِيٌّ 学生の

2-2 重要な会話表現

「充分な」

「كَافٍ」は「充分な」という意味の形容詞で、前置詞「لِ」とともに用いられます。

لَمْ يَكُنِ الْوَقْتُ كَافِيًا لِلذَّهَابِ إِلَى الْحَفْلَةِ. パーティーに行くための時間が充分ではなかったのです。

なお「كَافٍ」と同じ語根「كفي」の単語には、会話でしばしば用いられる以下のような語がありますので、合わせて覚えてしまってください。

يَكْفِي 充分です、もういいです[1]
كِفَايَةً 充分です、もういいです

相手に感想を訊く表現

「كَيْفَ كَانَ ~؟」は「～はどうでしたか」と相手に感想を聞く場合に用いられます。

كَيْفَ كَانَتِ الْحَفْلَةُ؟ パーティーはどうでしたか。

似た表現としては、第11章で学ぶ第1語根弱動詞の「وَجَدَ」（を見付ける、を見出す）を用いた以下のようなものもあります。

كَيْفَ وَجَدْتَ الْحَفْلَةَ؟ パーティーはどうでしたか。（直訳すると、「あなた（男性）はパーティーをどのように見出しましたか」となります。）

---

[1] 「يَكْفِي」は、第3語根弱動詞「كَفِيَ」（充分である（i））の未完了形直説形ですが、活用のしくみについては第11章で学びます。

理由を尋ねる質問とその答え

「لِمَاذَا」は理由を尋ねる疑問詞で「なぜ」と訳出されます。「لِمَاذَا」で始まる疑問文に対する答えは多くの場合、「なぜなら」を意味する接続詞「لِأَنَّ」から始めます。

「لِأَنَّ」の直後には多くの場合、主語が続き、この主語が名詞の場合は、主格ではなく、対格としなければなりません。 📖 詳しくは『詳解文法』第29章第1節および本書の第12章を参照

لِمَاذَا يَا رِيكُو؟　なぜですか、凌功。

لِأَنَّنِي سَأَكُونُ فِي دِمَشْقَ.　なぜなら、私はダマスカスにいるからです。

「～の一つ」

「أَحَدُ」は直後に名詞（複数形）が続いて「一人の～」、「一つの～」という意味になります。直後に続く名詞の単数形が男性であれば「أَحَدُ」を、女性であれば女性形の「إِحْدَى」を用います。 📖 詳しい文法解説については『詳解文法』第13章第1節（1-4）を参照

أَحَدُ ٱلْمُؤْتَمَرَاتِ ٱلطُّلَّابِيَّة　学生会議の一つ

أَحَدُ ٱلتُّجَّارِ　商人のうちの一人　(تُجَّارٌ 商人 تَاجِرٌ)

أَحَدُ ٱلْكُتُبِ　それらの本のうちの一つ

إِحْدَى ٱلْمُدُنِ　それらの都市の一つ

إِحْدَاهُنَّ　彼女たちのうちの一人

この表現は「وَاحِدٌ مِنْ ～」、「وَاحِدَةٌ مِنْ ～」と同じ意味です。

وَاحِدٌ مِنَ ٱلْمُؤْتَمَرَاتِ ٱلطُّلَّابِيَّة　学生会議の一つ

وَاحِدٌ مِنَ ٱلتُّجَّارِ　商人のうちの一人

وَاحِدٌ مِنَ ٱلْكُتُبِ　それらの本のうちの一つ

وَاحِدَةٌ مِنَ ٱلْمُدُنِ　それらの都市の一つ

وَاحِدَةٌ مِنْهُنَّ　彼女たちのうちの一人

逆説の等位接続詞「وَلَكِنَّ」、「لَكِنَّ」

これまで本書では「しかし」と訳出される逆説接続詞として、「وَلَكِنْ」（あるいは「لَكِنْ」）を用いてきました。しかし、この二つの接続詞に続く文節は原則として動詞文で、名詞文が続く場合には、「وَلَكِنَّ」、「لَكِنَّ」という似たかたちの接続詞が用いられます。

「وَلَكِنَّ」、「لَكِنَّ」は、上で解説した「لِأَنَّ」と同様、直後に続く文節内の主語（名詞）を主格ではなく、対格としなければなりません。

وَلَكِنَّنِي سَأُرْسِلُ رِسَالَةً إِلِكْتْرُونِيَّةً مُبَاشَرَةً لِلْأُسْتَاذِ.　でも、私は先生に直接E-mailで結果を尋ねます。

第3節　文法の復習

3-1 「كَانَ」の活用

「كَانَ」の活用は、これまでに学んだ基本動詞とは若干異なったかたちをとります。しかし、その活用は不規則ではなく、第11章で学ぶ第2語根弱動詞に順じます。すなわち、基本動詞第Ⅰ形の活用と比較すると、「كَانَ」は、基本動詞第Ⅰ形において第3語根が母音を伴う箇所とスクーンを伴う箇所において、語幹が異なったかたちとなります。

3-2 「كَانَ」の用法

「كَانَ」の活用が理解できたら、次は用法です。「كَانَ」には、①名詞文の時制の変化、肯定・否定を表す用法と、②動詞を含む文の時制を変化させる用法があります。

名詞文の時制の変化、肯定・否定

名詞文の時制の変化、肯定・否定を表す用法は、本書の第3章で学んだ「لَيْسَ」と同じ構文をとります。「لَيْسَ」は名詞文の（現在）否定を表しますが、「كَانَ」は、さまざまな活用形を用いることで、過去、未来、命令の肯定・否定を表すことができます。

動詞を含む文の時制を変化

動詞を含む文の時制を変化させる用法は、「主語＋「كَانَ」＋「動詞文」」、「「كَانَ」（＋主語）＋「動詞文」」という二つの語順のいずれかによって表されます。「主語＋「كَانَ」＋「動詞文」」は基本名詞文と同様、主語が意味上、限定されていなければなりません。これに対して「「كَانَ」（＋主語）＋「動詞文」」は動詞文や倒置文と同様、主語が特定されていない何かを主語とする場合に用いられます。この構文を用いると、英語でいう過去進行形、過去完了形などを表現することができます。　詳しくは『詳解文法』第21章を参照

文法練習問題　10-1

以下の文を「كَانَ」を使って完了（過去）を表す文に書き換えたうえで、質問と答えを日本語に訳してください。

(1) أَنَا مَشْغُولٌ.　(2) اَلْأُسْتَاذُ فِي ٱلْجَامِعَةِ.　(3) اَلْبِنْتُ مَعَ صَدِيقَتِهَا.

(4) مُحَمَّدٌ طَالِبٌ.　(5) هُنَاكَ سَيَّارَةٌ حَمْرَاءُ.　(6) أَنْتَ كَسْلَانُ.

(7) لَيْلَى مُجْتَهِدَةٌ.　(8) فِي ٱلْغُرْفَةِ كُتُبٌ كَثِيرَةٌ.　(9) أَمَامَ ٱلْمَحَطَّةِ دُكَّانٌ.

(10) هُوَ مُوَظَّفٌ فِي شَرِكَةٍ مَعْرُوفَةٍ.
(11) اَلْأُسْتَاذَةُ تَشْرَحُ لِي مَعْنَى كَلِمَةٍ.
(12) اَلطَّالِبُ يَدْرُسُ الْعَرَبِيَّةَ فِي الْجَامِعَةِ.

文法練習問題 10-2

文法練習問題10-1の (1) から (10) までの各文を「كَانَ」を使って未来の肯定を表す文に書き換えたうえで、日本語に訳してください。

文法練習問題 10-3

文法練習問題10-1の (1) から (10) までの各文を「كَانَ」を使って否定未来を表す文に書き換えたうえで、日本語に訳してください。

文法練習問題 10-4

文法練習問題10-1の (1) から (10) までの各文を「كَانَ」を使って過去の否定を表す文に書き換えたうえで、日本語に訳してください。

文法練習問題 10-5

以下の各文を「كَانَ」を使って否定命令を表す文に書き換えたうえで、質問と答えを日本語に訳してください。

(1) أَنْتَ كَسْلَانٌ.　　(2) أَنْتِ أَنَانِيَّةٌ. (أَنَانِيٌّ) (利己的な)
(3) أَنْتُمْ مُتَشَائِمُونَ.　　(4) أَنْتَ بَخِيلٌ. (بَخِيلٌ けちな　بُخَلَاءُ)
(5) أَنْتُمْ مُتَطَرِّفُونَ. (مُتَطَرِّفٌ 過激な)　　(6) أَنْتِ جَبَانَةٌ. (جَبَانٌ 臆病な　جُبَنَاءُ)

文法練習問題 10-6

以下の各文を「كَانَ」を使って命令形に書き換えたうえで、質問と答えを日本語に訳してください。

(1) أَنْتَ مُجْتَهِدٌ.　　(2) أَنْتِ مُهَذَّبَةٌ.　　(3) أَنْتَ لَطِيفٌ.
(4) أَنْتَ شُجَاعٌ. (شُجَاعٌ 勇敢な　شُجْعَانٌ)　　(5) أَنْتُمْ مُتَفَائِلُونَ.
(6) أَنْتِ كَرِيمَةٌ.

表現練習問題　10-1

以下の疑問文に「كَانَ」を用いて自由に答えたうえで、質問と答えを日本語に訳してください。

(1) أَيْنَ كُنْتَ بَعْدَ ٱلْمُحَاضَرَةِ؟ وَكُنْتَ مَعَ مَنْ؟ وَمَاذَا كُنْتَ تَفْعَلُ؟

(2) أَيْنَ سَتَكُونِينَ غَدًا، إِنْ شَاءَ ٱللَّهُ، فِي ٱلسَّاعَةِ ٱلسَّادِسَةِ مَسَاءً؟

(3) هَلْ سَتَكُونُونَ فِي ٱلْقَاهِرَةِ ٱلشَّهْرَ ٱلْقَادِمَ؟

(4) هَلْ كُنْتَ فِي حَفْلَةِ زَوَاجِ أَحَدِ أَصْدِقَائِكَ أَمْسِ؟
(زَوَاجٌ 結婚)

(5) كَمْ مُحَاضَرَةً كَانَتْ عِنْدَكِ ٱلْيَوْمَ؟

(6) هَلْ سَتَكُونُونَ مَشْغُولِينَ فِي عُطْلَةِ نِهَايَةِ ٱلْأُسْبُوعِ؟
(نِهَايَةٌ 終わり)

(7) أَيْنَ سَتَكُونُ دَوْرَةُ ٱلْأَلْعَابِ ٱلْأُولِمْبِيَّةِ ٱلْقَادِمَةُ؟
(دَوْرَةُ ٱلْأَلْعَابِ ٱلْأُولِمْبِيَّةِ オリンピック)

(8) كَيْفَ كَانَتْ عُطْلَةُ نِهَايَةِ ٱلْأُسْبُوعِ ٱلْمَاضِي؟

(9) هَلْ سَتَكُونُ قَادِرًا عَلَى ٱلسَّفَرِ فِي ٱلْعُطْلَةِ ٱلصَّيْفِيَّةِ؟
(صَيْفِيٌّ 夏の)、(عَلَى ～が)、できる (عَلَى ～の)、(قَادِرٌ 能力がある)

(10) هَلْ كَانَ لَدَيْكِ أَيُّ مَعْرِفَةٍ بِٱللُّغَةِ ٱلْعَرَبِيَّةِ قَبْلَ دُخُولِكِ إِلَى ٱلْجَامِعَةِ؟
(مَعْرِفَةٌ 知ること、知識 (بِ ～について) (の) مَعَارِفُ)

 表現練習問題　10-2

以下の命令文をアラビア語に訳してください。その際、人称、性は指示に従ってください。

(1) 神経質になるな。男性単数　(حَسَّاسٌ 神経質な)
(2) 他人に対しては、辛抱強く、そして優しくありなさい。
　　女性単数　(صَبُورٌ 忍耐強い) (صُبُرٌ)
(3) 強欲、けちにならずに、寛大でありなさい。男性複数　(طَمَّاعٌ 強欲な)
(4) 授業では黙っているな。男性単数　(صَامِتٌ 沈黙している)
(5) 素直になれ。女性単数　(صَرِيحٌ 率直な、素直な)
(6) 先生と連絡をとりなさい。男性複数　(عَلَى ٱتِّصَالٍ بِـ～ ～と連絡をとりあっている)

اِسْتِرَاحَة ١٠ 邪視

　日本には、厄除け、招福、加護などの願いをかたどったお守りがたくさんありますが、アラブ世界のお守りはすべて「邪視除け」、すなわち他人の悪意を避けるための魔除けです。それは、人の行動、身に付ける物や名前だけでなく、言語表現にも現れますので、アラブ人の文化を理解したり、アラビア語による実践的な表現を行うのに非常に重要です。

　「邪視」(اَلْحَسَدُ) は、相手やその人の所有物に対して、意識的、または無意識的に「いいなぁ」と感じたり、それを褒めたりすることで、邪悪な力が起こり、他人に害を与えるという考えです。従って、羨望の的になりかねない健康状態、子供、財産など大切なものを他人に見せない、見せびらかさないのが邪視を除けるための基本中の基本です。邪視除けの方法はいろいろあります。子供に「物乞い」(شَحَّاتٌ) などの卑しい名前を付けるといった極端な例もありますが、一般的には、健康、商売、家族について聞かれた場合に、話題をそらしたり、はっきりとした答えを避け、「おかげさまで」(اَلْحَمْدُ لِلّٰهِ) などの控えめな答えをするという対応がとられます。

　みなさんがアラブ人に接するときも、相手が邪視をどの程度気にするのかを探りながら話を進めてみてください。相手の家族や財産について個別具体的に褒めてみて問題がないか、「神が望んだもの」(مَا شَاءَ اَللّٰهُ) といった表現でサラッと褒めて、それ以上話題を掘り下げない方が良いのか。こうした文化に対する配慮が、相互理解への助けになり、相手の心に一歩近づくことを可能とするのです。

第11章　いろんな動詞

　第8、9章では、基本動詞について学びましたが、アラビア語はこれ以外にも、ハムザ動詞、重語根動詞、第1語根弱動詞、第2語根弱動詞、第3語根弱動詞といった動詞があります。これらは、不規則に活用するように思われますが、実際は、派生形、分詞、動名詞への変化、活用のほとんどが基本動詞に準じています。

　本章では、これらの動詞を用いた表現を練習します。　詳しい文法解説については『詳解文法』第23〜28章を参照

第1節　遅刻しても、会議開始に支障は与えず

アフマドが時間になっても現れず、みんなが心配します。

ライラー1：すべての学生はいますか。

陽太1：アフマドがまだ来ていません。彼に今日の私たちの約束を伝えましたか、ライラー。

ライラー2：はい、先週、彼に連絡して、今日の約束について知らせました。彼は出席すると答えました。彼は遅れないだろうとも言いました。

陽太2：彼は会合の場所をあなたに尋ねましたか。

ライラー3：はい、私はここで集まると彼に伝えました。

陽太3：私は彼と昨日、電話で話しました。早寝して、今日は早く起きると私に言っていました。

لَيْلَى ١: هَلْ كُلُّ ٱلطُّلَّابِ حَاضِرُونَ؟

هَارُوتَا ١: أَحْمَدُ لَمْ يَأْتِ بَعْدُ. هَلْ أَخْبَرْتِهِ بِمَوْعِدِنَا ٱلْيَوْمَ يَا لَيْلَى؟

لَيْلَى ٢: نَعَمْ، اِتَّصَلْتُ بِهِ ٱلْأُسْبُوعَ ٱلْمَاضِيَ، وَأَخْبَرْتُهُ بِمَوْعِدِنَا ٱلْيَوْمَ، وَأَجَابَ أَنَّهُ سَيَحْضُرُ، وَقَالَ إِنَّهُ لَنْ يَتَأَخَّرَ.

هَارُوتَا ٢: وَهَلْ سَأَلَكِ عَنْ مَكَانِ ٱلْاِجْتِمَاعِ؟

لَيْلَى ٣: نَعَمْ، أَبْلَغْتُهُ أَنَّنَا سَنَجْتَمِعُ هُنَا.

هَارُوتَا ٣: تَحَدَّثْتُ مَعَهُ أَمْسِ بِٱلْهَاتِفِ. وَقَالَ لِي إِنَّهُ سَيَنَامُ مُبَكِّرًا وَسَيَسْتَيْقِظُ ٱلْيَوْمَ مُبَكِّرًا.

第 11 章　いろんな動詞

لَيْلَى ٤: عَلَى أَيِّ حَالٍ، أَحْمَدُ لَا يَتَأَخَّرُ عَنْ مَوَاعِيدِهِ عَادَةً وَلَا يَنْسَاهَا، فَلْنَتَّصِلْ بِهِ مَرَّةً أُخْرَى.

ライラー4：いずれにしても、アフマドは普段、約束に遅れたり、忘れたりしません。もう一度連絡してみましょう。

そのとき、アフマドがようやく現れます。

هَارُوتَا ٤: هَا هُوَ أَحْمَدُ قَدْ وَصَلَ أَخِيرًا. لِمَاذَا تَأَخَّرْتَ عَنِ ٱلْمَوْعِدِ يَا أَحْمَدُ؟

陽太4：ほら、アフマドがやっと着いた。なぜ約束に遅れたのですか、アフマド。

أَحْمَدُ ١: أَعْتَذِرُ لَكُمْ عَنْ تَأَخُّرِي، وَأَنَا آسِفٌ جِدًّا عَلَى هٰذَا ٱلْإِزْعَاجِ، لَمْ أَنْسَ ٱلْمَوْعِدَ، لٰكِنْ تَأَخَّرَ ٱلْقِطَارُ.

アフマド1：遅れて申し訳ありません。また不快にさせてほんとうにすみません。約束は忘れていませんでしたが、列車が遅れたのです。

هَارُوتَا ٥: وَلِمَاذَا تَأَخَّرَ ٱلْقِطَارُ؟ هَلْ تَعَطَّلَ؟

陽太5：なぜ列車が遅れたの。故障したのですか。

أَحْمَدُ ٢: لَا، لَمْ يَتَعَطَّلْ. وَلٰكِنَّ ٱلْقِطَارَاتِ تَوَقَّفَتْ بِسَبَبِ وُقُوعِ حَادِثَةٍ فِي إِحْدَى ٱلْمَحَطَّاتِ. وَأَظُنُّ أَنَّهَا لَا تَزَالُ مُتَوَقِّفَةً حَتَّى ٱلْآنَ.

アフマド2：いいえ、故障はしていません。でも、どこかの駅で事故が起きたために列車が止まったのです。今も止まったままだと思います。

لَيْلَى ٥: يَبْدُو أَنَّكَ مُتْعَبٌ يَا أَحْمَدُ.

ライラー5：疲れてるみたいですね、アフマド。

أَحْمَدُ ٣: نَعَمْ، فَقَدْ بَحَثْتُ عَنْ وَسِيلَةِ مُوَاصَلَاتٍ أُخْرَى وَلٰكِنْ كَانَتِ ٱلطُّرُقُ مُزْدَحِمَةً جِدًّا. وَلِذٰلِكَ اُضْطُرِرْتُ إِلَى ٱلْمَشْيِ مَسَافَةً طَوِيلَةً حَتَّى هُنَا.

アフマド3：はい、別の交通手段を探しましたが、道がすごく混んでいました。だから、ここまで長い距離を歩いて来ざるを得なかったのです。

لَيْلَى ٦: اَللّٰهُ يُعْطِيكَ ٱلْعَافِيَةَ يَا أَحْمَدُ، اِرْتَحْ قَلِيلًا قَبْلَ ٱلِاجْتِمَاعِ.

ライラー6：お疲れ様でした、アフマド。会合の前に少しくつろいでください。

أَحْمَدُ ٤: اَللّٰهُ يُعَافِيكِ يَا لَيْلَى، لَسْتُ مُتْعَبًا فَلْنَبْدَأِ ٱلْآنَ.

アフマド4：ありがとう、ライラー。全然疲れていません。始めましょう。

第2節　解説

2-1　初出単語・表現

هَارُوتَا ١

- ▶ أَتَى　来る (i)

لَيْلَى ٢

- ▶ اِتَّصَلَ　連絡する（بِ　〜に）
- ▶ أَجَابَ أَنَّ ~　☞2-2 重要な会話表現
- ▶ قَالَ (لِ ~) إِنَّ …　☞2-2 重要な会話表現
- ▶ تَأَخَّرَ　遅れる、遅刻する（عَنْ　〜に）

هَارُوتَا ٢

- ▶ سَأَلَ　尋ねる（عَنْ　〜について）

هَارُوتَا ٣

- ▶ نَامَ　眠る (a)
- ▶ مُبَكِّرًا　早く
- ▶ اِسْتَيْقَظَ　目覚める

لَيْلَى ٤

- ▶ عَلَى أَيِّ حَالٍ　とにかく、いずれにせよ
- ▶ نَسِيَ　を忘れる (a)

هَارُوتَا ٤

- ▶ هَا هُوَ ~　ほら〜

「هَا」の後には、三人称男性単数が主語の文節が続きます。また、三人称女性単数が主語の文節を続けるには「هَا هِيَ」と「هَا」に続く人称代名詞を変化させます。

- ▶ وَصَلَ　着く（إِلَى　〜に）(i)
- ▶ أَخِيرًا　とうとう、ついに、やっと、ようやく

أَحْمَدُ ١

- ▶ أَعْتَذِرُ لَكُمْ عَنْ ~　☞2-2 重要な会話表現
- ▶ تَأَخُّر　遅刻（すること）（عَنْ　〜に）（「تَأَخَّرَ」の動名詞）
- ▶ آسِفٌ جِدًّا عَلَى ~　☞2-2 重要な会話表現
- ▶ إِزْعَاج　不快、不快にさせること（「أَزْعَجَ」（を不快にする）の動名詞）

هَارُوتَا ٥

- ▶ تَعَطَّلَ　故障する

أَحْمَدُ ٢

- ▶ تَوَقَّفَ　止まる；やめる
- ▶ بِسَبَبِ ~　〜という理由で、〜なので、〜ゆえに
- ▶ وُقُوع　生じること（「وَقَعَ」（生じる）の動名詞）
- ▶ حَادِثَة　事故
- ▶ ظَنَّ أَنَّ ~　☞2-2 重要な会話表現
- ▶ لَا تَزَالُ ~　☞2-2 重要な会話表現

لَيْلَى ٥

- ▶ يَبْدُو أَنَّ ~　☞2-2 重要な会話表現

▶ اِرْتَاحَ　くつろぐ	
أَحْمَدُ ٤	
▶ اَللهُ يُعَافِيكِ　☞2-2 重要な会話表現	
▶ بَدَأَ　を始める	

أَحْمَدُ ٣	
▶ اُضْطُرَّ إِلَى ~　☞2-2 重要な会話表現	
▶ مَسَافَةٌ　距離	
لَيْلَى ٦	
▶ اَللهُ يُعْطِيكَ الْعَافِيَةَ　☞2-2 重要な会話表現	

2-2　重要な会話表現

「～に…と言う」：「قَالَ」の用法

　動詞「قَالَ」（と言う）の後には、英語の直接話法のように、主語である話者が言った言葉をそのまま続けることができます。書くときは「قَالَ」の直後に「:」（コロン）を置いてから、話者の言葉を続けるのがもっとも簡単です。

　　قَالَ: لَنْ أَتَأَخَّرَ.　彼は「私は遅れません」と言った。

ただし、多くの場合、間接話法のように、接続詞「إِنَّ」を用いて、話者が言った内容を続けます。この際、英語のように、接続詞「إِنَّ」で導かれる文のなかの動詞と「قَالَ」の時制（活用形）などを変化させる必要はありませんが、これまで学んだ「وَلٰكِنَّ」、「لٰكِنَّ」、「لِأَنَّ」と同様、「إِنَّ」の直後に続く文節内の主語（名詞）を主格ではなく、対格としなければなりません。　詳しい文法解説については『詳解文法』第29章第1節を参照

　　قَالَ إِنَّهُ لَنْ يَتَأَخَّرَ.　彼は、自分が遅れないと言った。

「قَالَ」はまた、多くの場合「（人）に」を意味する前置詞「لِ」とともに用いられますので、「قَالَ لِ ~」という慣用句として覚えてしまってください。

　　قَالَ لِي إِنَّهُ سَيَنَامُ مُبَكِّرًا.　彼は早寝すると私に言いました。

「أَنَّ」節を用いた表現

　「أَجَابَ」（と答える）、「ظَنَّ」（だと思う、と推測する、と推定する）、「يَبْدُو」（のように思える（「بَدَا」の未完了形））など、「قَالَ」以外の動詞が文節を目的語にとる場合は、「أَنَّ」という接続詞を用います。「أَنَّ」も、「إِنَّ」と同様、直後に続く文節内の主語（名詞）を主格ではなく、対格としなければなりません。

　　أَجَابَ أَنَّهُ سَيَحْضُرُ.　彼は出席すると答えました。
　　أَظُنُّ أَنَّهَا لَا تَزَالُ مُتَوَقِّفَةً حَتَّى الْآنَ.　今も止まったままだと私は思います。
　　يَبْدُو أَنَّكَ مُتْعَبٌ.　あなた（男性）は疲れてるみたいです。

謝罪の表現

人に謝罪するときは「اِعْتَذَرَ」や「آسِفٌ」といった語を用います。

「اِعْتَذَرَ」は「謝罪する」という意味の自動詞で、「（人）に謝罪する」という場合は前置詞「لِ」を、「（ものごと）を謝罪する」という場合は前置詞「عَنْ」を用います。

أَعْتَذِرُ لَكُمْ عَنْ تَأَخُّرِي.　私はあなたたちに遅れたことを謝罪します。

これに対して「آسِفٌ」は「遺憾な」、「すまない」、「申し訳ない」という意味の形容詞で、「（ものごと）に対して遺憾な」という場合は前置詞「لِ」、ないしは「عَلَى」を用います。

أَنَا آسِفٌ جِدًّا عَلَى هَذَا الْإِزْعَاج.　不快にさせてとても申し訳ありません。

「依然として〜である」

「لَا يَزَالُ ～」（ないしは「～ مَا زَالَ」）は肯定で使われることはほとんどなく常に否定形で用いられ、「依然として〜である〜、〜であり続ける」という意味になります。「〜」（補語）には、形容詞の対格、名詞の対格、副詞、前置詞句、未完了形直説形の動詞で始まる動詞文が続きます。　詳しい文法解説については『詳解文法』第21章の「もっと学ぶために」を参照

لَا تَزَالُ مُتَوَقِّفَةً.　それは今も止まったままです。

「〜せざるを得ない」

「اُضْطُرَّ」は「اِضْطَرَّ」の受動態で前置詞「إِلَى」を伴い、「〜を強いられる、〜を余儀なくされる、〜をせざるを得ない」という意味になります。また、この動詞の受動分詞「مُضْطَرٌّ」を用いて表されることもあります。

اُضْطُرِرْتُ إِلَى الْمَشْيِ مَسَافَةً طَوِيلَةً.　私は長い距離を歩いて来ざるを得なかった。

أَنَا مُضْطَرٌّ إِلَى الْمَشْيِ مَسَافَةً طَوِيلَةً.　私は長い距離を歩いて来ざるを得ない。

كُنْتُ مُضْطَرًّا إِلَى الْمَشْيِ مَسَافَةً طَوِيلَةً.　私は長い距離を歩いて来ざるを得なかった。

ねぎらいの表現

「اَللَّهُ يُعَافِيكَ」、「اَللَّهُ يُعْطِيكَ الْعَافِيَةَ」はねぎらいの挨拶で、直訳すると、いずれも「アッラーがあなた（男性）に健康を与えますように」という意味になります。また「اَللَّهُ يُعْطِيكَ الْعَافِيَةَ」は店などでものを尋ねる前に「すみません」という意味でも使われます。　詳しくは『表現実践』第1章第2節を参照

اَللَّهُ يُعْطِيكَ الْعَافِيَةَ.　お疲れ様。

اَللَّهُ يُعَافِيكَ.　ありがとう。（返事）

第11章 いろんな動詞

第3節 文法の復習

3-1 ハムザ動詞

　第1語根、第2語根、第3語根のいずれかにハムザを含む動詞をハムザ動詞といいます。その活用は、ほとんどが規則動詞と同じです。ハムザ動詞でもっとも難解だと思われるのは、ハムザが「ء」、「أ」、「ئ」、「ؤ」といったさまざまな書き方で表されるという点です。この書き方に関しては、単語のかたちとして覚えていく過程で、徐々にその法則性を理解してください。　詳しくは『詳解文法』第23章、『表現実践』「付録　アラビア語動詞活用一覧」を参照

文法練習問題 11-1

「ء」の台に注意しつつ、以下のアラビア文字をつなげて書いたうえで、（　）のなかの転写のとおり、発音記号を付して、実際に発音してみましょう。

(1) ر ء ى (ra'ā)　　(2) س ء ل (sa'ala)　　(3) ف ء ر (fa'run)
(4) ي ء خ ذ (ya'khudhu)　　(5) ا ل م ر ء ة (almar'atu)　　(6) م ك ا ف ء ا ت (mukāfa'ātun)
(7) س ء ا ل (su'ālun)　　(8) م ء ل ف (mu'allifun)　　(9) م ء م ن (mu'minun)
(10) م ء ا خ ذ ة (mu'ākhadhatun)　　(11) م ء ت م ر (mu'tamarun)
(12) ت ش ا ء م (tashā'umun)　　(13) ء ص د ق ا ء ه ('aṣdiqā'uhu)
(14) س ء ل ت (su'ilta)　　(15) ش ي ء (shay'un)　　(16) ش ا ط ء (shāṭi'un)
(17) ب ط ء (buṭ'un)　　(18) و ق ا ء ع (waqā'i'u)　　(19) ق ر ا ء ة (qirā'atun)
(20) م ط م ء ن (muṭma'innun)　　(21) ل ء ل ء (lu'lu'un)　　(22) ف ج ء ة (faj'atan)
(23) ب د ء (bada'a)　　(24) ج ز ء (juz'an)　　(25) ح م ر ا ء (ḥamrā')
(26) ه د و ء (hudū'un)　　(27) ت س ا ء ل (tasā'ala)　　(28) ت ع ب ء ة (ta'bi'atun)

文法練習問題 11-2

（　）内の動詞を指示に従って活用・変化させたうえで、日本語に訳してください。また活用・変化させた動詞が派生形の第何形であるかについても答えてください。

(1) (أَمَرَ) الْأُسْتَاذُ الطُّلَّابَ بِعَمَلِ الْوَاجِبِ فِي بُيُوتِهِمْ.
「الْأُسْتَاذُ」を主語、完了形に (أَمَرَ に命じる (بِ 〜を) (u))

(2) (أَخَذَ) مَعِي الْمُوبَايِلَ فِي جَيْبِي.
1人称単数、未来に (أَخَذَ をとる；を持っていく (مَعَهُ) (u)、جَيْبٌ ポケット (جُيُوبٌ

(3) (أَكَلَ) خُبْزًا فِي الْمَطْعَمِ.

(4) (آخَذَ) نِي.

1人称単数、完了の否定に (أَكَلَ を食べる (u)、خُبْزٌ パン)

男性単数、否定命令に (آخَذَ を責める)

(5) (آمَنَ) بِكَلَامِكَ.

1人称単数、未完了形直説形に (آمَنَ 信じる (بِ ～を))

(6) (اِتَّصَلَ) بِوَالِدَيْهَا بِالْهَاتِفِ مَرَّةً فِي الْأُسْبُوعِ الْمَاضِي.

3人称女性単数、完了形に

(7) (اِتَّخَذَ) الْحُكُومَةُ كُلَّ الْإِجْرَاءَاتِ اللَّازِمَةِ لِلتَّعَامُلِ مَعَ الْبَطَالَةِ.

「الْحُكُومَةُ」を主語、未来に (حُكُومَةٌ 政府、اِتَّخَذَ (措置など) を講じる、إِجْرَاءٌ 措置 إِجْرَاءَاتٌ، تَعَامُلٌ 対処 (مَعَ ～への)、بَطَالَةٌ 失業)

(8) (اِتَّصَلَ) بِي بَعْدَ الظُّهْرِ.

男性単数、命令形に

(9) (سَأَلَ) الطَّالِبَةُ الْمُدَرِّسَ عَنْ مَوْعِدِ الْاِمْتِحَانِ.

「الطَّالِبَةُ」を主語、完了形に

(10) (قَرَأَ) الْجَرِيدَةَ الْعَرَبِيَّةَ بِسُهُولَةٍ.

3人称男性単数、未完了形直説形に (قَرَأَ を読む (a)、جَرِيدَةٌ 新聞 جَرَائِدُ، بِسُهُولَةٍ 容易に)

3-2 重語根動詞

　第2語根と第3語根が同じ文字からなる動詞を重語根動詞といいます。各派生形の活用に着目すると、基本動詞とまったく同じ活用をする派生形（第Ⅱ、Ⅲ、Ⅴ、Ⅵ形）と、異なった活用を含む派生形（第Ⅰ、Ⅳ、Ⅶ、Ⅷ、Ⅹ形、および第Ⅲ、Ⅵ形）の二つに大別できます。このうち基本動詞と異なった活用を含む第Ⅰ、Ⅳ、Ⅶ、Ⅷ、Ⅹ形（そして第Ⅲ、Ⅵ形）の活用は、第10章で学んだ「كَانَ」の活用と同様、第3語根が母音を伴う箇所とスクーンを伴う箇所において、語幹が異なったかたちとなります。

 詳しい文法解説については『詳解文法』第24章、『表現実践』「付録　アラビア語動詞活用一覧」を参照

文法練習問題　11-3

　（　）内の動詞を指示に従って活用・変化させたうえで、日本語に訳してください。また活用・変化させた動詞が派生形の第何形であるかについても答えてください。

(1) (شَمَّ) رَائِحَةَ الْأَزْهَارِ الطَّيِّبَةَ فِي الْحَدِيقَةِ.

(1) (شَمَّ) أَزْهَارًا.

2人称女性単数、完了形／未完了形直説形／否定未来／完了の否定／命令形に (شَمَّ を嗅ぐ (u)、رَائِحَة 香り、臭い、زَهْرَة 花 (أَزْهَار))

(2) (ظَنَّ) أَنَّ صَدِيقِي فِي بَيْتِهِ.

1人称単数、完了形／未完了形直説形／完了の否定に

(3) (تَمَّ) زِيَارَةُ رَئِيسِ الْجُمْهُورِيَّةِ إِلَى أَمِيرْكَا فِي هٰذِهِ السَّنَةِ.

「زِيَارَةُ رَئِيسِ الْجُمْهُورِيَّةِ」を主語、完了形／未完了形直説形／否定未来／完了の否定に (تَمَّ 行われる (i)、رَئِيسُ الْجُمْهُورِيَّةِ 大統領 (رَئِيسٌ 長、رُؤَسَاءُ、جُمْهُورِيَّةٌ 共和国))

(4) (رَدَّ) عَلَى سُؤَالِ الْأُسْتَاذِ.

2人称男性単数、完了形／未完了形直説形／否定未来／完了の否定／命令形に (رَدَّ 応える (عَلَى ～に対する) (u))

(5) (مَسَّ) خَطَّهُ الْأَحْمَرَ.

1人称複数、完了形／未完了形直説形／否定未来／完了の否定に (مَسَّ に抵触する (a)、خَطٌّ 線 (خُطُوطٌ))

(6) (قَرَّرَ) السَّفَرَ إِلَى مِصْرَ فِي الصَّيْفِ.

1人称単数、完了形／完了の否定に (قَرَّرَ を決心する)

(7) (أَحَبَّ) هَا.

1人称単数、完了形／未完了形直説形／否定未来／完了の否定に (أَحَبَّ を愛する)

(8) (انْضَمَّ) هٰؤُلَاءِ الشَّبَابُ إِلَى فَرِيقِ كُرَةِ الْقَدَمِ بِالْجَامِعَةِ.

「هٰؤُلَاءِ الشَّبَابُ」を主語、完了形／未完了形直説形／否定未来／完了の否定に (انْضَمَّ 加わる、加盟する (إِلَى ～に)、فَرِيقٌ チーム (فُرُوقٌ))

(9) (احْتَلَّ) إِسْرَائِيلُ أَرَاضِيًا عَرَبِيَّةً وَاسِعَةً.

「إِسْرَائِيلُ」を主語、完了形／未完了形直説形に (إِسْرَائِيلُ イスラエル、احْتَلَّ を占領する、أَرْضٌ 土地（女性名詞）(أَرَاضٍ))

(10) (اسْتَعَدَّ) لِامْتِحَانَاتِ نِهَايَةِ فَصْلِ الْخَرِيفِ الدِّرَاسِيِّ.

3人称男性複数、完了形／未完了形直説形／否定未来／完了の否定に (اسْتَعَدَّ 準備をする (لِ ～の))

3-3 第1語根弱動詞

　第1語根が「弱い動詞」、すなわち「و」、「ي」である動詞を第1語根弱動詞といいます。その活用は、ほとんどが規則動詞と同じです（一部の派生形、活用で「و」が消えてなくなったり、別の子音に置き換えられます）。　詳しい文法解説については『詳解文法』第25章、『表現実践』「付録　アラビア語動詞活用一覧」を参照

文法練習問題 11-4

（　）内の動詞を指示に従って活用・変化させたうえで、日本語に訳してください。また活用・変化させた動詞が派生形の第何形であるかについても答えてください。

(1) (وَضَعَ) كُوبًا مِنَ ٱلشَّايِ عَلَى ٱلْمَائِدَةِ.
3人称女性単数、未完了形直説形に（وَضَعَ　を置く (a)、مَائِدَةٌ　食卓）

(2) (وَجَدَ) مِفْتَاحَ ٱلسَّيَّارَةِ فِي دُرْجِ ٱلْمَكْتَبِ.
1人称複数、完了形に（وَجَدَ　を見付ける (i)、دُرْجٌ　引き出し（أَدْرَاجٌ））

(3) (وَجَدَ) ٱلزَّمِيلَ ذَكِيًّا.
2人称男性複数、未来に

(4) (وَثِقَ) كُلُّ ٱلطُّلَّابِ فِي قُدْرَتِهِمْ عَلَى ٱلتَّحَدُّثِ بِٱللُّغَةِ ٱلْعَرَبِيَّةِ.
「كُلُّ ٱلطُّلَّابِ」を主語、未完了形直説形に（وَثِقَ　信頼する（فِي　～を）(i)、قُدْرَةٌ　能力（عَلَى　～の））

(5) (وَصَلَ) إِلَى مَكَانِ ٱللِّقَاءِ فِي مَحَطَّةِ "طُوكِيُو" مُبَكِّرًا.
1人称複数、未来に

(6) (وَقَعَ) ٱلْيَابَانُ فِي شَرْقِ قَارَّةِ آسِيَا.
「ٱلْيَابَانُ」を主語、未完了形直説形に（وَقَعَ　位置する (a)、قَارَّةٌ　大陸、آسِيَا　アジア）

(7) (وَعَدَ) ٱلشَّابُّ ٱلْفَتَاةَ ٱللَّطِيفَةَ بِٱلزَّوَاجِ.
「ٱلشَّابُّ」を主語、未来に（وَعَدَ　に約束する（بِ　～を）(i)）

(8) (اِتَّفَقَ) عَلَى ٱلذَّهَابِ إِلَى دَارِ ٱلسِّينِمَا.
1人称複数、完了形に（اِتَّفَقَ　同意する（عَلَى　～に））

(9) (اِتَّهَمَ) ٱلشُّرْطَةُ ٱلرَّجُلَ بِٱلسَّرِقَةِ.
「ٱلشُّرْطَةُ」を主語、未完了形直説形に（اِتَّهَمَ（人）を疑う（بِ　～の容疑で）、شُرْطَةٌ　警察、سَرِقَةٌ　窃盗、盗み）

(10) (اِتَّجَهَ) إِلَى مَحَطَّةِ "أُوسَاكَا" فَوْرًا.
男性単数、命令形に（اِتَّجَهَ　向かう）

3-4　第2語根弱動詞

　第2語根が「弱い動詞」、すなわち「و」、「ي」である動詞を第2語根弱動詞といいます。第10章で学んだ「كَانَ」がもっとも代表的な第2語根弱動詞です。その活用は「كَانَ」と同様、基本動詞第Ⅰ形の活用で第3語根が母音を伴う箇所とスクーンを伴う箇所とでは、語幹が異なったかたちとなります。また、派生形は基本動詞とまったく同じ活用をする派生形（第Ⅱ、Ⅲ、Ⅴ、Ⅵ形）と、異なった活用を含む派生形

（第Ⅳ、Ⅶ、Ⅷ、Ⅹ形）の二つに大別できます。このうち基本動詞と異なった活用を含む第Ⅳ、Ⅶ、Ⅷ、Ⅹ形の活用のしくみは、第Ⅰ形と基本的に同じです。詳しい文法解説については『詳解文法』第26章、『表現実践』「付録　アラビア語動詞活用一覧」を参照

文法練習問題　11-5

（　）内の動詞を指示に従って活用・変化させたうえで、日本語に訳してください。また活用・変化させた動詞が派生形の第何形であるかについても答えてください。

(1) (قَالَ) لِي: اِنْتَظِرْنِي قَلِيلًا.
2人称男性単数、完了形／未完了形直説形／否定命令／命令形に

(2) (قَامَ) بِزِيَارَةٍ إِلَى ٱلْأَمَاكِنِ ٱلْمُقَدَّسَةِ فِي سُورِيَّةَ.
3人称女性単数、完了形／未完了形直説形／否定未来／完了の否定に（قَامَ　行う〜を（u）、بِ　مُقَدَّسٌ　神聖な）

(3) (غَابَ) عَنْ مُحَاضَرَةِ ٱلتَّارِيخِ.
2人称男性単数、完了形／否定未来／完了の否定に（غَابَ　不在にする、欠席する（i））

(4) (عَاشَ) أُسْرَتُنَا فِي "هِيرُوشِيمَا".
「أُسْرَتُنَا」を主語、完了形／未完了形直説形に（عَاشَ　暮らす（i））

(5) (زَارَ) ٱلْيَابَانِيُّونَ عَائِلَاتِهِمْ فِي رَأْسِ ٱلسَّنَةِ.
「ٱلْيَابَانِيُّونَ」を主語、未完了形直説形に（زَارَ　を訪れる（u）、عَائِلَةٌ　家族、رَأْسُ ٱلسَّنَةِ　年始（رَأْسٌ　頭　رُؤُوسٌ））

(6) مَتَى (عَادَ) إِلَى بَيْتِكِ ٱلْيَوْمَ؟
2人称女性単数、完了形／未完了形直説形に（عَادَ　戻る、帰る）

(7) (خَافَ) مِنْ رُكُوبِ ٱلطَّائِرَاتِ.
3人称男性複数、完了形／未完了形直説形／否定未来／完了の否定に（خَافَ　恐れる〜を（a）、مِنْ　رُكُوبٌ　乗ること（「رَكِبَ」の動名詞））

(8) (بَاعَ) هَذَا ٱلدُّكَّانُ بَضَائِعَ مُتَنَوِّعَةً.
「هَذَا ٱلدُّكَّانُ」を主語、完了形／未完了形直説形に（بَاعَ　を売る（i）、مُتَنَوِّعٌ　さまざまな）

(9) (أَرَادَ) ٱلطُّلَّابُ زِيَارَةَ مِصْرَ فِي ٱلْعُطْلَةِ ٱلصَّيْفِيَّةِ.
「ٱلطُّلَّابُ」を主語、完了形／未完了形直説形／否定未来／完了の否定に（أَرَادَ　を欲する）

(10) (أَضَافَ) ٱلسُّكَّرَ إِلَى ٱلشَّايِ.

3人称女性単数、完了形／未完了形直説形／否定未来／完了の否定に (أَضَافَ を加える (إِلَى ～に)、سُكَّرٌ 砂糖)

(11) (أَقَامَ) بِفُنْدُقِ "هِيلْتُون" لِمُدَّةِ أُسْبُوعٍ.

1人称複数、完了形／未完了形直説形に (أَقَامَ 滞在する、居住する (بِ ～に)、لِمُدَّةِ ～間 (مُدَّةٌ 期間))

(12) (اِحْتَاجَ) إِلَى رَاحَةٍ بَعْدَ الْعَمَلِ.

1人称単数、完了形／未完了形直説形／否定未来／完了の否定に (اِحْتَاجَ 必要とする (إِلَى ～を))

(13) (اِخْتَارَ) أَغْلَى الْمَلَابِسِ.

3人称男性複数、完了形／未完了形直説形に (اِخْتَارَ を選ぶ、مَلَابِسُ 服 (مَلْبَسٌ))

(14) (اِسْتَطَاعَ) الطَّالِبُ الْمُجْتَهِدُ النَّجَاحَ فِي كُلِّ الْاِمْتِحَانَاتِ.

「الطَّالِبُ الْمُجْتَهِدُ」を主語、完了形／未完了形直説形に (اِسْتَطَاعَ をすることができる)

(15) (اِسْتَفَادَ) الطُّلَّابُ مِنْ خِبْرَةِ الْخِرِّيجِينَ.

「الطُّلَّابُ」を主語、完了形／未完了形直説形／完了の否定に (اِسْتَفَادَ 活かす (مِنْ ～を)、خِبْرَةٌ 経験)

3-5 第3語根弱動詞

　第3語根が「弱い動詞」、すなわち「و」、「ي」である動詞を第3語根弱動詞といいます。この動詞は、基本動詞からの類推がもっとも困難であるため、完了形、未完了形といった活用、派生形、分詞、動名詞のかたちを一つずつ丁寧に確認していってください。 詳しい文法解説については『詳解文法』第27章、『表現実践』「付録　アラビア語動詞活用一覧」を参照

文法練習問題 11-6

（　）内の動詞を指示に従って活用・変化させたうえで、日本語に訳してください。また活用・変化させた動詞が派生形の第何形であるかについても答えてください。

(1) (دَعَا) نَا إِلَى حَفْلَةِ عِيدِ مِيلَادِهَا.

3人称女性単数、完了形／否定未来／完了の否定に (دَعَا に呼びかける、を招く (إِلَى ～に) (u))

(2) (بَقِيَ) فِي الْقَاهِرَةِ لِمُدَّةٍ طَوِيلَةٍ.

3人称男性単数、完了形／否定未来／完了の否定に (بَقِيَ のままでいる、残る (a))

(3) (بَكَى) مِنَ الْحُزْنِ عَلَى الْفَشَلِ فِي الْاِمْتِحَانِ.

2人称男性単数、完了形／未完了形直説形／否定未来／否定命令に（بَكَى 泣く (i)、
حُزْنٌ 悲しみ)

(4) اَلْقُدَمَاءُ الْمِصْرِيُّونَ (بَنَى) الْأَهْرَامَ قَبْلَ أَكْثَرَ مِنْ ثَلَاثَةِ آلَافِ سَنَةٍ.
「اَلْقُدَمَاءُ الْمِصْرِيُّونَ」を主語、完了形に（بَنَى を建てる (i)、古代エジプト人（مِصْرِيٌّ エジプト人；エジプトの、أَهْرَامٌ ピラミッド)

(5) (نَسِيَ) الْوَاجِبَ الدِّرَاسِيَّ.
2人称女性単数、完了形／否定未来／否定命令／命令に

(6) مَاذَا (سَمَّى) هٰذَا الشَّيْءَ بِالْعَرَبِيَّةِ؟
2人称男性複数、未完了形直説形に（سَمَّى に〜と名づける、を〜と呼ぶ、شَيْءٌ もの、事（أَشْيَاءُ)

(7) (غَنَّى) الْأُغْنِيَةَ الْمَشْهُورَةَ.
1人称単数、完了形／未完了形直説形／完了の否定に（غَنَّى を歌う）

(8) (نَادَى) الرَّئِيسُ بِوَحْدَةِ الْوَطَنِ فِي خِطَابِهِ أَمَامَ الْبَرْلَمَانِ.
「اَلرَّئِيسُ」を主語、完了形／未完了形直説形に（نَادَى 主唱する（بِ 〜と）、وَحْدَةٌ 統一、وَطَنٌ 祖国（أَوْطَانٌ、خِطَابٌ 演説、بَرْلَمَانٌ 議会（بَرْلَمَانَاتٌ)

(9) (أَجْرَى) الطَّبِيبُ عَمَلِيَّةً جِرَاحِيَّةً فِي الْمُسْتَشْفَى.
「اَلطَّبِيبُ」を主語、完了形／未完了形直説形／完了の否定に（أَجْرَى を実施する、جِرَاحِيٌّ 外科の)

(10) (أَعْطَى) الْأُسْتَاذُ كِتَابًا لِصَدِيقِهِ.
「اَلْأُسْتَاذُ」を主語、完了形／未完了形直説形／完了の否定に（أَعْطَى を与える）

(11) (أَنْهَى) لَيْلَى دِرَاسَتَهَا فِي الْخَارِجِ.
「لَيْلَى」を主語、完了形／未完了形直説形／完了の否定に（أَنْهَى を終える、خَارِجٌ 外)

(12) (تَعَشَّى) فِي الْمَطْعَمِ الْإِيطَالِيِّ مَعَ أُسْرَتِي.
1人称単数、完了形／未完了形直説形／完了の否定に（تَعَشَّى 夕食をとる）

(13) (تَغَدَّى) كُلَّ يَوْمٍ فِي مَطْعَمِ الْجَامِعَةِ.
1人称複数、完了形／未完了形直説形に（تَغَدَّى 昼食をとる）

(14) (تَلَقَّى) رِسَالَةً مُهِمَّةً مِنْ مُدِيرِ شَرِكَتِهَا.
3人称女性単数、完了形／完了の否定に（تَلَقَّى を受け取る）

(15) (اِخْتَفَى) الطَّائِرَةُ بَعْدَ إِقْلَاعِهَا بِدَقَائِقَ.
「اَلطَّائِرَةُ」を主語、完了形に（اِخْتَفَى 消える、إِقْلَاعٌ 離陸)

(16) (اِشْتَرَى) هَدِيَّةً لِأُمِّهِ مِنْ سُوقِ "الْحَمِيدِيَّةِ" بِدِمَشْقَ.
3人称男性単数、完了形／否定未来／完了の否定に（اِشْتَرَى を買う、سُوقُ "الْحَمِيدِيَّةِ"「ハミーディーヤ」市場）

(17)(اِنْتَهَى) اَلْمُحَاضَرَةُ قَبْلَ مَوْعِدِهَا بِخَمْسِ دَقَائِقَ.
「اَلْمُحَاضَرَةُ」を主語、完了形／未完了形直説形に (اِنْتَهَى が終わる)

3-6 その他の動詞

アラビア語には、前述の動詞以外に、ハムザと弱動詞を含む動詞、四語根動詞、多語根動詞などの動詞があります。これらの動詞の活用も不規則ではなく、これまで学んできた動詞に準じています。 詳しい文法解説については『詳解文法』第28章、『表現実践』「付録　アラビア語動詞活用一覧」を参照

文法練習問題 11-7

（　）内の動詞を指示に従って活用・変化させたうえで、日本語に訳してください。

(1) (أَدَّى) اَلتَّلَوُّثُ إِلَى اِرْتِفَاعِ دَرَجَاتِ الْحَرَارَةِ.
「اَلتَّلَوُّثُ」を主語、完了形／未完了形直説形／否定未来／完了の否定に (أَدَّى もたらす (إِلَى ～を)、دَرَجَةٌ 上昇、اِرْتِفَاعٌ 上昇、حَرَارَةٌ 熱、暑さ、دَرَجَةُ الْحَرَارَةِ 温度 (دَرَجَةٌ レベル、程度))

(2) (رَأَى) أُسْتَاذَهَا يَمْشِي فِي السُّوقِ مَعَ أُسْرَتِهِ.
3人称女性単数、完了形／未完了形直説形／完了の否定に (رَأَى を見る (a)、مَشَى 歩く)

(3) (رَأَى) هَذَا الْكَلَامَ صَحِيحًا.
1人称複数、完了形／未完了形直説形／否定未来／完了の否定に

(4) (أَرَى) اَلْمُدَرِّسَةُ الطُّلَّابَ صُوَرَ رِحْلَتِهَا إِلَى مِصْرَ.
「اَلْمُدَرِّسَةُ」を主語、完了形／未完了形直説形、完了の否定に (أَرَى に～を見せる、رِحْلَةٌ 旅行)

(5) مَتَى (جَاءَ) إِلَى الْجَامِعَةِ؟
2人称男性単数、完了形／未完了形直説形に (جَاءَ 来る (i))

(6) (جَاءَ) بِفِنْجَانٍ مِنَ الْمَطْبَخِ.
3人称女性単数、完了形／完了の否定に (جَاءَ 持ってくる (بِ ～を))

(7) (أَتَى) إِلَى الْمَكْتَبَةِ مَعَ زَمِيلِي كُلَّ يَوْمٍ.
1人称単数、完了形／否定未来／完了の否定に

(8) (اِطْمَأَنَّ) عَلَى صِحَّةِ أُسْتَاذِكَ الْمَرِيضِ.
2人称男性単数、完了形／未完了形直説形／否定未来に (اِطْمَأَنَّ 安堵する)

(9) (تَرْجَمَ) مَقَالَةَ الْجَرِيدَةِ مِنَ الْعَرَبِيَّةِ إِلَى الْيَابَانِيَّةِ.

2人称女性単数、完了形／未完了形直説形／否定未来／完了の否定／命令形に

(تَرْجَمَ を訳す、を翻訳する、مَقَالَةٌ 記事、論説)

(10) (سَيْطَرَ) ٱلضُّبَّاطُ عَلَى بَلَدِهِمْ بِشَكْلٍ كَامِلٍ.

「ٱلضُّبَّاطُ」を主語、完了形／未完了形直説形／否定未来／完了の否定に
(سَيْطَرَ 制圧する、支配する (عَلَى ～を)、ضَابِطٌ 士官、ضُبَّاطٌ、كَامِلٌ 完全な、完璧な)

表現練習問題 11-1

以下の疑問文に、本章で学んだハムザ動詞、重語根動詞、弱動詞そのほか特殊な動詞を用いて自由に答えてください。その際、例で示したとおり、時、場所を表す前置詞句や副詞句を付けて、より具体的に表現してください。また、質問と答えを日本語に訳して下さい。

(例) مَاذَا سَتَفْعَلُ يَوْمَ ٱلسَّبْتِ ٱلْقَادِمِ؟

次の土曜日にあなた（男性）は何をしますか。

سَأَزُورُ حَدِيقَةَ "إِينُوغَاشِيرَا" مَعَ أَصْدِقَائِي وَسَنَتَغَدَّى سَوِيًّا فِي ٱلْمَطْعَمِ ٱلْمَشْهُورِ ٱلْقَرِيبِ مِنْهَا.

私は「井の頭」公園を友人たちと訪れて、その近くにある有名なレストランでいっしょに昼食を食べます。(سَوِيًّا いっしょに)

(1) اِحْكِ لَنَا مَاذَا فَعَلْتَ أَمْسِ؟

(حَكَى を語る (i))

(2) اِحْكِي لَنَا مَاذَا سَتَفْعَلِينَ بَعْدَ مُحَاضَرَةِ ٱلْيَوْمِ؟

(3) هَلْ سَتَقْضِي ٱلْعُطْلَةَ ٱلْقَادِمَةَ خَارِجَ ٱلْيَابَانِ؟

(قَضَى を過ごす (i))

(4) هَلْ غَنَّيْتُمْ فِي حَفْلَةِ تَخَرُّجِ زُمَلَائِكُمْ؟

(تَخَرُّجٌ 卒業)

(5) هَلْ نَسِيتَ رَقْمَ هَاتِفِ عَمِّكَ؟

(6) فِي أَيِّ سَاعَةٍ جِئْتَ إِلَى ٱلْجَامِعَةِ ٱلْيَوْمَ؟

(7) فِي أَيِّ سَاعَةٍ سَتَأْتُونَ إِلَى ٱلْحَفْلَةِ غَدًا؟

(8) هَلْ تَعَشَّيْتَ فِي مَطْعَمِ ٱلْجَامِعَةِ مِنْ قَبْلُ؟

(9) مِنْ فَضْلِكِ، اِشْرَحِي لَنَا مَعْنَى هَذِهِ ٱلْكَلِمَةِ.

(10) تَحَدَّثُوا مَعَ زُمَلَائِكُمْ عَنْ بَرْنَامَجِكُمْ فِي يَوْمَيِ ٱلسَّبْتِ وَٱلْأَحَدِ.

(11) هَلْ تَهْتَمُّ بِشُؤُونِ ٱلْبُلْدَانِ ٱلْعَرَبِيَّةِ؟

(اِهْتَمَّ 関心がある (بِ ～に))

表現練習問題　11-2

（　）内の動詞を使って、以下の日本語をアラビア語に訳してください。その際、性、数についての指示がある場合はそれに従ってください。

(1) 朝食を食べなさい。男性複数に（أَكَلَ、فُطُورٌ　朝食）
(2) 机の上のペンを取ってください。男性単数に（أَخَذَ）
(3) 失礼かもしれません（私を責めないでください）が、おいくつですか。

女性単数に（آخَذَ）
(4) 自分自身（あなた自身）を信じろ。男性単数に（آمَنَ、نَفْسٌ　自身）
(5) 明日、授業に遅刻しないで下さい。男性複数に（تَأَخَّرَ）
(6) 適切な措置を講じて下さい。女性単数に（اتَّخَذَ）
(7) その単語の意味を先生に質問してください。男性単数に（سَأَلَ）
(8) この本を週末までに読みなさい。男性複数に（قَرَأَ）

  表現練習問題　11-3

（　）内の動詞を使って、以下の日本語をアラビア語に訳してください。その際、性、数についての指示がある場合はそれに従ってください。

(1) 止まれ！　信号は赤です。男性単数に（وَقَفَ　止まる (i)、إِشَارَةٌ　信号）
(2) ペンを机の上に置いてください。女性単数に（وَضَعَ）
(3) 明日私に電話してください。男性単数に（اتَّصَلَ）

  表現練習問題　11-4

（　）内の動詞を使って、以下の日本語をアラビア語に訳してください。その際、性、数についての指示がある場合はそれに従ってください。

(1) 質問にすぐに答えなさい。男性複数に（رَدَّ）
(2) 私たちはまだ待ち合わせの時間を決めていない。

（مَوَاعِيدُ　期日、約束（の時間）مِيعَادٌ）
(3) その男は新しい仕事を好きになった。（أَحَبَّ）
(4) その男は新しい仕事を好きです。（أَحَبَّ）
(5) 政府は重要な政策を承認した。（أَقَرَّ　を承認する、مَشْرُوعٌ　法案、プロジェクト）
(6) なぜあなた（男性）はいつも自分の意見に固執するのですか。

（أَصَرَّ　固執する（عَلَى　～に））
(7) シリアは、レバノン、パレスチナ、ヨルダン、イラク、トルコの間に横たわる。

(اِمْتَدَّ 伸びる、横たわる)

(8) 私は昨日、午後11時頃まで勉強を続けました。(اِسْتَمَرَّ 続ける (فِي 〜を))

 表現練習問題 11-5

（　）内の動詞を使って、以下の日本語をアラビア語に訳してください。その際、性、数についての指示がある場合はそれに従ってください。

(1) 私にあなた（男性）の秘密を言ってください。(قَالَ)
(2) その若者は街で野菜と果物を売っている。(بَاعَ)
(3) あなた（男性）はカイロの有名な博物館（複数）を訪れましたか。

(زَارَ) مَتْحَفٌ 博物館 (مَتَاحِفُ)
(4) そのレバノン・レストランでアラブ料理を味わってみなさい。男性単数に

(ذَاقَ を味わう (u))
(5) 昨日は何時に寝ましたか。女性単数に (نَامَ)
(6) その女性は去年死んだ。(مَاتَ 死ぬ (u))
(7) 彼らは来年、東京外国語大学に入学したいと思っている。(أَرَادَ)
(8) 彼はいつも困難な道を選ぶ。(اِخْتَارَ)

 表現練習問題 11-6

（　）内の動詞を使って、以下の日本語をアラビア語に訳してください。その際、性、数についての指示がある場合はそれに従ってください。

(1) 週末の約束は忘れて下さい。男性単数に (نَسِيَ)
(2) 宿題を忘れないで下さい。女性単数に (نَسِيَ)
(3) あなた（男性）は隣人を誕生日パーティーに招待しましたか。(دَعَا)
(4) 私は毎日、家から大学まで歩きます。(مَشَى)
(5) 私たちはそのネコに「御子神」という名前をつけた。(سَمَّى、قِطَّةٌ ネコ (قِطَطٌ))
(6) イエメンの人々はサウジアラビアの空爆に苦しんでいる。

(يَمَنِيٌّ イエメンの、عَانَى 苦労する、苦しむ、悩まされる (مِنْ 〜に)、غَارَةٌ 空爆、سُعُودِيٌّ サウジアラビアの)
(7) この非民主的な政府は民主主義を主唱している。

(نَادَى) (دِيمُقْرَاطِيٌّ 民主的な、دِيمُقْرَاطِيَّةٌ 民主主義)
(8) 何時にあなたたち（男性）は今日の授業を終えましたか。(أَنْهَى)
(9) この本をください。女性単数に (أَعْطَى)
(10) 彼らはトルコへの旅行をキャンセルした。(أَلْغَى をキャンセル、を廃止する)

(11) 先生はいつも正確な分析を行う。(أَجْرَى) (تَحْلِيلٌ 分析 تَحْلِيلَاتٌ、دَقِيقٌ 正確な)

(12) あなた（男性）は毎日、誰と昼ごはんを食べ、誰と夕飯を食べますか。

(تَغَدَّى、تَعَشَّى)

(13) この授業は何時に始まり、何時に終わりますか。(بَدَأَ、اِنْتَهَى)

(14) あなた（女性）はどこでこの服を買いましたか。(اِشْتَرَى)

(15) 私はこの時計を「新宿」で買いました。(اِشْتَرَى)

(16) アラビア語専攻の学生たちは毎日、アラビア語の記事を日本語に訳しています。

(تَرْجَمَ)

(17) こちらに来い。男性単数に (تَعَالَى 来い（命令形）)

会話練習問題 11-7

（　）内の動詞を使って、以下の日本語をアラビア語に訳してください。その際、性、数についての指示がある場合はそれに従ってください。

(1) この写真を見せてください。男性単数に (أَرَى)

(2) 彼女は日曜日に大学に行かざるを得なかった。(اِضْطَرَّ)

(3) その車はタクシーに衝突した。(اِصْطَدَمَ 衝突する（ب ～に）) (تَاكْسِي タクシー)

اِسْتِرَاحَةٌ ١١ アラブ人と天気

筆者が日本に来てから20年以上が経ちますが、「日本の生活に慣れないことを一つ挙げなさい」と訊かれたら、躊躇なく天気と答えるでしょう。朝、雲ひとつない天気だったので、傘を持たずに出かけると、夜にどしゃ降りの雨に降られたり、台風で身動きがとれなくなったりすることもあります。こうした失敗をする度に天気予報をまめにチェックしようと決心するのですが、子供の頃にはそんなことをする必要がなかったので、何日か経つとすっかり忘れて、また酷い目に遭う訳です。

私が生まれ育ったエジプトのカイロでは、天気予報に注意するよう言われた覚えなどありませんでした。強いて言うなら、春の終わりを告げる「砂嵐」（اَلْخَمَاسِينُ 、エジプトでは「رِيَاحٌ رَمْلِيَّةٌ」と言います）が吹く4月に、洗濯物が砂埃で黄ばまないようにという天気予報を見るくらいでしょうか。رِيحٌ 風 رِيَاحٌ、 رَمْلِيٌّ 砂の

天気予報に関心が薄いのもそのはずで、エジプトの気候は時として厳しいのですが、日本ほど変化に富んでいません。カイロの場合、春と秋は短くて、その代わりに夏と冬が長く続きます。そんなわけで、夏の天気予報は、「地中海沿岸は「穏やかな天気」（طَقْسٌ مُعْتَدِلٌ （مُعْتَدِلٌ 穏健な、穏やかな））、デルタ地方とカイロは「暑い天気」（طَقْسٌ حَارٌّ）、上エジプトは「非常に暑い」（طَقْسٌ حَارٌّ جِدًّا）です」といったざっくりとした解説と、気圧、風向き、そして気温についての些末な情報が繰り返されるだけです。

雨も降りますが、冬だけです。夏には一切降りません。カイロの年間降水量は20～30ミリ程度で、東京の50分の1程度です。ですから、傘を売っているお店はほとんどありませんし、自動車教習所では「ワイパーは、前を走っている車から飛んできた油を拭くためにある」と（冗談交じりに）教えられたりします。ただし、滅多に降らない雨が降ると、それはそれで大変で、道路やトンネルが冠水したり、水に浸かった車が故障して、事故や渋滞が発生したりします。雨が降ったら、仕事を休んだり、子供を学校に送らない人もいるほどです。

それでもアラブ人にとっては、雨は恵みを与えてくれる「良い天気」です。

「雨」を意味する「マタル」(مَطَر)という名前を子供に付けたりする人も多くいます。また、イスラーム教が成立する前の著名な詩人タラファ・ブン・アブド(طَرَفَةُ بْنُ ٱلْعَبْدِ)は、飲酒、人助けに加えて「曇った日に家の中で肌が滑らかでふくよかな美女を眺めること」が生き甲斐だと詠んでいます。

第12章　名詞節、接続詞

これまでアラビア語のさまざまな文法項目について学んできましたが、各章の例文や練習問題で用いられている文は、「إِنَّ」節、「أَنَّ」節を目的語とする文や、接続詞「وَ」、「وَلٰكِنَّ」で接続された

文を除くといずれも単文でした。これは、本書がアラビア語の会話を練習しつつ、文法に関する知識をしっかりと身に付けることを目的としているためです。しかし、実際のアラビア語の会話や文章は、単文だけでなく、さまざまな重文を含んでおり、重文を用いなければ、自分の言いたいこと、書きたいことを正確、且つ具体的に表現することもできません。そこで本章では、名詞節と接続詞を用いた重文の表現を練習します。　詳しい表現方法については『詳解文法』第29、30章を参照

第1節　夏休みの過ごし方

ムハンマドは陽太と和奏に夏休みの予定について尋ねます。

ムハンマド1：夏休みは1週間後に始まることが決まっています。あなたたちはこの期間に何をしたいですか。

陽太1：私は個人的には都会の喧騒から離れた場所で休みを過ごしたいです。でも、父は仕事の関係で職場を長く離れられません。だから、休みじゅう1カ所で過ごすことは容易でなく、父の仕事の状況が許す限りで何カ所かということになりそうです。

مُحَمَّدٌ ١: مِنَ ٱلْمُقَرَّرِ أَنْ تَبْدَأَ ٱلْعُطْلَةُ ٱلصَّيْفِيَّةُ بَعْدَ أُسْبُوعٍ. مَاذَا تَتَمَنَّوْنَ أَنْ تَفْعَلُوا خِلَالَ هٰذِهِ ٱلْفَتْرَةِ؟

هَارُوتَا ١: أَنَا شَخْصِيًّا أُحِبُّ أَنْ أَقْضِيَ ٱلْعُطْلَةَ فِي مَكَانٍ بَعِيدٍ عَنْ ضَجَّةِ ٱلْمَدِينَةِ، وَلٰكِنَّ عَمَلَ أَبِي يَفْرِضُ عَلَيْهِ أَلَّا يَبْتَعِدَ طَوِيلًا عَنْ مَقَرِّ عَمَلِهِ. وَلِذٰلِكَ لَيْسَ مِنَ ٱلسَّهْلِ أَنْ نَقْضِيَ ٱلْعُطْلَةَ كُلَّهَا فِي مَكَانٍ وَاحِدٍ، بَلْ فِي أَكْثَرَ مِنْ مَكَانٍ، حَسْبَمَا تَسْمَحُ ظُرُوفُ عَمَلِ أَبِي.

第 **12** 章　名詞節、接続詞

ムハンマド2：あなたはどうですか、和奏。あなたは数日前、友人たちと外国旅行を計画していると私に言いましたよね。	**مُحَمَّدٌ ٢**: وَمَاذَا عَنْكِ، يَا وَاكَانَا؟ قُلْتِ لِي قَبْلَ أَيَّامٍ إِنَّكِ تُخَطِّطِينَ لِلسَّفَرِ مَعَ أَصْدِقَائِكِ إِلَى الْخَارِجِ.
和奏1：はい、でも迷っています。なぜなら、私はアラビア語で人々と話すため、アラブ諸国に旅行したいのですが、私の友人たちは自然や文化を楽しみたがっているのです。	**وَاكَانَا ١**: نَعَمْ، وَلٰكِنَّنِي مُتَحَيِّرَةٌ، لِأَنَّنِي أَوَدُّ أَنْ أُسَافِرَ إِلَى الْبُلْدَانِ الْعَرَبِيَّةِ لِكَيْ أَتَحَدَّثَ مَعَ النَّاسِ هُنَاكَ بِالْعَرَبِيَّةِ، إِلَّا أَنَّ أَصْدِقَائِي يَرْغَبُونَ فِي أَنْ يَسْتَمْتِعُوا بِالطَّبِيعَةِ وَالثَّقَافَةِ.
ムハンマド3：迷うことありませんよ。問題は簡単です。アラブ諸国は観光地に富んでいることで知られています。だから、そのうちの1ヵ国を訪問すれば、あなたはアラビア語の練習ができますし、あなたの友人はそこでの自然や文化を楽しめます。	**مُحَمَّدٌ ٣**: لَا دَاعِيَ لِلْحَيْرَةِ، وَالْأَمْرُ بَسِيطٌ، مِنَ الْمَعْرُوفِ أَنَّ الْبُلْدَانَ الْعَرَبِيَّةَ غَنِيَّةٌ بِالْمَعَالِمِ السِّيَاحِيَّةِ. وَلِذٰلِكَ، فَإِنَّكِ إِذَا زُرْتِ إِحْدَى تِلْكَ الْبُلْدَانِ، فَمِنَ الْمُمْكِنِ أَنْ تَتَدَرَّبِي عَلَى اللُّغَةِ الْعَرَبِيَّةِ، بَيْنَمَا يَسْتَمْتِعُ أَصْدِقَاؤُكِ بِالطَّبِيعَةِ وَالثَّقَافَةِ هُنَاكَ.
陽太2：それはすばらしいアイデアじゃありませんか、和奏。友人にそれを提案しなさいよ。もし彼らがそれを気に入らなくても、何も損はしませんよ。	**هَارُوتَا ٢**: هٰذِهِ فِكْرَةٌ مُمْتَازَةٌ، أَلَيْسَ كَذٰلِكَ، يَا وَاكَانَا. اِقْتَرِحِيهَا عَلَى أَصْدِقَائِكِ، وَإِنْ لَمْ تُعْجِبْهُمْ فَلَنْ تَخْسَرِي شَيْئًا.
和奏2：はい、彼らに来週会ったら、このアイデアを説得してみます。彼らはそれを歓迎すると思います。	**وَاكَانَا ٢**: نَعَمْ، عِنْدَمَا أُقَابِلُهُمْ فِي الْأُسْبُوعِ الْقَادِمِ، سَأُحَاوِلُ أَنْ أُقْنِعَهُمْ بِهٰذِهِ الْفِكْرَةِ. وَأَظُنُّ أَنَّهُمْ سَيُرَحِّبُونَ بِهَا.
ムハンマド4：幸運を。あなたの提案が成功したら、私たちに結果を知らせるのを忘れないでくださいね。	**مُحَمَّدٌ ٤**: حَظًّا طَيِّبًا، وَأَرْجُو أَلَّا تَنْسَيْ أَنْ تُخْبِرِينَا بِالنَّتِيجَةِ.

第2節　解説

2-1　初出単語・表現

مُحَمَّدٌ 1

- ~ مِنَ ٱلْمُقَرَّرِ أَنْ ~　☞ 2-2 重要な会話表現
- ~ تَمَنَّى أَنْ ~　☞ 2-2 重要な会話表現
- فَتْرَةٌ　فَتَرَاتٌ　期間

هَارُوتَا 1

- شَخْصِيًّا　個人的に
- شَخْصٌ　أَشْخَاصٌ　人、個人
- ~ أَحَبَّ أَنْ ~　☞ 2-2 重要な会話表現
- ضَجَّةٌ　騒がしさ、喧騒
- فَرَضَ (i)　を課す、科す（عَلَى　~に）
- اِبْتَعَدَ　遠ざかる、離れる（عَنْ　~から）
- مَقَرٌّ、مَقَرَّاتٌ、مَقَارٌّ　本拠地、本社
- ~ لَيْسَ مِنَ ٱلسَّهْلِ أَنْ ~　☞ 2-2 重要な会話表現
- ٱلْعُطْلَةَ كُلَّهَا　休みじゅう

「كُلّ」は第4章で学んだとおり非限定・単数形・属格の名詞が続き「各~」という意味になる場合と、限定・複数形・属格の名詞が続き「すべての~」という意味になる場合、そして限定・単数形・属格の名詞が続き「~じゅう」という意味になる場合の3通りがあります。

このうち「~じゅう」という意味になる限定・単数形・属格の名詞が続く用法は、「限定名詞」＋「كُلُّهُ」というかたちでも表すことができます。この場合、「كُلّ」の格は先行する限定名詞と同じとなり、また、「كُلُّهُ」の「هُ」の性は限定名詞が男性であれば「هُ」、女性であれば「هَا」となります。　📖 詳しくは『詳解文法』第10章の「もっと学ぶために」を参照

- أَكْثَرَ مِنْ مَكَانٍ　何カ所も

「كَثِيرٌ」の比較・最上級「أَكْثَرُ」は「مِنْ」＋非限定・単数の名詞を伴うと「何回もの~」、「何度もの~」という意味になります。

- حَسَبَمَا　~に応じて
- سَمَحَ (a)　許す（لِ　~に、بِ　~を）
- ظَرْفٌ　ظُرُوفٌ　封筒；状況（常に複数形）

مُحَمَّدٌ 2

- مَاذَا عَنْكِ؟　「あなた（女性）はどうですか」

直訳すると、「あなた（女性）については何ですか」という意味になります。

- خَطَّطَ　計画する（لِ　~を）

وَاكَانَا ١
- مُتَحَيِّرٌ 迷っている、戸惑っている
- وَدَّ أَنْ ~ ☞2-2 重要な会話表現
- إِلَّا أَنْ ~ しかし
- رَغِبَ فِي أَنْ ~ ☞2-2 重要な会話表現
- طَبِيعَةٌ طَبَائِعُ 自然；性質、本質、本性、天性

مُحَمَّدٌ ٣
- لَا دَاعِيَ لِ ~ ~しなくてもいい、~ご無用
- حَيْرَةٌ 迷い、戸惑い
- أَمْرٌ أُمُورٌ 事、事態、問題
- بَسِيطٌ بُسَطَاءُ 簡単な、素朴な
- مِنَ اَلْمَعْرُوفِ أَنْ ~ ☞2-2 重要な会話表現
- لِذَلِكَ، فَ ~ だから~
「لِذَلِكَ」の後に「فَ」がつく原理については、第3節の「3-4 条件文」の解説を参照してください。

- مِنَ اَلْمُمْكِنِ أَنْ ~ ☞2-2 重要な会話表現
- تَدَرَّبَ 練習をする、訓練をする（عَلَى ~の)
- بَيْنَمَا 一方

هَارُوتَا ٢
- اِقْتَرَحَ を提案する（عَلَى ~に)
- خَسِرَ 負ける；失う (a)

وَاكَانَا ٢
- عِنْدَمَا ~する時、~した時
- حَاوَلَ を試みる、を試す、をしてみる
- أَقْنَعَ に説得する（بِ ~を)

مُحَمَّدٌ ٤
- حَظًّا طَيِّبًا 幸運を（حَظٌّ 運 حُظُوظٌ）
- رَجَا أَنْ ~ ☞2-2 重要な会話表現
- أَلَّا = لَا + أَنْ

2-2 重要な会話表現

「مِنْ」＋ 形容詞 ＋「أَنْ」節あるいは「أَنَّ」節

「「مِنْ」＋ 形容詞 ＋「أَنْ」節あるいは「أَنَّ」節」は「~することは（形容詞）だ」という意味になります。形容詞は定冠詞で限定され、また倒置文のように主語である「أَنْ」節、あるいは「أَنَّ」節が後ろに続きます。

このうち「أَنْ」節は可能性として想定される事柄について述べる場合に用いられます。

مِنَ الْمُقَرَّرِ أَنْ تَبْدَأَ الْعُطْلَةُ الصَّيْفِيَّةُ بَعْدَ أُسْبُوعٍ.　夏休みは1週間後に始まることが決まっています。(مُقَرَّرٌ　決められた)

مِنَ الْمُمْكِنِ أَنْ تَتَدَرَّبِي عَلَى اللُّغَةِ الْعَرَبِيَّةِ.　あなた（女性）はアラビア語の練習ができます。

これに対して、「أَنَّ」節はすでに確定した事実、誰もが認める厳然たる事実について述べる場合に用いられます。

مِنَ الْمَعْرُوفِ أَنَّ الْبُلْدَانَ الْعَرَبِيَّةَ غَنِيَّةٌ بِالْمَعَالِمِ السِّيَاحِيَّةِ.　アラブ諸国は観光地に富んでいることで知られています。

この構文を否定文にする場合は「لَيْسَ」を用います。また、時制を変化させたりする場合は「كَانَ」を用います。

لَيْسَ مِنَ السَّهْلِ أَنْ نَقْضِيَ الْعُطْلَةَ كُلَّهَا فِي مَكَانٍ وَاحِدٍ.　休みじゅう1カ所で過ごすことは容易ではありません。

📖 詳しくは『詳解文法』第29章第3節を参照

意思を表す表現「〜したい」

第1節の例文では「تَمَنَّى」（を願う）、「أَحَبَّ」（を愛する）、「وَدَّ」（を願望する）、「رَغِبَ」（望む（فِي ～を））といった動詞が多く登場します。これらの動詞は目的語として「أَنْ」節を伴い「〜したい」という意味となります。

مَاذَا تَتَمَنَّوْنَ أَنْ تَفْعَلُوا؟　あなたたちは何をしたいですか。

أُحِبُّ أَنْ أَقْضِيَ الْعُطْلَةَ عَلَى شَاطِئِ الْبَحْرِ.　私は海岸で休みを過ごしたいです。

أَوَدُّ أَنْ أُسَافِرَ إِلَى الْبُلْدَانِ الْعَرَبِيَّةِ.　私はアラブ諸国を旅行したいです。

يَرْغَبُونَ فِي أَنْ يَسْتَمْتِعُوا بِالطَّبِيعَةِ وَالثَّقَافَةِ.　彼らは自然や文化を楽しみたいと思っています。

また上記の動詞に加えて「أَرَادَ」（を欲する）が「〜したい」という表現において頻繁に用いられます。

مَاذَا تُرِيدُ أَنْ تَفْعَلَ؟　あなた（男性）は何がしたいですか。

أُرِيدُ أَنْ أَقْضِيَ الْعُطْلَةَ عَلَى شَاطِئِ الْبَحْرِ.　私は海岸で休みを過ごしたいです。

なお「أَنْ」節を目的語とする動詞としては、意思を表す動詞のほかにも可能を表す動詞「اِسْتَطَاعَ」（をすることができる）があります。

أَسْتَطِيعُ أَنْ أَقْضِيَ الْعُطْلَةَ فِي مَكَانٍ بَعِيدٍ عَنْ ضَجَّةِ الْمَدِينَةِ.　私は都会の喧騒から離れた場所で休みを過ごすことができます。

第12章 名詞節、接続詞

依頼の表現

第2章では「تَفَضَّلْ」、「مِنْ فَضْلِكَ」という勧誘・依頼の表現を学びました。また第9章では動詞の未完了形短形や命令形を用いた間接命令や命令の表現について学びました。

それ以外にも、動詞「رَجَا」(を願う（مِنْ ～から、لِ ～に）(u))を用いて、依頼文を作ることができます。

أَرْجُو أَلَّا (أَنْ لَا) تَنْسَيْ أَنْ تُخْبِرِينَا بِالنَّتِيجَةِ.　あなた（女性）は私たちに結果を知らせるのを忘れないでください。

第3節　文法の復習

3-1　「إِنَّ」、「أَنَّ」、「أَنْ」、「إِنْ」

「إِنَّ」、「أَنَّ」、「أَنْ」、「إِنْ」という四つの似た単語を用いた節の用法についてこれまでの章で学びました。このうち「إِنْ」節と「أَنْ」節は第11章で解説しましたが、第1節の例文でこれらの単語が用いられている文をもとにこれら四つの単語の違いを改めて解説します。　詳しい解説は『詳解文法』第29章第1節、第30章第1節を参照

「إِنَّ」節

「إِنَّ」節と「أَنَّ」節は動詞文以外の文（名詞文、倒置文）が続く場合に用いられます。いずれにおいても文節となる文の主語は対格としなければなりません。

「إِنَّ」節は「قَالَ」(言う（لِ ～に）)の後に文節を目的語として続ける場合に（のみ）用いられます。

قُلْتِ لِي قَبْلَ أَيَّامٍ إِنَّكِ تُخَطِّطِينَ لِلسَّفَرِ مَعَ أَصْدِقَائِكِ إِلَى الْخَارِجِ.　あなた（女性）は数日前、友人たちと外国旅行を計画していると私に言いました。

「إِنَّ」節はまた、主語の名詞を強調する場合にも用いられます。

... إِنَّكِ إِذَا زُرْتِ إِحْدَى تِلْكَ الْبُلْدَانِ　あなた（女性）がもしそれらの国のうちの1カ国を訪問すれば…

この文は「إِذَا زُرْتِ إِحْدَى تِلْكَ الْبُلْدَانِ」とほぼ同じ意味ですが、主語（「زُرْتِ」の主語である2人称・女性・単数）が強調されています。

「أَنَّ」節

「أَنَّ」節は名詞節を作る際に用いられます。

مِنَ الْمَعْرُوفِ أَنَّ الْبُلْدَانَ الْعَرَبِيَّةَ غَنِيَّةٌ بِالْمَعَالِمِ السِّيَاحِيَّةِ.　アラブ諸国は観光地に富んでいることで知られています。

أَظُنُّ أَنَّهُمْ سَيُرَحِّبُونَ بِهَا.　彼らはそれを歓迎すると思います。

また「أَنَّ」は「إِلَّا」などの前置詞とともに用いられ、逆説の接続詞となります。

إِلَّا أَنَّ أَصْدِقَائِي يَرْغَبُونَ فِي أَنْ يَسْتَمْتِعُوا بِالطَّبِيعَةِ وَالثَّقَافَةِ. しかし、私の友人たちは自然や文化を楽しみたいと思っています。

なお、「إِنَّ」、「أَنَّ」は、「إِنَّ とその姉妹」と呼ばれます。「إِنَّ とその姉妹」には、「إِنَّ」、「أَنَّ」のほかに、「وَلَكِنَّ」、「لِأَنَّ」、「لَيْتَ」（～だったらなあ）などがあり、これらはいずれも、後に続く主語を表す名詞が対格（人称代名詞の場合は非分離形）となるという共通点があります。

وَلَكِنَّ عَمَلَ أَبِي يَفْرُضُ عَلَيْهِ أَلَّا يَبْتَعِدَ طَوِيلًا عَنْ مَقَرِّ عَمَلِهِ. でも、父は仕事の関係で職場を長く離れられません。

لِأَنَّنِي أَوَدُّ أَنْ أُسَافِرَ إِلَى الْبُلْدَانِ الْعَرَبِيَّةِ. なぜなら、私はアラブ諸国を旅行したいからです。

「أَنْ」節

これに対して、「أَنْ」節は動詞文を名詞節にする場合に用いられます。「أَنْ」で導かれる動詞文における動詞は、通常は未完了形接続形となります。

تُرِيدُ أَنْ تَتَعَلَّمَ اللُّغَةَ الْعَرَبِيَّةَ. あなた（男性）はアラビア語を習得したい。

أَرْجُو أَلَّا تَنْسَيْ أَنْ تُخْبِرِينَا بِالنَّتِيجَةِ. あなた（女性）は私たちに結果を知らせるのを忘れないでください。

また「أَنْ」は「قَبْلَ أَنْ」（～する前に）、「بَعْدَ أَنْ」（～した後で）といった接続詞としても用いられます。

「إِنْ」節

最後に「إِنْ」節は条件節を導く接続詞です（後述）。

إِنْ لَمْ تُعْجِبْهُمْ فَلَنْ تَخْسَرِي شَيْئًا. もし彼らがそれを気に入らなくても、何も損はしませんよ。

文法練習問題 12-1

以下の各設問の二つの文・表現を「إِنَّ」、「أَنَّ」、「أَنْ」のいずれかを用いて一つの文にしてください。その際、「إِنَّ」、「أَنَّ」、「أَنْ」に続く名詞の格や動詞の活用形を適切なかたちに変化させてください。また完成した文を日本語に訳してください。

（例）ذَكَرَ لِصَدِيقِهِ ～ / ذَلِكَ الْخَبَرُ غَرِيبٌ ← ذَكَرَ لِصَدِيقِهِ أَنَّ ذَلِكَ الْخَبَرَ غَرِيبٌ.
彼は友人にそのニュースは奇妙だと述べた。

(1) ظَنَّ الْأُسْتَاذُ ～ / هِيَ مُجْتَهِدَةٌ

(2) قُلْتُ لَهُ ~ / سَأَزُورُ ٱلْقَاهِرَةَ فِي ٱلصَّيْفِ ٱلْقَادِمِ

(3) مِنَ ٱلْأَفْضَلِ ~ / اِهْتَمَمْتِ بِصِحَّتِكِ

(4) أَرْجُو ~ / تَتَكَلَّمُ بِبُطْءٍ أَكْثَرَ

(بِبُطْءٍ ゆっくり)

(5) مِنَ ٱلضَّرُورِيِّ ~ / سَأَذْهَبُ إِلَى لُبْنَانَ ٱلْأُسْبُوعَ ٱلْقَادِمَ

(لُبْنَانُ レバノン)

(6) أَتَمَنَّى ~ / أَرَاكَ قَرِيبًا

(7) سَمِعَ مِنْ أَصْدِقَائِهِ ~ / أُسْتَاذُهُ سَيُجْرِي اِمْتِحَانًا مُفَاجِئًا بَعْدَ ٱلظُّهْرِ

(مُفَاجِئٌ 突然の、不意を突くような、抜きうちの)

(8) أَخْبَرَ ٱلْأُسْتَاذُ ٱلطَّالِبَ ~ / لَا يَتَحَدَّثُ مَعَ زُمَلَائِهِ فِي ٱلْقَاعَةِ

(9) سَيَسْتَطِيعُ ~ / يُشَارِكُ فِي ٱلدَّوْرَةِ ٱلصَّيْفِيَّةِ لِلُّغَةِ ٱلْعَرَبِيَّةِ فِي ٱلْأُرْدُنِّ

(دَوْرَةٌ コース、ٱلْأُرْدُنُّ ヨルダン)

(10) مِنَ ٱللَّازِمِ ~ / تَأْتِينَ إِلَى ٱلِاجْتِمَاعِ ٱلْمُهِمِّ ٱلْيَوْمَ

(11) نَعْتَقِدُ ~ / هٰذِهِ هِيَ ٱلْحَقِيقَةُ

(اِعْتَقَدَ と（強く）思う、と信じる　حَقِيقَةٌ 真実 (حَقَائِقُ))

(12) نُرِيدُ ~ / نَتَعَرَّفُ أَكْثَرَ عَلَى ٱلثَّقَافَةِ ٱلْعَرَبِيَّةِ

(تَعَرَّفَ 知り合う、精通する (عَلَى ~と、に))

3-2 「أَنْ」の仲間：「لِ」、「كَيْ」、「لِكَيْ」、「حَتَّى」、「كَيْلَا」、「لِكَيْلَا」、「لِئَلَّا」

「لِ」、「كَيْ」、「لِكَيْ」、「حَتَّى」は理由を表す副詞節を作ります。

أَوَدُّ أَنْ أُسَافِرَ إِلَى ٱلْبُلْدَانِ ٱلْعَرَبِيَّةِ لِكَيْ أَتَحَدَّثَ مَعَ ٱلنَّاسِ هُنَاكَ بِٱلْعَرَبِيَّةِ.　私はアラビア語で人々と話すため、アラブ諸国に旅行したいです。

これらの単語には動詞文が続き、動詞は未完了形接続形となります。

また「كَيْلَا」、「لِكَيْلَا」、「لِئَلَّا」は理由を表す副詞節を否定にする場合に用いられます。

文法練習問題 12-2

以下の各設問の二つの文を指示に従って一つの文にしてください。その際、名詞の格や動詞の活用形を適切なかたちに変化させてください。また完成した文を日本語に訳してください。

(1) سَافَرَتِ ٱلطَّالِبَةُ إِلَى دَوْلَةٍ عَرَبِيَّةٍ. / دَرَسَ ٱللُّغَةَ ٱلْعَرَبِيَّةَ.

「لِ」によって導かれる副詞節を作って一つの文に

(2) جِئْتُ إِلَيْكُمْ. / سَاعَدَكُمْ فِي ٱلدِّرَاسَةِ.

「كَيْ」によって導かれる副詞節を作って一つの文に

(3) ذَهَبْنَا إِلَى دَارِ ٱلسِّينِمَا. / شَاهَدَ فِيلْمًا عَرَبِيًّا مَشْهُورًا.

「لِكَيْ」によって導かれる副詞節を作って一つの文に

(4) اِتَّصَلْتُ بِهِ. / نَسِيَ مَوْعِدَ ٱلْيَوْمِ.

「كَيْلَا」によって導かれる副詞節を作って一つの文に

(5) لَا تُهْمِلُوا دِرَاسَتَكُمْ. / نَدِمَ بَعْدَ تَخَرُّجِكُمْ مِنَ ٱلْجَامِعَةِ.

「لِكَيْلَا」によって導かれる副詞節を作って一つの文に（نَدِمَ 悔いる、後悔する (a)）

(6) مَارِسْ بَعْضَ ٱلْأَلْعَابِ ٱلرِّيَاضِيَّةِ. / اِزْدَادَ وَزْنُكَ.

「لِئَلَّا」によって導かれる副詞節を作って一つの文に（اِزْدَادَ 増える）

(7) مِنَ ٱلْأَحْسَنِ أَنْ تَعْتَذِرِي لَهُ. / سَامَحَكِ.

「حَتَّى」によって導かれる副詞節を作って一つの文に（سَامَحَ 大目に見る）

(8) كُنْ لَطِيفًا مَعَ ٱلْآخَرِينَ. / أَحَبَّكَ.

「حَتَّى」によって導かれる副詞節を作って一つの文に

(9) أَرْسَلْتُ رِسَالَةً إِلَى صَدِيقِي. / أَدْعُوهُ إِلَى حَفْلَةِ زَوَاجِي.

「لِكَيْ」によって導かれる副詞節を作って一つの文に

(10) سَأَدَّخِرُ جُزْءًا مِنْ دَخْلِي. / أُضْطَرُّ إِلَى ٱلْاِقْتِرَاضِ عِنْدَ ٱلْحَاجَةِ.

「لِئَلَّا」によって導かれる副詞節を作って一つの文に（اِدَّخَرَ を蓄える、دَخْلٌ 収入、اِقْتِرَاضٌ 借金、عِنْدَ ٱلْحَاجَةِ 必要なときに）

3-3 接続詞

接続詞は、「وَ」、「فَ」、「ثُمَّ」、「وَلٰكِنْ」などこれまでに頻繁に登場してきました。これらの接続詞はいずれも等位接続詞ですが、アラビア語にはこれ以外にも、「لَمَّا」（〜した時）、「حِينَمَا」（〜するとき、〜したとき）、「عِنْدَمَا」、「حَسَبَمَا」、「بَيْنَمَا」といった従属接続詞があります。これらの接続詞の直後には従属節である動詞文が続きます。

詳しくは『詳解文法』第30章を参照

حَسَبَمَا تَسْمَحُ ظُرُوفُ عَمَلِ أَبِي　父の仕事の状況が許す限りで

بَيْنَمَا يَسْتَمْتِعُ أَصْدِقَاؤُكِ بِالطَّبِيعَةِ وَالثَّقَافَةِ هُنَاكَ　一方で、あなた（女性）の友人はそこでの自然や文化を楽しめます。

عِنْدَمَا أُقَابِلُهُمْ فِي ٱلْأُسْبُوعِ ٱلْقَادِمِ، سَأُحَاوِلُ أَنْ أُقْنِعَهُمْ بِهٰذِهِ ٱلْفِكْرَةِ.　彼らに来週会ったら、このアイデアを説得してみます。

第 12 章　名詞節、接続詞

文法練習問題　12-3

以下の各設問の二つの文を指示に従って一つの文にしてください。その際、名詞の格や動詞の活用形を適切なかたちに変化させてください。また完成した文を日本語に訳してください。

(1) عَثَرْتُ عَلَى هٰذَا الْكِتَابِ. / كُنْتُ فِي سُورِيَّةَ.
「حِينَمَا」によって導かれる文節を作って一つの文に（عَثَرَ　見付ける（عَلَى　〜を）(i/u)）

(2) دَخَلَ الطُّلَّابُ إِلَى الْقَاعَةِ. / دَقَّ الْجَرَسُ.
「عِنْدَمَا」によって導かれる文節を作って一つの文に（دَقَّ（鼓動、ベルなどが）鳴る (u)、جَرَسٌ　鐘、鈴、ベル（أَجْرَاسٌ））

(3) قَابَلْتُهُ. / سَلَّمْتُ عَلَيْهِ.
「لَمَّا」によって導かれる文節を作って一つの文に（سَلَّمَ　挨拶する（عَلَى　〜に））

(4) لَا تَنْسَيْ أَنْ تَضَعِي جَوَازَ السَّفَرِ فِي حَقِيبَةِ يَدِكِ. / تَتَّجِهِينَ إِلَى الْمَطَارِ.
「قَبْلَ أَنْ」によって導かれる文節を作って一つの文に（جَوَازُ السَّفَرِ　パスポート、旅券（جَوَازٌ　許可））

(5) سَأَتَّصِلُ بِكَ. / أَصِلُ إِلَى الْمَكْتَبِ.
「بَعْدَ أَنْ」によって導かれる文節を作って一つの文に

(6) عَادَ إِلَى مِصْرَ. / وَجَدَ عَائِلَتَهُ فِي انْتِظَارِهِ.
「حِينَمَا」によって導かれる文節を作って一つの文に（فِي انْتِظَارِهِ　待機中（انْتِظَارٌ　待機））

(7) أَعْجَبَنِي الطَّعَامُ السُّورِيُّ. / زُرْتُ دِمَشْقَ لِأَوَّلِ مَرَّةٍ.
「عِنْدَمَا」によって導かれる文節を作って一つの文に（زَارَ　を訪れる）

(8) تَعَلَّمْتُ الْكَثِيرَ عَنِ الْمُجْتَمَعِ الْمِصْرِيِّ. / كُنْتُ أَدْرُسُ فِي الْقَاهِرَةِ عَامًا كَامِلًا.
「حِينَمَا」によって導かれる文節を作って一つの文に

(9) لَا تَنْسَيْ أَنْ تُغْلِقِي هَاتِفَكِ الْمَحْمُولَ. / تَدْخُلِينَ قَاعَةَ الْمُحَاضَرَاتِ.
「عِنْدَمَا」によって導かれる文節を作って一つの文に（أَغْلَقَ　を閉じる、مَحْمُولٌ　携帯の）

(10) أُحِبُّ الْتِقَاطَ الصُّوَرِ التَّذْكَارِيَّةِ. / أُسَافِرُ إِلَى بِلَادٍ أَجْنَبِيَّةٍ.
「حِينَمَا」によって導かれる文節を作って一つの文に（الْتَقَطَ　〜を撮影する、تَذْكَارِيٌّ　記念の）

3-4　条件文

アラビア語においては、「إِذَا」、「لَوْ」、そして「إِنْ」という接続詞を用いて、条件文が表されます。 詳しくは『詳解文法』第30章第4節（4-2）を参照

إِذَا زُرْتِ إِحْدَى تِلْكَ الْبُلْدَانِ، فَمِنَ الْمُمْكِنِ أَنْ تَتَدَرَّبِي عَلَى اللُّغَةِ الْعَرَبِيَّةِ.　そのうちの1カ

国を訪問すれば、あなた（女性）はアラビア語の練習ができます。

إِنْ لَمْ تُعْجِبْهُمْ فَلَنْ تَخْسَرِي شَيْئًا. もし彼らがそれを気に入らなくても、何も損はしませんよ。

アラビア語の条件文は、応答節も接続詞によって導かれるという点で、英語などとは若干異なっています。すなわち「إِذَا」を用いた条件文においては、応答節が①名詞文、②否定文、③命令文、④「قَدْ」、「لَقَدْ」、「سَـ...」、「سَوْفَ」を伴う動詞から始まる文の場合、接続詞「فَ」から始められなければなりません[1]。しかし、それ以外の語から始まる場合は、接続詞「فَ」は不要です。

一方、「لَوْ」を用いた条件文において、応答節は常に「لَ」という接続詞から始められます。

なお第1節の例文で登場した「لِذٰلِكَ، فَ~」という表現において、「لِذٰلِكَ」の後に接続詞「فَ」を付けるのも、①名詞文、②否定文、③命令文、④「قَدْ」、「لَقَدْ」、「سَـ...」、「سَوْفَ」を伴う動詞から始まる文が続く場合となります。

文法練習問題　12-4

以下の各設問の二つの文を指示に従って一つの文にしてください。その際、名詞の格や動詞の活用形を適切なかたちに変化させてください。また完成した文を日本語に訳してください。

(1) قَضَيْتَ وَقْتَكَ بِشَكْلٍ أَفْضَلَ. / نَجَحْتَ فِي أَيِّ شَيْءٍ.

「لَوْ」によって導かれる条件節を肯定にして一つの文に（نَجَحَ　成功する（فِي　～に））(a)

(2) قَابَلْتُهَا. / بَلَّغْتُهَا بِتَحِيَّاتِكَ.

「إِذَا」によって導かれる条件節を肯定にして一つの文に（بَلَّغَ　に伝える（ب　～を））

(3) مِنَ ٱلْمُمْكِنِ أَنْ تَأْتِيَ إِلَى بَيْتِي غَدًا. / دَعَوْتُكَ إِلَى ٱلْعَشَاءِ.

「إِذَا」によって導かれる条件節を肯定にして一つの文に

(4) عِنْدَكُمْ وَقْتٌ ٱلْآنَ. / سَاعِدُونِي مِنْ فَضْلِكُمْ.

「إِذَا」によって導かれる条件節を肯定にして一つの文に

(5) اَلْجَوُّ جَيِّدٌ. / فَلْنَتَنَاوَلِ ٱلْغَدَاءَ فِي ٱلْحَدِيقَةِ.

「إِذَا」によって導かれる条件節を肯定にして一つの文に（تَنَاوَلَ　を摂取する、غَدَاءٌ　昼食）

(6) أَنْتِ مَشْغُولَةٌ / مِنَ ٱلْأَحْسَنِ أَنْ تُشَاهِدِي ذٰلِكَ ٱلْفِيلْمَ.

「إِذَا」によって導かれる条件節を否定にして一つの文に

---

1)　また動詞の未完了形直説形で始まる文も接続詞「فَ」を付けることが多いです。

第 12 章　名詞節、接続詞

 表現練習問題　12-1

例に従って、以下の疑問文に、「إِنَّ」とその姉妹を用いて自由に答えたうえで、質問と答えを日本語に訳してください。

(例)　مَاذَا قَالَ لَكُمُ ٱلْأُسْتَاذُ فِي مُحَاضَرَةِ ٱلْيَوْمِ؟

先生（男性）はあなたたちに今日の授業で何と言いましたか。

قَالَ لَنَا إِنَّ دِرَاسَةَ ٱلْأَدَبِ ٱلْعَرَبِيِّ مُمْتِعَةٌ.

彼は私たちにアラビア文学の授業は楽しいと言いました。

(1)　هَلْ تَعْرِفُ مَتَى سَيَأْتِي أُسْتَاذُكَ إِلَى ٱلْجَامِعَةِ غَدًا؟

(2)　هَلْ ذَكَرَ صَدِيقُكِ شَيْئًا عَنْ عَمَلِهِ ٱلْجَدِيدِ؟

(3)　مَا رَأْيُكُمْ فِي ٱلسَّفَرِ إِلَى ٱلشَّرْقِ ٱلْأَوْسَطِ؟

(4)　مَاذَا تَعْرِفُ عَنْ "كَاوَابَاتَا يَاسُونَارِي"؟

(5)　هَلْ تَظُنِّينَ أَنَّ ٱلطَّعَامَ ٱلْيَابَانِيَّ أَفْضَلُ طَعَامٍ فِي آسِيَا؟

(6)　هَلْ هُنَاكَ أَيُّ أَخْبَارٍ عَنِ ٱلْجَوِّ فِي ٱلْأُسْبُوعِ ٱلْقَادِمِ؟

(7)　مَا رَأْيُكَ فِيمَا يُقَالُ عَنْ سُهُولَةِ دِرَاسَةِ ٱللُّغَةِ ٱلْعَرَبِيَّةِ؟

(فِيمَا = مَا + فِي)

(8)　هَلْ تَعْرِفِينَ لِمَاذَا غَيَّرَ ٱلْأُسْتَاذُ مَوْعِدَ ٱلْمُحَاضَرَةِ؟

(غَيَّرَ を変える)

(9)　هَلْ لَدَيْكُمْ مَعْرِفَةٌ بِٱلْفِرْقَةِ ٱلْمُوسِيقِيَّةِ [أَلِكْسَنْدْرُوس]؟

(فِرْقَةٌ 楽団　فِرَقٌ)

(10)　هَلْ تَرَى أَنَّ دِرَاسَةَ ٱلْعَامِّيَّةِ ضَرُورِيَّةٌ؟

(عَامِّيَّةٌ アーンミーヤ、俗語)

 表現練習問題　12-2

例に従って、以下の疑問文に、「أَنْ」節、「لِ」節、「كَيْ」節、「لِكَيْ」節、「حَتَّى」節を用いて自由に答えたうえで、質問と答えを日本語に訳してください。

(例)　مَاذَا تُرِيدُ أَنْ تَفْعَلَ بَعْدَ ٱلتَّخَرُّجِ؟ وَلِمَاذَا؟

あなた（男性）は卒業後何をしたいですか。またなぜですか。

أُرِيدُ أَنْ أُقِيمَ بِٱلشَّرْقِ ٱلْأَوْسَطِ، لِكَيْ أُعَمِّقَ مَعْرِفَتِي بِهِ.

私は中東の知識を深めるため、そこに滞在したいです。（عَمَّقَ を深める）

(1)　مَاذَا تُرِيدُ أَنْ تَكُونَ فِي ٱلْمُسْتَقْبَلِ؟ وَلِمَاذَا؟

(2)　مَاذَا تَوَدِّينَ أَنْ تَأْكُلِي فِي ٱلْعَشَاءِ؟ وَلِمَاذَا؟

(3) لِمَاذَا تَقْرَؤُونَ كَثِيرًا عَنِ السِّيَاسَةِ فِي الْبُلْدَانِ الْعَرَبِيَّةِ؟

(سِيَاسَةٌ 政治、政策)

(4) هَلْ تَتَمَنَّى أَنْ تُتْقِنَ اللُّغَةَ الْإِنْكِلِيزِيَّةَ؟ وَلِمَاذَا؟

(5) هَلْ يَجِبُ عَلَى طُلَّابِ قِسْمِ الدِّرَاسَاتِ الْعَرَبِيَّةِ أَنْ يَدْرُسُوا كُلًّا مِنَ الْفُصْحَى وَالْعَامِّيَّةِ؟ وَلِمَاذَا؟

(يَجِبُ عَلَى ... أَنْ ~ …は〜しなければならない)

(6) لِمَاذَا الْتَحَقْتِ بِجَامِعَةِ طُوكِيُو لِلدِّرَاسَاتِ الْأَجْنَبِيَّةِ؟

(7) لِمَاذَا تَبْتَعِدُونَ عَنِ الْمُدَخِّنِينَ؟

(مُدَخِّنٌ 喫煙者)

(8) لِمَاذَا تَنَامُ مُبَكِّرًا؟

(9) لِمَاذَا نَزَلْتِ فِي ذَلِكَ الْفُنْدُقِ خِلَالَ إِقَامَتِكِ فِي الْقَاهِرَةِ؟

(10) لِمَاذَا لَا تُشَارِكُونَ فِي الْأَنْشِطَةِ الرِّيَاضِيَّةِ وَالثَّقَافِيَّةِ بِالْجَامِعَةِ؟

表現練習問題 12-3

例に従って、以下の疑問文に、例で示したように、二つの文（文節）を接続詞でつなげたかたちで答えたうえで、質問と答えを日本語に訳して下さい。

(例) كَيْفَ وَجَدْتَ اجْتِمَاعَ الْيَوْمِ؟

あなた（男性）は今日の会議をどう思いましたか。

كَانَ الِاجْتِمَاعُ الْيَوْمَ مُثْمِرًا وَلَكِنَّهُ كَانَ طَوِيلًا إِلَى حَدٍّ مَا.

今日の会議は成果のあるものでしたが、かなり長かったです。

(مُثْمِرٌ 成果のある、إِلَى حَدٍّ مَا ある程度、そこそこ)

مَاذَا كُنْتَ تُرِيدُ أَنْ تُصْبِحَ عِنْدَمَا كُنْتَ صَغِيرَ السِّنِّ؟

あなた（男性）は年少のとき何になりたかったですか。

عِنْدَمَا كُنْتُ صَغِيرَ السِّنِّ، كُنْتُ أُرِيدُ أَنْ أُصْبِحَ مُحَامِيًا.

私は年少のとき弁護士になりたかったです。

(1) هَلِ اسْتَمْتَعْتَ بِرِحْلَتِكَ إِلَى شَمَالِ الْيَابَانِ؟

(2) مَاذَا كُنْتِ تَفْعَلِينَ عِنْدَمَا زَارَكِ صَاحِبُ بَيْتِكِ؟

(3) مَاذَا كُنْتُمْ تَفْعَلُونَ لَمَّا وَقَعَ الزِّلْزَالُ فِي آذَارَ / مَارِس ٢٠١١؟

(زَلَازِلُ (ج)، زِلْزَالٌ 地震、وَقَعَ 生じる、起こる)

(4) مَاذَا وَجَدْتَ حِينَمَا ذَهَبْتَ إِلَى الْمَكْتَبَةِ؟

(5) لِمَاذَا تُرِيدِينَ أَنْ تَدْرُسِي الْقَانُونَ الدُّوَلِيَّ؟

(دُوَلِيٌّ 国際的な)

(6) فِي رَأْيِكُمْ، هَلْ يُسَاعِدُ الْبِتْرُولُ فِي تَنْمِيَةِ دُوَلِ الشَّرْقِ الْأَوْسَطِ؟

(بِتْرُولٌ 開発、تَنْمِيَةٌ 石油)

(7) عَادَةً، مَاذَا تَفْعَلُ بَعْدَ أَنْ تَسْتَيْقِظَ مِنَ النَّوْمِ فِي الصَّبَاحِ؟

(نَوْمٌ 眠り、睡眠)

(8) مَاذَا تَفْعَلُ قَبْلَ أَنْ تَنَامَ كُلَّ يَوْمٍ؟

(9) مَاذَا سَتَفْعَلِينَ بَعْدَ أَنْ تَعُودِي إِلَى بَيْتِكِ الْيَوْمَ؟

(10) مَاذَا تَعْتَزِمُونَ عَمَلَهُ عِنْدَمَا تَبْدَأُ الْعُطْلَةُ الصَّيْفِيَّةُ؟

(اِعْتَزَمَ ~を決意する)

 表現練習問題　12-4

例に従って、（　）のなかの接続詞を用いて、以下の各文を条件文に書き換えたうえで、もとの文と条件文を日本語に訳してください。

(例) لَمْ يَتَأَخَّرِ السَّيِّدُ هَارُوتَا عَنْ مُحَاضَرَةِ الْيَوْمِ، وَلِذَلِكَ لَمْ يَتَأَسَّفِ الْأُسْتَاذُ عَلَى غِيَابِهِ.　(إِذَا)

陽太さんは今日授業に遅れなかったので、先生（男性）は彼の欠席を残念に思わなかった。（تَأَسَّفَ 残念に思う (عَلَى ～を)、غِيَابٌ 欠席、不在）

إِذَا تَأَخَّرَ السَّيِّدُ هَارُوتَا عَنْ مُحَاضَرَةِ الْيَوْمِ، فَسَيَتَأَسَّفُ الْأُسْتَاذُ عَلَى غِيَابِهِ.

もし陽太さんが今日授業に遅れたら、先生（男性）は彼の欠席を残念に思うだろう。

(1) أَتَتْ تِلْكَ الطَّالِبَةُ إِلَى الْحِصَّةِ الْأُولَى فِي مُحَاضَرَاتِ الْيَوْمِ، وَلِذَلِكَ لَنْ يَنْزَعِجَ الْأُسْتَاذُ.　(إِذَا)

(2) دَرَسْتَ قَوَاعِدَ الْعَرَبِيَّةِ كَثِيرًا، وَلِذَلِكَ نَجَحْتَ فِي امْتِحَانِ نِهَايَةِ الْفَصْلِ.　(إِذَا)

(3) لَمْ تَكُنْ مَشْغُولَةً، وَلِذَلِكَ لَمْ تَطْلُبْ مِنِّي الْمُسَاعَدَةَ.　(إِذَا)

(مُسَاعَدَةٌ 手伝い、手助け)

(4) لَيْسَ عِنْدِي وَقْتٌ كَافٍ، وَلِذَلِكَ لَنْ أُسَافِرَ إِلَى الْمَغْرِبِ.　(لَوْ)

(الْمَغْرِبُ モロッコ)

(5) لَسْتُ رَئِيسًا لِرُوسِيَا، وَلِذَلِكَ لَنْ أَتَدَخَّلَ فِي الشُّؤُونِ السُّورِيَّةِ.　(لَوْ)

(رُوسِيَا ロシア)

(6) دَخَلْتُ جَامِعَةَ طُوكِيُو لِلدِّرَاسَاتِ الْأَجْنَبِيَّةِ، وَلِذَلِكَ أَسْتَطِيعُ أَنْ أَتَعَلَّمَ كُلَّ مَا أُرِيدُ دِرَاسَتَهُ.　(لَوْ)

اِسْتِرَاحَةٌ ١٢　お呼ばれしたときの礼儀

　アラブ人には美徳とされる行為が多々あります。「勇気」（اَلشَّجَاعَةُ）、「忍耐」（اَلصَّبْرُ）などです。なかでもアラブ人がとくに誇りに感じているのが「もてなし」、すなわち「اَلضِّيَافَةُ」です。

　どこの国でも「もてなし」は美徳ですが、アラブ世界のそれは群を抜いています。例えば、筆者がシリアで暮らしていたとき（といっても20世紀の話ですが）は、出先で見ず知らずの人の家に泊めてもらうというようなことが普通でした。当然、食事付きです・・・。

　ただ、こうした「もてなし」に甘んじられたのは筆者の若気の至りでもあったのですが、「もてなされる」ことには当然ルールがあります。

　例えば、人の家に食事やお茶に招待されたとき、帰り際に困ることがあるかと思います。家主は当然、「泊まっていけ」と言わんばかりの勢いで歓待してくれますが、先方にも帰って欲しいときがあるはずです。日本（京都）の場合、ほうきを逆さに立てたり、「ぶぶ漬けいかがどすか」と言われたら「そろそろ帰ってください」という意味だとよく言われますが、アラブ世界にもそんな合図はあるはずです。

　アラブ世界では、食事の後に、果物などが出て、それといっしょに、ないしはその後にトルコ・コーヒーが出たり、「コーヒーを飲みますか」と勧められたら、「そろそろ潮どきですよ」という合図です。

　また食事時以外に招待されたり、訪問したりした際、まずお茶、コーヒー、そして夏であれば冷たいの飲みものを勧められます。その後、要件が済んだ頃に、お茶かコーヒーのいずれかを勧められますが、これも「そろそろ潮どきですよ」という合図です。飲みものを飲んだら速やかに帰らないと、京都でいうところの「いけず」、江戸でいうところの「やぼ」になりますので、注意しましょう。

第13章　関係節、分詞、動名詞の応用

前章では名詞節と接続詞を用いた重文について学びました。

本章では、関係節と、分詞、動名詞を用いた重文の表現を練習します。

なお、分詞、動名詞については第9章で型についてすでに学んでいますので、本章で表現の練習をする前に改めて復習してください。　詳しい文法解説は『詳解文法』第31、32章を参照

第1節　なぜアラビア語を学ぶのか

凌功は和奏がなぜアラビア語がよくできるのかを先生に尋ねます。

凌功1：先生、和奏が同級生よりアラビア語の勉強がよくできる理由は何でしょう。

ザイーム先生1：彼女が優秀なのは、外国事情全般に関心があることに加えて、大学入学以来、彼女が行ってきた弛まぬ努力の結果です。

凌功2：彼女がアラビア語を選んだ理由をご存知ですか。

ザイーム先生2：はい、私は、彼女が次のように言っているのを耳にしました。アラビア語は古い文明の言語で、大西洋からアラビア湾にいたる20カ国以上で暮らす人々が話しており、その立地だけでなく、天然資源や観光地が豊富であるため、世界で大きな重要性を持っている地域で用いられている言語なので、習得したい、と。

رِيكُو ١: يَا أُسْتَاذُ، مَا سَبَبُ تَفَوُّقِ وَاكَانَا فِي دِرَاسَةِ اللُّغَةِ الْعَرَبِيَّةِ عَلَى زُمَلَائِهَا؟

الْأُسْتَاذُ زَعِيمٌ ١: إِنَّ هٰذَا التَّفَوُّقَ نَتِيجَةُ جُهُودٍ مُتَوَاصِلَةٍ تَبْذُلُهَا مُنْذُ دُخُولِ الْجَامِعَةِ، إِلَى جَانِبِ اهْتِمَامِهَا بِالشُّؤُونِ الْأَجْنَبِيَّةِ بِصِفَةٍ عَامَّةٍ.

رِيكُو ٢: وَهَلْ تَعْرِفُ سَبَبَ اخْتِيَارِهَا اللُّغَةَ الْعَرَبِيَّةَ؟

الْأُسْتَاذُ زَعِيمٌ ٢: نَعَمْ، سَمِعْتُهَا تَقُولُ إِنَّهَا تُرِيدُ تَعَلُّمَ اللُّغَةِ الْعَرَبِيَّةِ لِأَنَّهَا لُغَةُ حَضَارَةٍ قَدِيمَةٍ، وَيَتَحَدَّثُ بِهَا سُكَّانُ أَكْثَرَ مِنْ عِشْرِينَ دَوْلَةً تَمْتَدُّ مَا بَيْنَ الْمُحِيطِ الْأَطْلَسِيِّ وَالْخَلِيجِ الْعَرَبِيِّ، وَهِيَ لُغَةٌ تُسْتَخْدَمُ فِي مِنْطَقَةٍ لَهَا أَهَمِّيَّةٌ كَبِيرَةٌ فِي الْعَالَمِ لَيْسَ لِمَوْقِعِهَا فَقَطْ، بَلْ لِغِنَاهَا بِالْمَوَارِدِ الطَّبِيعِيَّةِ وَالْمَعَالِمِ السِّيَاحِيَّةِ أَيْضًا.

第 13 章　関係節、分詞、動名詞の応用

リクー3：でも、これらの国は多くの経済、政治、社会問題に苦しんでいませんか。

ザイーム先生3：いいえ、それは歴史的な原因に起因しています。また、この地域が重要である理由それ自体が問題の理由でもあるのです。

リクー4：こうした状況はいつまで続くのでしょうか。

ザイーム先生4：こうした状況は、アラブ人が共通の目標を実現するため、手に手をとって行動しなければ続くでしょう。

リクー5：では、それを妨げているのは何ですか。

ザイーム先生5：私は、アラブ人が直面している最大の障害は、米国や欧州諸国といった外国の介入だと思います。これらの国の政策はアラブ人の利益に有害なときがあります。

リクー6：アラブ人は今の状況に責任がないのですか。落ち度のすべてが外国の介入だけによるものなのですか。

ザイーム先生6：いいえ、凌功。アラブ諸国の一部の体制が行う抑圧行為、そして宗教過激主義に端を発するテロがアラブ社会の発展を阻害しています。しかし、アラブ人の歴史、文化、文明は、こうした問題を克服するための解決策を作り出すのを助ける可能性に富んでいる、と私は見ています。そうしたことが、アラビア語の習得を通じて学ぶ価値があることなのだと思います。

رِيكُو ٣: وَلٰكِنْ تُعَانِي هٰذِهِ ٱلدُّوَلُ مِنْ كَثِيرٍ مِنَ ٱلْمَشَاكِلِ ٱلْاقْتِصَادِيَّةِ وَٱلسِّيَاسِيَّةِ وَٱلِاجْتِمَاعِيَّةِ، أَلَيْسَ كَذٰلِكَ؟

اَلْأُسْتَاذُ زَعِيمٌ ٣: بَلَى، وَيَرْجِعُ ذٰلِكَ إِلَى أَسْبَابٍ تَارِيخِيَّةٍ، فَأَسْبَابُ أَهَمِّيَّةِ هٰذِهِ ٱلْمِنْطَقَةِ هِيَ نَفْسُهَا أَسْبَابُ مَشَاكِلِهَا.

رِيكُو ٤: وَإِلَى مَتَى سَيَظَلُّ هٰذَا ٱلْحَالُ؟

اَلْأُسْتَاذُ زَعِيمٌ ٤: سَيَظَلُّ هٰذَا ٱلْحَالُ إِذَا لَمْ يَعْمَلِ ٱلْعَرَبُ يَدًا بِيَدٍ لِتَحْقِيقِ أَهْدَافِهِمِ ٱلْمُشْتَرَكَةِ.

رِيكُو ٥: وَمَا ٱلْمَانِعُ أَمَامَ ذٰلِكَ؟

اَلْأُسْتَاذُ زَعِيمٌ ٥: أَظُنُّ أَنَّ أَكْبَرَ ٱلْمَوَانِعِ ٱلَّتِي يُوَاجِهُهَا ٱلْعَرَبُ هِيَ تَدَخُّلُ ٱلدُّوَلِ ٱلْأَجْنَبِيَّةِ بِمَا فِيهَا أَمِيرْكَا وَٱلدُّوَلُ ٱلْأُورُوبِّيَّةُ. وَهٰذِهِ ٱلدُّوَلُ سِيَاسَاتُهَا تَضُرُّ أَحْيَانًا بِمَصْلَحَةِ ٱلْعَرَبِ.

رِيكُو ٦: أَلَا يَتَحَمَّلُ ٱلْعَرَبُ مَسْؤُولِيَّةَ أَوْضَاعِهِمُ ٱلْحَالِيَّةِ؟ وَهَلِ ٱلْعُيُوبُ كُلُّهَا نَاجِمَةٌ فَقَطْ عَنْ تَدَخُّلَاتِ ٱلدُّوَلِ ٱلْأَجْنَبِيَّةِ؟

اَلْأُسْتَاذُ زَعِيمٌ ٦: بَلَى، يَا رِيكُو، إِنَّ أَعْمَالَ ٱلْقَمْعِ ٱلَّتِي تُمَارِسُهَا بَعْضُ ٱلْأَنْظِمَةِ فِي ٱلْبُلْدَانِ ٱلْعَرَبِيَّةِ، وَٱلْإِرْهَابُ ٱلنَّاجِمُ عَنِ ٱلتَّطَرُّفِ ٱلدِّينِيِّ يُعَرْقِلَانِ تَطَوُّرَ مُجْتَمَعِ ٱلْعَرَبِ. وَلٰكِنْ، أَرَى أَنَّ ٱلتَّارِيخَ وَٱلثَّقَافَةَ وَٱلْحَضَارَةَ عِنْدَ ٱلْعَرَبِ تَزْخَرُ بِإِمْكَانَاتٍ تُسَاعِدُ عَلَى إِيجَادِ حُلُولٍ لِلتَّغَلُّبِ عَلَى هٰذِهِ ٱلْمَشَاكِلِ. وَذٰلِكَ، بِرَأْيِي، أَمْرٌ جَدِيرٌ بِالدِّرَاسَةِ عَنْ طَرِيقِ تَعَلُّمِ ٱللُّغَةِ ٱلْعَرَبِيَّةِ.

第2節　解説

2-1　初出単語・表現

رِيكُو ١

- ‏مَا سَبَبُ ~‏　☞ 2-2 重要な会話表現
- ‏تَفَوُّقٌ‏　優越すること、優越していること（「‏تَفَوَّقَ‏」（優越する（‏عَلَى‏ ~に））の動名詞）

اَلْأُسْتَاذُ زَعِيمٌ ١

- ‏نَتِيجَةٌ‏　☞ 2-2 重要な会話表現
- ‏جُهُودٌ‏　‏جَهْدٌ‏　努力
- ‏مُتَوَاصِلٌ‏　継続的な
- ‏بَذَلَ‏　（努力）をする（‏لِ‏ ~のために）(u)
- ‏إِلَى جَانِبِ ~‏　~に加えて

رِيكُو ٢

- ‏اِخْتِيَارٌ‏　選択（「‏اِخْتَارَ‏」（を選ぶ）の動名詞）

اَلْأُسْتَاذُ زَعِيمٌ ٢

- ‏سَمِعْتُهَا تَقُولُ‏　☞ 2-2 重要な会話表現
- ‏تَعَلُّمٌ‏　習得（「‏تَعَلَّمَ‏」（を習得する）の動名詞）
- ‏حَضَارَةٌ‏　文明
- ‏سُكَّانٌ‏　‏سَاكِنٌ‏　住民
- ‏مَا بَيْنَ ~ وَ ...‏　~と…の間にある
- ‏اَلْمُحِيطُ الْأَطْلَسِيُّ‏　大西洋（‏مُحِيطٌ‏ 大洋　‏مُحِيطَاتٌ‏）
- ‏اَلْخَلِيجُ الْعَرَبِيُّ‏　アラビア湾（‏خَلِيجٌ‏ 湾　‏خُلُجٌ‏）
- ‏مَنَاطِقُ‏　‏مِنْطَقَةٌ‏　地域
- ‏أَهَمِّيَّةٌ‏　重要性
- ‏لَيْسَ ~ فَقَطْ بَلْ ...‏　☞ 2-2 重要な会話表現
- ‏مَوَاقِعُ‏　‏مَوْقِعٌ‏　位置
- ‏غِنًى‏　豊富さ（「‏غَنِيَ‏」（豊富である（‏بِ‏ ~で））(a) の動名詞）
- ‏مَوَارِدُ‏　‏مَوْرِدٌ‏　資源
- ‏طَبِيعِيٌّ‏　自然の、天然の、自然な

رِيكُو ٣

- ‏كَثِيرٌ مِنْ ~‏　多くの~
- ‏اِقْتِصَادِيٌّ‏　経済の、経済的な
- ‏سِيَاسِيٌّ‏　政治的な
- ‏اِجْتِمَاعِيٌّ‏　社会的な、社会の

اَلْأُسْتَاذُ زَعِيمٌ ٣

- ‏رَجَعَ‏　「戻る」を意味しますが、ここでは「起因する」と意味で用いています。
- ‏تَارِيخِيٌّ‏　歴史の、歴史的な
- ‏هِيَ نَفْسُهَا‏　彼女自身は、それ自体は「‏هُوَ نَفْسُهُ‏」（彼自身は、それ自体は）の女性形です。

第 13 章　関係節、分詞、動名詞の応用

رِيكُو ٤
- ظَلَّ　し続ける、のままでいる（a）
- حَالٌ　状況　أَحْوَالٌ

الْأُسْتَاذُ زَعِيمٌ ٤
- يَدٌ　手に手をとって、共に（يَدًا بِيَدٍ）（أَيْدٍ、أَيَادٍ）手
- تَحْقِيقٌ　実現（すること）（「حَقَّقَ」（を実現する）の動名詞）
- هَدَفٌ　目標　أَهْدَافٌ
- مُشْتَرَكٌ　共同の、合同の、共通の

رِيكُو ٥
- مَانِعٌ　障害　مَوَانِعُ

الْأُسْتَاذُ زَعِيمٌ ٥
- وَاجَهَ　に直面する、と対立する
- تَدَخُّلٌ　介入（すること）（「تَدَخَّلَ」（介入する）の動名詞）تَدَخُّلَاتٌ
- ~ بِمَا فِيهَا ...　…などを含む~
- أُورُوبِّيٌّ　欧州の
- ضَرَّ　有害になる（بِ　~にとって）（u）
- مَصْلَحَةٌ　利益　مَصَالِحُ

رِيكُو ٦
- تَحَمَّلَ　（責任）を負う
- مَسْؤُولِيَّةٌ　責任
- حَالِيٌّ　現下の

- عَيْبٌ　落ち度　عُيُوبٌ
- نَاجِمٌ　☞2-2 重要な会話表現

الْأُسْتَاذُ زَعِيمٌ ٦
- قَمْعٌ　抑圧
- نِظَامٌ　体制　أَنْظِمَةٌ
- إِرْهَابٌ　テロ
- تَطَرُّفٌ　過激主義、過激（になること）（「تَطَرَّفَ」（過激になる）の動名詞）
- دِينِيٌّ　宗教の、宗教的な（دِينٌ　宗教　أَدْيَانٌ）
- عَرْقَلَ　を妨害する、を阻害する
- تَطَوُّرٌ　発展（「تَطَوَّرَ」（発展する）の動名詞）
- زَخَرَ　富んでいる（بِ　~）（a）
- إِمْكَانٌ　可能性、可能（であること）（「أَمْكَنَ」（可能である）の動名詞）إِمْكَانَاتٌ
- إِيجَادٌ　作り出すこと（「أَوْجَدَ」（を作り出す）の動名詞）
- حَلٌّ　解決策、解決　حُلُولٌ
- تَغَلُّبٌ　克服（すること）（عَلَى　~を）（「تَغَلَّبَ」（克服する（عَلَى　~を））の動名詞）
- جَدِيرٌ　値する（بِ　~に）
- عَنْ طَرِيقِ ~　~を経て、~を経由して

169

2-2　重要な会話表現

理由、原因、結果を尋ねる質問と答え

　第10章では疑問詞「لِمَاذَا」と接続詞「لِأَنَّ」を用いた表現を学びましたが、理由について問答する表現はこれ以外にも多くあります。

　理由や原因について尋ねる表現としては、第1節の例文でも登場した「سَبَبٌ」という表現が多く用いられます。「سَبَبٌ」の後には、本章で練習する動名詞句が続きます。

　مَا سَبَبُ تَفَوُّقِ وَاكَانَا فِي دِرَاسَةِ ٱللُّغَةِ ٱلْعَرَبِيَّةِ عَلَى زُمَلَائِهَا؟　和奏が同級生よりアラビア語の勉強がよくできる理由は何ですか。

　هَلْ تَعْرِفُ سَبَبَ ٱخْتِيَارِهَا ٱللُّغَةَ ٱلْعَرَبِيَّةَ؟　彼女がアラビア語を選んだ理由を知っていますか。

　一方、結果について説明する表現としては、第1節の例文で登場した「نَتِيجَةٌ」や「نَجَمَ」（起因する（عَنْ ～に）(u)）の能動分詞の「نَاجِمٌ」を用いた表現があります。

　إِنَّ هٰذَا ٱلتَّفَوُّقَ نَتِيجَةُ جُهُودٍ مُتَوَاصِلَةٍ.　このように優秀なのは弛まぬ努力の結果です。

　هَلِ ٱلْعُيُوبُ كُلُّهَا نَاجِمَةٌ فَقَطْ عَنْ تَدَخُّلَاتِ ٱلدُّوَلِ ٱلْأَجْنَبِيَّةِ؟　落ち度のすべてが外国の介入だけによるものなのですか。

　また「بِسَبَبِ ～」（～という理由で、～なので、～ゆえに）、「نَتِيجَةً لِ ～」（～の結果として、～のために）、「لِ ～」（～のために）を用いて表すこともできます。

　إِنَّ هٰذَا ٱلتَّفَوُّقَ بِسَبَبِ جُهُودٍ مُتَوَاصِلَةٍ.　このように優秀なのは弛まぬ努力の結果です。

　هَلِ ٱلْعُيُوبُ كُلُّهَا بِسَبَبِ تَدَخُّلَاتِ ٱلدُّوَلِ ٱلْأَجْنَبِيَّةِ؟　落ち度のすべてが外国の介入だけによるものなのですか。

　なお、理由、原因、結果を表す表現としては、このほかにも「لِهٰذَا ٱلسَّبَبِ」（このために）、「لِهٰذَا」（このために）、「لِذٰلِكَ」（そのために、それゆえに）といったものがあります。

補語となる文節

　動詞「سَمِعَ」や「رَأَى」は文節を補語とすることができます。

　سَمِعْتُهَا تَقُولُ إِنَّهَا تُرِيدُ تَعَلُّمَ ٱللُّغَةِ ٱلْعَرَبِيَّةِ.　私は、彼女がアラビア語を学びたいと言っているのを耳にしました。

　سَمِعْتُكِ تُغَنِّينَ أُغْنِيَةً جَمِيلَةً.　私はあなた（女性）が美しい歌を歌っているのを聞きました。

　هَلْ رَأَيْتَهَا تَرْكَبُ دَرَّاجَةً جَدِيدَةً؟　あなた（男性）は彼女が新しい自転車に乗っているのを見ましたか？

「～だけでなく…」

「لَيْسَ ~ فَقَطْ بَلْ ...」は「～だけでなく…」（فَقَطْ たった、だけ）という意味になります。「～」、「…」には名詞、前置詞句、副詞などが来ます。

لَهَا أَهَمِّيَّةٌ كَبِيرَةٌ فِي الْعَالَمِ لَيْسَ لِمَوْقِعِهَا فَقَطْ، بَلْ لِغِنَاهَا بِالْمَوَارِدِ الطَّبِيعِيَّةِ وَالْمَعَالِمِ السِّيَاحِيَّةِ أَيْضًا

その立地だけでなく、天然資源や観光地が豊富であるため、世界で大きな重要性を持っている

また「لَيْسَ ~ فَحَسْبُ بَلْ ...」（فَحَسْبُ だけ）という表現もあります。

التَّعَلُّمُ لَيْسَ فِي الْمَدْرَسَةِ فَحَسْبُ، بَلْ فِي الْبَيْتِ أَيْضًا. 学習は学校だけでなく、家でも行うものです。

第3節　文法の復習

3-1　関係節

アラビア語の関係節は、先行詞が非限定か限定かで作り方が若干異なり、また先行詞を指す人称代名詞を関係節に残して文節としてのかたちをとどめておかなければなりません。　詳しくは『詳解文法』第31章を参照

第1節の例文でこれらの単語が用いられている関係節を改めて解説すると以下のとおりです。

جُهُودٍ مُتَوَاصِلَةٍ تَبْذُلُهَا 　彼女が行ってきた弛まぬ努力

この名詞句において、先行詞は「جُهُودٍ مُتَوَاصِلَةٍ」、関係節は「تَبْذُلُهَا」です。先行詞が非限定ですので、関係節はそのまま続いています。関係節「تَبْذُلُهَا」における「هَا...」が先行詞を受けています。

سُكَّانُ أَكْثَرَ مِنْ عِشْرِينَ دَوْلَةً تَمْتَدُّ مَا بَيْنَ الْمُحِيطِ الْأَطْلَسِيِّ وَالْخَلِيجِ الْعَرَبِيِّ 　大西洋からアラビア湾にいたる20カ国以上で暮らす人々

この名詞句において、先行詞は「أَكْثَرَ مِنْ عِشْرِينَ دَوْلَةً」、関係節は「تَمْتَدُّ مَا بَيْنَ الْمُحِيطِ الْأَطْلَسِيِّ وَالْخَلِيجِ الْعَرَبِيِّ」です。先行詞が非限定ですので、関係節はそのまま続いています。関係節「تَمْتَدُّ」の人称（3人称女性単数）が先行詞を受けています。

مِنْطَقَةٌ لَهَا أَهَمِّيَّةٌ كَبِيرَةٌ 　大きな重要性を持っている地域

この名詞句において、先行詞は「مِنْطَقَةٌ」、関係節は「لَهَا أَهَمِّيَّةٌ كَبِيرَةٌ」です。先行詞が非限定ですので、関係節はそのまま続いています。関係節「لَهَا أَهَمِّيَّةٌ كَبِيرَةٌ」（倒置文）における「هَا...」が先行詞を受けています。

إِمْكَانَاتٌ تُسَاعِدُ عَلَى إِيجَادِ حُلُولٍ　解決策を作り出すのを助ける可能性

この名詞句において、先行詞は「إِمْكَانَاتٌ」、関係節は「تُسَاعِدُ عَلَى إِيجَادِ حُلُولٍ」です。先行詞が非限定ですので、関係節はそのまま続いています。関係節「تُسَاعِدُ عَلَى إِيجَادِ حُلُولٍ」における「تُسَاعِدُ」の人称（3人称女性単数）が先行詞を受けています。

أَكْبَرَ الْمَوَانِعِ الَّتِي يُوَاجِهُهَا الْعَرَبُ　アラブ人が直面している最大の障害

この名詞句において、先行詞は「أَكْبَرَ الْمَوَانِعِ」、関係節は「يُوَاجِهُهَا الْعَرَبُ」です。先行詞が限定ですので、関係代名詞「الَّتِي」が先行詞と関係節の間に挿入されています。関係節「يُوَاجِهُهَا الْعَرَبُ」における「ـهَا…」が先行詞を受けています。

أَعْمَالِ الْقَمْعِ الَّتِي تُمَارِسُهَا بَعْضُ الْأَنْظِمَةِ　一部の体制が行う抑圧行為

この名詞句において、先行詞は「أَعْمَالِ الْقَمْعِ」、関係節は「تُمَارِسُهَا بَعْضُ الْأَنْظِمَةِ」です。先行詞が限定ですので、関係代名詞「الَّتِي」が先行詞と関係節の間に挿入されています。関係節「تُمَارِسُهَا بَعْضُ الْأَنْظِمَةِ」における「ـهَا…」が先行詞を受けています。

文法練習問題　13-1

例に従って、以下の各設問の二つの文を関係節を用いて一つの文にしてください。その際、名詞の格や動詞の活用形を適切なかたちに変化させてください。また完成した文を日本語に訳してください。

（例）أُرِيدُ أَنْ أَتَنَاوَلَ وَجْبَةً. / أَتَنَاوَلُ الْوَجْبَةَ كُلَّ يَوْمٍ فِي هٰذَا الْمَطْعَمِ. ←
أُرِيدُ أَنْ أَتَنَاوَلَ الْوَجْبَةَ الَّتِي أَتَنَاوَلُهَا كُلَّ يَوْمٍ فِي هٰذَا الْمَطْعَمِ.

私は毎日このレストランで食べている定食を食べたい。（وَجْبَةٌ　定食）

(1) مَرَرْتُ بِالْمَطْعَمِ الْجَدِيدِ. / زُرْنَا الْمَطْعَمَ الْجَدِيدَ قَبْلَ شَهْرٍ تَقْرِيبًا.
（مَرَّ (u)）（بِ〜を）　通り過ぎる）

(2) لَا أَعْرِفُ الرَّجُلَ. / كَانَ الْأُسْتَاذُ يَتَحَدَّثُ مَعَ الرَّجُلِ فِي الْمَقْهَى أَمَامَ الْمَحَطَّةِ.

(3) قَرَأْتُ الْكِتَابَ الْعَرَبِيَّ الْمَشْهُورَ. / كَاتِبُ الْكِتَابِ الْعَرَبِيِّ الْمَشْهُورِ "طٰهَ حُسَيْنٌ".
（طٰهَ حُسَيْنٌ　ターハー・フサイン）

(4) هٰذِهِ هِيَ الطَّالِبَةُ. / الطَّالِبَةُ نَجَحَتْ فِي امْتِحَانِ الْقَبُولِ بِوِزَارَةِ الْخَارِجِيَّةِ.
（قَبُولٌ　受け入れること（「قَبِلَ」の動名詞）、وِزَارَةٌ　省、خَارِجِيَّةٌ　外務）

(5) شَاهَدْتُ الْمَسْرَحِيَّةَ. / عَرَضَ طُلَّابُ الصَّفِّ الثَّانِي الْمَسْرَحِيَّةَ فِي الْمَهْرَجَانِ الْجَامِعِيِّ.
（مَسْرَحِيَّةٌ　劇、演劇、عَرَضَ (i)　を披露する）

(6) مِنَ الْمُمْكِنِ أَنْ نُقَابِلَكُمْ فِي غُرْفَتِنَا؟ / رَقْمُ غُرْفَتِنَا ٨١٣.

(7) دَخَلَ ٱلْغُرْفَةَ رَجُلٌ. / لَا أَعْرِفُ ٱلرَّجُلَ.

(8) أُرِيدُ أَنْ أُسَافِرَ إِلَى مَكَانٍ. / لَمْ أَذْهَبْ إِلَى ٱلْمَكَانِ مِنْ قَبْلُ.

(9) اِشْتَرَيْتُ كِتَابًا. / ثَمَنُ ٱلْكِتَابِ لَيْسَ غَالِيًا.

(10) رَأَيْنَا سَيِّدَةً تَدْخُلُ ٱلْمَطْعَمَ. / اَلسَّيِّدَةُ تَلْبَسُ مَلَابِسَ أَنِيقَةً.

(豪華な أَنِيقٌ、(a) を着る لَبِسَ)

(11) اِسْتَمَعْتُ إِلَى أُغْنِيَةٍ عَرَبِيَّةٍ. / سَمِعْتُ ٱلْأُغْنِيَةَ ٱلْعَرَبِيَّةَ مِرَارًا خِلَالَ إِقَامَتِي بِمِصْرَ.

(12) تَعَرَّفْنَا عَلَى فَتَاةٍ مِصْرِيَّةٍ. / اِسْمُ ٱلْفَتَاةِ ٱلْمِصْرِيَّةِ لَيْلَى.

文法練習問題 13-2

以下の文を日本語に訳してください。

(1) لَا أَعْرِفُ مَا تُرِيدُهُ.

(2) أَخْبَرْتُ أُسْرَتِي بِمَا سَمِعْتُهُ مِنْ زَمِيلِي فِي ٱلْجَامِعَةِ.

(3) اِحْتَلَّتْ إِسْرَائِيلُ أَرْضَ فِلَسْطِينَ، مَا أَدَّى إِلَى نُزُوحِ ٱللَّاجِئِينَ مِنْهَا.

(فِلَسْطِينُ パレスチナ、نُزُوحٌ 避難、لَاجِئٌ 難民)

(4) يُسَاعِدُ ٱلرَّجُلُ ٱللَّطِيفُ مَنْ يَطْلُبُ مِنْهُ ٱلْمُسَاعَدَةَ.

(5) مِنَ ٱللَّازِمِ أَنْ تُرَاجِعَ مَا تَعَلَّمْتَهُ مِنَ ٱلْكَلِمَاتِ ٱلْجَدِيدَةِ بَعْدَ ٱلْمُحَاضَرَةِ.

(6) أَسْعَدَنِي مَا سَمِعْتُهُ عَنْكَ.

(أَسْعَدَ (もの・ことは人) を幸せにする)

(7) تَعَلَّمْتُ ٱلْكَثِيرَ مِمَّا قَرَأْتُهُ فِي كُتُبِ ٱلتَّارِيخِ.

(مِمَّا = مِنْ + مَا)

(8) لَمْ يَعُدِ ٱلنَّاسُ يُصَدِّقُونَ شَيْئًا مِمَّا يَقُولُهُ ذَلِكَ ٱلرَّجُلُ.

(صَدَّقَ を信用する)

(9) حَدَّثَنِي صَدِيقِي عَمَّا شَاهَدَهُ فِي زِيَارَتِهِ إِلَى بَعْضِ بُلْدَانِ شَمَالِ إِفْرِيقِيَا.

(إِفْرِيقِيَا アフリカ、شَمَالٌ 北、عَنْ + مَا = عَمَّا、حَدَّثَ ～に話す)

(10) سِرُّ نَجَاحِ زَمِيلِكَ فِي ٱلْاِمْتِحَانِ يَكْمُنُ فِيمَا يَقُومُ بِهِ مِنْ مُرَاجَعَةٍ مُتَوَاصِلَةٍ لِدُرُوسِهِ.

(نَجَاحٌ 成功、كَمَنَ 隠されている (u)、مُرَاجَعَةٌ 復習)

3-2 動名詞節、分詞節

第1節の例文では動名詞節、分詞節が多用されています。以下ではこれらを同じ意味の「أَنْ」節（ないしは「أَنْ」の仲間の「كَيْ」など）、「أَنَّ」節、関係節と並置して、その違い、とりわけ意味上の主語、目的語、補語について解説します。詳しくは『詳解文法』第32章を参照

動名詞節

第1節の例文で登場した動名詞節は「أَنْ」節（ないしは「أَنْ」の仲間の「كَيْ」など）、「أَنَّ」節で言い換えることができます。

سَبَبُ تَفَوُّقِ وَاكَانَا فِي دِرَاسَةِ ٱللُّغَةِ ٱلْعَرَبِيَّةِ عَلَى زُمَلَائِهَا　和奏が同級生よりアラビア語の勉強がよくできる理由

= سَبَبُ أَنَّ وَاكَانَا تَتَفَوَّقُ فِي دِرَاسَةِ ٱللُّغَةِ ٱلْعَرَبِيَّةِ عَلَى زُمَلَائِهَا

この動名詞節の意味上の主語である「和奏」（وَاكَانَا）は動名詞「تَفَوُّقِ」を修飾し、イダーファ表現となっています。

مُنْذُ دُخُولِ ٱلْجَامِعَةِ　大学入学以来

= مُنْذُ أَنْ دَخَلَتِ ٱلْجَامِعَةَ

この動名詞節の意味上の目的語である「ٱلْجَامِعَةِ」は動名詞「دُخُولِ」を修飾し、イダーファ表現となっています。

إِلَى جَانِبِ ٱهْتِمَامِهَا بِٱلشُّؤُونِ ٱلْأَجْنَبِيَّةِ　外国事情に関心があることに加えて

= إِلَى جَانِبِ أَنَّهَا تَهْتَمُّ بِٱلشُّؤُونِ ٱلْأَجْنَبِيَّةِ

この動名詞節の意味上の主語である「彼女」（هَا）は動名詞「اِهْتِمَامْ」を修飾しています。

سَبَبُ ٱخْتِيَارِهَا ٱللُّغَةَ ٱلْعَرَبِيَّةَ　彼女がアラビア語を選んだ理由

= سَبَبُ أَنَّهَا ٱخْتَارَتِ ٱللُّغَةَ ٱلْعَرَبِيَّةَ

この動名詞節の意味上の主語である「彼女」（هَا）は動名詞「اِخْتِيَارْ」を修飾しています。また意味上の目的語である「ٱللُّغَةَ ٱلْعَرَبِيَّةَ」は、文節と同じ格（対格）となっています。

تُرِيدُ تَعَلُّمَ ٱللُّغَةِ ٱلْعَرَبِيَّةِ　彼女はアラビア語を習得したい。

= تُرِيدُ أَنْ تَتَعَلَّمَ ٱللُّغَةَ ٱلْعَرَبِيَّةَ

この動名詞節の意味上の目的語である「ٱللُّغَةِ ٱلْعَرَبِيَّةِ」は動名詞「تَعَلُّمْ」を修飾し、イダーファ表現となっています。

لِغِنَاهَا بِٱلْمَوَارِدِ ٱلطَّبِيعِيَّةِ وَٱلْمَعَالِمِ ٱلسِّيَاحِيَّةِ　天然資源や観光地が豊富であるため

= أَنَّهَا تَغْنَى بِٱلْمَوَارِدِ ٱلطَّبِيعِيَّةِ وَٱلْمَعَالِمِ ٱلسِّيَاحِيَّةِ

この動名詞節の意味上の主語である「それ」（هَا）は動名詞「غِنًى」を修飾しています。

لِتَحْقِيقِ أَهْدَافِهِمِ ٱلْمُشْتَرَكَةِ 共通の目標を実現するため
= لِيُحَقِّقُوا أَهْدَافَهُمِ ٱلْمُشْتَرَكَةَ

この動名詞節の意味上の目的語である「أَهْدَافِهِمِ ٱلْمُشْتَرَكَةِ」は動名詞「تَحْقِيقِ」を修飾しています。

هِيَ تَدَخُّلُ ٱلدُّوَلِ ٱلْأَجْنَبِيَّةِ それは外国の介入です
= هِيَ أَنْ تَتَدَخَّلَ ٱلدُّوَلُ ٱلْأَجْنَبِيَّةُ

この動名詞節の意味上の主語である「ٱلدُّوَلِ ٱلْأَجْنَبِيَّةِ」は動名詞「تَدَخُّلُ」を修飾し、イダーファ表現となっています。

عَلَى إِيجَادِ حُلُولٍ 解決策を作り出すのを
= عَلَى أَنْ تُوجَدَ حُلُولًا

この動名詞節の意味上の目的語である「حُلُولٍ」は動名詞「إِيجَادِ」を修飾し、イダーファ表現となっています。

لِلتَّغَلُّبِ عَلَى هٰذِهِ ٱلْمَشَاكِلِ こうした問題を克服するため
= لِيَتَغَلَّبُوا عَلَى هٰذِهِ ٱلْمَشَاكِلِ

この動名詞節の意味上の主語は「ٱلْعَرَبُ」（アラブ人）です。

分詞節

第1節の例文で登場した分詞節は関係節で言い換えることができます。

ٱلْإِرْهَابُ ٱلنَّاجِمُ عَنِ ٱلتَّطَرُّفِ ٱلدِّينِيِّ 宗教過激主義に端を発するテロ
= ٱلْإِرْهَابُ ٱلَّذِي يَنْجُمُ عَنِ ٱلتَّطَرُّفِ ٱلدِّينِيِّ

この分詞節は、能動分詞「نَاجِمٌ」の元となる動詞「نَجَمَ」を用いた「ٱلْإِرْهَابُ」を先行詞とする文節（関係節）で置き換えることができます。

文法練習問題 13-3

例に従って、第12章の文法練習問題12-1で完成させた12の文のうち、(5)、(7)、(10)、(12)を動名詞節を用いた文に書き換えてください。

(例) ذَكَرَ لِصَدِيقِهِ أَنَّ هٰذَا ٱلْخَبَرَ غَرِيبٌ. ← ذَكَرَ لِصَدِيقِهِ غَرَابَةَ ٱلْخَبَرِ.
彼は友人にこのニュースが奇妙であると述べた。（غَرَابَةٌ 奇妙）

文法練習問題　13-4

分詞節を含む以下の文を日本語に訳してください。

(1) رَحَّبَ رَئِيسُ ٱلْجَامِعَةِ بِالطُّلَّابِ ٱلنَّاجِحِينَ فِي ٱمْتِحَانَاتِ ٱلدُّخُولِ.

(2) وَصَلَ ٱلْكَاتِبُ ٱلْمَشْهُورُ إِلَى مَطَارِ ٱلْقَاهِرَةِ مَسَاءَ ٱلْيَوْمِ عَائِدًا مِنْ بَارِيسَ.

(3) اَلْمَسْؤُولُ ٱلْبَاقِي ٱلْوَحِيدُ فِي هٰذِهِ ٱلسَّاعَةِ هُوَ مُدِيرُ مَكْتَبِ ٱلْاِسْتِعْلَامَاتِ.
(مَكْتَبُ ٱلْاِسْتِعْلَامَاتِ インフォメーション・オフィス、مُدِيرٌ 局長、مَسْؤُولٌ 責任者)

(4) رَجَعَ ٱلطُّلَّابُ ٱلْأَجَانِبُ إِلَى أُسَرِهِمْ فِي ٱلْعُطْلَةِ، وَتَرَكُوا زَمِيلَهُمْ أَحْمَدَ بَاقِيًا فِي طُوكِيُو.
(أُسْرَةٌ 家族)

(5) تَحَدَّثَ ٱلطَّبِيبُ ٱلْكَاتِبُ مُذَكِّرَاتِهِ عَنِ ٱلْحَيَاةِ فِي ٱلْمُدُنِ وَمَشَاكِلِهَا لِمُدَّةِ سَاعَتَيْنِ.
(مُذَكِّرَاتٌ 回顧録)

(6) رَفَضَ ٱلْهِجْرَةَ، وَفَضَّلَ ٱلْبَقَاءَ فِي وَطَنِهِ كَاتِبًا عَنْ وَاقِعِهِ وَتَارِيخِهِ.
(رَفَضَ を拒否する、を拒む (u)、هِجْرَةٌ 移住)

(7) هُوَ مِنَ ٱلْمُعْتَبِرِينَ ٱلدُّوَلَ ٱلْعَرَبِيَّةَ كِيَانًا وَاحِدًا لَا يَتَجَزَّأُ.
(كِيَانٌ 存在、تَجَزَّأَ 分割される)

(8) رَفَضَتِ ٱلدُّوَلُ ٱلْعَرَبِيَّةُ قَرَارَ ٱلْأُمَمِ ٱلْمُتَّحِدَةِ لِتَقْسِيمِ فِلَسْطِينَ مُعْتَبِرَةً ٱلْقَرَارَ غَيْرَ شَرْعِيٍّ.
(شَرْعِيٌّ 合法的な、تَقْسِيمٌ 分割、ٱلْأُمَمُ ٱلْمُتَّحِدَةُ 国連)

(9) كَانَتِ ٱلْمُنْتَجَاتُ ٱلْمَصْنُوعَةُ فِي ٱلْيَابَانِ مَطْلُوبَةً فِي كُلِّ أَنْحَاءِ ٱلْعَالَمِ.
(أَنْحَاءٌ 方面、نَحْوٌ 〜の方、صَنَعَ を製造する (a)、مُنْتَجٌ 製品)

(10) يُفَضِّلُ ٱلْمُسْتَهْلِكُونَ ٱلسَّيَّارَاتِ مَصْنُوعَةً فِي ٱلْيَابَانِ.
(مُسْتَهْلِكٌ 消費者)

表現練習問題　13-1

例に従って、以下の疑問文に関係代名詞、分詞節を用いて自由に答えてください。また、質問と答えを日本語に訳して下さい。

(例) هَلْ تَعْرِفُ ٱلرَّجُلَ ٱلْمُتَحَدِّثَ مَعَ ٱلْأُسْتَاذِ؟
あなた（男性）はその先生（男性）と話している男性を知っていますか。

نَعَمْ، إِنَّ ٱلرَّجُلَ ٱلَّذِي يَتَحَدَّثُ مَعَ ٱلْأُسْتَاذِ ٱلْآنَ فِي ٱلْمَكْتَبِ هُوَ صَدِيقُهُ ٱلْمُقِيمُ بِطُوكِيُو.
はい、研究室で今先生（男性）と話している男性は、東京滞在の彼の友人（男性）です。

(1) هَلْ تَعْرِفُ ٱلرَّجُلَ ٱلْجَالِسَ هُنَاكَ؟

(2) مَنِ ٱلْفَتَاةُ ٱلْجَمِيلَةُ ٱلَّتِي كَانَتْ تَتَحَدَّثُ مَعَكِ مُنْذُ قَلِيلٍ؟

(3) هَلْ هٰذَا هُوَ ٱلْكِتَابُ ٱلَّذِي ٱشْتَرَيْتَهُ مِنْ مِصْرَ؟

第 13 章 関係節、分詞、動名詞の応用

(4) مَا عُنْوَانُ ٱلْمُحَاضَرَةِ ٱلَّتِي سَيُلْقِيهَا ٱلْأُسْتَاذُ؟

(أَلْقَى (授業) を行う)

(5) هَلْ أَخْبَرْتِ أَحَدًا بِمَا قُلْتُهُ لَكِ أَمْسِ؟

(6) هَلْ سَبَقَ لَكَ أَنْ قَرَأْتَ كِتَابًا يَتَنَاوَلُ ٱلْقَضِيَّةَ ٱلْفِلَسْطِينِيَّةَ؟

(سَبَقَ لِ ... أَنْ ~ ... は以前に~する (سَبَقَ に先行する)、تَنَاوَلَ をとりあげる、فِلَسْطِينِيٌّ パレスチナの)、قَضَايَا 案件、問題 قَضِيَّةٌ

(7) هَلْ تَعْرِفُ مَنِ ٱلَّذِي غَابَ مِنَ ٱلطُّلَّابِ ٱلْيَوْمَ؟

(8) مَنِ ٱلَّذِي تَرَكَ حَقِيبَتَهُ هُنَا؟

(تَرَكَ を放っておく (u))

(9) مَا هِيَ مَوَاقِعُ ٱلْإِنْتَرْنِتِ ٱلَّتِي تُفَضِّلُهَا؟

(فَضَّلَ を好む، مَوَاقِعُ サイト مَوْقِعٌ)

(10) مَنِ ٱلَّذِي سَيُعِدُّ لَكَ ٱلطَّعَامَ عِنْدَمَا تُسَافِرُ إِلَى ٱلْمَغْرِبِ لِلدِّرَاسَةِ؟

(أَعَدَّ を用意する (لِ ~のために))

 表現練習問題 13-2

例に従って、以下の疑問文に動名詞節を用いて自由に答えたうえで、質問と答えを日本語に訳して下さい。

(例) بِمَاذَا نَصَحَكَ ٱلطَّبِيبُ؟

その医師（男性）はあなた（男性）に何をアドバイスしましたか。

نَصَحَنِي ٱلطَّبِيبُ بِٱلرَّاحَةِ ٱلتَّامَّةِ وَتَنَاوُلِ ٱلدَّوَاءِ.

その医師（男性）は私に十分休んで、薬をとるようアドバイスしました。

(تَامٌّ 完全な、دَوَاءٌ 薬 أَدْوِيَةٌ)

(1) مَاذَا تُرِيدُ أَنْ تَفْعَلَ فِي ٱلْعُطْلَةِ ٱلصَّيْفِيَّةِ؟

(2) فِي رَأْيِكِ، مَا ٱلَّذِي تَحْتَاجِينَ إِلَيْهِ لِلنَّجَاحِ فِي ٱلْمُسْتَقْبَلِ؟

(3) مَا ٱلَّذِي يَجِبُ عَلَى ٱلطُّلَّابِ مُمَارَسَتُهُ أَثْنَاءَ ٱلْمُحَاضَرَاتِ؟

(4) فِي رَأْيِكِ، مَا ٱلْأَشْيَاءُ ٱلَّتِي يَجِبُ عَمَلُهَا قَبْلَ ٱلسَّفَرِ إِلَى ٱلْبُلْدَانِ ٱلْأَجْنَبِيَّةِ؟

(5) مَا ٱلَّذِي يَتَطَلَّبُهُ ٱلتَّفَوُّقُ فِي قِسْمِ ٱللُّغَةِ ٱلْعَرَبِيَّةِ؟

(تَطَلَّبَ を必要とする)

(6) مَا ٱلَّذِي يَجِبُ مُرَاعَاتُهُ أَثْنَاءَ زِيَارَةِ ٱلدُّوَلِ ٱلْعَرَبِيَّةِ؟

(مُرَاعَاةٌ 配慮)

(7) مَا هِيَ ٱلْأَنْشِطَةُ ٱلَّتِي تُمَارِسُهَا فِي ٱلْجَامِعَةِ؟

(8) فِي رَأْيِكَ، مَا هِيَ ٱلْمَشَاكِلُ ٱلْبَارِزَةُ فِي ٱلدُّوَلِ ٱلْعَرَبِيَّةِ؟

(بَارِزٌ 顕著な)

اِسْتِرَاحَةٌ ١٣　アラブ人とお酒

アラブ諸国では人々は「お酒」（خَمْرٌ）をまったく飲まないと思われがちです。でも、それは関西出身の人はみなお笑いに長けていると考えてしまうのに似ています。

飲酒やアルコールの輸入・所持を処罰する国もありますが、すべての国がそうした法律を採用している訳ではありませんし、飲酒に対する考え方は個人レベルでは実に多様です。例えば、アルコールの規制が厳しい国の人が、そうでない国を旅行して、お酒を飲むこともあります。

エジプトを例にとってみましょう。エジプトでお酒を飲む人といえば、欧米諸国や日本からの観光客が主流だと考えられています。2011年の「1月革命」以降、エジプトを訪れる外国人の数は減っているので、飲酒業界は不景気に陥っているのではと思っていたのですが、カイロの酒屋の店員によると、2014年に酒類、とりわけビールの税金が倍になったにもかかわらず、酒屋の数は逆に増えているのだそうです。ちなみに、1980年代頃までに制作されたエジプトの映画では、お酒を飲むシーンがよく見られました。また、筆者の祖父は死ぬまでお酒を一滴も飲んだことがない敬虔な人でしたが、結婚した娘、つまり私の母の「豪華」な花嫁道具のなかには、ミニ・バーにしか見えない家具が含まれていました。

酒屋が増えているといっても、道端でお酒を飲んでいる人や泥酔している人、そしておおっぴらに「酒屋」を名乗る店を見かけることはありません。エジプトのテレビでは、日本のようなお酒の宣伝はありません。お酒を買ったときも、店主はあたかも見られてはまずい物を売ったかのように、中身が見えない黒いビニール袋に入れてくれます。

それはいうまでもなく、お酒の売買や飲酒を快く感じない人がいるからです。エジプトの飲酒は、売る側も飲む側もこうした事情を十分理解しているからこそ続いているのであって、それゆえに、飲酒は個人の責任において楽しむことができるのです。

練習問題解答

* 文法練習問題と会話練習問題の解答を出題順に掲載しています。
* 表現練習問題の解答はあくまでも一例です。掲載している解答以外にもさまざまな表現が可能ですので、クラスメートや先生、あるいは周囲の人との実際の会話で練習してください。

文法練習問題1-1
(1) مُدَرِّسٌ (2) طَالِبٌ
(3) طَالِبَةٌ (4) أُسْتَاذٌ
(5) جَامِعَةٌ (6) مُجْتَهِدٌ
(7) الْعَرَبِيَّةُ (8) لَطِيفٌ
(9) مُحَاضَرَةٌ (10) مَكْتَبَةٌ

表現練習問題1-1
(1) عَفْوًا. (2) مَرْحَبًا (بِكَ).
(3) وَعَلَيْكُمُ السَّلَامُ. (4) أَهْلًا بِكُمْ.
(5) صَبَاحُ النُّورِ. (6) مَسَاءُ النُّورِ.
(7) وَأَنْتَ مِنْ أَهْلِهِ. (8) مَعَ السَّلَامَةِ.
(9) إِلَى اللِّقَاءِ. (10) فُرْصَةٌ سَعِيدَةٌ.

表現練習問題1-2
(1) أَنَا اسْمِي رِيكُو. / أَنَا رِيكُو. / اِسْمِي رِيكُو.
(2) أَنَا مِنْ طُوكِيُو.

表現練習問題1-3
(1) مَرْحَبًا بِكُمْ.
(2) أَنَا اسْمِي رِيكُو. / أَنَا رِيكُو. / اِسْمِي رِيكُو.
(3) أَنَا مِنْ طُوكِيُو.
(4) تَشَرَّفْنَا.

文法練習問題2-1
(1) اَلرَّجُلُ (2) اَلْوَلَدُ
(3) اَلْبِنْتُ (4) اَلشَّابُّ
(5) اَلْمُدَرِّسُ (6) اَلْمُوَظَّفُ
(7) اَلْكَاتِبُ (8) اَلْمُمَرِّضُ
(9) اَلْمُتَرْجِمُ (10) اَلطَّبِيبُ
(11) اَلْعَرَبِيَّةُ (12) اَلْإِسْلَامُ

文法練習問題2-2
(1) سَيَّارَةٌ (2) قِطَارٌ
(3) قَهْوَةٌ (4) كِتَابًا
(5) قَلَمٌ (6) حَقِيبَةٌ
(7) لُغَةٌ (8) بَيْتٌ
(9) دَفْتَرًا (10) قَامُوسٌ

文法練習問題2-3
(1) اَلْجَدِيدَ الْجَدِيدِ الْجَدِيدُ جَدِيدًا جَدِيدٍ جَدِيدٌ
(2) اَلضَّيِّقَ الضَّيِّقِ الضَّيِّقُ ضَيِّقًا ضَيِّقٍ ضَيِّقٌ
(3) اَلصَّغِيرَ الصَّغِيرِ الصَّغِيرُ صَغِيرًا صَغِيرٍ صَغِيرٌ
(4) اَلسَّهْلَ السَّهْلِ السَّهْلُ سَهْلًا سَهْلٍ سَهْلٌ
(5) اَلصَّعْبَ الصَّعْبِ الصَّعْبُ صَعْبًا صَعْبٍ صَعْبٌ
(6) اَلْجَيِّدَ الْجَيِّدِ الْجَيِّدُ جَيِّدًا جَيِّدٍ جَيِّدٌ
(7) اَلْمُمْتَازَ الْمُمْتَازِ الْمُمْتَازُ مُمْتَازًا مُمْتَازٍ مُمْتَازٌ
(8) اَلرَّائِعَ الرَّائِعِ الرَّائِعُ رَائِعًا رَائِعٍ رَائِعٌ
(9) اَلْكَرِيمَ الْكَرِيمِ الْكَرِيمُ كَرِيمًا كَرِيمٍ كَرِيمٌ
(10) اَلسَّعِيدَ السَّعِيدِ السَّعِيدُ سَعِيدًا سَعِيدٍ سَعِيدٌ

文法練習問題2-4
(1) رَخِيصَةٌ (2) مُرِيحٌ
(3) نَظِيفَةٌ (4) حَارٌّ
(5) مُهِمَّةٌ (6) غَنِيًّا
(7) مَشْغُولَةٌ (8) مُمِلَّةٌ
(9) مُهَذَّبَةٌ (10) لَذِيذٌ

文法練習問題2-5
(1) その男性は従業員です。

اَلرَّجُلَانِ مُوَظَّفَانِ.

その2人の男性は従業員です。

اَلرِّجَالُ مُوَظَّفُونَ.

その男性たちは従業員です。

(2) その男の子は学生です。

اَلْوَلَدَانِ طَالِبَانِ.

その2人の男の子は学生です。

اَلْأَوْلَادُ طُلَّابٌ.

その男の子たちは学生です。

(3) その大学は広いです

اَلْجَامِعَتَانِ وَاسِعَتَانِ.

その2つの大学は広いです。

اَلْجَامِعَاتُ وَاسِعَةٌ.

それらの大学は広いです。

(4) その家は古いです。

اَلْبَيْتَانِ قَدِيمَانِ.

その2軒の家は古いです。

اَلْبُيُوتُ قَدِيمَةٌ.

それらの家は古いです。

(5) その講義は難しいです。

اَلْمُحَاضَرَتَانِ صَعْبَتَانِ.

その2つの講義は難しいです。

اَلْمُحَاضَرَاتُ صَعْبَةٌ.

それらの講義は難しいです。

(6) その作家（男性）は有名です。

اَلْكَاتِبَانِ مَشْهُورَانِ.

その2人の作家（男性）は有名です。

اَلْكُتَّابُ مَشْهُورُونَ.

その作家たちは有名です。

(7) その教授（男性）は貧しいです。

اَلْأُسْتَاذَانِ فَقِيرَانِ.

その2人の教授は貧しいです。

اَلْأَسَاتِذَةُ فُقَرَاءُ.

その教授たちは貧しいです。

(8) その部屋はきれいです。

اَلْغُرْفَتَانِ نَظِيفَتَانِ.

その2つの部屋はきれいです。

اَلْغُرَفُ نَظِيفَةٌ.

それらの部屋はきれいです。

(9) そのレストランは新しいです。

اَلْمَطْعَمَانِ جَدِيدَانِ.

その2軒のレストランは新しいです。

اَلْمَطَاعِمُ جَدِيدَةٌ.

それらのレストランは新しいです。

(10) その教師（男性）は勤勉です。

اَلْمُدَرِّسَانِ مُجْتَهِدَانِ.

その2人の教師は勤勉です。

اَلْمُدَرِّسُونَ مُجْتَهِدُونَ.

その教師たちは勤勉です。

表現練習問題2-1

(1) اَلْمُوَظَّفُ مَشْغُولٌ.

その従業員（男性）は忙しい。

اَلْمُوَظَّفَانِ مَشْغُولَانِ.

その2人の従業員は忙しい。

اَلْمُوَظَّفُونَ مَشْغُولُونَ.

その従業員たちは忙しい。

(2) اَلْكِتَابُ صَعْبٌ.

その本は難しい。

اَلْكِتَابَانِ صَعْبَانِ.

その2冊の本は難しい。

اَلْكُتُبُ صَعْبَةٌ.

それらの本は難しい。

(3) اَلشَّابُّ كَرِيمٌ.

その青年は寛大です。

اَلشَّابَّانِ كَرِيمَانِ.

その2人の青年は寛大です。

اَلشَّبَابُ كِرَامٌ.

その青年たちは寛大です。

(4) اَلْغُرْفَةُ ضَيِّقَةٌ.

その部屋は狭い。

اَلْغُرْفَتَانِ ضَيِّقَتَانِ.

その2つの部屋は狭い。

اَلْغُرَفُ ضَيِّقَةٌ.

それらの部屋は狭い。

(5) اَلْمُمَرِّضَةُ لَطِيفَةٌ.

その看護師（女性）はやさしい。

اَلْمُمَرِّضَتَانِ لَطِيفَتَانِ.

その2人の看護師（女性）はやさしい。

اَلْمُمَرِّضَاتُ لَطِيفَاتٌ.

その看護師たち（女性）はやさしい。

(6) اَلْبِنْتُ مُجْتَهِدَةٌ.

その娘は勤勉です。

اَلْبِنْتَانِ مُجْتَهِدَتَانِ.

その2人の娘は勤勉です。

اَلْبَنَاتُ مُجْتَهِدَاتٌ.

その娘たちは勤勉です。

(7) اَلْمَكْتَبُ وَاسِعٌ.

その事務所は広い。

اَلْمَكْتَبَانِ وَاسِعَانِ.

その2つの事務所は広い。

اَلْمَكَاتِبُ وَاسِعَةٌ.

それらの事務所は広い。

(8) اَلْمُحَاضَرَةُ سَهْلَةٌ.

その講義は簡単です。

اَلْمُحَاضَرَتَانِ سَهْلَتَانِ.

その2コマの講義は簡単です。

اَلْمُحَاضَرَاتُ سَهْلَةٌ.

それらの講義は簡単です。

(9) اَلْحَفْلَةُ مُمِلَّةٌ.

そのパーティーはつまらない。

اَلْحَفْلَتَانِ مُمِلَّتَانِ.

その2つのパーティーはつまらない。

اَلْحَفْلَاتُ مُمِلَّةٌ.

それらのパーティーはつまらない。

(10) اَلْفِيلْمُ طَوِيلٌ.

その映画は長い。

اَلْفِيلْمَانِ طَوِيلَانِ.

その2本の映画は長い。

اَلْأَفْلَامُ طَوِيلَةٌ.

それらの映画は長い。

表現練習問題2-2

هَارُوتَا: صَبَاحُ الْخَيْرِ، يَا سَيِّدُ عَلِيٌّ، أَيْنَ الْأُسْتَاذُ؟ هَلْ هُوَ فِي الْمَكْتَبِ الْآنَ؟

عَلِيٌّ: لَا، هُوَ فِي الْقَاعَةِ الْآنَ، يَا هَارُوتَا.

هَارُوتَا: شُكْرًا لَكَ يَا سَيِّدُ عَلِيٌّ

عَلِيٌّ: عَفْوًا يَا هَارُوتَا.

表現練習問題2-3

(1) هَلِ الْجَامِعَةُ جَدِيدَةٌ؟

その大学は新しいですか。

نَعَمْ، الْجَامِعَةُ جَدِيدَةٌ.

はい、その大学は新しいです。

لَا، الْجَامِعَةُ قَدِيمَةٌ.

いいえ、その大学は古いです。

(2) هَلِ الْمُحَاضَرَةُ سَهْلَةٌ؟

その講義は簡単ですか。

نَعَمْ، الْمُحَاضَرَةُ سَهْلَةٌ.

はい、その講義は簡単です。

لَا، الْمُحَاضَرَةُ صَعْبَةٌ.

いいえ、その講義は難しいです。

(3) هَلِ الْبِنْتُ طَوِيلَةٌ؟

その娘は背が高いですか。

نَعَمْ، الْبِنْتُ طَوِيلَةٌ.

はい、その娘は背が高いです。

لَا، الْبِنْتُ قَصِيرَةٌ.

いいえ、その娘は背が低いです。

(4) هَلِ السَّيَّارَةُ جَدِيدَةٌ؟

その車は新しいですか。

نَعَمْ، السَّيَّارَةُ جَدِيدَةٌ.

はい、その車は新しいです。

لَا، السَّيَّارَةُ قَدِيمَةٌ.

いいえ、その車は古いです。

(5) هَلِ الْفِيلْمُ مُمْتِعٌ؟

その映画は楽しいですか。

نَعَمْ، الْفِيلْمُ مُمْتِعٌ.

はい、その映画は楽しいです。

لَا، الْفِيلْمُ مُمِلٌّ.

いいえ、その映画は退屈です。

(6) هَلِ الشَّابُّ طَالِبٌ؟

その青年は学生ですか。

نَعَمْ، الشَّابُّ طَالِبٌ.

はい、その青年は学生です。

لَا، الشَّابُّ مُوَظَّفٌ.

いいえ、その青年は従業員です。

(7) هَلِ الدِّرَاسَةُ صَعْبَةٌ؟

勉強は難しいですか。

نَعَمْ، الدِّرَاسَةُ صَعْبَةٌ.

はい、勉強は難しいです。

لَا، الدِّرَاسَةُ سَهْلَةٌ.

いいえ、勉強は簡単です。

(8) هَلِ الطَّالِبَةُ قَصِيرَةٌ؟

その学生（女性）は背が低いですか。

نَعَمْ، الطَّالِبَةُ قَصِيرَةٌ.

はい、その学生（女性）は背が低いです。

لَا، اَلطَّالِبَةُ طَوِيلَةٌ.

いいえ、その学生（女性）は背が高いです。

(9) هَلِ الْكِتَابُ قَدِيمٌ؟

その本は古いですか。

نَعَمْ، اَلْكِتَابُ قَدِيمٌ.

はい、その本は古いです。

لَا، اَلْكِتَابُ جَدِيدٌ.

いいえ、その本は新しいです。

(10) هَلِ الْجَوُّ حَارٌّ؟

天気は暑いですか。

نَعَمْ، اَلْجَوُّ حَارٌّ.

はい、天気は暑いです。

لَا، اَلْجَوُّ بَارِدٌ.

いいえ、天気は寒いです。

表現練習問題2-4

(1). مَا رَأْيُكَ فِي الطَّبِيبِ؟ اَلطَّبِيبُ كَرِيمٌ جِدًّا

あなた（男性）はその医師についてどう思いますか。その医師はとても寛大です。

(2). مَا رَأْيُكِ فِي الْجَوِّ؟ اَلْجَوُّ مُمْطِرٌ الْيَوْمَ

あなた（女性）は天気についてどう思いますか。天気は今日雨です。

(3). مَا رَأْيُكَ فِي الْحَفْلَةِ؟ اَلْحَفْلَةُ مُمِلَّةٌ

あなた（男性）はそのパーティーについてどう思いますか。そのパーティーは退屈です。

(4). مَا رَأْيُكِ فِي الْمَكْتَبَةِ؟ اَلْمَكْتَبَةُ قَدِيمَةٌ

あなた（女性）はその図書館についてどう思いますか。その図書館は古いです。

(5). مَا رَأْيُكَ فِي الْمَطْعَمِ؟ اَلْمَطْعَمُ ضَيِّقٌ

あなた（男性）はそのレストランについてどう思いますか。そのレストランは狭いです。

(6). مَا رَأْيُكِ فِي الْمَدِينَةِ؟ اَلْمَدِينَةُ مَشْهُورَةٌ

あなた（女性）はその都市についてどう思いますか。その都市は有名です。

(7). مَا رَأْيُكَ فِي الْفُنْدُقِ؟ اَلْفُنْدُقُ وَسِخٌ

あなた（男性）はそのホテルについてどう思いますか。そのホテルは汚いです。

(8). مَا رَأْيُكِ فِي السَّفَرِ؟ اَلسَّفَرُ مُمْتِعٌ جِدًّا

あなた（女性）は旅行についてどう思いますか。旅行は非常に楽しいです。

(9). مَا رَأْيُكَ فِي الْحَرَمِ وَالْمَكْتَبَةِ؟ اَلْحَرَمُ جَمِيلٌ وَالْمَكْتَبَةُ جَمِيلَةٌ أَيْضًا

あなた（男性）はキャンパスと図書館についてどう思いますか。キャンパスはきれい（美しい）で、図書館もきれいです。

(10). مَا رَأْيُكِ فِي الْمَطْبَخِ؟ اَلْمَطْبَخُ نَظِيفٌ جِدًّا

あなた（女性）はその台所についてどう思いますか。その台所は非常にきれい（清潔）です。

文法練習問題3-1

(1) أُخْتُهُ
(2) جَامِعَتُهَا
(3) أُسْتَاذَكَ
(4) اِسْمُكَ
(5) بِنْتِهِمْ
(6) دِرَاسَتِكُمْ
(7) طَبِيبُنَا
(8) قَلْبِي
(9) غُرْفَتِي
(10) كِتَابِي

文法練習問題3-2

(1) هٰذِهِ مُشْكِلَةٌ.

これは問題です。

تِلْكَ مُشْكِلَةٌ.

あれは問題です。

(2) هَاتَانِ شَرِكَتَانِ.

これら2つは会社です。

تَانِكَ شَرِكَتَانِ.

あれら2つは会社です。

(3) هٰذِهِ مَحَطَّةٌ.

これは駅です。

تِلْكَ مَحَطَّةٌ.

あれは駅です。

(4) هٰذَا قَلَمٌ.

これはペンです。

ذٰلِكَ قَلَمٌ.

あれはペンです。

(5) هٰذِهِ أَقْلَامٌ.

これらはペンです。

تِلْكَ أَقْلَامٌ.

あれらはペンです。

(6) هٰذَا مَطْعَمٌ.

これはレストランです。

ذٰلِكَ مَطْعَمٌ.

あれはレストランです。

(7) هٰذَانِ بَيْتَانِ.

これら2つは家です。

ذَانِكَ بَيْتَانِ.

あれら2つは家です。

(8) هٰؤُلَاءِ طُلَّابٌ.

この人たちは学生です。

أُولٰئِكَ طُلَّابٌ.

あの人たちは学生です。

(9) هٰذِهِ كُتُبٌ.

これらは本です。

تِلْكَ كُتُبٌ.

あれらは本です。

(10) هٰؤُلَاءِ مُدَرِّسُونَ.

この人たちは教師です。

أُولٰئِكَ مُدَرِّسُونَ.

あの人たちは教師です。

文法練習問題3-3

(1) هٰذِهِ ٱلْمَحَطَّةُ بَعِيدَةٌ جِدًّا.

この駅はとても遠いです。

(2) هَلْ هٰذِهِ ٱلسَّيَّارَةُ رَخِيصَةٌ؟

この車は安いですか。

(3) هَلِ ٱلطُّلَّابُ فِي تِلْكَ ٱلْغُرْفَةِ؟

その学生たちはあの部屋にいますか。

(4) هَلْ هَاتَانِ ٱلشَّرِكَتَانِ مَشْهُورَتَانِ؟

この2つの会社は有名ですか。

(5) هَلْ تِلْكَ ٱلْجَامِعَةُ فِي طُوكِيُو؟

その大学は東京にありますか。

(6) أُولٰئِكَ ٱلطُّلَّابُ مَعَ ٱلْمُدَرِّسِ.

あの学生たちは先生（男性）と一緒にいます。

ٱلْمُدَرِّسُ مَعَ أُولٰئِكَ ٱلطُّلَّابِ.

先生（男性）はあの学生たちと一緒にいます。

(7) هَلْ هٰؤُلَاءِ ٱلطُّلَّابُ مِنَ ٱلْيَابَانِ؟

この学生たちは日本出身ですか。

(8) هٰذَا ٱلدَّرْسُ صَعْبٌ جِدًّا.

この授業はとても難しいです。

(9) هٰذِهِ ٱلْفِكْرَةُ جَيِّدَةٌ جِدًّا.

このアイディアはとても良いです。

(10) هَلْ هٰذَا ٱلْمَقْعَدُ شَاغِرٌ؟

この席は空いていますか。

文法練習問題3-4

(1) فِيهِ / فِيهَا / فِيهِمَا / فِيهِمْ / فِيهِنَّ / فِيكَ / فِيكِ / فِينَا / فِي / فِيكُنَّ / فِيكُمْ / فِيكُمَا

(2) عَلَيْهِ / عَلَيْهَا / عَلَيْهِمَا / عَلَيْهِمْ / عَلَيْهِنَّ / عَلَيْكَ / عَلَيَّ / عَلَيْكُنَّ / عَلَيْكُمْ / عَلَيْكُمَا / عَلَيْنَا / عَلَيْكِ

(3) أَمَامَهُ / أَمَامَهَا / أَمَامَهُمَا / أَمَامَهُمْ / أَمَامَهُنَّ / أَمَامَكَ / أَمَامَكِ / أَمَامَكُمَا / أَمَامَكُمْ / أَمَامَكُنَّ / أَمَامَنَا / أَمَامِي

(4) عِنْدَهُ / عِنْدَهَا / عِنْدَهُمَا / عِنْدَهُمْ / عِنْدَهُنَّ / عِنْدَكَ / عِنْدَكِ / عِنْدَكُمَا / عِنْدَكُمْ / عِنْدَكُنَّ / عِنْدَنَا / عِنْدِي

(5) مَعَهُ / مَعَهَا / مَعَهُمَا / مَعَهُمْ / مَعَهُنَّ / مَعَكَ / مَعَكِ / مَعَكُمَا / مَعَكُمْ / مَعَكُنَّ / مَعِي / مَعَنَا

(6) مِنْهُ / مِنْهَا / مِنْهُمَا / مِنْهُمْ / مِنْهُنَّ / مِنْكَ / مِنْكِ / مِنْكُمَا / مِنْكُمْ / مِنْكُنَّ / مِنِّي / مِنَّا

(7) إِلَيْهِ / إِلَيْهَا / إِلَيْهِمَا / إِلَيْهِمْ / إِلَيْهِنَّ / إِلَيْكَ / إِلَيْكِ / إِلَيْكُمَا / إِلَيْكُمْ / إِلَيْكُنَّ / إِلَيَّ / إِلَيْنَا

(8) بِهِ / بِهَا / بِهِمَا / بِهِمْ / بِهِنَّ / بِكَ / بِكِ / بِكُمَا / بِكُمْ / بِكُنَّ / بِي / بِنَا

(9) لَهُ / لَهَا / لَهُمَا / لَهُمْ / لَهُنَّ / لَكَ / لَكِ / لَكُمَا / لَكُمْ / لَكُنَّ / لِي / لَنَا

(10) لَدَيْهِ / لَدَيْهَا / لَدَيْهِمَا / لَدَيْهِمْ / لَدَيْهِنَّ / لَدَيْكَ / لَدَيْكِ / لَدَيْكُمَا / لَدَيْكُمْ / لَدَيْكُنَّ / لَدَيَّ / لَدَيْنَا

文法練習問題3-5

(1) لَيْسَتِ ٱلْمَحَطَّةُ قَرِيبَةً مِنَ ٱلْجَامِعَةِ.

ٱلْمَحَطَّةُ لَيْسَتْ قَرِيبَةً مِنَ ٱلْجَامِعَةِ.

その駅はその大学から近くありません。

(2) لَيْسَتِ ٱلْمُوَظَّفَاتُ مَشْغُولَاتٍ دَائِمًا.

ٱلْمُوَظَّفَاتُ لَسْنَ مَشْغُولَاتٍ دَائِمًا.

その女性従業員たちはいつも忙しい訳ではありません。

(3) لَيْسَ بَيْتُهَا قَرِيبًا مِنَ ٱلْمَحَطَّةِ.

بَيْتُهَا لَيْسَ قَرِيبًا مِنَ ٱلْمَحَطَّةِ.

彼女の家はその駅から近くありません。

(4) لَيْسَ ٱلْإِمْتِحَانُ صَعْبًا جِدًّا.

اَلِامْتِحَانُ لَيْسَ صَعْبًا جِدًّا.
その試験はさほど難しくありません。

(5) لَيْسَ ٱلتَّلَامِيذُ نُشَطَاءَ فِي هٰذِهِ ٱلْمَدْرَسَةِ.
اَلتَّلَامِيذُ لَيْسُوا نُشَطَاءَ فِي هٰذِهِ ٱلْمَدْرَسَةِ.
その生徒たちは学校では活発ではありません。

(6) لَيْسَتِ ٱلْقِطَارَاتُ مُزْدَحِمَةً فِي هٰذَا ٱلْوَقْتِ.
اَلْقِطَارَاتُ لَيْسَتْ مُزْدَحِمَةً فِي هٰذَا ٱلْوَقْتِ.
それらの列車はこの時間は混ではいません。

(7) لَيْسَ ٱلطَّقْسُ بَارِدًا غَدًا.
اَلطَّقْسُ لَيْسَ بَارِدًا غَدًا.
天気は明日、寒くありません。

(8) لَيْسَتِ ٱلرِّيَاضَةُ ضَارَّةً بِٱلصِّحَّةِ.
اَلرِّيَاضَةُ لَيْسَتْ ضَارَّةً بِٱلصِّحَّةِ.
スポーツは健康に有害ではありません。

(9) (هُوَ) لَيْسَ مُتَخَصِّصًا فِي ٱللُّغَةِ ٱلْعَرَبِيَّةِ.
彼はアラビア語が専門ではありません。

(10) لَيْسَ زَمِيلِي وَزَمِيلَتِي لَطِيفَيْنِ.
زَمِيلِي وَزَمِيلَتِي لَيْسَا لَطِيفَيْنِ.
私の同級生(男性)と同級生(女性)はやさしくありません。

表現練習問題3-1

(1) أَيْنَ قَلَمُكَ؟
قَلَمِي عَلَى ٱلْمَكْتَبِ.
私のペンは机のうえです。

(2) هَلْ قَلَمُكِ فِي ٱلْحَقِيبَةِ؟
نَعَمْ، قَلَمِي فِي ٱلْحَقِيبَةِ.
はい、私のペンは鞄のなかです。

(3) أَيْنَ جَامِعَتُهَا؟
جَامِعَتُهَا قَرِيبَةٌ مِنَ ٱلْمَحَطَّةِ.
彼女の大学は駅に近いです。

(4) هَلْ جَامِعَتُهَا فِي طُوكِيُو؟
لَا، جَامِعَتُهَا لَيْسَتْ فِي طُوكِيُو.
いいえ、彼女の大学は東京にはありません。

(5) هَلِ ٱلْمَطْعَمُ بَعِيدٌ عَنِ ٱلْجَامِعَةِ؟
لَا، اَلْمَطْعَمُ لَيْسَ بَعِيدًا عَنِ ٱلْجَامِعَةِ.
いいえ、そのレストランは大学から遠くありません。

(6) هَلْ بَيْتُكِ أَمَامَ ٱلْمَحَطَّةِ؟
لَا، بَيْتِي أَمَامَ ٱلْحَدِيقَةِ.
いいえ、私の友人(女性)の家は公園の前です。

(7) هَلْ بَيْتُهُ وَرَاءَ ٱلْجَامِعَةِ؟
نَعَمْ، بَيْتُهُ وَرَاءَ ٱلْجَامِعَةِ.
はい、彼の家は大学の裏にあります。

(8) مَنْ مَعَكُمُ ٱلْآنَ؟
مَعَنَا زَمِيلَانِ مِنْ جَامِعَتِنَا ٱلْآنَ.
私たちは今、大学の2人の同級生と一緒です。

(9) هَلْ عِنْدَهُ سَيَّارَتَانِ؟
لَا، عِنْدَهُ سَيَّارَةٌ.
いいえ、彼は(1台の)自動車を持っています。

(10) هَلْ مَعَكِ قَلَمٌ؟
نَعَمْ، مَعِي قَلَمٌ فِي ٱلْحَقِيبَةِ.
はい、私は鞄のなかにペンを持っています。

(11) هَلْ لَدَيْكَ (عِنْدَكَ) إِخْوَةٌ؟
نَعَمْ، لَدَيَّ (عِنْدِي) أَخٌ وَأُخْتٌ.
はい、私には兄(弟)と姉(妹)がいます。

(12) هَلْ عِنْدَكِ (لَدَيْكِ) وَقْتٌ غَدًا؟
لَا، لَيْسَ عِنْدِي (لَدَيَّ) وَقْتٌ غَدًا.
いいえ、明日、私には時間がありません。

(13) هَلْ عِنْدَكَ ٱمْتِحَانٌ غَدًا؟
نَعَمْ، عِنْدِي ٱمْتِحَانٌ غَدًا.
はい、明日、私には試験があります。

(14) هَلْ عِنْدَكُمْ مَشَاكِلُ (مُشْكِلَةٌ) فِي ٱلدِّرَاسَةِ؟
لَا، لَيْسَتْ عِنْدَنَا مَشَاكِلُ (مُشْكِلَةٌ).
いいえ、私たちには問題がありません。

(15) هَلْ عِنْدَكِ قَلَمِي؟
لَا، قَلَمُكَ لَيْسَ عِنْدِي.
いいえ、あなた(男性)のペンを私は持っていません。

(16) هَلْ لَدَيْكِ (عِنْدَكِ) صَدِيقَةٌ فِي تِلْكَ ٱلشَّرِكَةِ.
نَعَمْ، لَدَيَّ (عِنْدِي) صَدِيقَةٌ فِي تِلْكَ ٱلشَّرِكَةِ.
はい、私にはあの会社に友人(女性)がいます。

(17) هَلْ بَيْتُكَ عَلَى هٰذَا ٱلطَّرِيقِ.
لَا، بَيْتِي بَعِيدٌ عَنْ هٰذَا ٱلطَّرِيقِ.
いいえ、私の家はこの道からは遠いです。

(18) هَلْ عِنْدَكَ (لَدَيْكَ) سُؤَالٌ؟
نَعَمْ، عِنْدِي (لَدَيَّ) أَسْئِلَةٌ.
はい、私には質問があります。

表現練習問題3-2

(1) これはあなた（男性）の本ですか。

لَا، هٰذَا لَيْسَ كِتَابِي.

いいえ、これは私の本ではありません。

(2) あなた（女性）は小銭を持っていますか（携帯していますか）。

لَا، لَيْسَتْ مَعِي فَكَّةٌ.

いいえ、私は小銭を持っていません。

(3) あなたたちはあの大学に友人がいますか。

لَا، لَيْسَ لَدَيْنَا أَصْدِقَاءُ فِي تِلْكَ ٱلْجَامِعَةِ.

いいえ、私たちはあの大学には友人はいません。

(4) あなた（女性）は講義の後時間がありますか。

لَا، لَيْسَ عِنْدِي وَقْتٌ بَعْدَ ٱلْمُحَاضَرَةِ.

いいえ、私は授業の後、時間がありません。

(5) 彼女は東京出身ですか。

لَا، (هِيَ) لَيْسَتْ مِنْ طُوكِيُو.

いいえ、彼女は東京出身ではありません。

(6) 大阪は東京から遠いですか。

لَا، أُوسَاكَا لَيْسَتْ بَعِيدَةً عَنْ طُوكِيُو.

いいえ、大阪は東京から遠くはありません。

(7) あなたたちはそのレストランに予約がありますか。

لَا، لَيْسَ لَدَيْنَا حَجْزٌ فِي ٱلْمَطْعَمِ.

いいえ、私たちはそのレストランに予約がありません。

(8) あなた（男性）には良い考えがありますか。

لَا، لَيْسَتْ لَدَيَّ فِكْرَةٌ جَيِّدَةٌ.

いいえ、私には良いアイディアはありません。

(9) あなた（男性）はアメリカの文化に関心がありますか。

لَا، لَيْسَ لَدَيَّ ٱهْتِمَامٌ بِالثَّقَافَةِ فِي أَمْرِيكَا.

いいえ、私はアメリカの文化には関心がありません。

(10) 社長（男性）との会議は明日ですか。

لَا، ٱلِٱجْتِمَاعُ مَعَ ٱلْمُدِيرِ لَيْسَ غَدًا.

いいえ、社長との会議は明日ではありません。

表現練習問題3-3

(1) عَلَى ٱلطَّاوِلَةِ دَفْتَرٌ.
ٱلطَّاوِلَةُ عَلَيْهَا دَفْتَرٌ.

(2) بِجَانِبِ بَيْتِي مَطْعَمٌ.
بَيْتِي بِجَانِبِهِ مَطْعَمٌ.

(3) عِنْدَ (لَدَى) ٱلْأُسْتَاذِ سَيَّارَةٌ.
ٱلْأُسْتَاذُ عِنْدَهُ (لَدَيْهِ) سَيَّارَةٌ.

(4) مَعَ ٱلسَّائِقِ فَكَّةٌ.
ٱلسَّائِقُ مَعَهُ فَكَّةٌ.

(5) عِنْدَ (لَدَى) ٱلْمُوَظَّفِ صَدِيقٌ فِي هٰذِهِ ٱلشَّرِكَةِ.
ٱلْمُوَظَّفُ عِنْدَهُ (لَدَيْهِ) صَدِيقٌ فِي هٰذِهِ ٱلشَّرِكَةِ.

(6) فِي ٱلْمِصْعَدِ طُلَّابٌ وَأَسَاتِذَةٌ.
ٱلْمِصْعَدُ فِيهِ طُلَّابٌ وَأَسَاتِذَةٌ.

(7) فَوْقَ ٱلْقَاهِرَةِ طَائِرَةٌ ٱلْآنَ.
ٱلْقَاهِرَةُ فَوْقَهَا طَائِرَةٌ ٱلْآنَ.

(8) وَرَاءَ ٱلْجَامِعَةِ حَدِيقَةٌ.
ٱلْجَامِعَةُ وَرَاءَهَا حَدِيقَةٌ.

文法練習問題4-1

(1) ٱلْفَتَاةُ ٱلْخَجُولَةُ مُهَذَّبَةٌ.
(2) ٱلشَّوَارِعُ ٱلضَّيِّقَةُ مُزْدَحِمَةٌ دَائِمًا.
(3) عَبْدُ ٱلنَّاصِرِ قَائِدٌ مَشْهُورٌ عِنْدَ ٱلْعَرَبِ.
(4) مُحَمَّدٌ وَوَاكَانَا طَالِبَانِ مُجْتَهِدَانِ وَمُتَوَاضِعَانِ.
(5) تِلْكَ ٱلطَّالِبَةُ ٱلْمُتَكَبِّرَةُ لَيْسَ لَهَا أَصْدِقَاءُ.
(6) هُنَاكَ مَشَاكِلُ كَثِيرَةٌ فِي ٱلشَّرْقِ ٱلْأَوْسَطِ.
(7) ٱلْمَحَطَّةُ ٱلْقَرِيبَةُ مِنْ بَيْتِي ٱسْمُهَا "تَامَا".
(8) أَمَامَ بَيْتِي مَسْجِدٌ كَبِيرٌ.
(9) ٱلطُّلَّابُ ٱلْأَذْكِيَاءُ فِي مَكْتَبَةِ ٱلْجَامِعَةِ.
(10) ٱلطَّالِبَاتُ ٱلْمُهَذَّبَاتُ مُجْتَهِدَاتٌ.

文法練習問題4-2

(1) عُنْوَانُ ٱلْجَامِعَةِ (2) شُبَّاكُ ٱلْغُرْفَةِ
(3) مِفْتَاحُ حَقِيبَةٍ (4) قَوَاعِدُ ٱلْعَرَبِيَّةِ
(5) مُوَظَّفُ مَطْعَمٍ (6) مُدِيرُ شَرِكَةٍ
(7) رَقْمُ ٱلْهَاتِفِ (8) مَوْعِدُ ٱجْتِمَاعٍ
(9) حَرَمُ ٱلْجَامِعَةِ (10) مَحَطَّةُ ٱلْقِطَارِ

文法練習問題4-3

(1) سَائِقُ سَيَّارَةِ شَرِكَةٍ (2) سَائِقُ سَيَّارَةِ ٱلشَّرِكَةِ
(3) سَائِقُ سَيَّارَةِ شَرِكَتِهِمْ (4) مِفْتَاحُ مَكْتَبِ ٱلْأُسْتَاذِ
(5) حَقِيبَةُ مُوَظَّفَةِ ٱلشَّرِكَةِ

文法練習問題4-4

(1) その新任の教授（女性）の車はその大学の前にあります。

(2) これがその古い家の住所です。

(3) 陽太の家はその会社の大きな事務所の近くです。

(4) これはその少女の綺麗な鞄です。

(5) 私はその新入生（女性）の写真を持っています。

(6) これがその背の高い従業員（男性）の車です。

(7) その教授（男性）の研究室の新しいカギは私が持っています。

(8) その家の前にその賢い犬の飼い主（男性）がいます。

(9) その優しい教授（女性）の手紙がその机の上にあります。

(10) その広い大学の庭は綺麗です。

表現練習問題4-1

(1) اَلطَّالِبُ ٱلْمُهَذَّبُ شَابٌّ مُجْتَهِدٌ.

その礼儀正しい学生（男性）は勤勉な青年です。

اَلطَّالِبَانِ ٱلْمُهَذَّبَانِ شَابَّانِ مُجْتَهِدَانِ.

その2人の礼儀正しい学生は勤勉な青年です。

اَلطُّلَّابُ ٱلْمُهَذَّبُونَ شَبَابٌ مُجْتَهِدُونَ.

その礼儀正しい学生たちは勤勉な青年です。

(2) اَلْأُسْتَاذَةُ ٱللَّطِيفَةُ بَاحِثَةٌ مَشْغُولَةٌ.

その優しい先生（女性）は忙しい研究者です。

اَلْأُسْتَاذَتَانِ ٱللَّطِيفَتَانِ بَاحِثَتَانِ مَشْغُولَتَانِ.

その優しい2人の先生（女性）は忙しい研究者です。

اَلْأُسْتَاذَاتُ ٱللَّطِيفَاتُ بَاحِثَاتٌ مَشْغُولَاتٌ.

その優しい先生たち（女性）は忙しい研究者です。

(3) اَلشَّابُّ ٱلطَّوِيلُ طَبِيبٌ كَرِيمٌ.

その背の高い青年（男性）は寛大な医師です。

اَلشَّابَّانِ ٱلطَّوِيلَانِ طَبِيبَانِ كَرِيمَانِ.

その背の高い2人の青年は寛大な医師です。

اَلشَّبَابُ ٱلطِّوَالُ أَطِبَّاءُ كُرَمَاءُ.

その背の高い青年たちは寛大な医師です。

(4) اَلْفَتَاةُ ٱلْجَمِيلَةُ طَالِبَةٌ جَدِيدَةٌ.

その美しい少女は新入生です。

اَلْفَتَاتَانِ ٱلْجَمِيلَتَانِ طَالِبَتَانِ جَدِيدَتَانِ.

その美しい2人の少女は新入生です。

اَلْفَتَيَاتُ ٱلْجَمِيلَاتُ طَالِبَاتٌ جَدِيدَاتٌ.

その美しい少女たちは新入生です。

(5) اَلْكِتَابُ ٱلْقَدِيمُ وَثِيقَةٌ مُهِمَّةٌ.

その古い本は重要な文書です。

اَلْكِتَابَانِ ٱلْقَدِيمَانِ وَثِيقَتَانِ مُهِمَّتَانِ.

その2冊の古い本は重要な文書です。

اَلْكُتُبُ ٱلْقَدِيمَةُ وَثَائِقُ مُهِمَّةٌ.

それらの古い本は重要な文書です。

表現練習問題4-2

(1) اَلشُّبَّاكُ بِجَانِبِ ٱلْبَابِ.

その窓はそのドアの隣にあります。

اَلْغُرْفَةُ شُبَّاكُهَا بِجَانِبِ ٱلْبَابِ.

その部屋は窓がそのドアの隣にあります。

(2) اَلْعُنْوَانُ مَكْتُوبٌ فِي ٱلدَّفْتَرِ.

その住所はそのノートに書かれています。

اَلْجَامِعَةُ عُنْوَانُهَا مَكْتُوبٌ فِي ٱلدَّفْتَرِ.

その大学は住所がそのノートに書かれています。

(3) اَلْقَوَاعِدُ لَيْسَتْ صَعْبَةً جِدًّا.

この文法はさほど難しくない。

اَلْعَرَبِيَّةُ قَوَاعِدُهَا لَيْسَتْ صَعْبَةً جِدًّا.

アラビア語は文法がさほど難しくない。

(4) اَلْمِفْتَاحُ فِي ذَلِكَ ٱلدُّرْجِ.

そのカギはあの引き出しのなかです。

اَلْحَقِيبَةُ مِفْتَاحُهَا فِي ذَلِكَ ٱلدُّرْجِ.

その鞄はカギがあの引き出しのなかです。

(5) اَلْمُوَظَّفُونَ لُطَفَاءُ.

その従業員たちは優しいです。

اَلْمَطْعَمُ مُوَظَّفُوهُ لُطَفَاءُ.

そのレストランは従業員たちが優しいです。

(6) اَلْمُدِيرُ غَنِيٌّ.

その経営者（男性）は金持ちです。

اَلشَّرِكَةُ مُدِيرُهَا غَنِيٌّ.

その会社は経営者（男性）が金持ちです。

(7) اَلرَّقْمُ صَحِيحٌ.

その番号は正しいです。

اَلْهَاتِفُ رَقْمُهُ صَحِيحٌ.

その電話は番号が正しいです。

(8) اَلْمَوْعِدُ بَعْدَ أُسْبُوعٍ.

その期日は1週間後です。

اَلْاِجْتِمَاعُ مَوْعِدُهُ بَعْدَ أُسْبُوعٍ.

その会議は期日が1週間後です。

(9) اَلْحَرَمُ رَائِعٌ جِدًّا.

そのキャンパスはとても素晴らしい。

اَلْجَامِعَةُ حَرَمُهَا رَائِعٌ جِدًّا.

その大学はキャンパスがとても素晴らしい。

(10) اَلْمَحَطَّةُ أَمَامَ ٱلسُّوقِ ٱلْمَشْهُورِ.

その駅は有名な市場の前にあります。

اَلْقِطَارُ مَحَطَّتُهُ أَمَامَ ٱلسُّوقِ ٱلْمَشْهُورِ.

その列車は駅が有名な市場の前にあります。

表現練習問題4-3

(1) مَا ٱسْمُ جَامِعَتِكَ؟

اِسْمُ جَامِعَتِي جَامِعَةُ طُوكِيُو لِلدِّرَاسَاتِ ٱلْأَجْنَبِيَّةِ.

私の大学の名は東京外国語大学です。

(2) مَا عُنْوَانُ جَامِعَتِكَ؟

عُنْوَانُ جَامِعَتِي 3-11-1 آسَاهِي – تُشو، فُوتُشو – شِي، طُوكِيُو.

私の大学の住所は東京都府中市朝日町3-11-1です。

(3) هَلْ دِرَاسَةُ ٱللُّغَةِ ٱلْعَرَبِيَّةِ صَعْبَةٌ؟

نَعَمْ، دِرَاسَةُ ٱللُّغَةِ ٱلْعَرَبِيَّةِ صَعْبَةٌ جِدًّا.

はい、アラビア語の勉強は非常に難しいです。

(4) هَلْ هَذَا قَلَمُ زَمِيلِكَ؟

لَا، لَيْسَ قَلَمَهُ.

いいえ、それは彼のペンではありません。

(5) هَلْ مُوَظَّفُو هَذِهِ ٱلشَّرِكَةِ مُجْتَهِدُونَ؟

نَعَمْ، كُلُّهُمْ مُجْتَهِدُونَ.

はい、彼らはみな勤勉です。

(6) مَا نَتِيجَةُ ٱمْتِحَانِكَ؟

نَتِيجَةُ ٱمْتِحَانِي رَائِعَةٌ!

私の試験結果は素晴らしいです。

(7) أَيْنَ بَيْتُ صَدِيقَتِكَ؟

بَيْتُهَا قَرِيبٌ مِنَ ٱلْجَامِعَةِ.

彼女の家はその大学の近くです。

(8) أَيْنَ كِتَابُ صَدِيقِ مُحَمَّدٍ؟

كِتَابُهُ عَلَى ٱلْمَكْتَبِ.

彼の本は机の上です。

(9) هَلْ مَكْتَبَةُ جَامِعَتِكُمْ كَبِيرَةٌ؟

لَا، لَيْسَتْ كَبِيرَةً.

いいえ、それは大きくありません。

(10) هَلْ عَيْنَاهَا جَمِيلَتَانِ؟

نَعَمْ، هُمَا جَمِيلَتَانِ.

はい、それら（二つ）はきれいです。

文法練習問題5-1

(1) ثَمَنُ ٱلْمَوْزِ غَالٍ فِي سُورِيَّةَ.

(2) لَيْسَ ثَمَنُ ٱلْمَوْزِ غَالِيًا فِي ٱلْيَابَانِ.

(3) هَذِهِ ٱلسَّيِّدَةُ مُحَامِيَةٌ.

(4) هَذَا ٱلرَّجُلُ لَيْسَ مُحَامِيًا.

(5) هَذَا ٱلْمُحَامِي خِرِّيجُ جَامِعَتِنَا.

(6) حَسَنٌ لَيْسَ ٱلْمُحَامِي ٱلْوَحِيدَ فِي ٱلْمَدِينَةِ.

(7) ٱلْأَقْلَامُ فِي صُنْدُوقٍ أَسْوَدَ.

(8) لَيْسَتِ ٱلْمِمْحَاةُ فِي ٱلصُّنْدُوقِ ٱلْأَسْوَدِ.

(9) سَيَّارَتُهُ وَرَاءَ سَيَّارَةٍ بَيْضَاءَ.

(10) أَبُوهُ وَأَبِي مُوَظَّفَانِ فِي هَذِهِ ٱلشَّرِكَةِ.

文法練習問題5-2

(1) اَلْوَقْتُ غَيْرُ مُنَاسِبٍ ٱلْآنَ.

時間は今は不都合です。

(2) هَذِهِ ٱلْأَلْبِسَةُ غَيْرُ تَقْلِيدِيَّةٍ.

この洋服は非伝統的です。

(3) هَذَا ٱلِٱجْتِمَاعُ غَيْرُ رَسْمِيٍّ.

この会議は非公式です。

(4) اَلتَّدْخِينُ غَيْرُ مَسْمُوحٍ هُنَا.

喫煙はここでは無許可です（認められていません）。

(5) هَذَا عَمَلٌ غَيْرُ قَانُونِيٍّ.

これは違法な仕事です。

(6) كَلَامُهُ غَيْرُ صَحِيحٍ.

彼の言葉は不正確です。

(7) ثَمَنُ تَذْكِرَةِ ٱلطَّائِرَةِ غَيْرُ مَعْقُولٍ.

その飛行機のチケットの価格は不適正です（手頃ではありません）。

文法練習問題5-3

(1) أَخِي أَصْغَرُ مِنْ أُخْتِكَ.

(2) أُخْتُكَ أَطْوَلُ مِنْ أَخِي.

(3) اَلطَّعَامُ فِي هَذَا ٱلْمَطْعَمِ أَلَذُّ مِنْ مَطْعَمِ ٱلْجَامِعَةِ.

(4) اَلطَّعَامُ فِي هَذَا ٱلْمَطْعَمِ أَغْلَى مِنْ مَطْعَمِ ٱلْجَامِعَةِ.

(5) طُوكِيُو أَكْبَرُ مَدِينَةٍ فِي ٱلْيَابَانِ.

طُوكِيُو أَكْبَرُ ٱلْمُدُنِ فِي ٱلْيَابَانِ.

(6) قِطَارُ "شِينْكَانْسِين" أَسْرَعُ قِطَارٍ فِي ٱلْيَابَانِ.

قِطَارُ "شِينْكَانْسِين" أَسْرَعُ ٱلْقِطَارَاتِ فِي ٱلْيَابَانِ.

(7) لَيْسَتِ ٱللُّغَةُ ٱلْعَرَبِيَّةُ أَصْعَبَ لُغَةٍ فِي ٱلْعَالَمِ.

لَيْسَتِ ٱللُّغَةُ ٱلْعَرَبِيَّةُ أَصْعَبَ ٱللُّغَاتِ فِي ٱلْعَالَمِ.

(8). جَامِعَةُ "نِيهُون" هِيَ ٱلْأَكْبَرُ فِي ٱلْيَابَانِ.
(9). بُرْجُ "سُكَايْ-تُرِي" أَعْلَى بُرْجٍ فِي ٱلْيَابَانِ.
بُرْجُ "سُكَايْ-تُرِي" أَعْلَى ٱلْأَبْرَاجِ فِي ٱلْيَابَانِ.
(10) عَدَدُ ٱلطُّلَّابِ فِي قِسْمِ ٱلدِّرَاسَاتِ ٱلْعَرَبِيَّةِ بِجَامِعَتِنَا لَيْسَ ٱلْأَقَلَّ.

文法練習問題5-4

(1). اَلرَّجُلُ قَلِيلُ ٱلْأَدَبِ.
(2). اَلطَّالِبَةُ قَوِيَّةُ ٱلْإِرَادَةِ.
(3). اَلسَّيَّارَاتُ ٱلْأَمِيرِكِيَّةُ كَبِيرَةُ ٱلْحَجْمِ وَغَالِيَةُ ٱلثَّمَنِ.
(4). زَوْجُهَا حَسَنُ ٱلْخُلُقِ.
(5). اَلْأُسْتَاذُ سَرِيعُ ٱلْغَضَبِ.
(6). اَلْعَرَبِيُّ خَفِيفُ ٱلدَّمِ.

表現練習問題5-1

(1). لَا، ثَمَنُ هٰذِهِ ٱلْبِضَاعَةِ غَيْرُ مَعْقُولٍ.
いいえ、この商品の値段は不適正です。
لَا، ثَمَنُ هٰذِهِ ٱلْبِضَاعَةِ لَيْسَ مَعْقُولًا.
いいえ、この商品の値段は手頃ではありません。

(2). لَا، اَلتَّدْخِينُ غَيْرُ مَسْمُوحٍ هُنَا.
いいえ、喫煙はここでは無許可です。
لَا، اَلتَّدْخِينُ لَيْسَ مَسْمُوحًا هُنَا.
いいえ、喫煙はここでは許されていません。

(3). لَا، اَلْأَعْمَالُ ٱلْإِرْهَابِيَّةُ غَيْرُ مَشْرُوعَةٍ.
いいえ、テロ行為は非合法です。
لَا، اَلْأَعْمَالُ ٱلْإِرْهَابِيَّةُ لَيْسَتْ مَشْرُوعَةً.
いいえ、テロ行為は合法的ではありません。

(4). لَا، اَلسَّفَرُ إِلَى سُورِيَةَ غَيْرُ مُمْكِنٍ ٱلْآنَ.
いいえ、シリアへの旅行は今は不可能です。
لَا، اَلسَّفَرُ إِلَى سُورِيَةَ لَيْسَ مُمْكِنًا ٱلْآنَ.
いいえ、シリアへの旅行は今は可能ではありません。

(5). لَا، اَلْقَامُوسُ غَيْرُ ضَرُورِيٍّ فِي هٰذِهِ ٱلْمُحَاضَرَةِ.
いいえ、辞書はこの講義では不要です。
لَا، اَلْقَامُوسُ لَيْسَ ضَرُورِيًّا فِي هٰذِهِ ٱلْمُحَاضَرَةِ.
いいえ、辞書はこの講義では必要ではありません。

(6). لَا، هٰذِهِ ٱلْمُقَابَلَةُ مَعَ ٱلْمَسْؤُولِينَ غَيْرُ لَازِمَةٍ.
いいえ、その責任者たちとのこの面接は不要です。
لَا، هٰذِهِ ٱلْمُقَابَلَةُ مَعَ ٱلْمَسْؤُولِينَ لَيْسَتْ لَازِمَةً.
いいえ、その責任者たちとのこの面接は必要ではありません。

表現練習問題5-2

(1) この商品とあれ（あの商品）はどちらが安いですか。
هٰذِهِ ٱلْبِضَاعَةُ أَرْخَصُ مِنْ تِلْكَ.
この商品はあれより安いです。

(2) 自動車と列車はどちらが早いですか。
اَلْقِطَارُ أَسْرَعُ مِنَ ٱلسَّيَّارَةِ.
列車は自動車より早いです。

(3) 日本料理、フランス料理、イタリア料理ではどれがより美味しいですか。
اَلطَّعَامُ ٱلْيَابَانِيُّ أَلَذُّ مِنَ ٱلطَّعَامِ ٱلْفَرَنْسِيِّ وَٱلطَّعَامِ ٱلْإِيطَالِيِّ.
日本料理はフランス料理やイタリア料理より美味しいです。

(4) アラビア語、フランス語、英語ではどれがより簡単ですか。
اَللُّغَةُ ٱلْعَرَبِيَّةُ أَسْهَلُ مِنَ ٱللُّغَةِ ٱلْفَرَنْسِيَّةِ وَٱللُّغَةِ ٱلْإِنْكِلِيزِيَّةِ.
アラビア語はフランス語や英語より簡単です。

(5) 大学と家ではどちらがあなた（男性）にとって快適ですか。
اَلْجَامِعَةُ أَكْثَرُ رَاحَةً مِنَ ٱلْبَيْتِ.
大学は家より快適です。

(6) 文法のテストと聞き取りのテストではどちらが難しいですか。
اِمْتِحَانُ ٱلْقَوَاعِدِ أَصْعَبُ مِنِ ٱمْتِحَانِ ٱلْإِمْلَاءِ.
文法のテストは聞き取りのテストより難しいです。

(7) 「多磨」駅と「武蔵境」駅ではどちらがあなた（男性）の家に近いですか。
مَحَطَّةُ "مُوسَاشِيسَاكَايْ" أَقْرَبُ مِنْ بَيْتِي مِنْ مَحَطَّةِ "تَامَا".
「武蔵境」駅は「多磨」駅より私の家から近いです。

(8) リンゴは何色ですか。
اَلتُّفَّاحُ لَوْنُهُ أَحْمَرُ.
リンゴは色が赤です。
لَوْنُ ٱلتُّفَّاحِ أَحْمَرُ.
リンゴの色は赤です。

(9) 日本の旗は何色ですか。
لَوْنَا عَلَمِ ٱلْيَابَانِ هُمَا ٱللَّوْنَانِ ٱلْأَبْيَضُ وَٱلْأَحْمَرُ.
日本の旗の色は白色と赤色です。
لَوْنَا عَلَمِ ٱلْيَابَانِ أَبْيَضُ وَأَحْمَرُ.
日本の旗の色は白と赤です。

عَلَمُ ٱلْيَابَانِ لَوْنَاهُ أَبْيَضُ وَأَحْمَرُ.

日本の旗は色が白と赤です。

(10) あなた（男性）の鞄は何色ですか。

حَقِيبَتِي سَوْدَاءُ ٱللَّوْنِ.

私の鞄は色が黒いです。

حَقِيبَتِي لَوْنُهَا أَسْوَدُ.

私の鞄は黒です。

(11) あなた（男性）の好きな色は何ですか。

لَوْنِي ٱلْمُفَضَّلُ هُوَ ٱللَّوْنُ ٱلْأَزْرَقُ.

私の好きな色は青色です。

文法練習問題6-1

(1) اَلطَّالِبَانِ وَٱلطَّالِبَتَانِ فِي ٱلسَّيَّارَةِ.

(2) فِي ٱلْغُرْفَةِ ثَلَاثُ طَالِبَاتٍ وَثَمَانِيَةُ طُلَّابٍ.

(3) أَنَا مَعَ أَحَدَ عَشَرَ طَالِبًا وَثَمَانِيَ عَشْرَةَ طَالِبَةً.

(4) فِي ٱلْقَاعَةِ ٱثْنَا عَشَرَ وَلَدًا وَٱثْنَتَا عَشْرَةَ بِنْتًا.

(5) عَلَى ٱلْمَكْتَبِ أَرْبَعَةَ عَشَرَ قَلَمًا وَخَمْسَ عَشْرَةَ مِمْحَاةً.

(6) فِي ٱلطَّائِرَةِ تِسْعَةٌ وَعِشْرُونَ مُهَنْدِسًا وَأَرْبَعٌ وَعِشْرُونَ مُهَنْدِسَةً.

(7) فِي ٱلشَّارِعِ أَرْبَعُ مِئَةٍ وَثَمَانِي سَيَّارَاتٍ.

(8) عِنْدِي مِئَةُ صَدِيقٍ مِنَ ٱلْيَابَانِ وَمِئَتَا صَدِيقٍ مِنْ مِصْرَ.
عِنْدِي مِئَةُ صَدِيقٍ مِنَ ٱلْيَابَانِ وَمِئَتَانِ مِنْ مِصْرَ.

(9) فِي ٱلشَّرِكَةِ ثَلَاثَةُ آلَافِ مُوَظَّفٍ.

(10) ثَمَنُ هَذِهِ ٱلسَّيَّارَةِ أَرْبَعَةُ مَلَايِينَ يِنٍّ تَقْرِيبًا.

文法練習問題6-2

(1) اَلسَّادِسُ مِنْ تِشْرِينَ ٱلْأَوَّلِ / أُكْتُوبَر عَامَ أَلْفٍ وَتِسْعِ مِئَةٍ وَثَلَاثَةٍ وَسَبْعِينَ.

(2) اَلتَّاسِعُ مِنْ نِيسَانَ / أَبْرِيل عَامَ أَلْفٍ وَتِسْعِ مِئَةٍ وَثَمَانِيَةٍ وَأَرْبَعِينَ.

(3) اَلْخَامِسُ مِنْ حَزِيرَانَ / يُونِيُو عَامَ أَلْفٍ وَتِسْعِ مِئَةٍ وَسَبْعَةٍ وَسِتِّينَ.

(4) اَلْخَامِسُ وَٱلْعِشْرُونَ مِنْ كَانُونَ ٱلثَّانِي / يَنَايِر عَامَ أَلْفَيْنِ وَأَحَدَ عَشَرَ.

(5) اَلثَّانِي وَٱلْعِشْرُونَ مِنْ شُبَاطَ / فَبْرَايِر عَامَ أَلْفٍ وَتِسْعِ مِئَةٍ وَثَمَانِيَةٍ وَخَمْسِينَ.

(6) اَلثَّانِي عَشَرَ مِنْ آذَارَ / مَارِس عَامَ أَلْفَيْنِ.

(7) اَلثَّامِنُ مِنْ أَيْلُولَ / سِبْتَمْبِر عَامَ أَلْفٍ وَثَمَانِ مِئَةٍ وَسَبْعَةٍ وَثَمَانِينَ.

(8) اَلْخَامِسَ عَشَرَ مِنْ آبَ / أَغُسْطُس عَامَ أَلْفٍ وَتِسْعِ مِئَةٍ وَخَمْسَةٍ وَأَرْبَعِينَ.

(9) اَلتَّاسِعُ وَٱلْعِشْرُونَ مِنْ تِشْرِينَ ٱلثَّانِي / نُوفَمْبِر عَامَ أَلْفٍ وَتِسْعِ مِئَةٍ وَسَبْعَةٍ وَأَرْبَعِينَ.

(10) اَلسَّادِسُ وَٱلْعِشْرُونَ مِنْ تَمُّوزَ / يُولِيُو عَامَ أَلْفَيْنِ وَثَلَاثَةٍ.

表現練習問題6-1

(1) あなた（男性）の大学の1時間目はいつですか。

اَلْحِصَّةُ ٱلْأُولَى بِجَامِعَتِي مِنَ ٱلسَّاعَةِ ٱلثَّامِنَةِ وَٱلنِّصْفِ حَتَّى ٱلسَّاعَةِ ٱلْعَاشِرَةِ.

私の大学の1時間目は8時半から10時までです。

اَلْحِصَّةُ ٱلْأُولَى بِجَامِعَتِي مِنَ ٱلسَّاعَةِ ٱلثَّامِنَةِ وَثَلَاثِينَ دَقِيقَةً حَتَّى ٱلسَّاعَةِ ٱلْعَاشِرَةِ.

私の大学の1時間目は8時30分から10時までです。

(2) あなた（女性）の大学の2時間目はいつですか。

اَلْحِصَّةُ ٱلثَّانِيَةُ بِجَامِعَتِي مِنَ ٱلسَّاعَةِ ٱلْعَاشِرَةِ وَعَشْرِ دَقَائِقَ حَتَّى ٱلسَّاعَةِ ٱلْحَادِيَةَ عَشْرَةَ وَأَرْبَعِينَ دَقِيقَةً.

私の大学の2時間目は10時10分から11時40分までです。

اَلْحِصَّةُ ٱلثَّانِيَةُ بِجَامِعَتِي مِنَ ٱلسَّاعَةِ ٱلْعَاشِرَةِ وَعَشْرِ دَقَائِقَ حَتَّى ٱلسَّاعَةِ ٱلثَّانِيَةَ عَشْرَةَ إِلَّا ٱلثُّلْثَ.

私の大学の2時間目は10時10分から12時20分前までです。

(3) あなたたちの大学の3時間目はいつですか。

اَلْحِصَّةُ ٱلثَّالِثَةُ بِجَامِعَتِنَا مِنَ ٱلسَّاعَةِ ٱلثَّانِيَةَ عَشْرَةَ وَأَرْبَعِينَ دَقِيقَةً حَتَّى ٱلسَّاعَةِ ٱلثَّانِيَةِ وَعَشْرِ دَقَائِقَ.

私たちの大学の3時間目は12時40分から2時10分までです。

اَلْحِصَّةُ ٱلثَّالِثَةُ بِجَامِعَتِنَا مِنَ ٱلسَّاعَةِ ٱلْوَاحِدَةِ إِلَّا ٱلثُّلْثَ حَتَّى ٱلسَّاعَةِ ٱلثَّانِيَةِ وَعَشْرِ دَقَائِقَ.

私たちの大学の3時間目は1時20分前から2時10分までです。

(4) あなた（男性）の大学の4時間目はいつですか。

اَلْحِصَّةُ ٱلرَّابِعَةُ بِجَامِعَتِي مِنَ ٱلسَّاعَةِ ٱلثَّانِيَةِ وَعِشْرِينَ دَقِيقَةً حَتَّى ٱلسَّاعَةِ ٱلثَّالِثَةِ وَخَمْسِينَ دَقِيقَةً.

私の大学の4時間目は2時20分から3時50分までです。

اَلْحِصَّةُ ٱلرَّابِعَةُ بِجَامِعَتِي مِنَ ٱلسَّاعَةِ ٱلثَّانِيَةِ وَٱلثُّلْثِ حَتَّى ٱلسَّاعَةِ ٱلرَّابِعَةِ إِلَّا عَشْرَ دَقَائِقَ.

私の大学の4時間目は2時20分から4時10分前までです。

(5) あなた（女性）の大学の5時間目はいつですか。

اَلْحِصَّةُ الْخَامِسَةُ بِجَامِعَتِي مِنَ السَّاعَةِ الرَّابِعَةِ حَتَّى السَّاعَةِ الْخَامِسَةِ وَالنِّصْفِ.

私の大学の5時間目は4時から5時半までです。

اَلْحِصَّةُ الْخَامِسَةُ بِجَامِعَتِي مِنَ السَّاعَةِ الرَّابِعَةِ حَتَّى السَّاعَةِ الْخَامِسَةِ وَثَلَاثِينَ دَقِيقَةً.

私の大学の5時間目は4時から5時30分までです。

(6) 今何時ですか。

اَلسَّاعَةُ الْآنَ الْوَاحِدَةُ وَالرُّبْعُ.

今は1時15分です。

(7) これはいくらですか。

هٰذَا بِخَمْسِ مِئَةٍ وَخَمْسِينَ يَنًا.

これは550円です。

表現練習問題6-2

(1) عِنْدِي (لَدَيَّ) كِتَابٌ.

(2) عَلَى الْمَكْتَبِ قَلَمَانِ.

(3) اَلْأُسْبُوعُ سَبْعَةُ أَيَّامٍ.

(4) أَنَا مَعَ خَمْسَةَ عَشَرَ طَالِبًا.

(5) اَلسَّاعَةُ سِتُّونَ دَقِيقَةً وَالدَّقِيقَةُ سِتُّونَ ثَانِيَةً.

(6) اَلسَّنَةُ اثْنَا عَشَرَ شَهْرًا.

(7) اَلْيَوْمُ أَرْبَعٌ وَعِشْرُونَ سَاعَةً.

(8) اَلْقَرْنُ مِئَةُ عَامٍ.

(9) اَلشَّهْرُ وَاحِدٌ وَثَلَاثُونَ يَوْمًا أَوْ ثَلَاثُونَ يَوْمًا، وَلٰكِنْ شَهْرُ شُبَاطَ / فَبْرَايِرَ ثَمَانِيَةٌ وَعِشْرُونَ يَوْمًا.

(10) فِي السَّنَةِ أَرْبَعَةُ فُصُولٍ وَهِيَ الرَّبِيعُ وَالصَّيْفُ وَالْخَرِيفُ وَالشِّتَاءُ.

(11) اَلْأُسْتَاذُ مَعَ طَالِبَيْنِ (اثْنَيْنِ)، وَطَالِبَتَيْنِ (اثْنَتَيْنِ).

(12) أَمَامَ الْجَامِعَةِ عَشَرُ سَيَّارَاتٍ، وَثَمَانِيَةُ رِجَالٍ.

(13) أَنَا فِي الْمَقْهَى مَعَ إِحْدَى عَشْرَةَ طَالِبَةً.

表現練習問題6-3

مَتَى عِيدُ مِيلَادِكَ؟ / مَا تَارِيخُ مِيلَادِكَ، يَا أُسْتَاذُ زَعِيمُ؟

عِيدُ مِيلَادِي فِي (الْيَوْمِ) الرَّابِعِ وَالْعِشْرِينَ مِنْ كَانُونَ الْأَوَّلِ / دِيسَمْبِر عَامَ ١٩٩٩.

表現練習問題6-4

(1) 会話の講義は何曜日ですか。

مُحَاضَرَةُ الْمُحَادَثَةِ فِي يَوْمِ الثُّلَاثَاءِ.

会話の講義は火曜日です。

(2) この講義は何時間目ですか。

هٰذِهِ الْمُحَاضَرَةُ فِي الْحِصَّةِ الرَّابِعَةِ.

この講義は4時間目にあります。

(3) この講義の教室の番号は何番ですか。

رَقْمُ قَاعَةِ هٰذِهِ الْمُحَاضَرَةِ مِئَةٌ وَخَمْسَةٌ.

この講義の教室の番号は105番です。

(4) この講義はいつですか。

اَلْمُحَاضَرَةُ مِنَ السَّاعَةِ الثَّانِيَةَ عَشْرَةَ وَأَرْبَعِينَ دَقِيقَةً حَتَّى السَّاعَةِ الثَّانِيَةِ وَعَشْرِ دَقَائِقَ.

その講義は12時40分から2時10分までです。

(5) あなた（男性）の年齢は何歳ですか。

عُمْرِي ثَمَانِيَةَ عَشَرَ عَامًا.

私の年齢は18歳です。

(6) 今月は何と言いますか。

اِسْمُ هٰذَا الشَّهْرِ نِيسَانُ / أَبْرِيل.

今月はニーサーン／アブリールと言います。

(7) 来月は何と言いますか。

اِسْمُ الشَّهْرِ الْقَادِمِ تِشْرِينُ الثَّانِي / نُوفَمْبِر.

来月はテシュリーン・サーニー／ヌーファンビル と言います。

(8) 先月は何と言いますか。

اِسْمُ الشَّهْرِ الْمَاضِي أَيْلُولُ / سِبْتَمْبِر.

先月はアイルール／スィブタンビルと言います。

(9) 一昨日に日付は何ですか。

تَارِيخُ أَوَّلِ أَمْسِ هُوَ الْحَادِي وَالْعِشْرُونَ مِنْ شَهْرِ كَانُونَ الْأَوَّلِ / دِيسَمْبِر.

一昨日の日付は12月21日です。

(10) 明後日の先生（男性）との面談の約束はいつですか。

مَوْعِدُ الْمُقَابَلَةِ مَعَ الْأُسْتَاذِ فِي السَّاعَةِ الثَّالِثَةِ تَمَامًا فِي مَكْتَبِهِ بَعْدَ غَدٍ؟

その先生（男性）との面談の約束は明後日の3時ちょうど、研究室です。

(11) シリアの独立記念日はいつですか。

عِيدُ الْجَلَاءِ فِي سُورِيَّةَ فِي الْيَوْمِ السَّابِعَ عَشَرَ مِنْ شَهْرِ نِيسَانَ / أَبْرِيل.

シリアの独立記念日は4月17日です。

(12) 大学祭「外語祭」は今年はいつですか。

مَهْرَجَانُ الْجَامِعَةِ مِنَ الثَّامِنَ عَشَرَ مِنْ تِشْرِينَ /

نُوفَمْبِرَ وَحَتَّى الرَّابِعِ وَالْعِشْرِينَ.

大学祭は11月18日から24日までです。

(13) この講義の終了はいつですか。

اِنْتِهَاءُ هٰذِهِ الْمُحَاضَرَةِ فِي السَّاعَةِ الثَّانِيَةِ وَعَشْرِ دَقَائِقَ.

この講義の終了は2時10分です。

هٰذِهِ الْمُحَاضَرَةُ حَتَّى السَّاعَةِ الثَّانِيَةِ وَعَشْرِ دَقَائِقَ.

この講義は2時10分までです。

(14) この講義にはだいたい何人の学生が出席していますか。

عَدَدُهُمْ عِشْرُونَ طَالِبًا تَقْرِيبًا.

彼らの数はだいたい20人です。

(15) アラビア語専攻の1年生の数は何人ですか。

عَدَدُ الطُّلَّابِ فِي الصَّفِّ الْأَوَّلِ بِقِسْمِ الدِّرَاسَاتِ الْعَرَبِيَّةِ أَرْبَعَةٌ وَثَلَاثُونَ طَالِبًا.

アラビア語専攻1年生の数は34人です。

文法練習問題7-1

(1) كَتَبَتِ الْوَاجِبَ الدِّرَاسِيَّ فِي دَفْتَرِهَا.

彼女はノートに宿題を書きました。

(2) نَظَرُوا إِلَى السَّبُّورَةِ.

彼らは黒板を見つめました。

(3) سَمِعْتُ صَوْتَ الْأُسْتَاذِ.

私は先生の声が聞こえました。

(4) شَرَحَتْ لَنَا مَعْنَى هٰذِهِ الْكَلِمَةِ فِي الْمُحَاضَرَةِ.

彼女は講義で私たちにこの単語の意味を説明しました。

(5) هَلْ حَضَرْتِ مُحَاضَرَاتِ الْأُسْبُوعِ الْمَاضِي؟

あなた(女性)は先週の講義に出席しましたか。

(6) فِي أَيِّ سَاعَةٍ رَجَعْتَ إِلَى بَيْتِكَ أَمْسِ؟

あなた(男性)は昨日何時に家に戻りましたか。

(7) هَلْ دَرَسْتُمُ اللُّغَةَ الْإِنْكِلِيزِيَّةَ مِنْ قَبْلُ؟

あなたたちはこれまで英語を勉強したことがありますか。

(8) دَخَلْنَا دَارَ السِّينِمَا مَعَ زُمَلَائِنَا.

私たちは同級生(同僚)たちと映画館に入りました。

(9) خَرَجَتْ مِنَ الْقَاعَةِ فَجْأَةً.

彼女は突然教室から出て行きました。

(10) ضَحِكُوا مِنْ حَدِيثِ الْأُسْتَاذِ بَعْدَ الْمُحَاضَرَةِ.

彼らは講義の後、先生の話で笑いました。

文法練習問題7-2

(1) قَدَّمْنَا لِلْأُسْتَاذِ تَقْرِيرًا الْيَوْمَ.

私たちは今日、先生にレポートを提出しました。

(2) نَظَّفْتُ غُرْفَتِي كَالْعَادَةِ.

私はいつも通り自分の部屋を掃除しました。

(3) رَاجَعَتِ الْكَلِمَاتِ الْعَرَبِيَّةَ الْجَدِيدَةَ مِرَارًا.

彼女はアラビア語の新出単語を何度も復習しました。

(4) هَلْ سَاعَدْتَ وَالِدَتَكَ فِي الْأَعْمَالِ الْمَنْزِلِيَّةِ الْيَوْمَ؟

あなた(男性)は今日、母親の家事を手伝いましたか。

(5) أَرْسَلْتِ لَهَا هٰذِهِ الْهَدِيَّةَ.

あなた(女性)は彼女にこのプレゼントを贈りました。

(6) أَصْبَحُوا مُطْرِبِينَ مَشْهُورِينَ فَجْأَةً.

彼らは突如として有名な歌手になりました。

(7) لِمَاذَا تَكَلَّمْتَ مَعَ صَدِيقَتِكَ أَثْنَاءَ الْمُحَاضَرَةِ أَمْسِ؟

なぜあなた(男性)は昨日、講義中にあなたの友人(女性)と話したのですか。

(8) هَلْ تَعَلَّمْتُمُ اللُّغَةَ الْفَرَنْسِيَّةَ فِي فَصْلِ الرَّبِيعِ الدِّرَاسِيِّ؟

あなたたちは春学期にフランス語を学びましたか。

(9) تَقَابَلْنَا صُدْفَةً فِي حَفْلَةِ عِيدِ مِيلَادِ زَمِيلِنَا.

私たちは同級生(男性)の誕生パーティーで偶然会いました。

(10) لَقَدْ أَنْدَهَشُوا مِنْ سُؤَالِكِ الْغَرِيبِ.

彼らはあなた(女性)の変な質問に驚きました。

(11) لِمَاذَا انْكَسَرَ هٰذَا الشُّبَّاكُ؟

なぜこの窓は割れたのですか。

(12) اِنْتَقَلَتْ صَدِيقَتِي الْأُرْدُنِّيَّةُ إِلَى الْقَاهِرَةِ قَبْلَ شُهُورٍ.

私のヨルダンの友人(女性)は数ヶ月前にカイロに引っ越しました。

(13) وَالِدَايَ انْتَظَرَانِي أَمَامَ الْمَحَطَّةِ سَاعَةً.

私の両親は駅前で1時間私を待ちました。

(14) اِسْتَخْدَمُوا قَامُوسَ الْعَرَبِيَّةِ – الْإِنْكِلِيزِيَّةِ دَائِمًا فِي الْمُحَاضَرَةِ.

彼らは講義でいつもアラビア語・英語辞書を用いました。

(15) اِسْتَمْتَعْتُ بِالْفِيلْمِ الْيَابَانِيِّ أَمْسِ مَعَ أُسْرَتِي.

私は昨日、家族とその日本映画を楽しみました。

表現練習問題7-1

(1) あなた（男性）は昨日、何をしましたか。

أَمْسِ، ذَهَبْتُ إِلَى ٱلْجَامِعَةِ وَحَضَرْتُ مُحَاضَرَتَيْنِ.

昨日、私は大学に行って、2コマの講義に出席しました。

(2) あなた（女性）は一昨日、何をしましたか。

قَابَلْتُ زَمِيلَتِي فِي مَطْعَمِ ٱلْجَامِعَةِ وَشَرِبْتُ مَعَهَا شَايًا هُنَاكَ.

私は同級生（女性）と大学の学食で会って、彼女とそこで紅茶を飲みました。

(3) あなた（男性）はこの前の休日に何をしましたか。

شَاهَدْتُ فِيلْمًا فِي "كِيتْشِيجُوجِي" مَعَ أُسْرَتِي.

私は家族と「吉祥寺」で映画を観ました。

(4) あなたたちは先週何をしましたか。

رَاجَعْنَا دُرُوسَ ٱلْأُسْبُوعِ ٱلْمَاضِي فِي غُرْفَةِ ٱلطُّلَّابِ.

私たちは学生の部屋で先週の授業の復習をしました。

(5) 彼女は家で何をしましたか。

نَظَّفَتْ غُرْفَتَهَا، ثُمَّ عَمِلَتْ وَاجِبَهَا ٱلدِّرَاسِيَّ فِيهَا.

彼女は自分の部屋を掃除し、その後そこで宿題をしました。

(6) 彼らは大学で何をしましたか。

حَضَرُوا حَفْلَةَ عِيدِ مِيلَادِ زَمِيلِهِمْ بَعْدَ ٱلْمُحَاضَرَةِ.

彼らは講義の後、同級生（男性）の誕生パーティーに出席しました。

(7) その先生（男性）は研究室で何をしましたか。

قَابَلَ بَاحِثًا مَشْهُورًا فِي مَكْتَبِهِ.

彼は自分の研究室で有名な研究者と会いました。

(8) その女性教師は学生たちと何をしましたか。

تَكَلَّمَتِ ٱلْمُدَرِّسَةُ مَعَ طُلَّابِهَا بِٱلْعَرَبِيَّةِ.

その女性教師は学生たちとアラビア語でしゃべりました。

表現練習問題7-2

(1) 私はカイロに飛行機で行った。

كَيْفَ ذَهَبْتَ إِلَى ٱلْقَاهِرَةِ؟

あなた（男性）はどのようにしてカイロに来ましたか。

(2) 私はカイロに飛行機で行った。

إِلَى أَيْنَ ذَهَبْتَ بِٱلطَّائِرَةِ؟

あなた（男性）は飛行機でどこに行きましたか。

(3) 私は自分の名前をノートに素早く書いた。

كَيْفَ كَتَبْتَ ٱسْمَكَ فِي ٱلدَّفْتَرِ؟

あなた（男性）はどのように自分の名前をノートに書きましたか。

(4) 私は自分の名前をノートに素早く書いた。

مَاذَا كَتَبْتَ فِي ٱلدَّفْتَرِ بِشَكْلٍ سَرِيعٍ؟

あなた（男性）はノートに素早く何を書きましたか。

(5) 私たちは昨日、同級生たちと映画を鑑賞した。

مَتَى شَاهَدْتُمُ ٱلْفِيلْمَ مَعَ زُمَلَائِكُمْ؟

あなたたちはいつ同級生たちと映画を鑑賞しましたか。

(6) 私たちは昨日、同級生たちと映画を鑑賞した。

مَعَ مَنْ شَاهَدْتُمُ ٱلْفِيلْمَ أَمْسِ؟

あなたたちは昨日、誰と映画を鑑賞しましたか。

(7) 私たちは午後、大学のキャンパスで彼女と会った。

مَتَى قَابَلْتُمُوهَا فِي حَرَمِ ٱلْجَامِعَةِ؟

あなたたちはいつ、大学のキャンパスで彼女と会いましたか。

(8) 私たちは午後、大学のキャンパスで彼女と会った。

أَيْنَ قَابَلْتُمُوهَا بَعْدَ ٱلظُّهْرِ؟

あなたたちは午後にどこで彼女と会いましたか。

文法練習問題8-1

(1) يَرْكَبُ كُلَّ يَوْمٍ ٱلْقِطَارَ مِنْ مَحَطَّةِ "تَامَا" حَتَّى مَحَطَّةِ "مُوسَاشِي-سَاكَاي".

彼は毎日、「多磨」駅から「武蔵境」駅まで電車に乗ります。

(2) ٱلْمُسْلِمُونَ يَخْلَعُونَ أَحْذِيَتَهُمْ قَبْلَ دُخُولِ ٱلْمَسَاجِدِ.

イスラーム教徒はモスクに入る前に靴を脱ぎます。

(3) طُلَّابُ قِسْمِ ٱلدِّرَاسَاتِ ٱلْعَرَبِيَّةِ يَجْلِسُونَ فِي هٰذِهِ ٱلْغُرْفَةِ بَعْدَ ٱلْمُحَاضَرَةِ.

アラビア語科の学生は講義の後、この部屋に座っています。

(4) سَتَحْصُلُ ٱلْفَتَاةُ ٱلْمُجْتَهِدَةُ عَلَى وَظِيفَةٍ فِي تِلْكَ ٱلشَّرِكَةِ ٱلْكَبِيرَةِ.

その勤勉な女の子はあの大きな会社で職を得るだろう。

(5) عَادَةً يَعْمَلُ أَحْمَدُ وَاجِبَاتِهِ قَبْلَ ٱلنَّوْمِ.

アフマドはふだん、寝る前に宿題をします。

(6). لَا يَرْغَبُونَ فِي ٱلذَّهَابِ إِلَى مِصْرَ.
彼らはエジプトに行きたくありません。

(7). هَلْ سَتَسْحَبِينَ نُقُودًا مِنْ حِسَابِكِ فِي ٱلْبَنْكِ غَدًا؟
あなた（女性）は明日、銀行の口座からお金を引き出しますか。

(8). سَتَدْفَعُ سَلْوَى ثَمَنَ دَرَّاجَتِهَا ٱلْجَدِيدَةِ.
サルワーは、新しい自転車の代金を支払います。

(9). أَعْرِفُ سَبَبَ فَشَلِي فِي ٱمْتِحَانِ ٱلْأُسْبُوعِ ٱلْمَاضِي.
私には先週の試験に失敗したことの原因が分かっています。

文法練習問題8-2

(1). يُدَرِّسُ ٱلْأُسْتَاذُ ٱلْأَدَبَ وَٱلتَّرْجَمَةَ لِطُلَّابِ ٱلصَّفِّ ٱلثَّالِثِ.
その先生（男性）は3年生に文学と翻訳を教えています。第Ⅱ形

(2). يُرَحِّبُ ٱلْعَرَبُ دَائِمًا بِٱلضُّيُوفِ فِي بُيُوتِهِمْ.
アラブ人は常に自分たちの家で客を歓迎します。
第Ⅱ形

(3). اَلْأَسَاتِذَةُ يُطَالِبُونَ طُلَّابَهُمْ بِمُرَاجَعَةِ دُرُوسِ ٱلْيَوْمِ.
先生たちは学生たちに今日の授業の復習をするよう頼んでいます。第Ⅲ形

(4). سَيُنَاقِشُ ٱلطُّلَّابُ مَعَ أُسْتَاذِهِمْ ٱلْأَوْضَاعَ فِي ٱلشَّرْقِ ٱلْأَوْسَطِ.
学生たちは自分たちの先生（男性）と中東の情勢について議論します。第Ⅲ形

(5). هٰذِهِ ٱلطَّالِبَةُ تُتْعِبُ ٱلْمُدَرِّسَ دَائِمًا بِأَسْئِلَتِهَا ٱلْكَثِيرَةِ.
この学生（女性）はいつもたくさんの質問で教師（男性）を疲れさせます。第Ⅳ形

(6). يُتْقِنُونَ ٱللُّغَتَيْنِ ٱلْكُورِيَّةَ وَٱلصِّينِيَّةَ.
彼らは、韓国語と中国語が上手です。第Ⅳ形

(7). فِي ٱلْيَابَانِ، لَا تَتَحَرَّكُ ٱلْقِطَارَاتُ فِي مَوْعِدِهَا أَحْيَانًا.
日本では、電車は時折、定刻通りに動きません。
第Ⅴ形

(8). سَيَتَخَرَّجُ طُلَّابُ ٱلصَّفِّ ٱلثَّانِي مِنَ ٱلْجَامِعَةِ بَعْدَ سَنَتَيْنِ.
2年生の学生たちは2年後に卒業するだろう。第Ⅴ形

(9). يَتَبَادَلُ هٰؤُلَاءِ ٱلْأَجَانِبُ ٱلتَّحِيَّاتِ بِلُغَةٍ غَيْرِ مَعْرُوفَةٍ.
その外国人たちは未知の言語で挨拶を交わしました。第Ⅵ形

(10). عَاجِلًا أَوْ آجِلًا سَيَتَفَاهَمُ ٱلطَّرَفَانِ.
遅かれ早かれ、当事者は相互に理解するだろう。第Ⅵ形

(11). لَا تَنْقَطِعُ ٱلْكَهْرَبَاءُ فِي ٱلْيَابَانِ بِشَكْلٍ عَامٍّ.
日本では概して停電しない。第Ⅶ形

(12). بَعْضُ ٱلنَّاسِ يَنْزَعِجُونَ مِنْ تَصَرُّفَاتِ ٱلشَّبَابِ.
一部の人々は若者たちの振る舞いに腹を立てています。第Ⅶ形

(13). نَجْتَمِعُ فِي غُرْفَةِ ٱلطُّلَّابِ بَعْدَ ٱلْمُحَاضَرَةِ يَوْمِيًّا.
私たちは毎日講義の後に学生たちの部屋に集まります。第Ⅷ形

(14). يَحْتَرِمُ ٱلطُّلَّابُ أَسَاتِذَةَ ٱلْجَامِعَةِ.
その学生たちは大学の教師たちを尊敬している。
第Ⅷ形

(15). اَلْمُسْلِمُونَ وَٱلْيَهُودُ لَا يَسْتَعْمِلُونَ دُهْنَ ٱلْخِنْزِيرِ فِي ٱلطَّعَامِ.
イスラーム教徒とユダヤ教徒は食べ物で豚の脂を使わない。第Ⅹ形

(16). سَيَسْتَغْرِقُ ٱلطَّرِيقُ مِنْ جَامِعَتِنَا حَتَّى مَحَطَّةِ "تَامَا" حَوَالَيْ خَمْسِ دَقَائِقَ.
大学から「多磨」駅までの道は約5分かかります。第Ⅹ形

表現練習問題8-1

(1) 教師（男性）はふだん学校で何をしますか。
عَادَةً، يُدَرِّسُ ٱلْمُدَرِّسُ لِلطُّلَّابِ.
教師はふだん、学生に教えます。

(2) その先生（女性）は講義の後、何をしますか。
سَتَرْجِعُ ٱلْمُدَرِّسَةُ إِلَى مَكْتَبِهَا بَعْدَ ٱلْمُحَاضَرَةِ.
その先生（女性）は講義の後、研究室に戻ります。

(3) あなた（男性）は休日は概ね何をしますか。
أُقَابِلُ أَصْدِقَائِي وَأَخْرُجُ مَعَهُمْ بِشَكْلٍ عَامٍّ.
私は概ね、友人たちに会い、彼らと出掛けます。

(4) あなたたちはいつアラブ諸国に旅行しますか。
سَنُسَافِرُ إِلَى ٱلْبُلْدَانِ ٱلْعَرَبِيَّةِ فِي شَهْرِ شُبَاطَ/ فَبْرَايِرَ.
私たちは2月にアラブ諸国を旅行します。

(5) あなた（女性）は帰宅後に何をしますか。
سَأُرَاجِعُ دُرُوسِي قَبْلَ ٱلنَّوْمِ.
私は寝る前に復習をします。

(6) あなた（男性）はエジプト滞在中、どこに住みま

すか。

لَا أَعْرِفُ. وَلٰكِنْ، هُنَاكَ فَنَادِقُ كَثِيرَةٌ فِي مِصْرَ.

分かりません。でも、エジプトにはたくさんホテルがあります。

(7) あなた（女性）は図書館でどのように本を探しますか。

أَبْحَثُ عَنِ ٱلْكُتُبِ بِٱلْكُومْبِيُوتَرَ.

私はコンピュータで本を探します。

(8) あなた（男性）は大学の近くに住んでいますか。

لَا، أَسْكُنُ فِي بَيْتِ أُسْرَتِي ٱلْبَعِيدِ عَنِ ٱلْجَامِعَةِ.

いいえ、私は、大学から遠い自分の家族の家に住んでいます。

(9) あなた（男性）は週何回、大学に行きますか。

أَذْهَبُ إِلَى ٱلْجَامِعَةِ خَمْسَ مَرَّاتٍ فِي ٱلْأُسْبُوعِ.

私は週5回大学に行きます。

(10) あなた（女性）は1日何時間アラビア語を勉強しますか。

أَدْرُسُ ٱللُّغَةَ ٱلْعَرَبِيَّةَ أَرْبَعَ سَاعَاتٍ يَوْمِيًّا.

私は毎日4時間アラビア語を勉強します。

表現練習問題8-2

(1) هِوَايَتِي هِيَ ٱلْاِسْتِمَاعُ إِلَى ٱلْمُوسِيقَى.

私の趣味は音楽鑑賞です。

(2) لَدَيَّ ٱهْتِمَامٌ بِٱلسَّفَرِ إِلَى ٱلْمَعَالِمِ ٱلسِّيَاحِيَّةِ.

私は観光名所を旅することに関心があります。

(3) هِوَايَتِي هِيَ ٱلْمَشْيُ فِي ٱلْمَسَاءِ.

私の趣味は晩に歩くことです。

(4) لَدَيَّ ٱهْتِمَامٌ بِمُشَاهَدَةِ كُرَةِ ٱلْقَدَمِ.

私はサッカー観戦に関心があります。

(5) هِوَايَتِي هِيَ مُمَارَسَةُ ٱلرِّيَاضَةِ.

私の趣味はスポーツをすることです。

(6) لَدَيَّ ٱهْتِمَامٌ بِقِرَاءَةِ ٱلرِّوَايَاتِ.

私は小説を読むことに関心があります。

文法練習問題9-1

(1) لَنْ يَقْبَلَ طَلَبَهَا ٱلْأَنَانِيَّ.

彼は彼女の利己的な要求を受け入れないだろう。第Ⅰ形

(2) لَنْ يُحَضِّرَ بَعْضُ ٱلطُّلَّابِ دُرُوسَ ٱلْأُسْبُوعِ ٱلْقَادِمِ.

一部の学生たちは来週の授業を予習しないだろう。第Ⅱ形

(3) لَنْ تُسَاعِدَكِ فِي وَاجِبَاتِكِ ٱلدِّرَاسِيَّةِ.

彼女はあなた（男性）の宿題を手伝わないだろう。第Ⅲ形

(4) لَنْ يُعْجِبَ أَصْدِقَاءَكَ ذٰلِكَ ٱلْفِيلْمُ ٱلْجَدِيدُ.

あなた（男性）の友人たちはその新作映画を気に入らないだろう。第Ⅳ形

(5) لَنْ يَتَدَخَّلَ هَارُوتَا فِي شُؤُونِ ٱلْآخَرِينَ.

陽太は他人のことに干渉しないだろう。第Ⅴ形

(6) لَنْ نَتَقَابَلَ أَثْنَاءَ زِيَارَتِنَا إِلَى ٱلْقَاهِرَةِ.

私たちはカイロ訪問中に会うことはないだろう。第Ⅵ形

(7) لَنْ تَنْكَسِرَ إِرَادَتُهُ ٱلْقَوِيَّةُ أَبَدًا.

彼の強い意志は決して挫かれないだろう。第Ⅶ形

(8) لَنْ نَعْتَرِفَ بِٱلْهَيْمَنَةِ ٱلْأَمِيرِكِيَّةِ عَلَى ٱلشَّرْقِ ٱلْأَوْسَطِ.

私たちは中東に対する米国の覇権を承認しないだろう。第Ⅷ形

(9) لَنْ يَحْتَرِمُوا ٱلطَّالِبَ ٱلْكَسْلَانَ.

彼らは怠けている学生（男性）を尊敬しないだろう。第Ⅷ形

(10) لَنْ نَسْتَغْرِبَ مِنْ نَجَاحِ ٱلطُّلَّابِ ٱلْمُجْتَهِدِينَ.

私たちはその勤勉な学生たちが成功することを奇妙だとは思わないだろう。第Ⅹ形

文法練習問題9-2

(1) لَا تَقْلَقْ مِنْ فَشَلِكَ فِي ٱلْمَاضِي.

過去の失敗を気にするな。第Ⅰ形

(2) لَمْ أَفْهَمْ كَلَامَكِ لِلْأَسَفِ.

残念ながら、私はあなた（女性）の話が分からなかった。第Ⅰ形

(3) لَا تُرَاجِعِي ٱلْقَامُوسَ قَبْلَ تِلَاوَةِ ٱلنَّصِّ.

テキストを音読する前に辞書を引くな。第Ⅲ形

(4) لَمْ نُقَابِلْ أُسْرَةَ ٱلْأُسْتَاذِ بَعْدُ.

私たちは先生（男性）の家族にまだ会ったことがありません。第Ⅲ形

(5) لَا تُرْسِلْ لَهُ هٰذِهِ ٱلرِّسَالَةَ.

彼にこの手紙を送るな。第Ⅳ形

(6) لَمْ يُحْزِنِ ٱلرَّجُلَ خَبَرُ وَفَاةِ صَدِيقِهِ.

友人（男性）の死の知らせはその男を悲しませな

195

かった。／その男は友人（男性）の死の知らせに悲しまなかった。第Ⅳ形

(7). لَا تَتَحَرَّكُوا.
動くな。第Ⅴ形

(8). لَمْ يَتَعَلَّمِ ٱلطَّالِبُ مِنْ أَخْطَائِهِ ٱلسَّابِقَةِ.
その学生（男性）は以前の間違いから学んでいない。第Ⅴ形

(9). لَا تَتَعَامَلِي مَعِي بِهٰذِهِ ٱلطَّرِيقَةِ.
私にそのように対応するな。第Ⅵ形

(10). لَمْ أَتَبَادَلِ ٱلزِّيَارَاتِ مَعَ هَارُوتَا.
私は陽太と訪問し合ったことはない。第Ⅵ形

(11). لَمْ يَنْقَطِعِ ٱلِاتِّصَالُ بَيْنَنَا.
我々の間での連絡は途絶えていない。第Ⅶ形

(12). لَا تَعْتَبِرِي صَمْتِي دَلِيلًا عَلَى ٱلْمُوَافَقَةِ.
私の沈黙が合意したことを示すものだとみなすな。第Ⅷ形

(13). لَمْ تَنْتَظِرْنِي.
彼女は私を待たなかった。第Ⅷ形

(14). لَا تَسْتَخْدِمُوا ٱلْمُوبَايْلَ فِي ٱلْمُحَاضَرَةِ.
授業中に携帯電話を使用するな。第Ⅹ形

(15). لِمَاذَا لَمْ تَسْتَقْبِلُوا ٱلضُّيُوفَ فِي ٱلْمَطَارِ؟
あなたたちはなぜ空港でお客さんたちを出迎えなかったのですか。第Ⅹ形

文法練習問題9-3

(1). اِسْمَعْ صَوْتَ ٱلْأُسْتَاذِ جَيِّدًا.
先生（男性）の声をよく聞きなさい。第Ⅰ形

(2). اِرْجِعِي إِلَى بَيْتِكِ ٱلْآنَ.
今帰宅しなさい。第Ⅰ形

(3). اُكْتُبُوا ٱلْحُرُوفَ ٱلْعَرَبِيَّةَ فِي دَفَاتِرِكُمْ.
自分のノートにアラビア文字を書きなさい。第Ⅰ形

(4). حَضِّرِي دُرُوسَكِ كُلَّ يَوْمٍ.
毎日、自分の授業の準備をしなさい。第Ⅱ形

(5). سَاعِدْنِي فِي حَمْلِ هٰذِهِ ٱلْكُتُبِ مِنْ فَضْلِكَ.
どうぞ、私がこれらの本を運ぶのを手伝ってください。第Ⅲ形

(6). أَحْضِرْ مَعَكَ هٰذَا ٱلْكِتَابَ غَدًا.
明日、この本を持参しなさい。第Ⅳ形

(7). تَكَلَّمُوا مَعِي بِٱللُّغَةِ ٱلْعَرَبِيَّةِ.
私とアラビア語で話しなさい。第Ⅴ形

(8). اِبْتَسِمُوا مِنْ فَضْلِكُمْ.
どうぞ、微笑ってください。第Ⅷ形

(9). اِنْتَظِرِينِي هُنَا.
ここで私を待ちなさい。第Ⅷ形

(10). اِسْتَمْتِعْ بِوَقْتِكَ ٱلْمَحْدُودِ.
自分の限られた時間を楽しみなさい。第Ⅹ形

文法練習問題9-4

(1) شَرَحَ (2) يَشْرَحُ
(3) شَارَحَ (4) يُشْرَحُ
(5) شَرْحٌ (6) مَشْرُوحٌ
(7) عَرَفَ (8) يَعْرِفُ
(9) عَارِفٌ (10) يُعْرَفُ
(11) مَعْرِفَةٌ (12) مَعْرُوفٌ
(13) طَلَبَ (14) يَطْلُبُ
(15) طَالِبٌ (16) يُطْلَبُ
(17) طَلَبٌ (18) مَطْلُوبٌ
(19) عَمِلَ (20) يَعْمَلُ
(21) عَامِلٌ (22) يُعْمَلُ
(23) عَمَلٌ (24) مَعْمُولٌ
(25) قَدَّمَ (26) يُقَدِّمُ
(27) مُقَدِّمٌ (28) يُقَدَّمُ
(29) تَقْدِيمٌ (30) مُقَدَّمٌ
(31) سَاعَدَ (32) يُسَاعِدُ
(33) مُسَاعِدٌ (34) يُسَاعَدُ
(35) مُسَاعَدَةٌ (36) مُسَاعَدٌ
(37) أَخْبَرَ (38) يُخْبِرُ
(39) مُخْبِرٌ (40) يُخْبَرُ
(41) إِخْبَارٌ (42) مُخْبَرٌ
(43) تَعَلَّمَ (44) يَتَعَلَّمُ
(45) مُتَعَلِّمٌ (46) يُتَعَلَّمُ
(47) تَعَلُّمٌ (48) مُتَعَلَّمٌ
(49) تَبَادَلَ (50) يَتَبَادَلُ
(51) مُتَبَادِلٌ (52) يُتَبَادَلُ
(53) تَبَادُلٌ (54) مُتَبَادَلٌ
(55) اِنْقَطَعَ (56) يَنْقَطِعُ
(57) اِنْقِطَاعٌ (58) يَحْتَرِمُ
(59) اِحْتَرَمَ (60) يُحْتَرَمُ

(61) مُحْتَرَمٌ   (62) مُحْتَرِمٌ
(63) اِحْتِرَامٌ   (64) يَسْتَعْمِلُ
(65) أُسْتُعْمِلَ   (66) يُسْتَعْمَلُ
(67) مُسْتَعْمِلٌ   (68) مُسْتَعْمَلٌ
(69) اِسْتِعْمَالٌ

表現練習問題9-1

(1) あなた（男性）はこの夏、トルコに旅行しますか。

نَعَمْ، سَأُسَافِرُ هٰذَا ٱلصَّيْفَ إِلَى تُرْكِيَا.

はい、私はこの夏、トルコに旅行します。

لَا، لَنْ أُسَافِرَ هٰذَا ٱلصَّيْفَ إِلَى تُرْكِيَا.

いいえ、私はこの夏、トルコに旅行しません。

(2) あなたたちは同級生（男性）の勉強を手伝いますか。

نَعَمْ، سَنُسَاعِدُ زَمِيلَنَا فِي دِرَاسَتِهِ.

はい、私たちは同級生（男性）の勉強を手伝います。

لَا، لَنْ نُسَاعِدَ زَمِيلَنَا فِي دِرَاسَتِهِ.

いいえ、私たちは同級生（男性）の勉強を手伝いません。

(3) あなた（男性）は大学の近くに住みますか。

نَعَمْ، سَأَسْكُنُ بِٱلْقُرْبِ مِنْ جَامِعَتِي.

はい、私は大学の近くに住みます。

لَا، لَنْ أَسْكُنَ بِٱلْقُرْبِ مِنْ جَامِعَتِي.

いいえ、私は大学の近くに住みません。

(4) あなた（女性）はエジプトと日本のサッカーの試合を観ましたか。

نَعَمْ، شَاهَدْتُ مُبَارَاةَ كُرَةِ ٱلْقَدَمِ بَيْنَ مِصْرَ وَٱلْيَابَانِ.

はい、私はエジプトと日本のサッカーの試合を観ました。

لَا، لَمْ أُشَاهِدْ مُبَارَاةَ كُرَةِ ٱلْقَدَمِ بَيْنَ مِصْرَ وَٱلْيَابَانِ.

いいえ、私はエジプトと日本のサッカーの試合を観ていません。

(5) あなたたちは彼と以前にこのテーマについて話しましたか。

نَعَمْ، تَحَدَّثْنَا مَعَهُ عَنْ هٰذَا ٱلْمَوْضُوعِ مِنْ قَبْلُ.

はい、私たちは彼と以前にこのテーマについて話しました。

لَا، لَمْ نَتَحَدَّثْ مَعَهُ عَنْ هٰذَا ٱلْمَوْضُوعِ مِنْ قَبْلُ.

いいえ、私たちは彼と以前にこのテーマについて話していません。

(6) あなた（男性）は空港でたくさん待ちましたか。

نَعَمْ، اِنْتَظَرْتُ فِي ٱلْمَطَارِ كَثِيرًا.

はい、私は空港でたくさん待ちました。

لَا، لَمْ أَنْتَظِرْ فِي ٱلْمَطَارِ كَثِيرًا.

いいえ、私は空港であまり待ちませんでした。

(7) あなた（女性）は来週のパーティーに参加しますか。

نَعَمْ، سَأُشَارِكُ فِي حَفْلَةِ ٱلْأُسْبُوعِ ٱلْقَادِمِ.

はい、私は来週のパーティーに参加します。

لَا، لَنْ أُشَارِكَ فِي حَفْلَةِ ٱلْأُسْبُوعِ ٱلْقَادِمِ.

いいえ、私は来週のパーティーに参加しません。

(8) あなた（男性）は大学での生活が気に入りましたか。

نَعَمْ، أَعْجَبَتْنِي حَيَاتِي فِي ٱلْجَامِعَةِ.

はい、私は大学での生活が気に入りました。

لَا، لَمْ تُعْجِبْنِي حَيَاتِي فِي ٱلْجَامِعَةِ.

いいえ、私は大学での生活が気に入りません。

表現練習問題9-2

(1) اُكْتُبْ اِسْمَكَ وَعُنْوَانَكَ وَرَقْمَ هَاتِفِكَ.

(2) لَا تَنْتَظِرِي هُنَا مِنْ فَضْلِكِ.

(3) يَا أُسْتَاذُ، اِشْرَحْ لِي مَعْنَى هٰذِهِ ٱلْجُمْلَةِ مِنْ فَضْلِكَ.

(4) عَبِّرْ عَنْ مَشَاعِرِكَ بِٱللُّغَةِ ٱلْعَرَبِيَّةِ.

(5) لَا تَتَكَلَّمِي (تَتَحَدَّثِي) مَعَ (أَيِّ) أَحَدٍ عَنْ هٰذَا ٱلسِّرِّ.

(6) لَا تَدْفَعْ مِنْ فَضْلِكَ، أَنْتَ ضَيْفُنَا ٱلْيَوْمَ.

(7) اِسْتَخْدِمُوا هٰذِهِ ٱلْكَلِمَةَ فِي جُمْلَةٍ.

(8) اِنْتَبِهْ إِلَى نُطْقِ هٰذِهِ ٱلْكَلِمَةِ.

(9) لَا تَنْزِلِي فِي هٰذِهِ ٱلْمَحَطَّةِ، وَٱنْزِلِي فِي ٱلْمَحَطَّةِ ٱلْقَادِمَةِ.

(10) اِفْتَحِ ٱلشُّبَّاكَ مِنْ فَضْلِكَ.

(11) أَخْبِرِينِي بِعُنْوَانِكِ بِرِسَالَةٍ إِلِيكْتُرُونِيَّةٍ.

(12) سَاعِدِينِي فِي دُرُوسِي (دِرَاسَتِي) مِنْ فَضْلِكِ.

文法練習問題10-1

(1) 私は忙しい。

كُنْتُ مَشْغُولًا.

私は忙しかった。

(2) その先生（男性）は大学にいます。

كَانَ ٱلْأُسْتَاذُ فِي ٱلْجَامِعَةِ.

その先生（男性）は大学にいました。

(3) その女の子は彼女の友人（女性）といます。

كَانَتِ ٱلْبِنْتُ مَعَ صَدِيقَتِهَا.

その女の子は彼女の友人（女性）といました。

(4) ムハンマドは学生です。
كَانَ مُحَمَّدٌ طَالِبًا.
ムハンマドは学生でした。

(5) そこに赤い車があります。
كَانَتْ هُنَاكَ سَيَّارَةٌ حَمْرَاءُ.
そこに赤い車がありました。

(6) あなた（男性）は怠慢です。
كُنْتَ كَسْلَانًا.
あなた（男性）は怠慢でした。

(7) ライラーは勤勉です。
كَانَتْ لَيْلَى مُجْتَهِدَةً.
ライラーは勤勉でした。

(8) 部屋にはたくさんの本があります。
كَانَتْ فِي ٱلْغُرْفَةِ كُتُبٌ كَثِيرَةٌ.
部屋にはたくさんの本がありました。

(9) 駅の前には店があります。
كَانَ أَمَامَ ٱلْمَحَطَّةِ دُكَّانٌ.
駅の前には店がありました。

(10) 彼は著名な会社の社員です。
كَانَ مُوَظَّفًا فِي شَرِكَةٍ مَعْرُوفَةٍ.
彼は著名な会社の社員でした。

(11) その教師（女性）は私にある単語の意味を説明しています。
كَانَتِ ٱلْأُسْتَاذَةُ تَشْرَحُ لِي مَعْنَى كَلِمَةٍ.
その教師（女性）は私にある単語の意味を説明していました。

(12) その学生は大学でアラビア語を勉強しています。
كَانَ ٱلطَّالِبُ يَدْرُسُ ٱلْعَرَبِيَّةَ فِي ٱلْجَامِعَةِ.
その学生は大学でアラビア語を勉強していました。

文法練習問題10-2

(1) سَأَكُونُ مَشْغُولًا.
私は忙しいだろう。／私は忙しくなるだろう。

(2) سَيَكُونُ ٱلْأُسْتَاذُ فِي ٱلْجَامِعَةِ.
その先生（男性）は大学にいるだろう。

(3) سَتَكُونُ ٱلْبِنْتُ مَعَ صَدِيقَتِهَا.
その女の子は彼女の友人（女性）といるでしょう。

(4) سَيَكُونُ مُحَمَّدٌ طَالِبًا.
ムハンマドは学生になるだろう。

(5) سَتَكُونُ هُنَاكَ سَيَّارَةٌ حَمْرَاءُ.
そこに赤い車があるだろう。

(6) سَتَكُونُ كَسْلَانًا.
あなた（男性）は怠慢になるだろう。

(7) سَتَكُونُ لَيْلَى مُجْتَهِدَةً.
ライラーは勤勉になるだろう。

(8) سَيَكُونُ فِي ٱلْغُرْفَةِ كُتُبٌ كَثِيرَةٌ.
部屋にはたくさんの本があるだろう。

(9) سَيَكُونُ أَمَامَ ٱلْمَحَطَّةِ دُكَّانٌ.
駅の前には店があるだろう。

(10) سَيَكُونُ مُوَظَّفًا فِي شَرِكَةٍ مَعْرُوفَةٍ.
彼は著名な会社の社員になるだろう。

文法練習問題10-3

(1) لَنْ أَكُونَ مَشْغُولًا.
私は忙しくないだろう。

(2) لَنْ يَكُونَ ٱلْأُسْتَاذُ فِي ٱلْجَامِعَةِ.
その先生（男性）は大学にいないだろう。

(3) لَنْ تَكُونَ ٱلْبِنْتُ مَعَ صَدِيقَتِهَا.
その女の子は彼女の友人（女性）といないだろう。

(4) لَنْ يَكُونَ مُحَمَّدٌ طَالِبًا.
ムハンマドは学生ではなくなるだろう。

(5) لَنْ تَكُونَ هُنَاكَ سَيَّارَةٌ حَمْرَاءُ.
そこに赤い車はないだろう。

(6) لَنْ تَكُونَ كَسْلَانًا.
あなた（男性）は怠慢にはならないだろう。

(7) لَنْ تَكُونَ لَيْلَى مُجْتَهِدَةً.
ライラーは勤勉にはならないだろう。

(8) لَنْ تَكُونَ فِي ٱلْغُرْفَةِ كُتُبٌ كَثِيرَةٌ.
部屋にはそれほど本はないだろう。

(9) لَنْ يَكُونَ أَمَامَ ٱلْمَحَطَّةِ دُكَّانٌ.
駅の前には店はないだろう。

(10) لَنْ يَكُونَ مُوَظَّفًا فِي شَرِكَةٍ مَعْرُوفَةٍ.
彼は著名な会社の社員にはならないだろう。

文法練習問題10-4

(1) لَمْ أَكُنْ مَشْغُولًا.
私は忙しくなかった。

(2) لَمْ يَكُنْ ٱلْأُسْتَاذُ فِي ٱلْجَامِعَةِ.
その先生（男性）は大学にいなかった。

(3). لَمْ تَكُنْ ٱلْبِنْتُ مَعَ صَدِيقَتِهَا
その女の子は彼女の友人（女性）といなかった。

(4). لَمْ يَكُنْ مُحَمَّدٌ طَالِبًا
ムハンマドは学生ではなかった。

(5). لَمْ تَكُنْ هُنَاكَ سَيَّارَةٌ حَمْرَاءُ
そこに赤い車はなかった。

(6). لَمْ تَكُنْ كَسْلَانًا
あなた（男性）は怠慢ではなかった。

(7). لَمْ تَكُنْ لَيْلَى مُجْتَهِدَةً
ライラーは勤勉ではなかった。

(8). لَمْ تَكُنْ فِي ٱلْغُرْفَةِ كُتُبٌ كَثِيرَةٌ
部屋にはそれほど本はなかった。

(9). لَمْ يَكُنْ أَمَامَ ٱلْمَحَطَّةِ دُكَّانٌ
駅の前には店はなかった。

(10). لَمْ يَكُنْ مُوَظَّفًا فِي شَرِكَةٍ مَعْرُوفَةٍ
彼は著名な会社の社員ではなかった。

文法練習問題10-5

(1) あなた（男性）は怠慢です。

لَا تَكُنْ كَسْلَانًا.

怠慢になるな。

(2) あなた（女性）は利己的です。

لَا تَكُونِي أَنَانِيَّةً.

利己的になるな。

(3) あなたたちは悲観的です。

لَا تَكُونُوا مُتَشَائِمِينَ.

悲観的になるな。

(4) あなた（男性）はけちです。

لَا تَكُنْ بَخِيلًا.

けちになるな。

(5) あなたたちは過激です。

لَا تَكُونُوا مُتَطَرِّفِينَ.

過激になるな。

(6) あなた（女性）は臆病です。

لَا تَكُونِي جَبَانَةً.

臆病になるな。

文法練習問題10-6

(1) あなた（男性）は真面目です。

كُنْ مُجْتَهِدًا.

真面目になれ。

(2) あなた（女性）は礼儀正しい。

كُونِي مُهَذَّبَةً.

礼儀正しくなれ。

(3) あなた（男性）はやさしい。

كُنْ لَطِيفًا.

やさしくなれ。

(4) あなた（男性）は勇敢です。

كُنْ شُجَاعًا.

勇敢になれ。

(5) あなたたちは楽観的です。

كُونُوا مُتَفَائِلِينَ.

楽観的になれ。

(6) あなた（女性）は寛大です。

كُونِي كَرِيمَةً.

寛大になれ。

表現練習問題10-1

(1) 授業の後、あなた（男性）はどこにいましたか。また誰といましたか。そして何をしていましたか。

كُنْتُ فِي مَطْعَمِ ٱلْجَامِعَةِ. وَكُنْتُ مَعَ أَصْدِقَائِي. وَكُنَّا نُرَاجِعُ مُحَاضَرَةَ ٱلْيَوْمِ.

私は大学の学食にいました。また友人たちと一緒にいました。そして今日の授業の復習をしていました。

(2) あなた（女性）は明日の夕方6時にどこにいますか。

سَأَكُونُ فِي بَيْتِي إِنْ شَاءَ ٱللَّهُ.

私は家にいます。

(3) あなたたちは来月カイロにいますか。

لَا، لَنْ نَكُونَ فِي ٱلْقَاهِرَةِ ٱلشَّهْرَ ٱلْقَادِمَ.

いいえ、私たちは来月はカイロにはいません。

(4) あなた（男性）は昨日、友人の1人の結婚パーティーにいましたか。

لَا، لَمْ أَكُنْ فِي حَفْلَةِ زَوَاجِ أَحَدِ أَصْدِقَائِي.

いいえ、私は友人（男性）の1人の結婚パーティーにいませんでした。

(5) あなた（女性）は今日、いくつの授業がありましたか。

كَانَتْ عِنْدِي مُحَاضَرَتَانِ ٱلْيَوْمَ.

私は今日、2コマ授業がありました。

(6) あなたたちは週末の休みは忙しいですか。

نَعَمْ، سَنَكُونُ مَشْغُولِينَ فِي عُطْلَةِ نِهَايَةِ ٱلْأُسْبُوعِ.

はい、私たちは週末の休みは忙しいです。

(7) 次のオリンピックはどこになりますか。

سَتَكُونُ فِي مَدِينَةِ طُوكِيُو.

東京になります。

(8) 先週末の休みはどうでしたか。

كَانَتْ عُطْلَةُ نِهَايَةِ ٱلْأُسْبُوعِ ٱلْمَاضِي مُمْتِعَةً.

先週末の休みは楽しかったです。

(9) あなた（男性）は夏休みに旅行はできますか。

نَعَمْ، سَأَكُونُ قَادِرًا عَلَى ٱلسَّفَرِ فِي ٱلْعُطْلَةِ ٱلصَّيْفِيَّةِ.

はい、私は夏休みに旅行できるだろう。

(10) あなた（男性）は大学入学前にアラビア語について何か知識はありましたか。

لَا، لَمْ تَكُنْ لَدَيَّ أَيُّ مَعْرِفَةٍ بِٱللُّغَةِ ٱلْعَرَبِيَّةِ قَبْلَ دُخُولِي إِلَى ٱلْجَامِعَةِ.

いいえ、大学入学前にアラビア語について何の知識もありませんでした。

表現練習問題10-2

(1) لَا تَكُنْ حَسَّاسًا.
(2) كُونِي صَبُورَةً وَلَطِيفَةً مَعَ ٱلْآخَرِينَ.
(3) لَا تَكُونُوا طَمَّاعِينَ وَبُخَلَاءَ، وَكُونُوا كُرَمَاءَ.
(4) لَا تَكُنْ صَامِتًا فِي ٱلْمُحَاضَرَةِ.
(5) كُونِي صَرِيحَةً.
(6) كُونُوا عَلَى ٱتِّصَالٍ بِٱلْأُسْتَاذِ.

文法練習問題11-1

(1) رَأَى (2) سَأَلَ
(3) فَأْرٌ (4) يَأْخُذُ
(5) ٱلْمَرْأَةُ (6) مُكَافَآتٌ
(7) سُؤَالٌ (8) مُؤَلَّفٌ
(9) مُؤْمِنٌ (10) مُؤَاخَذَةٌ
(11) مُؤْتَمَرٌ (12) تَشَاؤُمٌ
(13) أَصْدِقَاؤُهُ (14) سُئِلَتْ
(15) شَيْءٌ (16) شَاطِئٌ
(17) بُطْءٌ (18) وَقَائِعُ
(19) قِرَاءَةٌ (20) مُطْمَئِنٌّ
(21) لُؤْلُؤٌ (22) فَجْأَةً
(23) بَدَأَ (24) جُزْءًا
(25) حَمْرَاءُ (26) هُدُوءٌ
(27) تَسَاءَلَ (28) تَعْبِئَةٌ

文法練習問題11-2

(1) أَمَرَ ٱلْأُسْتَاذُ ٱلطُّلَّابَ بِعَمَلِ ٱلْوَاجِبِ فِي بُيُوتِهِمْ.
その先生（男性）は学生たちに家で宿題をするよう指示した。第Ⅰ形

(2) سَآخُذُ مَعِي ٱلْمُوبَايَلَ فِي جَيْبِي.
私は携帯をポケットに入れて持っていきます。第Ⅰ形

(3) لَمْ آكُلْ خُبْزًا فِي ٱلْمَطْعَمِ.
私はそのレストランでパンを食べなかった。第Ⅰ形

(4) لَا تُؤَاخِذْنِي.
失礼をお許し下さい（私を責めないでください）。第Ⅲ形

(5) أُومِنُ بِكَلَامِكَ.
私はあなた（男性）の言葉を信じます。第Ⅳ形

(6) اِتَّصَلَتْ بِوَالِدَيْهَا بِٱلْهَاتِفِ مَرَّةً فِي ٱلْأُسْبُوعِ ٱلْمَاضِي.
彼女は先週、1度両親に電話で連絡しました。第Ⅷ形

(7) سَتَتَّخِذُ ٱلْحُكُومَةُ كُلَّ ٱلْإِجْرَاءَاتِ ٱللَّازِمَةِ لِلتَّعَامُلِ مَعَ ٱلْبَطَالَةِ.
政府は失業に対処するために必要なすべての措置を講じるだろう。第Ⅷ形

(8) اِتَّصِلْ بِي بَعْدَ ٱلظُّهْرِ.
午後に私に連絡しなさい。第Ⅷ形

(9) سَأَلَتِ ٱلطَّالِبَةُ ٱلْمُدَرِّسَ عَنْ مَوْعِدِ ٱلِٱمْتِحَانِ.
その学生（女性）はその教師（男性）にテストの期日について質問しました。第Ⅰ形

(10) يَقْرَؤُونَ ٱلْجَرِيدَةَ ٱلْعَرَبِيَّةَ بِسُهُولَةٍ.
彼らはアラビア語の新聞を簡単に読みます。第Ⅰ形

文法練習問題11-3

(1) شَمَمْتِ رَائِحَةَ ٱلْأَزْهَارِ ٱلطَّيِّبَةَ فِي ٱلْحَدِيقَةِ.
あなた（女性）は庭で花々のよい香りを嗅ぎました。

تَشُمِّينَ رَائِحَةَ ٱلْأَزْهَارِ ٱلطَّيِّبَةَ فِي ٱلْحَدِيقَةِ.
あなた（女性）は庭で花々のよい香りを嗅いでいます。

لَنْ تَشُمِّي رَائِحَةَ ٱلْأَزْهَارِ ٱلطَّيِّبَةَ فِي ٱلْحَدِيقَةِ.

あなた（女性）は庭で花々のよい香りを嗅ぎません。

لَمْ تَشُمِّي رَائِحَةَ ٱلْأَزْهَارِ ٱلطَّيِّبَةَ فِي ٱلْحَدِيقَةِ.

あなた（女性）は庭で花々のよい香りを嗅ぎませんでした。

شُمِّي رَائِحَةَ ٱلْأَزْهَارِ ٱلطَّيِّبَةَ فِي ٱلْحَدِيقَةِ.

庭で花々のよい香りを嗅ぎなさい。

第Ⅰ形

(2) ظَنَنْتُ أَنَّ صَدِيقِي فِي بَيْتِهِ.

私は私の友人（男性）が自宅にいると思いました。

أَظُنُّ أَنَّ صَدِيقِي فِي بَيْتِهِ.

私は私の友人（男性）が自宅にいると思います。

لَمْ أَظُنَّ أَنَّ صَدِيقِي فِي بَيْتِهِ.

私は私の友人（男性）が自宅にいると思いませんでした。

第Ⅰ形

(3) تَمَّتْ زِيَارَةُ رَئِيسِ ٱلْجُمْهُورِيَّةِ إِلَى أَمِيرِكَا فِي هٰذِهِ ٱلسَّنَةِ.

大統領の米国への訪問は今年行われた。

تَتِمُّ زِيَارَةُ رَئِيسِ ٱلْجُمْهُورِيَّةِ إِلَى أَمِيرِكَا فِي هٰذِهِ ٱلسَّنَةِ.

大統領の米国への訪問は今年行われる。

لَنْ تَتِمَّ زِيَارَةُ رَئِيسِ ٱلْجُمْهُورِيَّةِ إِلَى أَمِيرِكَا فِي هٰذِهِ ٱلسَّنَةِ.

大統領の米国への訪問は今年行われないだろう。

لَمْ تَتِمَّ زِيَارَةُ رَئِيسِ ٱلْجُمْهُورِيَّةِ إِلَى أَمِيرِكَا فِي هٰذِهِ ٱلسَّنَةِ.

大統領の米国への訪問は今年行われなかった。

第Ⅰ形

(4) رَدَدْتَ عَلَى سُؤَالِ ٱلْأُسْتَاذِ.

あなた（男性）は先生（男性）の質問に答えた。

تَرُدُّ عَلَى سُؤَالِ ٱلْأُسْتَاذِ.

あなた（男性）は先生（男性）の質問に答える。

لَنْ تَرُدَّ عَلَى سُؤَالِ ٱلْأُسْتَاذِ.

あなた（男性）は先生（男性）の質問に答えないだろう。

لَمْ تَرُدَّ عَلَى سُؤَالِ ٱلْأُسْتَاذِ.

あなた（男性）は先生（男性）の質問に答えなかった。

رُدَّ عَلَى سُؤَالِ ٱلْأُسْتَاذِ.

先生（男性）の質問に答えなさい。

第Ⅰ形

(5) مَسَسْنَا خَطَّهُ ٱلْأَحْمَرَ.

私たちは彼のレッド・ラインに抵触した。

نَمَسُّ خَطَّهُ ٱلْأَحْمَرَ.

私たちは彼のレッド・ラインに抵触している。

لَنْ نَمَسَّ خَطَّهُ ٱلْأَحْمَرَ.

私たちは彼のレッド・ラインに抵触しないだろう。

لَمْ نَمَسَّ خَطَّهُ ٱلْأَحْمَرَ.

私たちは彼のレッド・ラインに抵触しなかった。

第Ⅰ形

(6) قَرَّرْتُ ٱلسَّفَرَ إِلَى مِصْرَ فِي ٱلصَّيْفِ.

私は夏にエジプトに旅することを決めた。

لَمْ أُقَرِّرِ ٱلسَّفَرَ إِلَى مِصْرَ فِي ٱلصَّيْفِ.

私は夏にエジプトに旅することを決めていません。

第Ⅱ形

(7) أَحْبَبْتُهَا.

私は彼女（それ）を愛した。

أُحِبُّهَا.

私は彼女（それ）を愛している。

لَنْ أُحِبَّهَا.

私は彼女（それ）を愛さないだろう。

لَمْ أُحِبَّهَا.

私は彼女（それ）を愛さなかった。

第Ⅳ形

(8) اِنْضَمَّ هٰؤُلَاءِ ٱلشَّبَابُ إِلَى فَرِيقِ كُرَةِ ٱلْقَدَمِ بِٱلْجَامِعَةِ.

この青年たちは大学のサッカー・チームに入った。

يَنْضَمُّ هٰؤُلَاءِ ٱلشَّبَابُ إِلَى فَرِيقِ كُرَةِ ٱلْقَدَمِ بِٱلْجَامِعَةِ.

この青年たちは大学のサッカー・チームに入る。

لَنْ يَنْضَمَّ هٰؤُلَاءِ ٱلشَّبَابُ إِلَى فَرِيقِ كُرَةِ ٱلْقَدَمِ بِٱلْجَامِعَةِ.

この青年たちは大学のサッカー・チームに入らないだろう。

لَمْ يَنْضَمَّ هٰؤُلَاءِ ٱلشَّبَابُ إِلَى فَرِيقِ كُرَةِ ٱلْقَدَمِ بِٱلْجَامِعَةِ.

この青年たちは大学のサッカー・チームに入らなかった。

第Ⅶ形

(9) اِحْتَلَّتْ إِسْرَائِيلُ أَرَاضِيًا عَرَبِيَّةً وَاسِعَةً.

イスラエルは広大なアラブの領地を占領した。

تَحْتَلُّ إِسْرَائِيلُ أَرَاضِيًا عَرَبِيَّةً وَاسِعَةً.

イスラエルは広大なアラブの領地を占領している。

第Ⅷ形

(10). اِسْتَعَدُّوا لِاِمْتِحَانَاتِ نِهَايَةِ فَصْلِ ٱلْخَرِيفِ ٱلدِّرَاسِيِّ.
彼らは秋学期の期末試験の用意をした。

يَسْتَعِدُّونَ لِاِمْتِحَانَاتِ نِهَايَةِ فَصْلِ ٱلْخَرِيفِ ٱلدِّرَاسِيِّ.
彼らは秋学期の期末試験の用意をしている。

لَنْ يَسْتَعِدُّوا لِاِمْتِحَانَاتِ نِهَايَةِ فَصْلِ ٱلْخَرِيفِ ٱلدِّرَاسِيِّ.
彼らは秋学期の期末試験の用意をしないだろう。

لَمْ يَسْتَعِدُّوا لِاِمْتِحَانَاتِ نِهَايَةِ فَصْلِ ٱلْخَرِيفِ ٱلدِّرَاسِيِّ.
彼らは秋学期の期末試験の用意をしなかった。
第X形

文法練習問題11-4

(1). تَضَعُ كُوبًا مِنَ ٱلشَّايِ عَلَى ٱلْمَائِدَةِ.
彼女は食卓に1杯のお茶を置いています。第Ⅰ形

(2). وَجَدْنَا مِفْتَاحَ ٱلسَّيَّارَةِ فِي دُرْجِ ٱلْمَكْتَبِ.
私たちは机の引き出しのなかで車のカギを見つけた。第Ⅰ形

(3). سَتَجِدُونَ ٱلزَّمِيلَ ذَكِيًّا.
あなたたちはその同級生（男性）が賢いということが分かるだろう。第Ⅰ形

(4). يَثِقُ كُلُّ ٱلطُّلَّابِ فِي قُدْرَتِهِمْ عَلَى ٱلتَّحَدُّثِ بِٱللُّغَةِ ٱلْعَرَبِيَّةِ.
すべての学生が自分たちのアラビア語会話能力を信頼している。第Ⅰ形

(5). سَنَصِلُ إِلَى مَكَانِ ٱللِّقَاءِ فِي مَحَطَّةِ "طُوكِيُو" مُبَكِّرًا.
私たちは東京駅の待ち合わせ場所に早く着くだろう。第Ⅰ形

(6). تَقَعُ ٱلْيَابَانُ فِي شَرْقِ قَارَةِ آسِيَا.
日本はアジア大陸の東に位置している。第Ⅰ形

(7). سَيُعِدُّ ٱلشَّابُّ ٱلْفَتَاةَ ٱللَّطِيفَةَ بِٱلزَّوَاجِ.
その青年はそのやさしい少女と婚約するだろう。第Ⅰ形

(8). اِتَّفَقْنَا عَلَى ٱلذَّهَابِ إِلَى دَارِ ٱلسِّينَمَا.
私たちは映画館に行くことで同意した。第Ⅷ形

(9). تَتَّهِمُ ٱلشُّرْطَةُ ٱلرَّجُلَ بِٱلسَّرِقَةِ.
警察はその男が窃盗したという疑いをかける。第Ⅷ形

(10). اِتَّجِهْ إِلَى مَحَطَّةِ "أُوسَاكَا" فَوْرًا.
大阪駅にただちに向かえ。第Ⅷ形

文法練習問題11-5

(1). قُلْتَ لِي: اِنْتَظِرْنِي قَلِيلًا.
あなた（男性）は私に「少し私を待ちなさい」と言った。

تَقُولُ لِي: اِنْتَظِرْنِي قَلِيلًا.
あなた（男性）は私に「少し私を待ちなさい」と言います。

لَا تَقُلْ لِي: اِنْتَظِرْنِي قَلِيلًا.
私に「少し私を待ちなさい」と言うな。

قُلْ لِي: اِنْتَظِرْنِي قَلِيلًا.
私に「少し私を待ちなさい」と言いなさい。
第Ⅰ形

(2). قَامَتْ بِزِيَارَةٍ إِلَى ٱلْأَمَاكِنِ ٱلْمُقَدَّسَةِ فِي سُورِيَّةَ.
彼女はシリアの複数の聖地への訪問を行った。

تَقُومُ بِزِيَارَةٍ إِلَى ٱلْأَمَاكِنِ ٱلْمُقَدَّسَةِ فِي سُورِيَّةَ.
彼女はシリアの複数の聖地への訪問を行っている。

لَنْ تَقُومَ بِزِيَارَةٍ إِلَى ٱلْأَمَاكِنِ ٱلْمُقَدَّسَةِ فِي سُورِيَّةَ.
彼女はシリアの複数の聖地への訪問は行わないだろう。

لَمْ تَقُمْ بِزِيَارَةٍ إِلَى ٱلْأَمَاكِنِ ٱلْمُقَدَّسَةِ فِي سُورِيَّةَ.
彼女はシリアの複数の聖地への訪問を行わなかった。
第Ⅰ形

(3). غِبْتَ عَنْ مُحَاضَرَةِ ٱلتَّارِيخِ.
あなた（男性）は歴史の講義を欠席した。

لَنْ تَغِيبَ عَنْ مُحَاضَرَةِ ٱلتَّارِيخِ.
あなた（男性）は歴史の講義を欠席しないだろう。

لَمْ تَغِبْ عَنْ مُحَاضَرَةِ ٱلتَّارِيخِ.
あなた（男性）は歴史の講義を欠席しなかった。
第Ⅰ形

(4). عَاشَتْ أُسْرَتُنَا فِي "هِيرُوشِيمَا".
私たちの家族は「広島」で暮らした。

تَعِيشُ أُسْرَتُنَا فِي "هِيرُوشِيمَا".
私たちの家族は「広島」で暮らしている。
第Ⅰ形

(5). يَزُورُ ٱلْيَابَانِيُّونَ عَائِلَاتِهِمْ فِي رَأْسِ ٱلسَّنَةِ.
日本人は正月に自分たちの家族を訪問する。
第Ⅰ形

(6). مَتَى عُدْتِ إِلَى بَيْتِكِ ٱلْيَوْمَ؟
あなた（女性）は今日いつ家に戻ったのですか。

مَتَى تَعُودِينَ إِلَى بَيْتِكِ ٱلْيَوْمَ؟

あなた（女性）は今日いつ家に戻るのですか。

第Ⅰ形

(7) خَافُوا مِنْ رُكُوبِ ٱلطَّائِرَاتِ.

彼らは飛行機に乗ることを怖かった。

يَخَافُونَ مِنْ رُكُوبِ ٱلطَّائِرَاتِ.

彼らは飛行機に乗ることを怖がっている。

لَنْ يَخَافُوا مِنْ رُكُوبِ ٱلطَّائِرَاتِ.

彼らは飛行機に乗ることを怖がらないだろう。

لَمْ يَخَافُوا مِنْ رُكُوبِ ٱلطَّائِرَاتِ.

彼らは飛行機に乗ることを怖がらなかった。

第Ⅰ形

(8) بَاعَ هٰذَا ٱلدُّكَّانُ بَضَائِعَ مُتَنَوِّعَةً.

この店はさまざまな商品を売っていた。

يَبِيعُ هٰذَا ٱلدُّكَّانُ بَضَائِعَ مُتَنَوِّعَةً.

この店はさまざまな商品を売っている。

第Ⅰ形

(9) أَرَادَ ٱلطُّلَّابُ زِيَارَةَ مِصْرَ فِي ٱلْعُطْلَةِ ٱلصَّيْفِيَّةِ.

その学生たちは夏休みにエジプトを訪問したかった。

يُرِيدُ ٱلطُّلَّابُ زِيَارَةَ مِصْرَ فِي ٱلْعُطْلَةِ ٱلصَّيْفِيَّةِ.

その学生たちは夏休みにエジプトを訪問したがっている。

لَنْ يُرِيدَ ٱلطُّلَّابُ زِيَارَةَ مِصْرَ فِي ٱلْعُطْلَةِ ٱلصَّيْفِيَّةِ.

その学生たちは夏休みにエジプトを訪問したがらないだろう。

لَمْ يُرِدِ ٱلطُّلَّابُ زِيَارَةَ مِصْرَ فِي ٱلْعُطْلَةِ ٱلصَّيْفِيَّةِ.

その学生たちは夏休みにエジプトを訪問したがらなかった。

第Ⅳ形

(10) أَضَافَتِ ٱلسُّكَّرَ إِلَى ٱلشَّايِ.

彼女はお茶に砂糖を足した。

تُضِيفُ ٱلسُّكَّرَ إِلَى ٱلشَّايِ.

彼女はお茶に砂糖を足している。

لَنْ تُضِيفَ ٱلسُّكَّرَ إِلَى ٱلشَّايِ.

彼女はお茶に砂糖を足さないだろう。

لَمْ تُضِفِ ٱلسُّكَّرَ إِلَى ٱلشَّايِ.

彼女はお茶に砂糖を足さなかった。

第Ⅳ形

(11) أَقَمْنَا بِفُنْدُقِ "هِيلْتُون" لِمُدَّةِ أُسْبُوعٍ.

私たちは1週間「ヒルトン」ホテルに滞在した。

نُقِيمُ بِفُنْدُقِ "هِيلْتُون" لِمُدَّةِ أُسْبُوعٍ.

私たちは1週間「ヒルトン」ホテルに滞在している。

第Ⅳ形

(12) اِحْتَجْتُ إِلَى رَاحَةٍ بَعْدَ ٱلْعَمَلِ.

私は仕事の後、休憩を必要とした。

أَحْتَاجُ إِلَى رَاحَةٍ بَعْدَ ٱلْعَمَلِ.

私は仕事の後、休憩を必要としている。

لَنْ أَحْتَاجَ إِلَى رَاحَةٍ بَعْدَ ٱلْعَمَلِ.

私は仕事の後、休憩を必要としないだろう。

لَمْ أَحْتَجْ إِلَى رَاحَةٍ بَعْدَ ٱلْعَمَلِ.

私は仕事の後、休憩を必要としなかった。

第Ⅷ形

(13) اِخْتَارُوا أَغْلَى ٱلْمَلَابِسِ.

彼らはもっとも高価な服を選んだ。

يَخْتَارُونَ أَغْلَى ٱلْمَلَابِسِ.

彼らはもっとも高価な服を選ぶ。

第Ⅷ形

(14) اِسْتَطَاعَ ٱلطَّالِبُ ٱلْمُجْتَهِدُ ٱلنَّجَاحَ فِي كُلِّ ٱلْاِمْتِحَانَاتِ.

その勤勉な学生（男性）はすべての試験に受かることができた。

يَسْتَطِيعُ ٱلطَّالِبُ ٱلْمُجْتَهِدُ ٱلنَّجَاحَ فِي كُلِّ ٱلْاِمْتِحَانَاتِ.

その勤勉な学生（男性）はすべての試験に受かることができる。

第Ⅹ形

(15) اِسْتَفَادَ ٱلطُّلَّابُ مِنْ خِبْرَةِ ٱلْخِرِّيجِينَ.

その学生たちは卒業生たちの経験を活かした。

يَسْتَفِيدُ ٱلطُّلَّابُ مِنْ خِبْرَةِ ٱلْخِرِّيجِينَ.

その学生たちは卒業生たちの経験を活かしている。

لَمْ يَسْتَفِدِ ٱلطُّلَّابُ مِنْ خِبْرَةِ ٱلْخِرِّيجِينَ.

その学生たちは卒業生たちの経験を活かさなかった。

第Ⅹ形

文法練習問題11-6

(1) دَعَتْنَا إِلَى حَفْلَةِ عِيدِ مِيلَادِهَا.

彼女は自分の誕生パーティーに私たちを招待した。

لَنْ تَدْعُوَنَا إِلَى حَفْلَةِ عِيدِ مِيلَادِهَا.

彼女は自分の誕生パーティーに私たちを招待しな

いだろう。

لَمْ تَدْعُنَا إِلَى حَفْلَةِ عِيدِ مِيلَادِهَا.

彼女は自分の誕生パーティーに私たちを招待しなかった。

第Ⅰ形

(2) بَقِيَ فِي ٱلْقَاهِرَةِ لِمُدَّةٍ طَوِيلَةٍ.

彼はカイロに長い間とどまった。

لَنْ يَبْقَى فِي ٱلْقَاهِرَةِ لِمُدَّةٍ طَوِيلَةٍ.

彼はカイロに長い間とどまらないだろう。

لَمْ يَبْقَ فِي ٱلْقَاهِرَةِ لِمُدَّةٍ طَوِيلَةٍ.

彼はカイロに長い間とどまることはなかった。

第Ⅰ形

(3) بَكَيْتَ مِنَ ٱلْحُزْنِ عَلَى ٱلْفَشَلِ فِي ٱلْإِمْتِحَانِ.

あなた（男性）は試験に落ちたことが悲しくて泣いた。

تَبْكِي مِنَ ٱلْحُزْنِ عَلَى ٱلْفَشَلِ فِي ٱلْإِمْتِحَانِ.

あなた（男性）は試験に落ちたことが悲しくて泣いている。

لَنْ تَبْكِيَ مِنَ ٱلْحُزْنِ عَلَى ٱلْفَشَلِ فِي ٱلْإِمْتِحَانِ.

あなた（男性）は試験に落ちたことが悲しくても泣かないだろう。

لَا تَبْكِ مِنَ ٱلْحُزْنِ عَلَى ٱلْفَشَلِ فِي ٱلْإِمْتِحَانِ.

試験に落ちたことが悲しくても泣くな。

第Ⅰ形

(4) ٱلْقُدَمَاءُ ٱلْمِصْرِيُّونَ بَنَوْا ٱلْأَهْرَامَ قَبْلَ أَكْثَرَ مِنْ ثَلَاثَةِ آلَافِ سَنَةٍ.

古代エジプト人は三千年以上前にピラミッドを建設した。

第Ⅰ形

(5) نَسِيتِ ٱلْوَاجِبَ ٱلدِّرَاسِيَّ.

あなた（女性）は宿題を忘れた。

لَنْ تَنْسَي ٱلْوَاجِبَ ٱلدِّرَاسِيَّ.

あなた（女性）は宿題を忘れないだろう。

لَا تَنْسَي ٱلْوَاجِبَ ٱلدِّرَاسِيَّ.

宿題を忘れるな。

اِنْسِي ٱلْوَاجِبَ ٱلدِّرَاسِيَّ.

宿題を忘れなさい。

第Ⅰ形

(6) مَاذَا تُسَمُّونَ هَذَا ٱلشَّيْءَ بِٱلْعَرَبِيَّةِ؟

あなたたちはこのことをアラビア語で何と呼びますか。

第Ⅱ形

(7) غَنَّيْتُ ٱلْأُغْنِيَةَ ٱلْمَشْهُورَةَ.

私はその有名な歌を歌った。

أُغَنِّي ٱلْأُغْنِيَةَ ٱلْمَشْهُورَةَ.

私はその有名な歌を歌う。

لَمْ أُغَنِّ ٱلْأُغْنِيَةَ ٱلْمَشْهُورَةَ.

私はその有名な歌を歌わなかった。

第Ⅱ形

(8) نَادَى ٱلرَّئِيسُ بِوَحْدَةِ ٱلْوَطَنِ فِي خِطَابِهِ أَمَامَ ٱلْبَرْلَمَانِ.

大統領（ないしは首相）は議会での演説で挙国一致を主唱した。

يُنَادِي ٱلرَّئِيسُ بِوَحْدَةِ ٱلْوَطَنِ فِي خِطَابِهِ أَمَامَ ٱلْبَرْلَمَانِ.

大統領（ないしは首相）は議会での演説で挙国一致を主唱している。

第Ⅲ形

(9) أَجْرَى ٱلطَّبِيبُ عَمَلِيَّةً جِرَاحِيَّةً فِي ٱلْمُسْتَشْفَى.

その医師（男性）は病院で外科手術を行った。

يُجْرِي ٱلطَّبِيبُ عَمَلِيَّةً جِرَاحِيَّةً فِي ٱلْمُسْتَشْفَى.

その医師（男性）は病院で外科手術を行う。

لَمْ يُجْرِ ٱلطَّبِيبُ عَمَلِيَّةً جِرَاحِيَّةً فِي ٱلْمُسْتَشْفَى.

その医師（男性）は病院で外科手術を行わなかった。

第Ⅳ形

(10) أَعْطَى ٱلْأُسْتَاذُ كِتَابًا لِصَدِيقِهِ.

その先生（男性）は友人（男性）に本を与えた。

يُعْطِي ٱلْأُسْتَاذُ كِتَابًا لِصَدِيقِهِ.

その先生（男性）は友人（男性）に本を与える。

لَمْ يُعْطِ ٱلْأُسْتَاذُ كِتَابًا لِصَدِيقِهِ.

その先生（男性）は友人（男性）に本を与えなかった。

第Ⅳ形

(11) أَنْهَتْ لَيْلَى دِرَاسَتَهَا فِي ٱلْخَارِجِ.

ライラーは外国での勉強を終えた。

تُنْهِي لَيْلَى دِرَاسَتَهَا فِي ٱلْخَارِجِ.

ライラーは外国での勉強を終える。

لَمْ تُنْهِ لَيْلَى دِرَاسَتَهَا فِي ٱلْخَارِجِ.

ライラーは外国での勉強を終えていない。

第Ⅳ形

(12) تَعَشَّيْتُ فِي ٱلْمَطْعَمِ ٱلْإِيطَالِيِّ مَعَ أُسْرَتِي.
私は家族とそのイタリア・レストランで夕食をとった。

أَتَعَشَّى فِي ٱلْمَطْعَمِ ٱلْإِيطَالِيِّ مَعَ أُسْرَتِي.
私は家族とそのイタリア・レストランで夕食をとる。

لَمْ أَتَعَشَّ فِي ٱلْمَطْعَمِ ٱلْإِيطَالِيِّ مَعَ أُسْرَتِي.
私は家族とそのイタリア・レストランでは夕食をとらなかった。

第Ⅴ形

(13) تَغَدَّيْنَا كُلَّ يَوْمٍ فِي مَطْعَمِ ٱلْجَامِعَةِ.
私たちは毎日大学の学食で昼食をとった。

نَتَغَدَّى كُلَّ يَوْمٍ فِي مَطْعَمِ ٱلْجَامِعَةِ.
私たちは毎日大学の学食で昼食をとる。

第Ⅴ形

(14) تَلَقَّتْ رِسَالَةً مُهِمَّةً مِنْ مُدِيرِ شَرِكَتِهَا.
彼女は社長（男性）から重要な手紙を受け取った。

لَمْ تَتَلَقَّ رِسَالَةً مُهِمَّةً مِنْ مُدِيرِ شَرِكَتِهَا.
彼女は社長（男性）から重要な手紙を受け取らなかった。

第Ⅴ形

(15) اِخْتَفَتِ ٱلطَّائِرَةُ بَعْدَ إِقْلَاعِهَا بِدَقَائِقَ.
その飛行機は離陸後数分で消えた。

第Ⅷ形

(16) اِشْتَرَى هَدِيَّةً لِأُمِّهِ مِنْ سُوقِ "ٱلْحَمِيدِيَّةِ" بِدِمَشْقَ.
彼はダマスカスの「ハミーディーヤ」市場で母のためのプレゼントを買った。

لَنْ يَشْتَرِيَ هَدِيَّةً لِأُمِّهِ مِنْ سُوقِ "ٱلْحَمِيدِيَّةِ" بِدِمَشْقَ.
彼はダマスカスの「ハミーディーヤ」市場では母のためのプレゼントを買わないだろう。

لَمْ يَشْتَرِ هَدِيَّةً لِأُمِّهِ مِنْ سُوقِ "ٱلْحَمِيدِيَّةِ" بِدِمَشْقَ.
彼はダマスカスの「ハミーディーヤ」市場では母のためのプレゼントを買わなかった。

第Ⅷ形

(17) اِنْتَهَتِ ٱلْمُحَاضَرَةُ قَبْلَ مَوْعِدِهَا بِخَمْسِ دَقَائِقَ.
その講義は時間より5分早く終わった。

تَنْتَهِي ٱلْمُحَاضَرَةُ قَبْلَ مَوْعِدِهَا بِخَمْسِ دَقَائِقَ.
その講義は時間より5分早く終わる。

第Ⅷ形

文法練習問題11-7

(1) أَدَّى ٱلتَّلَوُّثُ إِلَى ٱرْتِفَاعِ دَرَجَاتِ ٱلْحَرَارَةِ.
公害は気温上昇をもたらした。

يُؤَدِّي ٱلتَّلَوُّثُ إِلَى ٱرْتِفَاعِ دَرَجَاتِ ٱلْحَرَارَةِ.
公害は気温上昇をもたらす。

لَنْ يُؤَدِّيَ ٱلتَّلَوُّثُ إِلَى ٱرْتِفَاعِ دَرَجَاتِ ٱلْحَرَارَةِ.
公害は気温上昇をもたらさないだろう。

لَمْ يُؤَدِّ ٱلتَّلَوُّثُ إِلَى ٱرْتِفَاعِ دَرَجَاتِ ٱلْحَرَارَةِ.
公害は気温上昇をもたらしてはいない。

(2) رَأَتْ أُسْتَاذَهَا يَمْشِي فِي ٱلسُّوقِ مَعَ أُسْرَتِهِ.
彼女は自分の先生（男性）が家族と市場を歩いているのを見た。

تَرَى أُسْتَاذَهَا يَمْشِي فِي ٱلسُّوقِ مَعَ أُسْرَتِهِ.
彼女は自分の先生（男性）が家族と市場を歩いているのを見ている。

لَمْ تَرَ أُسْتَاذَهَا يَمْشِي فِي ٱلسُّوقِ مَعَ أُسْرَتِهِ.
彼女は自分の先生（男性）が家族と市場を歩いているのを見なかった。

(3) رَأَيْنَا هَذَا ٱلْكَلَامَ صَحِيحًا.
私たちはこの言葉が正しいと思った。

نَرَى هَذَا ٱلْكَلَامَ صَحِيحًا.
私たちはこの言葉が正しいと思っている。

لَنْ نَرَى هَذَا ٱلْكَلَامَ صَحِيحًا.
私たちはこの言葉が正しいとは思わないだろう。

لَمْ نَرَ هَذَا ٱلْكَلَامَ صَحِيحًا.
私たちはこの言葉が正しいとは思わなかった。

(4) أَرَتِ ٱلْمُدَرِّسَةُ ٱلطُّلَّابَ صُوَرَ رِحْلَتِهَا إِلَى مِصْرَ.
その教師（女性）は学生たちにエジプト旅行の写真を見せた。

تُرِي ٱلْمُدَرِّسَةُ ٱلطُّلَّابَ صُوَرَ رِحْلَتِهَا إِلَى مِصْرَ.
その教師（女性）は学生たちにエジプト旅行の写真を見せる。

لَمْ تُرِ ٱلْمُدَرِّسَةُ ٱلطُّلَّابَ صُوَرَ رِحْلَتِهَا إِلَى مِصْرَ.
その教師（女性）は学生たちにエジプト旅行の写真を見せなかった。

(5) مَتَى جِئْتَ إِلَى ٱلْجَامِعَةِ؟
あなた（男性）はいつ大学に来ましたか。

مَتَى تَجِيءُ إِلَى ٱلْجَامِعَةِ؟
あなた（男性）はいつ大学に来ますか。

(6) جَاءَتْ بِفِنْجَانٍ مِنَ ٱلْمَطْبَخِ.
彼女は台所からカップを持ってきた。

لَمْ تَجِئْ بِفِنْجَانٍ مِنَ ٱلْمَطْبَخِ.
彼女は台所からカップを持ってこなかった。

(7) أَتَيْتُ إِلَى ٱلْمَكْتَبَةِ مَعَ زَمِيلِي كُلَّ يَوْمٍ.
私は毎日、同級生（男性）と図書館に来た。

لَنْ آتِيَ إِلَى ٱلْمَكْتَبَةِ مَعَ زَمِيلِي كُلَّ يَوْمٍ.
私は毎日、同級生（男性）と図書館には来ないだろう。

لَمْ آتِ إِلَى ٱلْمَكْتَبَةِ مَعَ زَمِيلِي كُلَّ يَوْمٍ.
私は毎日、同級生（男性）と図書館には来なかった。

(8) اِطْمَأَنْتَ عَلَى صِحَّةِ أُسْتَاذِكَ ٱلْمَرِيضِ.
あなた（男性）は病気だった先生（男性）が健康で安堵した。

تَطْمَئِنُّ عَلَى صِحَّةِ أُسْتَاذِكَ ٱلْمَرِيضِ.
あなた（男性）は病気だった先生（男性）が健康で安堵している。

لَنْ تَطْمَئِنَّ عَلَى صِحَّةِ أُسْتَاذِكَ ٱلْمَرِيضِ.
あなた（男性）は病気だった先生（男性）が健康でも安堵しないだろう。

(9) تَرْجَمْتِ مَقَالَةَ ٱلْجَرِيدَةِ مِنَ ٱلْعَرَبِيَّةِ إِلَى ٱلْيَابَانِيَّةِ.
あなた（女性）は新聞の記事をアラビア語から日本語に訳した。

تُتَرْجِمِينَ مَقَالَةَ ٱلْجَرِيدَةِ مِنَ ٱلْعَرَبِيَّةِ إِلَى ٱلْيَابَانِيَّةِ.
あなた（女性）は新聞の記事をアラビア語から日本語に訳している。

لَنْ تُتَرْجِمِي مَقَالَةَ ٱلْجَرِيدَةِ مِنَ ٱلْعَرَبِيَّةِ إِلَى ٱلْيَابَانِيَّةِ.
あなた（女性）は新聞の記事をアラビア語から日本語に訳さないだろう。

لَمْ تُتَرْجِمِي مَقَالَةَ ٱلْجَرِيدَةِ مِنَ ٱلْعَرَبِيَّةِ إِلَى ٱلْيَابَانِيَّةِ.
あなた（女性）は新聞の記事をアラビア語から日本語に訳さなかった。

تَرْجِمِي مَقَالَةَ ٱلْجَرِيدَةِ مِنَ ٱلْعَرَبِيَّةِ إِلَى ٱلْيَابَانِيَّةِ.
新聞の記事をアラビア語から日本語に訳しなさい。

(10) سَيْطَرَ ٱلضُّبَّاطُ عَلَى بَلَدِهِمْ بِشَكْلٍ كَامِلٍ.
その士官たちは国を完全に掌握した。

يُسَيْطِرُ ٱلضُّبَّاطُ عَلَى بَلَدِهِمْ بِشَكْلٍ كَامِلٍ.
その士官たちは国を完全に掌握している。

لَنْ يُسَيْطِرَ ٱلضُّبَّاطُ عَلَى بَلَدِهِمْ بِشَكْلٍ كَامِلٍ.
その士官たちは国を完全には掌握しないだろう。

لَمْ يُسَيْطِرْ ٱلضُّبَّاطُ عَلَى بَلَدِهِمْ بِشَكْلٍ كَامِلٍ.
その士官たちは国を完全には掌握しなかった。

表現練習問題11-1

(1) あなた（男性）が昨日何をしたかを私たちに話しなさい。

أَمْسِ، ذَهَبْتُ إِلَى ٱلْجَامِعَةِ كَٱلْعَادَةِ، وَعُدْتُ إِلَى ٱلْمَنْزِلِ حَوَالَيِ ٱلسَّاعَةِ ٱلرَّابِعَةِ عَصْرًا، وَشَاهَدْتُ مُبَارَاةَ كُرَةِ قَدَمٍ مَعَ أَبِي.

昨日、私はいつもの通り大学に行き、午後4時頃に家に戻りました。そして父とサッカーの試合を見ました。

(2) あなた（女性）が今日の授業の後に何をするかを私たちに話しなさい。

بَعْدَ ٱلْمُحَاضَرَةِ، سَأَقْضِي بَعْضَ ٱلْوَقْتِ فِي غُرْفَةِ ٱلطُّلَّابِ، ثُمَّ سَأَزُورُ مَكْتَبَ ٱلْأُسْتَاذِ.

授業の後、私はしばらくの時間、学生たちの部屋で過ごし、その後で先生（男性）の研究室を訪問します。

(3) あなた（男性）は今度の休日、日本の国外で過ごしますか。

لَمْ أُقَرِّرْ بَعْدُ، وَلَكِنَّنِي أُرِيدُ أَنْ أُسَافِرَ إِلَى ٱلْأُرْدُنِّ.

まだ決めていませんが、ヨルダンに旅行したいです。

(4) あなたたちは、同僚の卒業式で歌いましたか。

طَبْعًا، غَنَّيْنَا كَثِيرًا وَأَكَلْنَا وَشَرِبْنَا وَتَحَدَّثْنَا كَثِيرًا أَيْضًا.

もちろん、私たちはたくさん歌いましたし、たくさん食べ、飲み、話しました。

(5) あなた（男性）は叔父（伯父）の家の電話番号を忘れたのですか。

نَعَمْ، لِلْأَسَفِ نَسِيتُهُ، لِأَنَّنِي لَا أَتَّصِلُ بِهِ عَادَةً.

はい、残念ながら、普段は彼に連絡しないので、忘れてしまいました。

(6) あなた（女性）は今日、大学に何時に来ましたか。

جِئْتُ فِي ٱلسَّاعَةِ ٱلثَّامِنَةِ صَبَاحًا.

私は朝8時に来ました。

(7) あなたたちは明日、何時にパーティーに来ますか。

سَنَصِلُ فِي ٱلسَّاعَةِ ٱلسَّادِسَةِ مَسَاءً تَقْرِيبًا.

私たちは夕方の6時頃に着きます。

(8) あなた（男性）はこれまで大学の学食で夕食を食べたことがありますか。

نَعَمْ، أَكَلْتُ هُنَاكَ مَرَّتَيْنِ أَوْ ثَلَاثَ مَرَّاتٍ مِنْ قَبْلُ.

はい、私はそこで以前、2、3回食べたことがあります。

(9) もしよければ、この単語の意味を私たちに説明してください（女性に対して）。

أَنَا آسِفَةٌ، لَا أَعْرِفُ مَعْنَى هٰذِهِ ٱلْكَلِمَةِ.

すみません、私はこの単語の意味を知りません。

(10) 土曜日と日曜日の予定についてあなたたちの同級生たちと話しなさい。

فِي يَوْمِ ٱلسَّبْتِ سَأَزُورُ بَيْتَ ٱلْأُسْتَاذِ، وَفِي يَوْمِ ٱلْأَحَدِ سَأَتَغَدَّى مَعَ زُمَلَائِي فِي "كِيتِشِيجُوجِي".

土曜日は先生の家を訪問し、日曜日は「吉祥寺」で同級生たちと昼食をとる予定です。

(11) あなた（男性）はアラブ諸国事情に関心がありますか。

نَعَمْ، أَهْتَمُّ بِهَا. وَلِذٰلِكَ ٱخْتَرْتُ قِسْمَ ٱلدِّرَاسَاتِ ٱلْعَرَبِيَّةِ.

はい、関心があります。だから私はアラビア語専攻を選んだのです。

表現練習問題11-2

(1) كُلُوا ٱلْفُطُورَ.

(2) خُذِ ٱلْقَلَمَ عَلَى ٱلْمَكْتَبِ مِنْ فَضْلِكَ.

(3) لَا تُؤَاخِذِينِي، وَلٰكِنْ كَمْ عُمْرُكِ؟

(4) آمِنْ بِنَفْسِكَ.

(5) لَا تَتَأَخَّرُوا عَنِ ٱلْمُحَاضَرَةِ غَدًا مِنْ فَضْلِكُمْ.

(6) اِتَّخِذِي إِجْرَاءَاتٍ مُنَاسِبَةً مِنْ فَضْلِكِ.

(7) اِسْأَلْ أُسْتَاذَكَ عَنْ مَعْنَى تِلْكَ ٱلْكَلِمَةِ مِنْ فَضْلِكَ.

(8) اِقْرَؤُوا هٰذَا ٱلْكِتَابَ حَتَّى نِهَايَةِ ٱلْأُسْبُوعِ.

表現練習問題11-3

(1) قِفْ. اَلْإِشَارَةُ حَمْرَاءُ.

(2) ضَعِي قَلَمَكِ عَلَى ٱلْمَكْتَبِ مِنْ فَضْلِكِ.

(3) اِتَّصِلْ بِي بِٱلْهَاتِفِ غَدًا مِنْ فَضْلِكَ.

表現練習問題11-4

(1) رُدُّوا عَلَى ٱلسُّؤَالِ فَوْرًا.

(2) لَمْ نُقَرِّرِ ٱلْمِيعَادَ بَعْدُ.

(3) أَحَبَّ ٱلرَّجُلُ عَمَلَهُ ٱلْجَدِيدَ.

(4) يُحِبُّ ٱلرَّجُلُ عَمَلَهُ ٱلْجَدِيدَ.

(5) أَقَرَّتِ ٱلْحُكُومَةُ مَشْرُوعًا مُهِمًّا.

(6) لِمَاذَا تُصِرُّ عَلَى رَأْيِكَ دَائِمًا؟

(7) تَمْتَدُّ سُورِيَّةُ بَيْنَ لُبْنَانَ وَفِلَسْطِينَ وَٱلْأُرْدُنِّ وَٱلْعِرَاقِ وَتُرْكِيَا.

(8) اِسْتَمْرَرْتُ فِي دِرَاسَتِي حَتَّى ٱلسَّاعَةِ ٱلْحَادِيَةَ عَشْرَةَ أَمْسِ.

表現練習問題11-5

(1) قُلْ لِي سِرَّكَ مِنْ فَضْلِكَ.

(2) يَبِيعُ ٱلشَّابُّ ٱلْخُضْرَوَاتِ وَٱلْفَوَاكِهَ فِي ٱلشَّارِعِ.

(3) هَلْ زُرْتَ ٱلْمَتَاحِفَ ٱلْمَشْهُورَةَ فِي ٱلْقَاهِرَةِ؟

(4) ذُقِ ٱلطَّعَامَ ٱلْعَرَبِيَّ فِي ذٰلِكَ ٱلْمَطْعَمِ ٱللُّبْنَانِيِّ.

(5) فِي أَيِّ سَاعَةٍ نِمْتَ أَمْسِ؟

(6) مَاتَتْ تِلْكَ ٱلسَّيِّدَةُ فِي ٱلسَّنَةِ ٱلْمَاضِيَةِ.

(7) يُرِيدُونَ ٱلدُّخُولَ إِلَى جَامِعَةِ طُوكْيُو لِلدِّرَاسَاتِ ٱلْأَجْنَبِيَّةِ فِي ٱلسَّنَةِ ٱلْقَادِمَةِ.

(8) يَخْتَارُ ٱلطَّرِيقَ ٱلصَّعْبَ دَائِمًا.

表現練習問題11-6

(1) اِنْسَ مِيعَادَ نِهَايَةِ ٱلْأُسْبُوعِ مِنْ فَضْلِكَ.

(2) لَا تَنْسَي ٱلْوَاجِبَّ ٱلدِّرَاسِيَّ مِنْ فَضْلِكِ.

(3) هَلْ دَعَوْتَ جِيرَانَكَ إِلَى حَفْلَةِ عِيدِ مِيلَادِكَ؟

(4) أَمْشِي مِنْ بَيْتِي إِلَى ٱلْجَامِعَةِ كُلَّ يَوْمٍ.

(5) سَمَّيْنَا تِلْكَ ٱلْقِطَّةَ "مِيكُوغَامِي".

(6) يُعَانِي ٱلْيَمَنِيُّونَ مِنْ غَارَاتٍ سُعُودِيَّةٍ.

(7) تُنَادِي هٰذِهِ ٱلْحُكُومَةُ غَيْرَ ٱلدِّيمُقْرَاطِيَّةِ بِٱلدِّيمُقْرَاطِيَّةِ.

(8) فِي أَيِّ سَاعَةٍ أَنْهَيْتُمْ مُحَاضَرَاتِ ٱلْيَوْمِ؟

(9) أَعْطِينِي هٰذَا ٱلْكِتَابَ مِنْ فَضْلِكِ.

(10) أَلْغَوْا سَفَرَهُمْ إِلَى تُرْكِيَا.

(11) يُجْرِي ٱلْأُسْتَاذُ تَحْلِيلًا دَقِيقًا دَائِمًا.

(12) مَعَ مَنْ تَتَغَدَّى وَمَعَ مَنْ تَتَعَشَّى كُلَّ يَوْمٍ؟

(13) فِي أَيِّ سَاعَةٍ تَبْدَأُ هٰذِهِ ٱلْمُحَاضَرَةُ وَفِي أَيِّ سَاعَةٍ تَنْتَهِي؟

(14) أَيْنَ ٱشْتَرَيْتَ هٰذِهِ ٱلْأَلْبِسَةِ؟

(15) اِشْتَرَيْتُ هٰذِهِ ٱلسَّاعَةَ مِنْ "شِينْجُوكُ".

(16) يُتَرْجِمُ طُلَّابُ قِسْمِ ٱلدِّرَاسَاتِ ٱلْعَرَبِيَّةِ مَقَالَاتٍ عَرَبِيَّةً كُلَّ يَوْمٍ.

(17) تَعَالَ هُنَا.

表現練習問題11-7

(1) أَرِنِي هٰذِهِ ٱلصُّورَةَ مِنْ فَضْلِكَ.

(2). اُضْطُرَّتْ إِلَى اَلذَّهَابِ إِلَى اَلْجَامِعَةِ فِي يَوْمِ اَلْأَحَدِ.

(3). اِصْطَدَمَتِ اَلسَّيَّارَةُ بِالتَّاكْسِي.

文法練習問題12-1

(1). ظَنَّ اَلْأُسْتَاذُ أَنَّهَا مُجْتَهِدَةٌ.
その先生（男性）は彼女が勤勉だと思った。

(2). قُلْتُ لَهُ إِنَّنِي سَأَزُورُ اَلْقَاهِرَةَ فِي اَلصَّيْفِ اَلْقَادِمِ.
私は彼に来夏にカイロを訪れると言った。

(3). مِنَ اَلْأَفْضَلِ أَنْ تَهْتَمِّي بِصِحَّتِكِ.
あなた（女性）は自分の健康に気を遣った方が良い。

(4). أَرْجُو أَنْ تَتَكَلَّمَ بِبُطْءٍ أَكْثَرَ.
もっとゆっくり話して下さい（私はあなた（男性）がもっとゆっくり話すようお願いしています）。

(5). مِنَ اَلضَّرُورِيِّ أَنْ أَذْهَبَ إِلَى لُبْنَانَ فِي اَلْأُسْبُوعِ اَلْقَادِمِ.
私は来週レバノンに行く必要がある。

(6). أَتَمَنَّى أَنْ أَرَاكَ قَرِيبًا.
私は近々あなた（男性）に会えればと願っている（会うことを願っている）。

(7). سَمِعَ مِنْ أَصْدِقَائِهِ أَنَّ أُسْتَاذَهُ سَيُجْرِي اِمْتِحَانًا مُفَاجِئًا بَعْدَ اَلظُّهْرِ.
彼は友人たちから私の先生（男性）が午後に抜きうちのテストをするだろうと聞いた。

(8). أَخْبَرَ اَلْأُسْتَاذُ اَلطَّالِبَ بِأَلَّا يَتَحَدَّثَ مَعَ زُمَلَائِهِ فِي اَلْقَاعَةِ.
その先生（男性）はその学生（男性）に教室で同級生たちと話さないよう伝えた。

(9). سَيَسْتَطِيعُ أَنْ يُشَارِكَ فِي اَلدَّوْرَةِ اَلصَّيْفِيَّةِ لِلُّغَةِ اَلْعَرَبِيَّةِ فِي اَلْأُرْدُنِّ.
彼はヨルダンでアラビア語の夏期コースに参加できるだろう。

(10). مِنَ اَللَّازِمِ أَنْ تَأْتِي إِلَى اَلْاِجْتِمَاعِ اَلْمُهِمِّ اَلْيَوْمَ.
あなた（女性）は今日、重要な会議に来なければならない。

(11). نَعْتَقِدُ أَنَّ هَذِهِ هِيَ اَلْحَقِيقَةُ.
私たちはこれこそが真実だと思っている。

(12). نُرِيدُ أَنْ نَتَعَرَّفَ أَكْثَرَ عَلَى اَلثَّقَافَةِ اَلْعَرَبِيَّةِ.
私たちはアラブ文化にもっと慣れ親しみたい。

文法練習問題12-2

(1). سَافَرَتِ اَلطَّالِبَةُ إِلَى دَوْلَةٍ عَرَبِيَّةٍ لِتَدْرُسَ اَللُّغَةَ اَلْعَرَبِيَّةَ.
その学生（女性）はアラビア語を学ぶためにあるアラブの国を旅した。

(2). جِئْتُ إِلَيْكُمْ كَيْ أُسَاعِدَكُمْ فِي اَلدِّرَاسَةِ.
私はあなたたちの勉強を手伝うためにあなたたちのところに来ました。

(3). ذَهَبْنَا إِلَى دَارِ اَلسِّينِمَا لِكَيْ نُشَاهِدَ فِيلْمًا عَرَبِيًّا مَشْهُورًا.
私たちは有名なアラブ映画を観るために映画館に行きました。

(4). اِتَّصَلْتُ بِهِ كَيْلَا يَنْسَى مَوْعِدَ اَلْيَوْمِ.
私は今日の約束を忘れないよう彼に連絡した。

(5). لَا تُهْمِلُوا دِرَاسَتَكُمْ لِكَيْلَا تَنْدَمُوا بَعْدَ تَخَرُّجِكُمْ مِنَ اَلْجَامِعَةِ.
大学卒業後にあなたたちが後悔しないよう勉強を怠るな。

(6). مَارِسْ بَعْضَ اَلْأَلْعَابِ اَلرِّيَاضِيَّةِ لِئَلَّا يَزْدَادَ وَزْنُكَ.
あなた（男性）の体重が増えないよう何らかのスポーツをしなさい。

(7). مِنَ اَلْأَحْسَنِ أَنْ تَعْتَذِرِي لَهُ حَتَّى يُسَامِحَكِ.
彼があなた（女性）に寛容になるまで、あなたは彼に謝罪した方が良い。

(8). كُنْ لَطِيفًا مَعَ اَلْآخَرِينَ حَتَّى يُحِبُّوكَ.
他人があなた（男性）を愛してくれるよう彼らに優しくしなさい。

(9). أَرْسَلْتُ رِسَالَةً إِلَى صَدِيقِي لِكَيْ أَدْعُوَهُ إِلَى حَفْلَةِ زَوَاجِي.
私は私の結婚式に招待するために私の友人（男性）に手紙を送った。

(10) سَأَدَّخِرُ جُزْءًا مِنْ دَخْلِي لِئَلَّا أُضْطَرَّ إِلَى اَلْاِقْتِرَاضِ عِنْدَ اَلْحَاجَةِ.
私は必要な時に借金せざるを得なくならないよう自分の収入の一部を貯蓄します。

文法練習問題12-3

(1). عَثَرْتُ عَلَى هَذَا اَلْكِتَابِ حِينَمَا كُنْتُ فِي سُورِيَّةَ.
私はシリアにいた時にこの本を見つけました。

(2). دَخَلَ اَلطُّلَّابُ إِلَى اَلْقَاعَةِ عِنْدَمَا دَقَّ اَلْجَرَسُ.
ベルが鳴った時、学生たち（男性）が教室に入ってきた。

(3). لَمَّا قَابَلْتُهُ، سَلَّمْتُ عَلَيْهِ.
私が彼に会った時、私は彼に挨拶した。

(4). لَا تَنْسَيْ أَنْ تَضَعِي جَوَازَ اَلسَّفَرِ فِي حَقِيبَةِ يَدِكِ قَبْلَ أَنْ تَتَّجِهِي إِلَى اَلْمَطَارِ.

空港に向かう前に、あなた（女性）のハンドバッグにパスポートを入れることを忘れるな。

(5) سَأَتَّصِلُ بِكَ بَعْدَ أَنْ أَصِلَ إِلَى ٱلْمَكْتَبِ.

私は事務所に着いた後であなた（男性）に連絡します。

(6) حِينَمَا عَادَ إِلَى مِصْرَ، وَجَدَ عَائِلَتَهُ فِي ٱنْتِظَارِهِ.

彼がエジプトに戻った時、彼を待っている家族を見つけた。

(7) أَعْجَبَنِي ٱلطَّعَامُ ٱلسُّورِيُّ عِنْدَمَا زُرْتُ دِمَشْقَ لِأَوَّلِ مَرَّةٍ.

私がダマスカスを初めて訪れた時、私はシリア料理が気に入った。

(8) تَعَلَّمْتُ ٱلْكَثِيرَ عَنِ ٱلْمُجْتَمَعِ ٱلْمِصْرِيِّ حِينَمَا كُنْتُ أَدْرُسُ فِي ٱلْقَاهِرَةِ عَامًا كَامِلًا.

私がカイロでまる1年勉強していた時、エジプト社会について多くを学んだ。

(9) لَا تَنْسَيْ أَنْ تُغْلِقِي هَاتِفَكِ ٱلْمَحْمُولَ عِنْدَمَا تَدْخُلِينَ قَاعَةَ ٱلْمُحَاضَرَاتِ.

あなた（女性）が教室に入る時、携帯電話を切る（閉じる）ことを忘れるな。

(10) أُحِبُّ ٱلْتِقَاطَ ٱلصُّوَرِ ٱلتَّذْكَارِيَّةِ حِينَمَا أُسَافِرُ إِلَى بِلَادٍ أَجْنَبِيَّةٍ.

私は外国に旅行するとき、記念写真を撮ることが好きです。

文法練習問題12-4

(1) لَوْ قَضَيْتَ وَقْتَكَ بِشَكْلٍ أَفْضَلَ لَنَجَحْتَ فِي أَيِّ شَيْءٍ.

もしあなた（男性）が自分の時間をより良く過ごせば、何でもうまくいったろうに。

(2) إِذَا قَابَلْتُهَا، فَسَأُبَلِّغُهَا بِتَحِيَّاتِكَ.

もし私が彼女にあったら、彼女にあなた（男性）からの挨拶を伝えます。

(3) إِذَا كَانَ مِنَ ٱلْمُمْكِنِ أَنْ تَأْتِيَ إِلَى بَيْتِي غَدًا، فَسَأَدْعُوكَ إِلَى ٱلْعَشَاءِ.

もしあなた（男性）が私の家に明日来れたら、私はあなたを夕食に招待します。

(4) إِذَا كَانَ عِنْدَكُمْ وَقْتٌ ٱلْآنَ، فَسَاعِدُونِي مِنْ فَضْلِكُمْ.

もしあなたたちに今時間があれば、どうか私を手伝ってください。

(5) إِذَا كَانَ ٱلْجَوُّ جَيِّدًا، فَلْنَتَنَاوَلِ ٱلْغَدَاءَ فِي ٱلْحَدِيقَةِ.

もし天気が良かったら、庭で昼食をとりましょう。

(6) إِذَا لَمْ تَكُونِي مَشْغُولَةً، فَمِنَ ٱلْأَحْسَنِ أَنْ تُشَاهِدِي ذَلِكَ ٱلْفِيلْمَ.

もしあなた（女性）が忙しくなかったら、その映画を観た方が良い。

表現練習問題12-1

(1) あなた（男性）は先生（男性）が明日いつ大学に来るか知っていますか。

لَا أَعْرِفُ، وَلَكِنَّنِي سَمِعْتُهُ يَقُولُ إِنَّهُ سَيَأْتِي غَدًا بَعْدَ ٱلظُّهْرِ.

私は知りませんが、彼が明日、午後に来ると言っているのを聞きました。

(2) あなた（女性）の友人（男性）は新しい仕事について何か言いましたか。

نَعَمْ، قَالَ إِنَّ ٱلْعَمَلَ مُمْتِعٌ، وَلَكِنْ يَبْدُو أَنَّهُ مَشْغُولٌ جِدًّا.

はい、彼は仕事が楽しいと言いましたが、とても忙しそうです。

(3) 中東に旅行することについてあなたたちはどう思いますか。

هَذَا ٱلْوَقْتُ مِنَ ٱلْعَامِ مُنَاسِبٌ جِدًّا لِلسَّفَرِ إِلَى ٱلشَّرْقِ ٱلْأَوْسَطِ، لِأَنَّ ٱلْجَوَّ مُعْتَدِلٌ.

1年のこの時期は中東への旅行に適しています。なぜなら気候が穏やかだからです。

(4) あなた（男性）は「川端康成」について何を知っていますか。

أَعْرِفُ أَنَّهُ كَاتِبٌ يَابَانِيٌّ مَشْهُورٌ وَأَشْهَرُ رِوَايَاتِهِ عُنْوَانُهَا "يُوكِي-غُونِي".

私は彼が日本の有名な作家で、もっとも有名な小説のタイトルが「雪国」だということを知っています。

(5) あなた（女性）は日本食がアジアで最高の料理だと思いますか。

أَظُنُّ أَنَّ ٱلطَّعَامَ ٱلْيَابَانِيَّ لَيْسَ أَفْضَلَ طَعَامٍ فِي آسِيَا وَلَكِنَّهُ أَعْجَبَنِي كَثِيرًا.

日本食はアジア最高の料理とは思いませんが、とても気に入りました。

(6) 来週の天気について何かニュースはありますか。

سَمِعْتُ أَنَّ ٱلْجَوَّ سَيَكُونُ مُمْطِرًا فِي ٱلْأُسْبُوعِ ٱلْقَادِمِ.

私は来週は天気が雨になると耳にしました。

(7) アラビア語の勉強が簡単だと言われていることについてあなた(男性)はどう思いますか。

أَرَى أَنَّ هَذَا ٱلْكَلَامَ صَحِيحٌ.

私は、その言葉は正しいと思います。

(8) あなた(女性)はなぜその先生(男性)が授業の時間を変更したのか知っていますか。

قَالَ لِي إِنَّهُ غَيَّرَ مَوْعِدَ ٱلْمُحَاضَرَةِ لِكَيْ يَذْهَبَ إِلَى ٱلْمُسْتَشْفَى مَعَ زَوْجَتِهِ.

彼は、妻と病院に行くために授業時間を変更したと私に言いました。

(9) [Alexandros]というバンドについてあなたたちは何か知っていますか。

نَعَمْ، هَذِهِ ٱلْفِرْقَةُ مَشْهُورَةٌ جِدًّا بَيْنَ ٱلشَّبَابِ لِأَنَّ أَغَانِيَهَا جَمِيلَةٌ.

はい、このバンドは歌が美しいので、若者たちの間でとても人気があります。

(10) あなた(男性)はアーンミーヤを勉強することが必要だと思いますか。

طَبْعًا، دِرَاسَةُ ٱلْعَامِّيَّةِ ضَرُورِيَّةٌ جِدًّا، لِأَنَّ ٱلْعَرَبَ يَسْتَخْدِمُونَهَا فِي حَيَاتِهِمِ ٱلْيَوْمِيَّةِ.

もちろん、アーンミーヤの勉強はとても必要です。なぜなら、アラブ人は日々の生活でそれを用いるからです。

表現練習問題12-2

(1) あなた(男性)は将来、何をしたいですか。またなぜですか。

أُرِيدُ أَنْ أُصْبِحَ مُدَرِّسًا لِأَنَّنِي أَحْتَرِمُ أَسَاتِذَتِي فِي ٱلْجَامِعَةِ.

私(男性)は大学の先生がたを尊敬しているので教師になりたいです。

(2) あなた(女性)は夕食に何を食べたいですか。またなぜですか。

أُرِيدُ أَنْ آكُلَ طَعَامًا خَفِيفًا، لِأَنَّنِي أَكَلْتُ كَثِيرًا أَمْسِ.

私は昨日たくさん食べたので、軽食を食べたいです。

(3) あなたたちはなぜアラブ諸国の政治についてたくさん読んでいるのですか。

نَقْرَأُ عَنِ ٱلسِّيَاسَةِ فِي ٱلْبُلْدَانِ ٱلْعَرَبِيَّةِ حَتَّى نَتَعَرَّفَ أَكْثَرَ عَلَى ٱلْأَوْضَاعِ فِي ٱلشَّرْقِ ٱلْأَوْسَطِ.

私たちは中東情勢がもっとよく分かるよう、アラブ諸国の政治について読んでいます。

(4) あなた(男性)は英語がうまくなりたいですか。またなぜですか。

طَبْعًا أَتَمَنَّى أَنْ أُتْقِنَ ٱللُّغَةَ ٱلْإِنْكِلِيزِيَّةَ لِأَنَّهَا تُسْتَخْدَمُ فِي دُوَلٍ كَثِيرَةٍ فِي ٱلْعَالَمِ.

もちろん、世界の多くの国で話されているので英語が上達すればいいと思っています。

(5) アラビア語専攻の学生たちはフスハーとアーンミーヤの両方を学ばなければなりませんか。それはなぜですか。

نَعَمْ، يَجِبُ عَلَيْهِمْ أَنْ يَدْرُسُوا كُلًّا مِنَ ٱلْعَامِّيَّةِ وَٱلْفُصْحَى لِأَنَّ ٱلْعَرَبَ يَسْتَخْدِمُونَهُمَا.

はい、彼らはアーンミーヤのフスハーの両方を学ばなければなりません。なぜならアラブ人はこの二つを用いているからです。

(6) あなた(女性)はなぜ東京外国語大学に入ったのですか。

اِلْتَحَقْتُ بِهَذِهِ ٱلْجَامِعَةِ لِكَيْ أَدْرُسَ ثَقَافَةَ ٱلْعَرَبِ.

私はアラブ人の文化を学ぶためにこの大学に入りました。

(7) あなたたちはなぜ喫煙者を避けるのですか。

نَبْتَعِدُ عَنْهُمْ حَتَّى لَا نَشُمَّ رَائِحَةَ ٱلدُّخَانِ.

私たちは煙の臭いを嗅がないよう、彼らを避けているのです。

(8) あなた(男性)はなぜ早寝するのですか。

أَنَامُ مُبَكِّرًا حَتَّى يُمْكِنَنِي أَنْ أَسْتَيْقِظَ مُبَكِّرًا.

私は早く起きられるよう早寝しています。

(9) あなた(女性)はなぜカイロ滞在中にあのホテルに泊まったのですか。

نَزَلْتُ فِيهِ لِكَيْ أَكُونَ قَرِيبَةً مِنَ ٱلْجَامِعَةِ.

私は大学の近くにいられるよう、そこに泊まりました。

(10) あなたたちはなぜ大学のスポーツ・文化活動に参加しないのですか。

لَا نُشَارِكُ فِيهَا لِأَنَّنَا مَشْغُولُونَ بِٱلدِّرَاسَةِ دَائِمًا.

私たちはいつも勉強で忙しいので参加しません。

表現練習問題12-3

(1) あなた(男性)は北日本への旅行を楽しみましたか。

نَعَمْ، اِسْتَمْتَعْتُ بِهَا كَثِيرًا.

はい、私はすごく楽しみました。

(2) あなた（女性）は家主が訪れてきたとき何をしていましたか。

عِنْدَمَا زَارَنِي صَاحِبُ الْبَيْتِ، كُنْتُ أُعِدُّ الْعَشَاءَ.

家主が私を訪れてきた時、私は夕食の用意をしていました。

(3) 2011年3月に地震が起こったとき、あなたたちは何をしていましたか。

لَمَّا وَقَعَ الزِّلْزَالُ كُنَّا فِي الْمَدْرَسَةِ.

地震が起きたとき、私たちは学校にいました。

(4) あなた（男性）は図書館に行ったとき、何を見つけましたか。

حِينَمَا ذَهَبْتُ إِلَى الْمَكْتَبَةِ وَجَدْتُ زُمَلَائِي يَدْرُسُونَ هُنَاكَ.

図書館に行ったとき、私は同級生たちがそこで勉強しているのを見つけました。

(5) あなた（女性）はなぜ国際法を勉強したいのですか。

ذَلِكَ لِأَنَّنِي أُرِيدُ أَنْ أَدْرُسَ السِّيَاسَةَ الدُّوَلِيَّةَ.

それは、私が国際政治を勉強したいからです。

(6) あなたたちは、石油が中東の開発を手助けしていると思いますか。

نَعَمْ، نَرَى أَنَّ الْبِتْرُولَ يُسَاعِدُ فِي تَنْمِيَةِ بَعْضِ الدُّوَلِ فِي الشَّرْقِ الْأَوْسَطِ.

はい、私たちは石油が中東の一部の国の開発を手助けしていると思います。

(7) あなた（男性）は普段、朝に眠りから目覚めたあとに何をしますか。

بَعْدَ أَنْ أَسْتَيْقِظَ فِي الصَّبَاحِ، عَادَةً، أَتَنَاوَلُ الْفُطُورَ مَعَ أُسْرَتِي.

朝起きたあと、私は普段、家族と朝食をとります。

(8) あなた（男性）は毎日寝る前に何をしますか。

قَبْلَ أَنْ أَنَامَ كُلَّ يَوْمٍ أُرَاجِعُ دُرُوسِي وَأُحَضِّرُ دُرُوسَ الْيَوْمِ التَّالِي.

毎日寝る前に、私は復習をして、次の日の授業の準備をします。

(9) あなた（女性）は今日家に戻ったあと何をしますか。

بَعْدَ أَنْ أَعُودَ إِلَى الْمَنْزِلِ سَوْفَ أَتَنَاوَلُ الْعَشَاءَ، وَأُسَاعِدُ أَخِي الصَّغِيرَ فِي دِرَاسَتِهِ.

家に戻ったあとで、夕食をとり、弟の勉強を手伝います。

(10) あなたたちは夏休みが始まったら、何をしようと決めていますか。

عِنْدَمَا تَبْدَأُ الْعُطْلَةُ الصَّيْفِيَّةُ نَعْتَزِمُ السَّفَرَ إِلَى الْبُلْدَانِ الْعَرَبِيَّةِ.

夏休みが始まったら、アラブ諸国に旅行すると決めています。

表現練習問題12-4

(1) その学生（女性）は今日の1時間目に来たから、先生（男性）は不快ではないだろう。

إِذَا لَمْ تَأْتِ تِلْكَ الطَّالِبَةُ إِلَى الْحِصَّةِ الْأُولَى فِي مُحَاضَرَاتِ الْيَوْمِ، فَسَيَنْزَعِجُ الْأُسْتَاذُ.

もしその学生（女性）が今日の1時間目に来なかったら、先生（男性）は不快になるだろう。

(2) あなた（男性）はアラビア語の文法をたくさん勉強した。だから、あなたは学期末試験に受かった。

إِذَا لَمْ تَدْرُسْ قَوَاعِدَ الْعَرَبِيَّةِ كَثِيرًا، فَلَنْ تَنْجَحَ فِي اِمْتِحَانِ نِهَايَةِ الْفَصْلِ.

もしあなた（男性）がアラビア語文法をたくさん勉強しなかったら、学期末試験に受からなかっただろう。

(3) 彼女は忙しくなかったから、私に手伝いを頼まなかった。

إِذَا كَانَتْ مَشْغُولَةً، فَسَتَطْلُبُ مِنِّي الْمُسَاعَدَةَ.

もし彼女が忙しかったら、私に手伝いを頼むだろう。

(4) 私には十分な時間はないので、モロッコには旅行しません。

لَوْ كَانَ عِنْدِي وَقْتٌ كَافٍ، لَسَافَرْتُ إِلَى الْمَغْرِبِ.

もし私に十分な時間があったら、モロッコに旅行した。

(5) 私はロシアの大統領ではないので、シリア情勢には干渉しません。

لَوْ كُنْتُ رَئِيسًا لِرُوسِيَا، لَتَدَخَّلْتُ فِي الشُّؤُونِ السُّورِيَّةِ.

もし私（男性）がロシアの大統領だったら、シリア情勢に干渉した。

(6) 私は東京外国語大学に入ったので、勉強したいこ

とすべてを学ぶことができます。

لَوْ لَمْ أَدْخُلْ جَامِعَةَ طُوكِيُو لِلدِّرَاسَاتِ ٱلْأَجْنَبِيَّةِ، لَمَا ٱسْتَطَعْتُ أَتَعَلَّمَ كُلَّ مَا أُرِيدُ دِرَاسَتَهُ.

もし私が東京外国語大学に入っていなかったら、勉強したいことすべてを学ぶことはできなかった。

文法練習問題13-1

(1) مَرَرْتُ بِٱلْمَطْعَمِ ٱلْجَدِيدِ ٱلَّذِي زُرْنَاهُ قَبْلَ شَهْرٍ تَقْرِيبًا.

私は、私たちが約1ヶ月前に訪れた新しいレストランを通り過ぎました。

(2) لَا أَعْرِفُ ٱلرَّجُلَ ٱلَّذِي كَانَ ٱلْأُسْتَاذُ يَتَحَدَّثُ مَعَهُ فِي ٱلْمَقْهَى أَمَامَ ٱلْمَحَطَّةِ.

私は、先生（男性）が駅前のカフェで話していたその男性を知らない。

(3) قَرَأْتُ ٱلْكِتَابَ ٱلْعَرَبِيَّ ٱلْمَشْهُورَ ٱلَّذِي كَاتِبُهُ "طٰهٰ حُسَيْنٌ".

私はその書き手が「ターハー・フサイン」である有名なアラブの本を読んだ。

(4) هٰذِهِ هِيَ ٱلطَّالِبَةُ ٱلَّتِي نَجَحَتْ فِي ٱمْتِحَانِ ٱلْقَبُولِ بِوِزَارَةِ ٱلْخَارِجِيَّةِ.

この人が、外務省の入所試験に受かった学生（女性）です。

(5) شَاهَدْتُ ٱلْمَسْرَحِيَّةَ ٱلَّتِي عَرَضَهَا طُلَّابُ ٱلصَّفِّ ٱلثَّانِي فِي ٱلْمَهْرَجَانِ ٱلْجَامِعِيِّ.

私は、2年生が大学祭で披露した演劇を観た。

(6) مِنَ ٱلْمُمْكِنِ أَنْ نُقَابِلَكُمْ فِي غُرْفَتِنَا ٱلَّتِي رَقْمُهَا ٨١٣.

私たちは番号が813である我々の部屋であなたたちに会うことができます。

(7) دَخَلَ ٱلْغُرْفَةَ رَجُلٌ لَا أَعْرِفُهُ.

私の知らない男性がその部屋に入った。

(8) أُرِيدُ أَنْ أُسَافِرَ إِلَى مَكَانٍ لَمْ أَذْهَبْ إِلَيْهِ مِنْ قَبْلُ.

私は、以前に行ったことのない場所に旅行したい。

(9) اِشْتَرَيْتُ كِتَابًا ثَمَنُهُ لَيْسَ غَالِيًا.

私は値段が高くない本を買った。

(10) رَأَيْنَا سَيِّدَةً تَلْبَسُ مَلَابِسَ أَنِيقَةً تَدْخُلُ ٱلْمَطْعَمَ.

私たちは豪華な服を着ている女性がレストランに入るのを見た。

(11) اِسْتَمَعْتُ إِلَى أُغْنِيَةٍ عَرَبِيَّةٍ سَمِعْتُهَا مِرَارًا خِلَالَ إِقَامَتِي بِمِصْرَ.

私はカイロ滞在中に何度も耳にしたアラブの歌を聴いた。

(12) تَعَرَّفْنَا عَلَى فَتَاةٍ مِصْرِيَّةٍ ٱسْمُهَا لَيْلَى.

私たちは名前がライラーというエジプト人少女と知り合った。

文法練習問題13-2

(1) 私はあなた（男性）が欲しいものを知らない。

(2) 私は家族に、大学で同級生たちから聞いたことを伝えた。

(3) イスラエルはパレスチナの土地を占領し、そのことがそこから難民の避難をもたらした。

(4) 優しい男性は手助けを求める人（男性）を手伝う。

(5) あなた（男性）は学んだ新出単語を授業の後に復習しなければなりません。

(6) 私があなた（男性）から聞いたことが私を幸せにした。／私はあなた（男性）について聞いたことで幸せになった。

(7) 私は歴史の本のなかで読んだことから多くを学び取った。

(8) 人々はもはやあの男性が言うことはまったく信用していない。

(9) 私の友人（男性）は北アフリカ諸国の一部を訪問した際に目の当たりにしたことについて私に話してくれました。

(10) あなた（男性）の同級生（男性）が試験で受かる秘訣は、彼が行う勉強の継続的な復習のなかに隠されている。

文法練習問題13-3

(5) مِنَ ٱلضَّرُورِيِّ ذَهَابِي إِلَى لُبْنَانَ ٱلْأُسْبُوعَ ٱلْقَادِمَ.

(7) سَمِعَ مِنْ أَصْدِقَائِهِ عَنْ إِجْرَاءِ أُسْتَاذِهِ ٱمْتِحَانًا مُفَاجِئًا بَعْدَ ٱلظُّهْرِ.

(10) مِنَ ٱللَّازِمِ إِتْيَانُكَ إِلَى ٱلْاِجْتِمَاعِ ٱلْمُهِمِّ ٱلْيَوْمَ.

(12) نُرِيدُ ٱلتَّعَرُّفَ أَكْثَرَ عَلَى ٱلثَّقَافَةِ ٱلْعَرَبِيَّةِ.

文法練習問題13-4

(1) 学長は入学試験に合格した学生たちを歓迎した。

(2) その有名な作家（男性）は今日の晩、パリから帰国し、カイロ空港に到着した。

(3) この時間に残っている唯一の責任者（男性）はイ

ンフォメーション・オフィスの局長です。

(4) 外国人学生たちは休暇に自分たちの家族のもとに戻り、同級生（男性）のアフマドを東京に残して去って行った。

(5) 自伝を書いているその医師（男性）は都会での生活やそこでの問題について2時間話した。

(6) 彼は移住を拒否し、祖国の現実や歴史について書きながらそこにとどまることを選んだ。

(7) 彼は、アラブ諸国が不可分の一帯をなすとみなす人の一人です。

(8) アラブ諸国は国連のパレスチナ分割決議を違法だとみなして拒否した。

(9) 日本で造られた製品は世界各地で求められていた。

(10) 消費者は、日本で造られているのでその自動車を好む。

表現練習問題13-1

(1) あなた（男性）はそこに座っている男性を知っていますか。

نَعَمْ، أَعْرِفُ ٱلرَّجُلَ ٱلَّذِي يَجْلِسُ هُنَاكَ هُوَ ٱلْأُسْتَاذُ ٱلَّذِي يُدَرِّسُ لَنَا ٱللُّغَةَ ٱلْفَرَنْسِيَّةَ.

はい、私はそこに座っている男性が私たちにフランス語を教えている先生であるということを知っています。

(2) あなた（女性）と今し方まで話していた美しい少女は誰ですか。

تِلْكَ ٱلْفَتَاةُ هِيَ أُخْتِي ٱلَّتِي تَسْكُنُ مَعِي فِي طُوكِيُو.

その少女は東京で私と一緒に住んでいる姉（妹）です。

(3) これは、あなた（男性）がエジプトから買ってきた本ですか。

لَا، هَذَا هُوَ ٱلْكِتَابُ ٱلَّذِي أَحْضَرَهُ ٱلْأُسْتَاذُ مِنَ ٱلْقَاهِرَةِ.

いいえ、これは先生（男性）がカイロから持ってきた本です。

(4) その先生（男性）が行う授業のタイトルは何ですか。

عُنْوَانُ ٱلْمُحَاضَرَةِ هُوَ "ٱقْتِصَادُ ٱلشَّرْقِ ٱلْأَوْسَطِ"، وَهَذِهِ ٱلْمُحَاضَرَةُ هِيَ ٱلَّتِي كُنْتُ أُرِيدُ ٱلِٱسْتِمَاعَ إِلَيْهَا.

講義題目は「中東経済」で、この授業は私が聴講したかったものです。

(5) あなた（女性）は昨日私が言ったことを誰かに伝えましたか。

نَعَمْ، أَخْبَرْتُ صَدِيقَتِي بِمَا قُلْتِهِ لِي أَمْسِ.

はい、わたしは友人（女性）に昨日あなた（女性）が私に言ったことを伝えました。

(6) あなた（男性）は以前、パレスチナ問題を取り上げている本を読みましたか。

نَعَمْ، قَرَأْتُ كِتَابًا لِأُسْتَاذٍ مَشْهُورٍ مُتَخَصِّصٍ فِي ٱلْقَضِيَّةِ ٱلْفِلَسْطِينِيَّةِ.

はい、私はパレスチナ問題を専攻する有名な先生の本を読みました。

(7) あなた（男性）は今日の授業で欠席した学生を知っていますか。

نَعَمْ، أَعْرِفُ بَعْضَ ٱلطُّلَّابِ ٱلَّذِينَ غَابُوا ٱلْيَوْمَ.

はい、私は今日休んだ学生（男性）の一部を知っています。

(8) ここに鞄を置き忘れた人は誰ですか。

لَا أَعْرِفُ مَنْ تَرَكَ حَقِيبَتَهُ، وَلَكِنِّي أَعْرِفُ مَنْ كَانَ مَوْجُودًا هُنَا.

私は誰が鞄を置き忘れたかを知りませんが、ここにいた人を知っています。

(9) あなた（男性）が好きなインターネット・サイトは何ですか。

أَفْضَلُ ٱلْمَوَاقِعِ هِيَ ٱلَّتِي تَتَنَاوَلُ ٱلْأَخْبَارَ ٱلدَّوْلِيَّةَ.

好きなサイトは国際ニュースを取り扱っているものです。

(10) モロッコに留学する場合、あなた（男性）に食事を用意してくれる人は誰ですか。

لَا يُوجَدُ مَنْ يُعِدُّ لِي ٱلطَّعَامَ، وَلِذَلِكَ سَآكُلُ فِي ٱلْمَطَاعِمِ ٱلْقَرِيبَةِ مِنْ سَكَنِي.

私に食事を用意してくれる人はいませんので、住居の近くにあるレストランで食べます。

表現練習問題13-2

(1) あなた（男性）は夏休みに何をしたいですか。

أُرِيدُ أَنْ أَسْتَمْتِعَ بِمُمَارَسَةِ ٱلرِّيَاضَةِ وَٱلْقِرَاءَةِ.

私はスポーツをしたり読書をして楽しみたいです。

(2) あなた（女性）は、将来成功するために必要なのは何だと思いますか。

أَظُنُّ أَنَّنِي أَحْتَاجُ إِلَى بَذْلِ جُهُودٍ مُتَوَاصِلَةٍ فِي الدِّرَاسَةِ وَالْعَمَلِ.

私は、勉強と仕事で継続的に努力することが必要だと思います。

(3) 授業中に学生たちがしなければならないことは何ですか。

يَجِبُ عَلَيْهِمْ سُؤَالُ الْأُسْتَاذِ عَمَّا لَا يَفْهَمُونَهُ.

彼らは分からないことについて先生（男性）に質問しなければなりません。

(4) あなた（男性）は、外国旅行する前にしなければならないことは何だと思いますか。

قَبْلَ السَّفَرِ يَجِبُ جَمْعُ الْمَعْلُومَاتِ الَّتِي تَتَعَلَّقُ بِتِلْكَ الْبُلْدَانِ.

旅行前に、その国々に関わる情報を集めなければなりません。

(5) アラビア語の勉強で向上するために必要なものは何ですか。

يَتَطَلَّبُ التَّفَوُّقُ مُرَاجَعَةَ الدُّرُوسِ وَعَمَلَ الْوَاجِبَاتِ الدِّرَاسِيَّةِ قَبْلَ كُلِّ شَيْءٍ.

何よりも前に、復習と宿題を行うことが求められます。

(6) アラブ諸国の訪問中に配慮しなければならないことは何ですか。

يَجِبُ مُرَاعَاةُ الثَّقَافَةِ وَالْأَخْلَاقِ الْخَاصَّةِ بِهِمْ.

彼らに固有の文化や道徳に配慮しなければなりません。

(7) あなた（男性）が大学でしている活動とは何ですか。

أُمَارِسُ أَنْشِطَةً رِيَاضِيَّةً وَثَقَافِيَّةً.

私はスポーツ・文化活動をしています。

(8) あなた（男性）は、アラブ諸国で顕著な問題とは何だと思いますか。

فِي رَأْيِي، الْمَشَاكِلُ تَخْتَلِفُ مِنْ بَلَدٍ إِلَى آخَرَ، وَلَكِنَّ أَبْرَزَهَا الْمَشَاكِلُ الْاقْتِصَادِيَّةُ وَالسِّيَاسِيَّةُ.

国によって問題は違うと思いますが、もっとも顕著なのは経済・政治問題です。

単語帳

【凡例】

単語や慣用句などの解説は、以下のように、品詞、意味、語根などを示しています。

(1)名詞、形容詞は以下のように品詞、意味、複数形、語根などを示しています。

　　　　　品詞　意味　語幹複数形　語根

　　　بَيْتٌ √بُيُــــوتٌ [名詞] 家　بَيْتٌ

名詞・形容詞のうち複数語尾を規則的に付け加えることで複数形を表すものは複数形を明記していません。また外来語起源の名詞・形容詞は語根を明記していません。人名も省略しました。

(2)動詞は以下のように意味、慣用句として用いられる前置詞、動名詞、語根などを示しています。

　　　自／他動詞　意味　慣用句として用いられる前置詞　未完了形の第2語根の母音　動名詞　語根

　　　نَظَرَ [自動詞] 見る（إِلَـــــى ～を）　(u)　نَظَرَ √نَـظَـرَ

未完了形の第2語根の母音と動名詞は第Ⅰ形のみ明記しています。

(3) 1、2、3 などは本書における初出章を、詳 は『詳解文法』において初出であることをを示しています。

なお、本書の単語は、「東京外国語大学言語モジュール」(http://www.coelang.tufs.ac.jp/mt/) 内の「アラビア語フスハー正則語　語彙モジュール」(http://www.coelang.tufs.ac.jp/mt/ar/vmod/) に納められており、「単語検索」で意味などを調べることができますので、併せて活用ください。

········· ا ·········

أ [疑問詞] ～か？ √أ   3

آبُ [名詞] 8月（西暦）   6

أَبٌ [名詞] 父 √أَبُو آبَاءٌ   5

اِبْتَأَسَ [自動詞] 哀れである √بَأَس اِبْتِئَاس   詳

اِبْتَسَمَ [自動詞] ほほえむ、（ニコっと）笑う √بسم اِبْتِسَام   9

اِبْتَعَدَ [自動詞] 遠ざかる、離れる（عَنْ ～から）√بعد اِبْتِعَادٌ   12

أَبَدًا [副詞] 決して、全然（否定文）；絶対（肯定文）√أَبَد   9

أَبْرِيلُ [名詞] 4月（西暦）   6

أَبْلَغَ [他動詞] に知らせる、に告知する（بِ ～を）√بلغ إِبْلَاغٌ   10

اِبْنٌ [名詞] 息子 √بن بَنُونَ／أَبْنَاءٌ   5

اِبْنَةٌ [名詞] 娘 √بن بَنَاتٌ   詳

إِبْهَامٌ [名詞] 親指 √بهم أَبَاهِيمُ   9

أَبُو ظَبِي [名詞] アブダビ   8

أَبُويٌّ [形容詞] 父の √أبو   詳

أَبْيَضُ [形容詞] 白い بَيْضَاءُ（女性形）、بِيضٌ（複数形）√بيض   5

أَتَاحَ [他動詞]（機会など）を与える（لِ ～に）√تيح إِتَاحَةٌ   詳

اِتَّبَعَ [他動詞] に従う √تبع اِتِّبَاعٌ   詳

اِتِّجَاهٌ [名詞] 方向 اِتِّجَاهَاتٌ √وجه   詳

اِتَّجَهَ [自動詞] 向かう √وجد   11

اِتِّحَادِيٌّ [形容詞] 連合の、連邦の √أحد   8

اِتَّحَدَ [自動詞] 連合する（بِ ～と）√وحد اِتِّحَادٌ   13

اِتَّخَذَ [他動詞]（措置など）を講じる、（決定など）を下す √أخذ اِتِّخَاذٌ   11

اِتِّصَالٌ [名詞] 連絡（بِ ～へ）の √وصل اِتِّصَالَاتٌ   9

～عَلَى اِتِّصَالٍ بِ ～に連絡している   10

اِتَّصَلَ [自動詞] 連絡する（بِ ～に）√وصل اِتِّصَالٌ   11

أَتْعَبَ [他動詞] を疲れさせる（بِ ～で）√تعب إِتْعَابٌ   8

اِتَّفَقَ [自動詞] 同意する（عَلَى ～に）√وفق اِتِّفَاقٌ   11

أَتْقَنَ [他動詞] を習得する、をマスターする；が上手である（未完了形で）√تقن إِتْقَانٌ   8

اِتَّهَمَ [他動詞]（人）を疑う（بِ ～の容疑で）√وهم اِتِّهَامٌ   11

أَتَى [自動詞] 来る (i) √أتي إِتْيَانٌ   11

[他動詞] をもたらす	إِيتَاء √أتي آتَى
[自動詞] 復讐される	إِثَار √ثَار اُثِيرَ
[自動詞] 復讐する	ثَأر √ثَأر اِثَّأَر
[他動詞] を確証する、を立証する	إِثبَات √ثبت أَثبَتَ
[他動詞] に影響を与える；[自動詞] 影響を与える (〜に عَلَى)	تَأثِير √أثر أَثَّر
[名詞] 12；[形容詞] 12の（女性形）اِثنَتَا عَشرَة	اِثنَا عَشَر
[前置詞] 〜の間（時間）(during)	أَثنَاء
[名詞] 2；[形容詞] 2の（女性形）اِثنَتَان	اِثنَان √ثني
[名詞] 月曜日 √ثني	اَلإِثنَين
[自動詞] 答える（〜について عَلَى）	أَجَاب √جوب إِجَابَة
[名詞] 答えること（〜に عَلَى） √جوب	إِجَابَة
[名詞] 会議 √جمع	اِجتِمَاع اِجتِمَاعَات
[形容詞] 社会的な、社会の √جمع	اِجتِمَاعِيّ
[自動詞] 集まる √جمع	اِجتَمَع اِجتِمَاع
[名詞] 勤勉、熱心、イジュティハード √جهد	اِجتِهَاد اِجتِهَادَات
[名詞] 措置 √جري	إِجرَاء إِجرَاءَات
[他動詞] を実施する；を行う √جري إِجرَاء	أَجرَى
[形容詞] 遅れた、遅刻した √أجل	آجِل

遅かれ早かれ	عَاجِلًا أَو آجِلًا
[他動詞] を座らせる √جلس	أَجلَس إِجلَاس
[形容詞] 外国の；[名詞] 外国人 √جنب أَجَانِب	أَجنَبِيّ
[他動詞] を愛する	أَحَبّ √حبّ إِحبَاب حُبّ
[自動詞] 必要とする（〜を إِلَى） √حوج	اِحتَاج اِحتِيَاج
[自動詞] 抗議する（〜に عَلَى） √حجّ	اِحتَجّ اِحتِجَاج
[形容詞] プロの、職業的な √حرف	اِحتِرَافِيّ
[他動詞] を尊敬する √حرم	اِحتَرَم اِحتِرَام
[自動詞] 祝う（〜を بِ） √حفل	اِحتَفَل اِحتِفَال
[他動詞] を占領する √حلّ	اِحتَلّ اِحتِلَال
[他動詞] を耐える √حمل	اِحتَمَل اِحتِمَال
[名詞] 一人（の人）（女性形 إِحدَى）（複数形 آحَاد） √أحد	أَحَد
[名詞] 日曜日 √أحد	اَلأَحَد
[名詞] 11；[形容詞] 11の（女性形 إِحدَى عَشرَة）	أَحَد عَشَر
[他動詞]（もの・ことは人を）悲しませる √حزن	أَحزَن إِحزَان
[自動詞] 感じる（〜を بِ） √حسّ	أَحَسّ إِحسَاس
[他動詞] の統計をとる √حصي	أَحصَى إِحصَاء
[他動詞] に〜を持ってくる、を持ってくる（〜に لِ） √حضر	أَحضَر إِحضَار

[形容詞] 赤い（女性形 حَمرَاء）、（複数形 حُمر）√حمر	أَحمَر
[自動詞] 赤くなる √حمر	اِحمَرّ اِحمِرَار
[副詞] 時々 √حين	أَحيَانًا
[名詞] 兄弟；同胞 أُخوَة أُخوَان	أَخ √أخو
[他動詞] に知らせる（〜を بِ） √خبر	أَخبَر إِخبَار
[名詞] 姉、妹 أَخَوَات √أخو	أُخت
[他動詞] を選ぶ √خير	اِختَار اِختِيَار
[自動詞] 消える √خفي	اِختَفَى اِختِفَاء
[自動詞] 異なる；意見を異にする（〜と عَن、〜において فِي） √خلف	اِختَلَف اِختِلَاف
[名詞] 選択、選ぶこと √خير	اِختِيَار
[他動詞] をとる；し始める（未了形直説形を伴う）(u) √أخذ	أَخَذ أَخذ
〜を持っていく	أَخَذ مَعَهُ
[他動詞] を責める √أخذ	مُؤَاخَذَة
[形容詞] 別の；[名詞] 別のもの・人（英語のother, another）；他人（女性形 أُخرَى）	آخَر
[形容詞] 口のきけない（女性形 خَرسَاء）、（複数形 خُرس） √خرس	أَخرَس
[形容詞] 緑色の	أَخضَر خَضرَاء

217

[名詞] 週 √أَسَابِيعُ√ سبع [名詞] 肛門 √سِت [名詞] 教授（職名）、先生（呼称） √أَسَاتِذَة√ أستاذ [自動詞] 暇乞いする أذن √اِسْتِئْذَانْ [他動詞] を再開する أنف √اِسْتِئْنَافْ [他動詞] を投資する ثمر √اِسْتِثْمَارْ [自動詞] 入浴する حمّ √اِسْتِحْمَامْ [他動詞] を用いる خدم √اِسْتِخْدَامْ [自動詞] オオカミのように残酷である √ذأب [名詞] 休憩、休息、小休止 √روح [他動詞] を接客する ضيف √اِسْتِضَافَة [他動詞] をすることができる طوع √اِسْتِطَاعَة [他動詞] を借りる عور √اِسْتِعَارَة [自動詞] 準備をする (لِ ～の) عدّ √اِسْتِعْدَادْ [名詞] インフォメーション（常に複数形） علم √اِسْتِعْلَامَاتْ مَكْتَبُ الْاِسْتِعْلَامَاتِ インフォメーション・オフィス [他動詞] を使う عمل √اِسْتِعْمَالْ [自動詞] 奇妙だと思う、面白いと思う (مِنْ ～を) غرب √اِسْتِغْرَابْ [他動詞]（時間）を費や	40の √ربع [自動詞] くつろぐ √روح [名詞] 結びつき (بِ ～との) ربط √اِرْتِبَاطَاتْ [名詞] 上昇 √رفع [名詞] ヨルダン √الْأُرْدُنْ [形容詞] ヨルダンの；[名詞] ヨルダン人 √أُرْدُنِيّ [名詞] ウルドゥー語 √الْأُرْدِيَّة [他動詞] を送る (إِلَى لِ ～に) رسل √إِرْسَالْ [名詞] 土地、大地（女性名詞） أرض √أَرَاضٍ [形容詞] 地面の；地上の √أرض [名詞] テロ √رهب [形容詞] テロの；[名詞] テロリスト √رهب [他動詞] に～を見せる √رأي [他動詞] を増加させる、を増やす زيد √إِزَادَة [自動詞] 増える、増す زيد √اِزْدِيَادْ [自動詞] 繁栄する √زهر [形容詞] 青い（女性形）、√زرق（複数形） [自動詞] 青くなる、青である زرق √اِزْرِقَاقْ [名詞] 不快 زعج √إِزْعَاجْ [他動詞] を不快にする زعج √إِزْعَاجْ [名詞] 基礎、基本、土台 √أُسُسْ	（女性形）、√خُضْر（複数形） √خضر [他動詞] を間違える；[自動詞] 間違える (فِي ～を) خطأ √إِخْطَاءْ [副詞] とうとう、ついに、やっと、ようやく √أخر [名詞] 経営、運営；事務 √دور [名詞] 文学、礼儀、教養、躾 √آدَابْ [形容詞] 文学の、教養の √أدب [他動詞] を備蓄する、を蓄える ذخر √اِدِّخَارْ [他動詞] を武装する、を装甲する درع √اِدِّرَاعْ [他動詞] を果たす；[自動詞] 導く (إِلَى ～に)；もたらす (إِلَى ～を) أدي √تَأْدِيَة [接続詞] もし √إِذَا [副詞] そこで、それゆえ √إِذَا [名詞] 3月（西暦）√آذَارْ [名詞] 礼拝の呼びかけ、アーザーン √أذن [副詞] では √إِذَنْ [名詞] 耳 √آذَانْ [他動詞] を欲する √إِرَادَة [名詞] 意志 √رود [名詞] 水曜日 √ربع [名詞] 4；[形容詞] 4の（女性形）√ربع [名詞] 14；[形容詞] 14の（女性形）√أَرْبَعَة عَشَرْ [名詞] 40；[形容詞]

218

詳	شَوْق √اِشْتِيَاق (を) ~
11	اِشْتَرَى [他動詞] を買う شِرَاء √شري (اِشْتِرَاء)
詳	اِشْتَغَلَ [自動詞] 従事する (في ~に)、働く شُغْل √اِشْتِغَال
1	أَصْبَحَ [自動詞] になる إِصْبَاح √صبح
9	أَصْبُع √أَصَابِع [名詞] 指
11	أَصَرَّ [自動詞] 固執する (عَلَى ~に) صرّ √إِصْرَار
詳	اِصْطَادَ [他動詞] を狩る、を釣る صيد √اِصْطِيَاد
詳	اِصْطَحَبَ [他動詞] を同伴する صحب √اِصْطِحَاب
11	اِصْطَدَمَ [自動詞] 衝突する (بِ ~と) صدم √اِصْطِدَام
	أَصْفَرُ [形容詞] 黄色い صَفْرَاء (女性形)、صُفْر (複数形) √صفر
詳	اِصْفَرَّ [自動詞] 黄色くなる、黄色くある صفر √اِصْفِرَار
11	أَضَافَ [他動詞] を付け加える、と付言する (إِلَى ~に) ضيف √إِضَافَة
詳	إِضَافَة [名詞] 付加 (إِلَى ~への);イダーファ
8	بِالْإِضَافَةِ إِلَى ~ ~に加えて、~の他に
11	اِضْطَرَّ [他動詞] に強いる (إِلَى ~を) ضرّ √اِضْطِرَار
詳	اِضْطَرَبَ [自動詞] 混乱する ضرب √اِضْطِرَاب
	إِطْلَاق [名詞] 放つこと √طلق
5	عَلَى الْإِطْلَاقِ 完全に、絶対に
13	أَطْلَسِيّ [名詞] 大西洋の
	اِطَّلَعَ [自動詞] 目を通す、熟知す

8	إِسْرَائِيل [名詞] イスラエル
8	إِسْرَائِيلِيّ [形容詞] イスラエルの;[名詞] イスラエル人
詳	أَسْرَعَ [自動詞] 急ぐ (في、 ~を) سرع √إِسْرَاع
5	أُسْرَة [名詞] 家族 أسر √أُسَر
13	أَسْعَدَ [他動詞] (もの・ことは人) を幸せにする إِسْعَاد √سعد
	أَسَف [名詞] 残念、遺憾 √أسف
3	لِلْأَسَفِ 残念ながら
3	آسِف [形容詞] 遺憾な、すまない、申し訳ない (لِ ~のことで) √أسف
3	اَلْإِسْكَنْدَرِيَّة [名詞] アレキサンドリア (エジプトの都市)
2	اَلْإِسْلَام [名詞] イスラーム √سلم
8	إِسْلَامْ آبَاد [名詞] イスラマバード
8	إِسْلَامِيّ [形容詞] イスラーム教の、イスラーム主義の √سلم
4	أَسَالِيب [名詞] やり方 √سلب
1	اِسْم [名詞] 名、名前;[名詞];「كَانَ」、「لَيْسَ」の主語 أَسْمَاء √سمي
5	أَسْوَدُ [形容詞] 黒い سَوْدَاء (女性形)、سُود (複数形) √سود
11	آسِيَا [名詞] アジア
詳	أَشَارَ [自動詞] 指摘する、指し示す (إِلَى ~を) شور √إِشَارَة
11	إِشَارَة [名詞] 信号 √شور
	اِشْتَاقَ [自動詞] 切望する (إِلَى

8	اِسْتِغْرَاق √غرق
11	اِسْتَفَادَ [自動詞] 得をする (مِنْ ~で) فيد √اِسْتِفَادَة
	اِسْتَفْتَى [他動詞] に意見を求める、に見解を求める、の是非を問う (في ~について) فتو √اِسْتِفْتَاء 詳
詳	اِسْتَفَزَّ [他動詞] を挑発する فزّ √اِسْتِفْزَاز
詳	اِسْتَقَالَ [自動詞] 辞める قيل √اِسْتِقَالَة
9	اِسْتَقْبَلَ [他動詞] を迎える قبل √اِسْتِقْبَال
詳	اِسْتَقَرَّ [自動詞] 安定する قرّ √اِسْتِقْرَار
詳	اِسْتَقَلَّ [自動詞] 独立する قلّ √اِسْتِقْلَال
8	اِسْتِمَاع [名詞] 聴くこと、耳を傾けること (إِلَى ~を) √سمع
7	اِسْتَمْتَعَ [自動詞] 楽しむ (بِ ~を) متع √اِسْتِمْتَاع
11	اِسْتَمَرَّ [自動詞] 続く;続ける (في ~を) مرّ √اِسْتِمْرَار
8	اِسْتَمَعَ [自動詞] 聴く、耳を傾ける (إِلَى ~を) سمع √اِسْتِمَاع
詳	اِسْتَنْتَجَ [他動詞] を結論として導く نتج √اِسْتِنْتَاج
詳	اِسْتَهْزَأَ [他動詞] 馬鹿にする (بِ ~を) هزأ √اِسْتِهْزَاء
詳	اِسْتَوْرَدَ [他動詞] を輸入する ورد √اِسْتِيرَاد
6	اِسْتَيْقَظَ [自動詞] 目覚める يقظ √اِسْتِيقَاظ
詳	أَسَرَ [他動詞] を捕虜にする (i) أسر √أَسْر

219

見出し	品詞・意味	語根	課
أَقْلَمٌ	[形容詞] 地域の	√قلم	3
أَقْنَعَ	[他動詞] に説得する (بِ ~を)	√قنع/إِقْنَاعٌ	12
أُكْتُوبِر	[名詞] 10月（西暦）		6
أَكَّدَ	[他動詞] と明言する、と確認する、を確信する；[自動詞] 明言する、強調する (عَلَى ~と)	√أكد/تَأْيِيدٌ	詳
إِكْرَمَ	[他動詞] をもてなす	√كرم	詳
أَكَلَ	[他動詞] を食べる (u)	√أكل	11
أَكْلٌ	[名詞] 食べ物、食事	√أكل	詳
اَلْ	[定冠詞] その~		1
أَلَّا	[接続詞] أَنْ + لَا		12
إِلَّا أَنَّ	[接続詞] しかし ~		12
اَلْآنَ	[副詞] 今	√أون	2
آلَةٌ	[名詞] 道具、機器	√أول	詳
اِلْتَحَقَ	[自動詞] 就く；在籍する (بِ ~に)	√لحق/اِلْتِحَاقٌ	9
اِلْتَقَطَ	[他動詞] ~を撮影する	√لقط/اِلْتِقَاطٌ	12
اَلَّتِي/اَلَّذِي	[関係詞] 関係代名詞（女性形）など		13
أَلْغَى	[他動詞] をキャンセル、を廃止する	√لغو/إِلْغَاءٌ	11
أَلْفٌ/آلَافٌ	[名詞] 千；[形容詞] 千の	√ألف	6
أَلْقَى	[他動詞]（授業）を行う	√لقي/إِلْقَاءٌ	13
اَللهُ	[名詞] アッラー	√أله	1
أَلَمٌ/آلَامٌ	[名詞] 痛み	√ألم	9
أَلْمَانِيٌّ	[形容詞] ドイツの；[名詞] ドイツ人	√ألمان	8
أَلْمَانِيَا	[名詞] ドイツ		8
أَغُسْطُس	[名詞] 8月（西暦）		6
أَغْلَبِيَّةٌ	[名詞] 大多数	√غلب	詳
أَغْلَقَ	[他動詞] を閉じる、を閉める	√غلق/إِغْلَاقٌ	12
أُغْنِيَةٌ/أَغَانٍ	[名詞] 歌	√غني	8
إِفْرِيقِيَا	[名詞] アフリカ		13
أَفْضَلُ	[形容詞] より良い、もっとも良い	√فضل	5
أَفْغَانِسْتَانُ	[名詞] アフガニスタン		8
أَفْغَانِيٌّ	[形容詞] アフガニスタンの、アフガンの；[名詞] アフガニスタン人、アフガン人	√أفغان	8
إِقَالَةٌ	[他動詞] を辞めさせる	√قيل	詳
أَقَامَ	[自動詞] 滞在する、居住する (بِ ~に)；[他動詞] を開催する	√قوم/إِقَامَةٌ	11
إِقَامَةٌ	[名詞] 滞在；滞在許可（証）(بِ ~での)	√قوم	8
أَقْبَلَ	[自動詞] 近づく (عَلَى ~に)	√قبل/إِقْبَالٌ	詳
اِقْتِرَاحَاتٌ/اِقْتِرَاحٌ	[名詞] 提案	√قرح	12
اِقْتِرَاضٌ	[名詞] 借金（すること）	√قرض	12
اِقْتَرَحَ	[他動詞] を提案する (عَلَى ~に)	√قرح/اِقْتِرَاحٌ	12
اِقْتِصَادِيٌّ	[形容詞] 経済の、経済的な	√قصد	13
إِقْرَارٌ	[他動詞] を承認する	√قرّ	11
أَقْفَلَ	[他動詞]（鍵）を閉める	√قفل/إِقْفَالٌ	詳
إِقْلَاعٌ	[名詞] 離陸	√قلع	11
اِطِّلَاعٌ	る (عَلَى ~に、~を)	√طلع	詳
اِطْمَأَنَّ	[自動詞] 安堵する	√طمأن/اِطْمِئْنَانٌ	11
اُظْلِمَ	[自動詞] 不正に扱われる	√ظلم/إِظْلَامٌ	詳
اِعْتَبَرَ	[他動詞] を~とみなす；[自動詞] 悟る	√عبر/اِعْتِبَارٌ	9
اِعْتَذَرَ	[自動詞] 謝罪する (لِ ~に、عَنْ ~について)	√عذر/اِعْتِذَارٌ	11
اِعْتَرَفَ	[自動詞] 認める、承認する (بِ ~を)	√عرف/اِعْتِرَافٌ	9
اِعْتَزَمَ	[他動詞] を決意する	√عزم/اِعْتِزَامٌ	12
اِعْتَصَمَ	[自動詞] 座り込みをする	√عصم/اِعْتِصَامٌ	詳
اِعْتَقَدَ	[他動詞] と（強く）思う、と信じる	√عقد/اِعْتِقَادٌ	12
أَعْجَبَ	[他動詞]（物・事は人）を気に入らせる→（人）は（物・事）が気に入る	√عجب/إِعْجَابٌ	9
أَعَدَّ	[他動詞] を用意する (لِ ~のために)	√عدّ/إِعْدَادٌ	13
أَعْرَجُ	[形容詞] びっこを引いた（女性形）、عُرْجٌ（複数形）	√عرج	詳
أَعْطَى	[他動詞] を与える	√عطو/إِعْطَاءٌ	11
إِعْلَانٌ	[名詞] 発表、宣言	√علن	10
أَعْلَنَ	[他動詞] を発表する、を宣言する	√علن/إِعْلَانٌ	10
أَعْمَى	[形容詞] 目の見えない（女性形）عَمْيَاءُ、（複数形）عُمْيٌ	√عمي	詳

220

اَلْأَلْمَانِيَّةُ [名詞] ドイツ語 8

إِلٰهٌ [名詞] 神 √آلِهَةٌ 6

إِلَى [前置詞] 〜へ (to) 1

إِلِكْتْرُونِيٌّ [形容詞] 電気の 9

اَلْيَمَنُ [名詞] イエメン 8

أَمْ [接続詞] または、あるいは 5

أَمَّا ... فَـ [接続詞] 〜に関して言うと… 5

أُمٌّ [名詞] 母 √أُمَّهَاتٌ 5

إِمَارَاتِيٌّ [形容詞] UAEの；[名詞] UAE人 8

إِمَارَةٌ [名詞] 首長制、首長国 √أمر 8

اَلْإِمَارَاتُ [名詞] UAE √أمر 8

أَمَامَ [前置詞] (場所) の前に (in front of) 3

اِمْتَازَ [自動詞] 区別される（عَنْ 〜と、بِـ 〜において）√ميز 詳

اِمْتِحَانٌ [名詞] 試験 √اِمْتِحَانَاتٌ √محن 3

اِمْتَدَّ [自動詞] 伸びる；横たわる √اِمْتِدَادٌ √مدّ 11

اِمْتَلَأَ [自動詞] 満ちる、一杯になる（بِـ 〜で）√اِمْتِلَاءٌ √ملأ 詳

أَمَرَ [他動詞] に命じる (بِـ 〜を) (u) √أَمْرٌ √أمر 11

أَمْرٌ [名詞] 事、事態、問題 √أَوَامِرُ √أُمُورٌ 12

اِمْرُؤٌ [名詞] 男性 √أُنَاسٌ، نَاسٌ √مرأ 詳

اِمْرَأَةٌ [名詞] 女性 √نِسَاءٌ، نِسْوَةٌ √مرأ 詳

أَمْرِيكَا [名詞] アメリカ 8

أَمْرِيكِيٌّ [形容詞] アメリカの；[名詞] アメリカ人 5

أَمْسِ [副詞、名詞] 昨日 √أمس 2

أَوَّلَ أَمْسِ 一昨日 6

إِمْكَانٌ [名詞] 可能性、可能（であること）√إِمْكَانَاتٌ √مكن 13

أَمْكَنَ [他動詞] 可能である √مكن √إِمْكَانٌ 13

أَمَلَ [他動詞] を希望する (u) √أَمَلٌ √أمل 詳

إِمْلَاءٌ [名詞] 聞き取り、ディクテーション √ملو 5

آمَنَ [自動詞] 信じる（بِـ 〜を）√أمن √إِيمَانٌ 11

أَمِيرِكَا [名詞] アメリカ 3

أَمِيرِكِيٌّ [形容詞] アメリカの；[名詞] アメリカ人 √أَمِيرْكَانٌ 5

أَمِينٌ [名詞] 正直者 √أُمَنَاءُ √أمن 詳

أُمَّةٌ [名詞] 民族 √أُمَمٌ √أمّ
اَلْأُمَمُ الْمُتَّحِدَةُ 国連 13

أَنْ [接続詞] 〜すること 12

أَنَّ [接続詞] 〜ということ 11

إِنْ [接続詞] もし 2

إِنَّ [接続詞] 実に、まさに；〜ということ（قَالَ の目的語を導く場合のみ）11

أَنَا [代名詞] 私は √نَحْنُ 1

أَنَانِيٌّ [形容詞] 利己的な √أنا 9

اِنْبَاعَ [自動詞] 売れる √بيع 詳

أَنْتَ [代名詞] あなたは（أَنْتِ 女性形）、أَنْتُمَا (双数形)、أَنْتُمْ (男性複数形)、أَنْتُنَّ (女性複数形) 1

اِنْتَبَهَ [自動詞] 気をつける（إِلَى 〜に）√نبه √اِنْتِبَاهٌ 9

إِنْتَرْنِت [名詞] インターネット 13

اِنْتِشَارٌ [名詞] 広がり、普及；展開 √نشر √اِنْتِشَارَاتٌ 詳

اِنْتِظَارٌ [名詞] 待機 √نظر 12
فِي اِنْتِظَارِهِ 待機中

اِنْتَظَرَ [他動詞] を待つ √اِنْتِظَارٌ √نظر 7

اِنْتِفَاضَةٌ [名詞] インティファーダ、蜂起 √نفض 詳

اِنْتَقَلَ [自動詞] 移る、引っ越す、移転する √اِنْتِقَالٌ √نقل 7

اِنْتِهَاءٌ [名詞] 終わり、終了 √نهي 6

اِنْتَهَى [自動詞] が終わる；終える（مِنْ 〜を）√اِنْتِهَاءٌ √نهي 11

أَنْجَزَ [他動詞] をなし遂げる √إِنْجَازٌ √نجز 詳

اِنْحَدَرَ [自動詞] 衰退する；さかのぼる √اِنْحِدَارٌ √حدر 詳

اِنْخَفَضَ [自動詞] 低くなる、下がる √اِنْخِفَاضٌ √خفض 詳

اِنْدَهَشَ [自動詞] 驚く（مِنْ 〜に）√اِنْدِهَاشٌ √دهش 7

اِنْزَعَجَ [自動詞] 腹を立てる（مِنْ 〜に）√اِنْزِعَاجٌ √زعج 8

إِنْسَانٌ [名詞] 人間 √نَاسٌ، أُنَاسٌ √أنس 8

آنِسَةٌ [名詞] 〜さん、〜女史（未婚）√أنس 2

اِنْسَحَبَ [自動詞] 撤退する √اِنْسِحَابٌ √سحب 詳

اِنْشَقَّ [自動詞] 分裂する；離反する（عَنْ 〜から）√اِنْشِقَاقٌ √شقّ 詳

اِنْضَمَّ [自動詞] 加わる、加盟する（إِلَى 〜に）√اِنْضِمَامٌ √ضمّ 11

اِنْطَفَأَ [自動詞] (火、灯りが) 消える طفأ√اِنْطِفَاء 詳	أُوتُوبِيس [名詞] 大型バス أُوتُوبِيسَات 詳	إِيطَالِيَا [名詞] イタリア 8
أَنْف [名詞] 鼻 أُنُوف√أنف 9	إِيجَاد [他動詞] を作り出す وجد√ 13	اَلْإِيطَالِيَّة [名詞] イタリア語 8
اِنْقِيَاد [自動詞] 指導される قود√ 詳	أُورُوبَّا [名詞] ヨーロッパ、欧州	أَيْلُول [名詞] 9月 (西暦) 6
أَنْقَرَة [名詞] アンカラ 8	أُورُوبِّيّ [形容詞] ヨーロッパの、欧州の 13	أَيْنَ [疑問詞] どこで、どこ；[関係詞] 〜である場所 1
اِنْقَضَى [自動詞] 終わる、絶える قضي√اِنْقِضَاء 詳	أَوْسَط [形容詞] 中央の、中部の وسط√ 4	أَيَّتُهَا [間投詞] 〜よ (女性形) 詳
اِنْقَطَعَ [自動詞] 切れる قطع√ 8	اَلشَّرْقُ اَلْأَوْسَط 中東 4	.... ب ....
اِنْكَسَرَ [自動詞] 壊れる كسر√ 7	أَوْضَحَ [他動詞] を明白にする、を明らかにする、を明言する وضح√إِيضَاح 詳	بِ [前置詞] 〜で、〜によって (by、with) 1
إِنْكِلِيزِيّ [形容詞] イギリスの、英語の；[名詞] イギリス人 5	أُوقِيَّة [名詞] ウーキーヤ 6	بَاب [名詞] ドア、戸 أَبْوَاب√بوب 4
اَلْإِنْكِلِيزِيَّة [名詞] 英語 7	أَوَّل [形容詞] 第1の；[名詞] 第1 أُولَى (女性形)、أَوَائِل (複数形) أول√ 6	بَاحِث [名詞] 研究者 بحث√ 4
اِنْهَزَمَ [自動詞] 負ける هزم√ 詳	أَوَّلَ أَمْسِ [名詞] 一昨日 6	بَارِد [形容詞] 寒い、冷たい برد√ 2
أَنْهَى [他動詞] を終える نهي√ 11	أَوَّلًا [副詞] 第1に 6	بَارِز [形容詞] 著しい、顕著な برز√ 13
أَنِيق [形容詞] 豪華な أنق√ 13	أُولِمْبِيّ [形容詞] オリンピックの 10	بَارَكَ [自動詞] 祝福する (فِي 〜を) برك√مُبَارَكَة 詳
اِهْتَمَّ [自動詞] 関心がある (بِ 〜に) هم√اِهْتِمَام 11	أَيْ [接続詞] すなわち √ 3	بَارِيس [名詞] パリ 8
اِهْتِمَام [名詞] 関心 (بِ 〜への) هم√اِهْتِمَامَات 3	أَيّ [疑問詞] どれ、どの 2	بَاعَ [他動詞] を売る (i) بيع√ 11
أَهْل [名詞] 家族；民 أَهَالٍ√أهل 1	أَيَّار [名詞] 5月 (西暦) 6	بَاعَدَ [他動詞] を遠ざける (عَنْ 〜から) بعد√مُبَاعَدَة 詳
أَهْلًا وَسَهْلًا ようこそ	اِئْتَمَرَ [自動詞] 審議する (بِ 〜を) أمر√اِئْتِمَار 詳	بَاكِسْتَان [名詞] パキスタン 8
أَهْمَلَ [他動詞] を無視する、を怠る همل√إِهْمَال 9	إِيجَاد [名詞] 作り出すこと وجد√ 13	بَاكِسْتَانِيّ [形容詞] パキスタンの；[名詞] パキスタン人 8
أَهَمِّيَّة [名詞] 重要性、重要 (であること)；意義 هم√ 13	إِيرَان [名詞] イラン 8	بَايَعَ [他動詞] に忠誠を誓う بيع√مُبَايَعَة 詳
أَوْ [接続詞] または、あるいは 4	إِيرَانِيّ [形容詞] イランの；[名詞] イラン人 8	بِتْرُول [名詞] 石油 12
أَوْسَط [前置詞] 〜半ば وسط√أَوَاسِط 3	إِيرْلَنْدَا [名詞] アイルランド 8	بَحَثَ [自動詞] 探す (عَنْ 〜を)；調査する、研究する (فِي 〜を) (a) بحث√بَحْث 8
أُوبِرَا [名詞] オペラ (女性名詞) أُوبِرَوَات 詳	أَيْضًا [副詞] 〜も أيض√ 2	بَحْر [名詞] 海 بِحَار√بحر 詳
	إِيطَالِيّ [形容詞] イタリアの；[名詞] イタリア人 5	اَلْبَحْرَيْن [名詞] バハレーン 8
		بَحْرَيْنِيّ [形容詞] バハレーンの；

語	品詞・意味	課
[名詞] バハレーン人		8
بُحَيْرَة [名詞] 湖 ✓بحر		詳
بَخِيل [形容詞] けちな ✓بخل		10
بَدَا [自動詞] のように思える (لِ ～にとって) (u) ✓بدو		11
بَدَأَ [自動詞] 始める (بِ ～を); し始める（未完了直説形を伴う）[自動詞] 始まる بَدَأَ ✓بدأ		11
دُونَ [前置詞] ～なしに ✓دون		3
بَذَلَ [他動詞] （努力）をする (لِ ～のために) (u) ✓بذل/بَذْل		13
بَرَّادَة [名詞] 冷蔵庫 ✓برد		詳
بُرْتُقَالَة [名詞] オレンジ (集合名詞)		詳
بُرْتُقَالِيّ [形容詞] オレンジ色の		詳
بُرْج [名詞] 塔、タワー；星座 برج/أَبْرَاج		5
بَرْلَمَانَات [名詞] 議会		11
بَرْلِين [名詞] ベルリン		8
بَرْنَامَج [名詞] プログラム；ソフトウェア برامج/بَرَامِج		8
بِرِيطَانِيّ [形容詞] 英国の；[名詞] 英国人		8
بَرِيطَانِيَا [名詞] 英国		8
بُسْتَان [名詞] 庭園、果樹園 بستن/بَسَاتِين		詳
بَسِيط [形容詞] 簡単な、素朴な بسط/بُسَطَاء		12
الْبَشْتُوِيَّة [名詞] パシュトゥー語		8
بِضَاعَة [名詞] 商品 بضع/بَضَائِع		5

بُطْء [名詞] 遅さ ✓بطء		
بِبُطْءٍ ゆっくり		12
بَطَالَة [名詞] 失業 ✓بطل		11
بَطَل [名詞] 英雄、主人公 أَبْطَال ✓بطل		詳
بَطْن [名詞] 腹 بُطُون ✓بطن		9
بَعَثَ [他動詞] を送る (لِ إِلَى ～に); を探す (a) ✓بعث		詳
بَعْدَ [前置詞] ～の後に (時間)		3
بَعْدَ أَنْ [接続詞] ～した後で		12
بَعْدَ غَدٍ [副詞] 明後日		6
بَعْدُ [副詞] まだ（～ない）		9
بَعْض [名詞] いくらかの～、いくつかの～ ✓بعض		8
بَعِيد [形容詞] 遠い (عَنْ ～から) بعد/بُعَدَاء		3
بَغْدَاد [名詞] バグダード		8
بَقِيَ [自動詞] のままでいる、残る (a) بَقَاء ✓بقي		11
بِكَمْ [疑問詞] いくら（値段を尋ねる場合）		6
بَكَى [自動詞] 泣く (i) بُكَاء ✓بكي		11
بِكِين [名詞] 北京		8
بَلْ [副詞] むしろ（否定文）；それどころか（肯定文）		3
بِلَا [前置詞] ～なしに		詳
بِلَاد [名詞] 国；村々（両性名詞）بلد/بُلْدَان		8
بَلَد [名詞] くに、村 بلاد/بِلَاد		8
بَلَّغَ [他動詞] に伝える (بِ ～を) بلغ/تَبْلِيغ		12
بَلَى [副詞] いいえ（否定疑問文に対する肯定の答え）✓بلى		3

بِلْيُون [名詞] 十億；[形容詞] 十億の بَلَايِين		6
بُنّ [名詞] コーヒー豆 ✓بن		詳
بِنَاء [名詞] 建設；建物 بني/أَبْنِيَة		詳
بِنَايَة [名詞] 建物 ✓بني		4
بِنْت [名詞] 娘、少女 بن/بَنَات		2
بِنْصِر [名詞] 薬指 بَنَاصِر/بنصر		9
بَنْك [名詞] 銀行 بُنُوك		8
بَنَى [他動詞] を建てる (i) بِنَاء ✓بني		11
بُنِّيّ [形容詞] 茶色の		詳
بَوَّابَة [名詞] 門、玄関 ✓بوب		4
بُوذِيّ [形容詞] 仏教の；[名詞] 仏教徒		詳
بَيَان [名詞] 声明 بَيَانَات ✓بين		詳
بِيَانُو [名詞] ピアノ بِيَانُوهَات		8
بَيْت [名詞] 家 بيت/بُيُوت		2
بَيْرُوت [名詞] ベイルート		8
بَيْنَ [前置詞] ～の間（場所）(between)		3
بَيْنَ ～ وَ … ～と…の間		13
بَيْنَمَا [接続詞] 一方 ✓بين		12
بْيُونْغ يَانْغ [名詞] 平壌		8
بِيئِيّ [形容詞] 環境の ✓بوأ		5
بِيئَة [名詞] 環境 ✓بوأ		5

.... **ت** ....

تَاجِر [名詞] 商人 تجر/تُجَّار		10
تَأَخَّرَ [自動詞] 遅れる、遅刻する أخر/تَأَخُّر (عَنْ ～に)		11
تَأَخُّر [名詞] 遅刻（すること）(عَنْ ～に) أخر		11

223

تَوَارِيخُ [名詞] 日付；歴史 √أرخ ⑥	تَجَزَّأ [自動詞] 分割される √جزأ ⑬	تَذْكِرَة [名詞] チケット、切符 √تَذَاكِرُ ذكر ⑤
تَارِيخِيّ [形容詞] 歴史の、歴史的な √أرخ ⑬	تَجَمَّعَ [自動詞] 集まる √جمع ⑨	تَرَأَّس [自動詞] 指導者になる、長になる √تَرَؤُّس رأس 詳
تَاسِعٌ [形容詞] 第9の；[名詞] 第9 √تسع ⑥	تَجَنَّبَ [他動詞] を避ける √جنب ⑨	تَرْبَوِيّ [形容詞] 教育の √ربو 詳
تَاسِعًا [副詞] 第9に ⑥	تَحْتَ [前置詞] ～の下に (below) ③	تَرْبِيَة [名詞] 教育、養育 √ربو 詳
التَّاسِعَ عَشَرَ [形容詞] 第19の、19番目の；[名詞] 第19	تَحَدَّثَ [自動詞] 話す、会話する √حدث／تَحَدُّث ⑨	تَرْجَمَ [他動詞] を訳す、を翻訳する √ترجم／تَرْجَمَة ⑪
التَّاسِعَةَ عَشْرَةَ (女性形) ⑥	تَحَرَّكَ [自動詞] 動く √حرك ⑧	تَرْجَمَة [名詞] 翻訳、通訳、訳 √ترجم ⑧
تَأَسَّفَ [自動詞] 残念に思う、遺憾に思う (عَلَى ～を) √أسف ⑫	تَحْقِيقٌ [名詞] 実現 (すること) √حق ⑬	تَرَقَّى [自動詞] 昇進する、昇格する √رقي／تَرَقٍّ 詳
تَأَكَّدَ [自動詞] 確かめる (مِنْ ～を) √أكد／تَأَكُّد 詳	تَحْلِيلٌ [名詞] 分析 √حل ⑪	تَرَكَ [他動詞] を放っておく、を去る (u) √ترك ⑬
تَكَاسِي [名詞] タクシー ⑪	تَحَمَّلَ [他動詞] 耐える；(責任) を負う √حمل／تَحَمُّل ⑬	تُرْكِيّ [形容詞] トルコの；[名詞] トルコ人 √أتراك ⑦
تَأْكِيدٌ [名詞] 確認；強調 √أكد بِالتَّأْكِيدِ 確かに、きっと ⑤	تَحِيَّة [名詞] 挨拶 √حي ⑧	تُرْكِيَا [名詞] トルコ ⑧
تَالٍ [形容詞] 次の、以下の √تلو ⑩	تَخَبَّأَ／تَخَبَّوْ [自動詞] 隠れる √خبأ 詳	التُّرْكِيَّة [名詞] トルコ語 ⑧
تَأْلِيفٌ [名詞] 編纂、著述 √ألف 詳	تَخَرَّجَ [自動詞] 卒業する (مِنْ ～を) √خرج／تَخَرُّج ⑧	تَزَايَدَ [自動詞] 漸増する √زيد 詳
تَامٌّ [形容詞] 完全な √تم ⑬	تَخَرُّجٌ [名詞] 卒業 (すること) (مِنْ ～を) √خرج ⑪	تَزَعَّمَ [他動詞] を率いる √زعم 詳
تَآمَرَ [自動詞] 陰謀を企む、共謀を企む √أمر／تَآمُر 詳	تَخَيَّلَ [他動詞] を想像する √خيل 詳	تَزَوَّجَ [他動詞] と結婚する √زوج 詳
تَأَمْرَكَ [自動詞] アメリカ化される、アメリカ化する √تَأَمْرُك 詳	تَدَخَّلَ [自動詞] 介入する、干渉する √دخل／تَدَخُّل ⑨	تَسَاءَلَ [自動詞] 自問する √سأل 詳
تَبَادَلَ [他動詞] を交わす √بدل ⑧	تَدْخِينٌ [名詞] 喫煙 √دخن ⑤	تَسَبَّبَ [自動詞] もたらす (فِي、ب ～を) √سبب／تَسَبُّب 詳
تَبَاعَدَ [自動詞] 遠ざかる (عَنْ ～から) √بعد／تَبَاعُد 詳	تَدَخُّلٌ [名詞] 介入 (すること) √دخل／تَدَخُّلَات ⑬	تُسْعٌ [名詞] 9分の1 √تسع／أَتْسَاع ⑥
تَبَيَّنَ [自動詞] 明らかになる √بين 詳	تَدَرَّبَ [自動詞] 練習をする、訓練をする (عَلَى ～の) √درب ⑫	تِسْعَةَ عَشَرَ [名詞] 19；[形容詞] 19の تِسْعَ عَشْرَةَ (女性形) ⑥
تِجَارَةٌ [名詞] 商売、商業、通商 √تجر 詳	تَذْكَارِيّ [形容詞] 記念の √ذكر ⑫	تِسْعَةٌ [名詞] 9；[形容詞] 9の تِسْعٌ (女性形) √تسع ⑥
		تِسْعُونَ [名詞] 90；[形容詞] 90の √تسع ⑥
		تَسَلَّمَ [他動詞] を受け取る

詳 سلم √	تَعَاوَنَ [自動詞] 助け合う、協力し合う عون√/تَعَاوُنٌ 詳	تَفَوُّقٌ [名詞] 優越 (すること) فوق√ (~ عَلَى に) 13
تَشَادَدَ/تَشَادَّ [自動詞] 争う、議論する شدّ√/تَشَادُدٌ/تَشَادٌّ 詳	تَعَبٌ [名詞] 疲れ √ عب 9	تَقَابَلَ [自動詞] 会う قبل√/تَقَابُلٌ 7
تَشَرَّفَ [自動詞] 光栄である شرف√/تَشَرُّفٌ	تَعِبَ [自動詞] 疲れる (مِنْ ~で) (a) تعب√/تَعَبٌ 9	تَقَدَّمَ [自動詞] 進歩する、進む قدم√/تَقَدُّمٌ 詳
تَشَرَّفْنَا 初めまして 1	تَعْبَانٌ/تَعْبَانٌ [形容詞] 疲れた (مِنْ ~で) تعب√ 詳	تَقْرِيبًا [副詞] おおよそ قرب√ 6
تِشْرِينُ ٱلْأَوَّلُ [名詞] 10月 (西暦) 6	تَعَرَّفَ [自動詞] 知り合う、親しくなる、認識する (عَلَى ~と、に) عرف√/تَعَرُّفٌ 12	تَقْرِيرٌ [名詞] レポート、報告 (書) قرّ√/تَقَارِيرُ 3
تِشْرِينُ ٱلثَّانِي [名詞] 11月 (西暦) 6	تَعَشَّى [自動詞] 夕食をとる عشو√ 11	تَقْسِيمٌ [名詞] 分割 (すること) قسم√/تَقْسِيمَاتٌ 13
تَصَرُّفٌ [名詞] 振る舞い صرف√/تَصَرُّفَاتٌ 8	تَعَطَّلَ [自動詞] 故障する عطل√ 11	تَقْلِيدِيٌّ [形容詞] 伝統的な √ قلد 5
تَضَامَنَ [自動詞] 連帯する ضمن√/تَضَامُنٌ 詳	تَعَلَّمَ [他動詞] を習得する علم√ 7	تَقْوِيمٌ [名詞] 暦 قوم√ 6
تَطَمْأَنَّ [自動詞] 安堵する طمأن√ 詳	تَعَلُّمٌ [名詞] 習得 علم√ 13	اَلتَّقْوِيمُ ٱلْمِيلَادِيُّ 西暦 6
تَطَرَّفَ [自動詞] 過激になる طرف√ 13	تَعَوَّدَ [自動詞] 慣れる (عَلَى ~に) عود√/تَعَوُّدٌ 詳	اَلتَّقْوِيمُ ٱلْهِجْرِيُّ ヒジュラ暦 6
تَطَرُّفٌ [名詞] 過激主義、過激 (になること) √ طرف 13	تَغَدَّى [自動詞] 昼食をとる غدو√ 11	تَكَسَّرَ [自動詞] 粉々に壊れる كسر√/تَكَسُّرٌ 詳
تَطَلَّبَ [他動詞] を必要とする طلب√ 13	تَغَلَّبَ [自動詞] 克服する (عَلَى ~を) غلب√/تَغَلُّبٌ 13	تَكَلَّمَ [自動詞] 話す كلم√/تَكَلُّمٌ 7
تَطَوَّرَ [自動詞] 発展する طور√ 詳	تَغَلُّبٌ [名詞] 克服 (すること) (عَلَى ~を) √ غلب 13	تَلُّ أَبِيبَ [名詞] テルアビブ 8
تَطَوُّرٌ [名詞] 発展 (すること)、進展 (すること)、進捗 (すること) طور√/تَطَوُّرَاتٌ 13	تَغْيِيرٌ [名詞] 変革、転換 غير√ 詳	تِلَاوَةٌ [名詞] 音読 تلو√ 9
تَظَاهَرَ [自動詞] ふりをする (بِ ~の); デモをする ظهر√/تَظَاهُرٌ 詳	تَفَاجَأَ [自動詞] 不意を突かれる、驚く فجأ√/تَفَاجُؤٌ 詳	تِلِفِزْيُونٌ [名詞] テレビ تِلِفِزْيُونَاتٌ 8
تَعَالَى [自動詞] (アッラーは) 至高である علو√/تَعَالٍ تَعَالَ 来い (命令形) 11	تُفَّاحٌ [名詞] りんご (集合名詞) تفح√/تُفَّاحَةٌ 5	تِلِفُونٌ [名詞] 電話 تِلِفُونَاتٌ 詳
تَعَامَلَ [自動詞] 扱う、対処する (مَعَ ~に) عمل√/تَعَامُلٌ 9	تَفَاهَمَ [自動詞] 相互に理解する فهم√/تَفَاهُمٌ 8	تَلَقَّى [他動詞] を受け取る لقي√ 11
تَعَامُلٌ [名詞] 対処 (مَعَ ~への) عمل√/تَعَامُلَاتٌ 11	تَفَضَّلَ [自動詞] どうぞ (命令形 تَفَضَّلْ で) فضل√ 2	تِلْمِيذٌ [名詞] 生徒 تلمذ√/تَلَامِيذُ 3
	تَفَوَّقَ [自動詞] 優越する (عَلَى ~に) فوق√/تَفَوُّقٌ 13	تَلَوُّثٌ [名詞] 汚染、公害 لوث√ 5
		تَمَّ [自動詞] 行われる、完了する、成し遂げられる (i) تمّ√/تَمَامٌ 9
		تَمَارَضَ [自動詞] 病気のふりをする مرض√/تَمَارُضٌ 詳

تَمَاشَى √تَمَاشِي [自動詞] 合う、ともに歩く (~ مَعَ) 詳	تُونِسُ [名詞] チュニジア、チュニス 8	ثَلَاثَةٌ [名詞] 3；[形容詞] 3の ثَلَاثٌ (女性形) √ثلث 6
تَمَامًا [副詞] ちょうど (時間)；完全に √تمّ 6	تُونِسِيٌّ [形容詞] チュニジアの、チュニスの；[名詞] チュニジア人 8	ثَلَاثَةَ عَشَرَ [名詞] 13；[形容詞] 13の ثَلَاثَ عَشْرَةَ (女性形) √ثلث 6
تَمَرْكَزَ [自動詞] 中央に集まる、中央集権化する √تَمَرْكُزٌ √مركز 詳	.... ث	ثُلْثٌ √أَثْلَاثٌ [名詞] 3分の1 √ثلث 6
تَمْرِينٌ [名詞] 練習 √تَمَارِينُ √مرن 8	ثَابِتٌ [形容詞] 確かな、確固たる；[名詞] 定数、恒常的要素 ثَوَابِتُ √ثبت 詳	اَلثُّلَاثَاءُ [名詞] 火曜日 √ثلث 6
تَمَشَّى [自動詞] 散歩する √مشي 11	ثَالِثٌ [形容詞] 第3の；[名詞] 第3 √ثلث 6	ثُمَّ [接続詞] それから、その後で 7
تَمَنَّى [他動詞] を願う √مني/منو 12	ثَالِثًا [副詞] 第3に 6	ثَمَانُونَ [名詞] 80；[形容詞] 80の ثَمَانٍ (女性形) √ثمن 6
تَمُّوزُ [名詞] 7月 (西暦) 6	اَلثَّالِثَ عَشَرَ [形容詞] 第13の、13番目の；[名詞] 第13 اَلثَّالِثَةَ عَشْرَةَ (女性形) 6	ثَمَانِيَةٌ [名詞] 8；[形容詞] 8の ثَمَانٍ (女性形) √ثمن 6
تَنَاوَلَ [他動詞] を摂取する、(薬) をとる；をとりあげる √تَنَاوُلٌ √نول 12	ثَامِنٌ [形容詞] 第8の；[名詞] 第8 √ثمن 6	ثَمَانِيَةَ عَشَرَ [名詞] 18；[形容詞] 18の ثَمَانِيَ عَشْرَةَ (女性形) 6
تَنَاوَمَ [自動詞] 狸寝入りをする √تَنَاوُمٌ √نوم 詳	ثَامِنًا [副詞] 第8に 6	ثَمَنٌ √أَثْمَانٌ [名詞] 値段 5
تِنِسٌ [名詞] テニス 4	اَلثَّامِنَ عَشَرَ [形容詞] 第18の、18番目の；[名詞] 第18 اَلثَّامِنَةَ عَشْرَةَ (女性形) 6	ثُمْنٌ √أَثْمَانٌ [名詞] 8分の1 √ثمن 6
تَنْمِيَةٌ [名詞] 開発 √نمو 12	ثَانٍ [形容詞] 第2の；[名詞] 第2 √ثني 2	.... ج ....
تَوَافَقَ [自動詞] 合意に達する √تَوَافُقٌ √وفق 詳	ثَانِيًا [副詞] 第2に 6	جَاءَ [自動詞] 来る；持ってくる √مَجِيءٌ/جِيءٌ (i) (بِ ~) 11
تَوَرَّطَ [自動詞] 巻き込まれる √تَوَرُّطٌ √ورط (~ فِي) 詳	اَلثَّانِيَ عَشَرَ [形容詞] 第12の、12番目の；[名詞] 第12 اَلثَّانِيَةَ عَشْرَةَ (女性形) 6	جَادٌّ [形容詞] 真剣な √جدّ 詳
تَوَصَّلَ [自動詞] 到達する √تَوَصُّلٌ √وصل 詳	ثَانِيَةٌ √ثَوَانٍ [名詞] 秒 √ثني 6	جَارٌ [名詞] 隣人 √جِيرَانٌ 3
تَوْفِيقٌ [名詞] (アッラーによって与えられた) 成功、健闘 √وفق بِالتَّوْفِيقِ うまくいきますように 6	ثَقَافِيٌّ [形容詞] 文化の √ثقف 3	جَازَ [自動詞] 許される (لِ ~) (u) √جَوَازٌ √جوز 詳
	ثَقَافَةٌ [名詞] 文化 √ثقف 3	جَامِعِيٌّ [形容詞] 大学の √جمع 4
	ثَقِيلٌ [形容詞] 重い ثِقَالٌ/ثُقَلَاءُ √ثقل 詳	اَلسَّكَنُ اَلْجَامِعِيُّ 大学寮 4
تَوَقَّعَ [他動詞] を予期する、予想する √تَوَقُّعٌ √وقع 詳	ثِقَةٌ [名詞] 信用 (بِ ~、فِي ~ の) √وثق 詳	جَامِعَةٌ [名詞] 大学 √جمع 2
تَوَقَّفَ [自動詞] 止まる；やめる √تَوَقُّفٌ √وقف (~ عَنْ) 11	ثَلَاثُونَ [名詞] 30；[形容詞] 30の √ثلث 6	جَانِبٌ [名詞] そば、脇、側面 √جَوَانِبُ √جنب بِجَانِبِ [前置詞] ~の隣に、

جَنْحَ√أَجْنِحَةٌ [名詞] 翼 詳	جَزَأَ [他動詞] を分割する、を分断する جزأ√تَجْزِئَةٌ 詳	～のそばに ② إِلَى جَانِبِ ～ ～に加えて ⑬
جُنْدِيٌّ [名詞] 兵士 جُنْدٌ（集合名詞）、جُنُودٌ（可数名詞複数形）；[形容詞] 兵士の √جند 詳	اَلْجَزَائِرُ [名詞] アルジェリア；アルジェ ⑧	جَاهِزٌ [形容詞] 準備ができている √جهز ④
اَلْجَنُوبُ [名詞] 南 √جنب 詳	جَزَائِرِيٌّ [形容詞] アルジェリアの；アルジェの；[名詞] アルジェリア人 ⑧	جَبَانٌ [形容詞] 臆病な جُبَنَاءُ√ جين ⑩
جَنُوبِيٌّ [形容詞] 南の √جنب ⑧	جَزِيلًا [副詞] とても、非常に √جزل ①	جَبَلٌ√جِبَالٌ [名詞] 山 詳
جُنَيْهَاتٌ [名詞] ポンド جُنَيْهٌ ⑥	جِسْمٌ√أَجْسَامٌ [名詞] 体 ⑨	جَبْهَةٌ [名詞] 前線 جبه√ 詳
جَهْدٌ√جُهُودٌ [名詞] 努力 ⑬	جَعَلَ [他動詞] をなす、をする；にする（مِنْ ～を）；し始める（未完了直説形を伴う）(a) جعل√جَعْلٌ 詳	جَدٌّ√أَجْدَادٌ [名詞] 祖父 ⑤
جِهَةٌ [名詞] 方（一方、他方） وجه√ ④	جَلَاءٌ [名詞] 独立 √جلي ⑥	جِدًّا [副詞] とても、非常に √جدّ ②
جَوٌّ [名詞] 空気、天気、陽気 جَوٌّ√أَجْوَاءٌ ②	جَلَسَ [自動詞] 座る (i) جلس√جُلُوسٌ ⑧	جَدَّدَ [他動詞] を更新する、を刷新する جدّ√تَجْدِيدٌ 詳
جَوَازٌ [名詞] 許可；許されること جوز√جَوَازَاتٌ ⑫ جَوَازُ اَلسَّفَرِ パスポート、旅券 ⑫	جُمَادَى اَلْأُولَى [名詞] ジュマーダー・ウーラー（ヒジュラ暦5月） ⑥	جَدْوَلٌ [名詞] スケジュール、予定 جدول√جَدَاوِلُ ⑥
جَوْزَةٌ [名詞] くるみ جَوْزٌ（集合名詞） جوز√ 詳	جُمَادَى اَلثَّانِيَةُ [名詞] ジュマーダー・サーニヤ（ヒジュラ暦6月） ⑥	جَدِيدٌ√جُدُدٌ [形容詞] 新しい √جدّ ②
جَوْعَانٌ／جَوْعَانُ [形容詞] 空腹な جوع√جَوْعَى ④	جَمَعَ [他動詞] を集める (a) جمع√جَمْعٌ ⑥	جَدِيرٌ [形容詞] 値する（بِ ～に）جدر√جُدَرَاءُ ⑬
جَيْبٌ [名詞] ポケット جُيُوبٌ√جيب ⑪	اَلْجُمْعَةُ [名詞] 金曜日 √جمع ⑥	جَدَّةٌ [名詞] 祖母 ⑤
جِيبُوتِي [名詞] ジブチ ⑧	جَمُلَ [自動詞] 美しくなる (u) جمال√جمل 詳	جِرَاحِيٌّ [形容詞] 外科の √جرح ⑪
جَيِّدٌ√جِيَادٌ [形容詞] 良い √جيد ②	جُمَلٌ√جُمْلَةٌ [名詞] 文 詳	جَرَحَ [他動詞] にけがを負わせる (a) جرح√جَرْحٌ 詳
جَيْشٌ [名詞] 軍（組織）、軍隊 جيش√جُيُوشٌ 詳	جُمْهُورِيَّةٌ [名詞] 共和国、共和制 √جمهر ⑧	جَرَسٌ [名詞] 鐘、鈴、ベル جرس√أَجْرَاسٌ ⑫
	جَمِيعٌ [名詞] みな、すべて √جمع ④	جَرَى [自動詞]（物ごとが）進行する、流れる、走る (i) جري√جَرْيٌ 詳

ح

حُجَّاجٌ [名詞] 巡礼者 حَاجٌّ√حجّ 詳	جَمِيلٌ [形容詞] 美しい、きれいな جمل√جُمَلَاءُ ②	جَرْحَى [名詞] 負傷者 جَرِيحٌ√جرح 詳
حَاجَةٌ [名詞] 必要、ニーズ √حوج فِي حَاجَةٍ إِلَى ～ ～を必要としている ⑨ عِنْدَ اَلْحَاجَةِ 必要な時に ⑫	جَمِيلًا [副詞] 美しく 詳	جَرِيدَةٌ [名詞] 新聞 جرد√جَرَائِدُ ⑪
		جَرِيمَةٌ [名詞] 犯罪 جرم√جَرَائِمُ 詳
		جُزْءٌ [名詞] 部分；部（巻） جزأ√أَجْزَاءٌ ⑦

227

حَادّ [形容詞] 激しい √حدّ 詳	حَجْزٌ [名詞] 予約 √حجز 3	حُزْنٌ [名詞] 悲しみ √حزن 11
حَوَادِثُ [名詞] 事件 √حدث 詳	أَحْجَامٌ [名詞] サイズ √حجم 5	حَزِيرَانُ [名詞] 6月（西暦） 6
حَادِثَةٌ [名詞] 事故 √حدث 11	حَدٌّ／حُدُودٌ [名詞] 限度、程度；国境（常に複数形）√حدّ؛ إِلَى حَدٍّ مَا ある程度、そこそこ 12	حَزِينٌ [形容詞] 悲しい（عَلَى ～で）√حزن／حُزَنَاءُ 詳
اَلْحَادِي [名詞][形容詞]「第21」などという場合の「1」√أحد 6	حَدَثَ [自動詞] 起こる (u) √حدث／حُدُوثٌ 詳	حِسَابٌ [名詞] 勘定、考慮；口座；アカウント √حسب 8
اَلْحَادِيَ عَشَرَ [形容詞] 第11の、11番目の；[名詞] 第11 اَلْحَادِيَةَ عَشْرَةَ（女性形）6	حَدَثٌ／أَحْدَاثٌ [名詞] 事件 √حدث 7	حَسَّاسٌ [形容詞] 敏感な、過敏な、デリケートな、センシィティブな √حسّ 10
حَارٌّ [形容詞] 暑い、辛い √حرّ 2	تَحْدِيثٌ [他動詞] に話す √حدث 13	حَسْبَمَا／حَسَبَمَا [接続詞]～に応じて √حسب 12
حَارِسٌ [名詞] 番人、守衛 √حرس／حُرَّاسٌ 詳	حَدِيثٌ [名詞] 伝承、会話、話 أَحَادِيثُ；[形容詞] 近代的な √حدث 4 7	حَسَدٌ [名詞] 嫉み；邪視 √حسد 10
حَاضِرٌ [形容詞] 出席している；[名詞] 出席者 √حضر／حُضُورٌ 4	حَدِيقَةٌ [名詞] 公園 حَدَائِقُ √حدق 3	حِسَانٌ [形容詞] 良い √حسن 詳
حَافَظَ [自動詞] 守る、維持する、保護する（عَلَى ～を）√حفظ／مُحَافَظَةٌ 詳	حِذَاءٌ／أَحْذِيَةٌ [名詞] 靴 8	حَسَنًا [副詞] よろしい 3
حَافِلَةٌ [名詞] バス √حفل／حَوَافِلُ 詳	حَذِرٌ [形容詞] 慎重な（مِنْ ～に）、警戒している（مِنْ ～を）√حذر 詳	حَصَلَ [自動詞] 起こる；得る、手に入れる（عَلَى ～を）(u) √حصل／حُصُولٌ 8
حَالٌ [名詞] 状況（両性名詞）；付帯状況、副詞 √حول／أَحْوَالٌ 1	حَرَارَةٌ [名詞] 熱、暑さ √حرّ 11 دَرَجَةُ الْحَرَارَةِ 温度 11	حُصُولٌ [名詞] 入手、手に入れること、得ること（عَلَى ～を）√حصل 詳
عَلَى أَيِّ حَالٍ とにかく、いずれにせよ 11	حَرَامٌ [名詞] ハラーム、禁止行為 √حرم／حُرُمٌ 詳	حِصَّةٌ [名詞] 割り当て、分け前；時限、時間 √حصّ／حِصَصٌ 6
حَالِيٌّ [形容詞] 現下の √حول 12	حَرْبٌ [名詞] 戦争（女性名詞）√حرب／حُرُوبٌ 詳	حَضَارَةٌ [名詞] 文明 √حضر 13
حَاوَلَ [他動詞] を試みる、を試す、をしてみる مُحَاوَلَةٌ √حول 12	حَرْفٌ [名詞] 文字 حُرُوفٌ √حرف 9	حَضَرَ [他動詞] に出席する (u) √حضر／حُضُورٌ 7
حَتَّى [前置詞]～まで (till)；[副詞] さえ (even)；[接続詞] するまで、するように、その結果 3 12	حَرَمٌ [名詞] キャンパス；聖なる場所 √حرم／أَحْرَامٌ 2	حَضَّرَ [他動詞] を用意する、を準備する；[自動詞] 用意する、を準備する（لِ ～の）√حضر／تَحْضِيرٌ 7
	حُرِّيَّةٌ [名詞] 自由 √حرّ 詳	حَضْرَتُكَ [名詞] あなた（男性形） حَضْرَتُكِ（女性形）√حضر 1
حَجَزَ [他動詞] を予約する (u) √حجز／حَجْزٌ 9	حِزْبٌ／أَحْزَابٌ [名詞] 党 √حزب 詳	حَطَّ [自動詞] 降りる、下りる (u) √حطّ／حَطٌّ 詳
	حَزِنَ [自動詞] 悲しくなる（عَلَى ～で）(a) √حزن／حُزْنٌ 詳	

حَظّ √حُظُوظٌ [名詞] 運 12	めぐって 3	اَلْخَامِسَةَ عَشْرَةَ（女性形） 6
حَفِظَ [他動詞] を暗記する (a) حفظ √حِفْظٌ 詳	حَيٌّ [形容詞] 生きている；[名詞] 地区 حيّ √أَحْيَاءٌ 詳	خَبَرٌ [名詞] 知らせ、ニュース；補語（名詞文） خبر √أَخْبَارٌ 9
حَفْلَةٌ [名詞] パーティー、祝祭 حفل √حَفَلَاتٌ 2	حَيَاةٌ [名詞] 人生、生活、命 حيّ √حَيَوَاتٌ 3	خِبْرَةٌ [名詞] 経験 √ خبر 11
أَحْفَادٌ [名詞] 孫、子孫 حفد √ 5	حِيَادِيٌّ [形容詞] 中立的な √ حيد 詳	خُبْزٌ [名詞] パン √ خبز 11
حَفِيدَةٌ [名詞] 孫娘 √ حفد 5	حَيْثُ [関係詞] そしてそのとき、そしてそこで √ حيث 詳	خَجُولٌ [形容詞] 恥ずかしがりの √ خجل 4
حُقُوقٌ [名詞] 権利、道理 √ حق 詳	حَيْرَةٌ [名詞] 迷い、戸惑い √ حير 12	خَدٌّ [名詞] 頬（対をなす身体の部位ですが男性形） خُدُودٌ √ خدّ 9
حَقًّا [副詞] 本当に √ حق 3	حِينَ [関係詞] そしてそのとき √ حين 詳	خَرَجَ [自動詞] 出る (u) √ خرج 7
حَقَّقَ [他動詞] を実現する حق √تَحْقِيقٌ 13	حِينَمَا [接続詞] ～する時、～する一方で √ حين 12	خُرْطُومٌ [名詞] ホース；長い鼻 خرطم √خَرَاطِيمُ 詳
حَقِيبَةٌ [名詞] 鞄 حقب √حَقَائِبُ 2	حَيَوَانَاتٌ [名詞] 動物 حيّ √ 詳	اَلْخُرْطُومُ [名詞] ハルツーム 8
حَقِيقَةٌ [名詞] 真実 حقّ √حَقَائِقُ 12	.... خ	خُرُوجٌ [名詞] 出ること、退場、退出 √ خرج 4
حَكَمَ [他動詞] を裁く；を治める (u) حكم √حُكْمٌ 詳	خَارِجَ [前置詞] ～の外に、～の外で √ خرج 4	خِرِّيجٌ [名詞] 卒業生 √ خرج 5
حُكُومَةٌ [名詞] 政府 √ حكم 11	خَارِجٌ [名詞] 外；外国 √ خرج 11	اَلْخَرِيفُ [名詞] 秋 √ خرف 6
حَكَى [他動詞] を語る (i) حكي √حِكَايَةٌ، حَكْيٌ 11	خَارِجِيَّةٌ [名詞] 外務 √ خرج 13	خَسِرَ [自動詞] 負ける；失う (a) خسر √خَسَارَةٌ 12
حَلَّ [他動詞] を解く、を解決する (u) حلّ √حَلٌّ 詳	خَاصٌّ [形容詞] 特別な（بِ～に） خصّ √ 4	خَصِبٌ [形容詞] 肥沃な √ خصب 詳
حُلُولٌ [名詞] 解決；解決策 √ حلّ 13	خَافَ [自動詞] 恐れる（مِنْ～を）(a) خوف √خَوْفٌ 11	خَصْخَصَ [他動詞] を民営化する خصخص √خَصْخَصَةٌ 詳
حَلَالٌ [名詞] ハラール √ حلّ 詳	خَالٌ [名詞]（母方の）叔父、伯父 خول √أَخْوَالٌ 5	خُضْرَوَاتٌ [名詞] 野菜（常に複数形） √ خضر 9
حَمٌ [名詞] 舅 حم √أَحْمَاءٌ 5	خَالَةٌ [名詞]（母方の）叔母、伯母 √ خول 5	خُطُوطٌ [名詞] 線；習字 √ خطّ 11
حَمَاةٌ [名詞] 姑 5	خَامِسٌ [形容詞] 第5の；[名詞] 第5 √ خمس 6	خَطَأٌ [名詞] 間違い √أَخْطَاءٌ خطأ 9
حَمْدٌ [名詞] 称賛 √ حمد 1	خَامِسًا [副詞] 第5に 6	خِطَابٌ [名詞] 演説 √ خطب 11
حَمْلٌ [名詞] 持ち運ぶこと、携帯 √ حمل 9	اَلْخَامِسَ عَشَرَ [形容詞] 第15の、15番目の；[名詞] 第15	خَطَّاطٌ [名詞] 書道家 √ خطّ 詳
حَوَالَيْ [前置詞] おおよそ √ حول 8		خُطَّةٌ [名詞] 計画 خطّ √خُطَطٌ 詳
حُوتٌ [名詞] クジラ حوت √حِيتَانٌ 詳		خَطَّطَ [自動詞] 計画する (لِ～を) خطّ √تَخْطِيطٌ 12
حَوْلَ [前置詞] ～の周りに、～を		خَفِيفٌ [形容詞] 軽い、أَخِفَّاءُ

د

5 خَفَّ√أَخْفَافٌ、خِفَافٌ	دَاخِلَ [前置詞] ～の中に、～の中で √دخل ④	درس √ ⑦
خِلاَلَ [前置詞] ～の間（時間）(during) ③	دَاخِلِيَّة [名詞] 内務 √دخل 詳	دَرْس [名詞] 授業、レッスン درس√دُرُوسٌ ③
خَلَعَ [他動詞] を脱ぐ；を抜く；を解任する (a) خلع√خَلْعٌ ⑧	دَارٌ [名詞] 屋敷、館 دُورٌ、دِيَارٌ √دول ⑦	دَرَّسَ [他動詞] を教える تَدْرِيسٌ√درس ⑧
خَلَقَ [他動詞] を創る、を創造する (u) خلق√خَلْقٌ 詳	دَارَ [自動詞] 回る (u) دَوَرَانٌ √دور 詳	دِرْهَمٌ [名詞] ディルハム دَرَاهِمُ ⑥
خُلْقٌ [名詞] 徳 خلق√أَخْلاَقٌ ⑤	دَاعٍ [名詞] 動機；布教家 دُعَاةٌ √دعو	دَعَا [他動詞] に呼びかける、を招く (u) ～إِلَى (に) √دَعْوَةٌ、دعو√دُعَاةٌ ⑪
خَلِيجٌ [名詞] 湾 خلج√خُلْجٌ ⑬	لاَ دَاعِيَ لِ ～ ～しなくてもよい、～ご無用 ⑫	دِفَاعٌ [名詞] 防衛、防御 دِفَاعَاتٌ √دفع 詳
خَلِيفَةٌ [名詞] カリフ、後継者 خلف√خُلَفَاءُ 詳	دَامَ [自動詞] 続く、持続する；～である限り（否定形） دَوَامٌ√دوم 詳	دَفْتَرٌ [名詞] ノート دفتر√دَفَاتِرُ ②
اَلْخَمَاسِينُ [名詞] 砂嵐（エジプト） ⑪	دَائِمًا [副詞] いつも、常に；ごちそうさま √دوم ③	دَفَعَ [他動詞] を押す；をせき立てる、を促す إِلَى～ (に)；支払う (a) إِلَى～ (に) دَفْعٌ√دفع ⑧
خَمْرٌ [名詞] 酒（両性名詞） خمر√خُمُورٌ ⑬	دَخَلَ [他動詞] に入る (u) √دخل ⑦	دَقَّ [自動詞]（鼓動、ベルなどが）鳴る (u) دق√دَقَّةٌ ⑫
أَخْمَاسٌ [名詞] 5分の1 خمس√خُمْسٌ ⑥	دَخْلٌ [名詞] 収入 √دخل ⑫	دَقِيقٌ [形容詞] 正確な √دق ⑪
خَمْسَةَ عَشَرَ [名詞] 15；[形容詞] 15の خَمْسَ عَشْرَةَ（女性形） ⑥	دَخَّنَ [他動詞]（タバコ）を吸う、を喫煙する تَدْخِينٌ√دخن ⑨	دَقِيقَةٌ [名詞] 分 دق√دَقَائِقُ ⑥
خَمْسَةٌ [名詞] 5；[形容詞] 5の خَمْسٌ√（女性形） ⑥	دُخُولٌ [名詞] 入ること、入場、入園、入学 √دخل ④	دُكَّانٌ [名詞] 店 دك√دَكَاكِينُ ③
خَمْسُونَ [名詞] 50；[形容詞] 50の خمس√ ⑥	دَرَّاجَةٌ [名詞] 自転車 درج ⑤	دُكْتُورٌ [名詞] 博士、医者 دَكَاتِرَةٌ 詳
اَلْخَمِيسُ [名詞] 木曜日 خمس√ ⑥	دِرَاسِيٌّ [形容詞] 勉強の、研究の、学業の √درس ⑦	دَلِيلٌ [名詞] 証拠 (～の عَلَى) دل√أَدِلَّةٌ ⑥
خِنْزِيرٌ [名詞] 豚 خنزر√خَنَازِيرُ ⑧	وَاجِبٌ دِرَاسِيٌّ 宿題 ⑦	دَمٌ [名詞] 血 دم√دِمَاءٌ ⑤
خِنْصَرٌ [名詞] 小指 √خنص ⑨	دِرَاسَةٌ [名詞] 勉強、研究 √درس ②	دَمَّرَ [他動詞] を破壊する、を殲滅する تَدْمِيرٌ√دمر 詳
خَيْرٌ [名詞] 善；[形容詞] 善い、より善い、もっとも善い خير√ ①	دُرْجٌ [名詞] 引き出し أَدْرَاجٌ √درج ④	دِمَشْقُ [名詞] ダマスカス ⑤
بِخَيْرٍ 元気です ①	دَرَجَةٌ [名詞] レベル、程度 √درج ⑪	دَمْقَرَطَ [他動詞] を民主化する دَمْقَرْطٌ 詳
	دَرَجَةُ الْحَرَارَةِ 温度 ⑪	اَلدُّنْيَا [名詞] 現世 √دنو 詳
	دَرَسَ [他動詞] を学ぶ (u) دَرْسٌ√درس	دُهْنٌ [名詞] 脂 √دهن ⑧
		دَوَاءٌ [名詞] 薬 دوأ√أَدْوِيَةٌ ⑬
		اَلدَّوْحَةُ [名詞] ドーハ ⑧

أَدْوَارٌ [名詞] 役割、順番 √دور 詳	√ذهب (〜へ) 8	عَلَى مَا يُرَامُ 大丈夫な：好調な 9
دَوْرَةٌ [名詞] コース √دور 10	ذَهَبَ [自動詞] 行く (a) ذَهَابٌ√ذهب 7	رَأَى [他動詞] を見る (a) رُؤْيَةٌ√رأي 3
دُولَارَاتٌ [名詞] ドル دُولَارٌ 6	ذُو [形容詞] 〜のある、〜を持つ、〜を有する、〜を担う；[名詞] を持つ者・もの ذَاتُ (女性形) など √ذو 詳	رَأْيٌ [名詞] 意見 آرَاءٌ (فِي 〜に関する) √رأي 2
دُوَلِيٌّ [形容詞] 国際的な √دول 3	ذُو الْحِجَّةِ [名詞] ズー・ヒッジャ (ヒジュラ暦12月) 6	رَائِحَةٌ [名詞] 香り、臭い √روح 11
دَوْلَةٌ [名詞] 国家 √دُوَلٌ دول 8	ذُو الْقَعْدَةِ [名詞] ズー・カアダ (ヒジュラ暦11月) 6	رَائِعٌ [形容詞] すばらしい √روع 2
دُونَ [前置詞] 〜なしに √دون 3	ذِئَابٌ [名詞] オオカミ ذِئْبٌ √ذأب 詳	الرَّبَاطُ [名詞] ラバト 8
دِيسَمْبِر [名詞] 12月（西暦）6		رُبْعٌ [名詞] 4分の1 أَرْبَاعٌ√ربع 6
دِيمُقْرَاطِيٌّ [形容詞] 民主的な、民主主義の 11	.... ر	رُبَّمَا [副詞] たぶん √رب 6
دِيمُقْرَاطِيَّةٌ [名詞] 民主主義 11	رَابِعٌ [形容詞] 第4の；[名詞] 第4 √ربع 6	الرَّبِيعُ [名詞] 春 √ربع 6
دِينٌ [名詞] 宗教 أَدْيَانٌ√دين 13	رَابِعًا [副詞] 第4に 6	رَبِيعٌ الْأَوَّلُ [名詞] ラビーア・アウワル (ヒジュラ暦3月) 6
دَنَانِيرُ [名詞] ディーナール 6	الرَّابِعَ عَشَرَ [形容詞] 第14の、14番目の；[名詞] 第14 الرَّابِعَةَ عَشْرَةَ (女性形) 6	رَبِيعٌ الثَّانِي [名詞] ラビーア・サーニー (ヒジュラ暦4月) 6
دِينِيٌّ [形容詞] 宗教の、宗教的な √دين 13	رَاجَعَ [他動詞] を参照する；を復習する √مُرَاجَعَةٌ رجع 7	رَجَا [他動詞] を願う مِنْ 〜から、لِ 〜に (u) رَجَاءٌ√رجو 12
	رَاحَةٌ [名詞] 快適さ、心地よさ、くつろぎ √روح 5	رَجَبٌ [名詞] ラジャブ (ヒジュラ暦7月) 6
.... ذ	رُؤُوسٌ [名詞] 頭；岬 رَأْسٌ √رأس 9	رَجَعَ [自動詞] 戻る (i) رُجُوعٌ√رجع 7
ذَاقَ [他動詞] を味わう (u) ذَوْقٌ√ذَوَاقٌ ذوق 11	رَأْسُ السَّنَةِ 年始 11	رَجُلٌ [名詞] 男 رِجَالٌ√رجل 2
ذِرَاعٌ [名詞] 腕 أَذْرُعٌ√ذرع 9	رَأَسَ [他動詞] を指導者にする、を長にする رَأْسُ√تَرْئِيسٌ 詳	رِجْلٌ [名詞] 脚 أَرْجُلٌ√رجل 9
ذَكَرَ [他動詞] と語る、述べる (u) ذِكْرٌ√ذكر 8	رَافَقَ [他動詞] に付き添う、を同伴する مُرَافَقَةٌ√رفق 9	رَحَّالَةٌ [名詞] 大旅行家 (男性名詞) √رحل 詳
ذِكْرَى [名詞] 思い出 (女性名詞) ذِكْرَيَاتٌ√ذكرى 詳	رَاقٍ [形容詞] 豪華な √رقي 詳	رَحَّبَ [自動詞] 歓迎する بِ 〜を تَرْحِيبٌ√رحب 8
ذَكِيٌّ [形容詞] 賢い أَذْكِيَاءُ √ذكي/ذكو 4	رُكَّابٌ [名詞] 乗客、乗員 رَاكِبٌ √ركب 詳	رَحَلَ [自動詞] 旅立つ、去る (a) رَحِيلٌ√رحل 詳
ذَلِكَ [指示代名詞] あれ；[指示形容詞] あの تِلْكَ (女性形)、أُولَئِكَ (複数形) など √ذا 3	رَامَ [他動詞] を望む (u) رَوْمٌ √روم	رِحْلَةٌ [名詞] 旅行 √رحل 11
كَذَلِكَ そのように、同様に 3		رَحْمَنٌ [形容詞] 慈悲深い (アッラー) √رحم 詳
لِذَلِكَ だから、そのために、それゆえに 10		
ذَهَابٌ [名詞] 行くこと إِلَى		

رَحِيمٌ √رحم	[形容詞] 慈悲深い（アッラー）詳
رَخِيصٌ √رخص	[形容詞] 安い ②
رَدَّ √رَدّ √ردد	[自動詞] 応える（عَلَى ～に対する）(u) ⑪
رِسَالَةٌ √رَسَائِل √رسل	[名詞] 手紙、メッセージ；使命 ④
رَسَّامٌ √رسم	[名詞] 画家 詳
رَسَمَ √رسم	[他動詞] を描く (u) 詳
رَسْمٌ √رسم	[名詞] 描写、描くこと 詳
رَسْمِيٌّ √رسم	[形容詞] 公式な ⑤
رَصِيدٌ √أَرْصِدَةٌ √رصد	[名詞] 蓄積、ストック、残高、預金；貯金、預金 詳
رَضِيَ √رِضًى √رضي	[自動詞] に満足する（بِ ～に）(a) 詳
رُطُوبَةٌ √رطب	[名詞] 湿気 詳
رَغِبَ √رَغْبَةٌ √رغب	[自動詞] 望む（فِي ～を）(a) ⑧
رَغْبَةٌ √رَغَبَاتٌ √رغب	[名詞] 願望（فِي ～についての）詳
رَغْمَ أَنَّ	[接続詞] ～であるにもかかわらず 詳
رَفَضَ √رَفْضٌ √رفض	[他動詞] を拒否する、を拒む (i) ⑬
رَفِيعٌ √رفع	[形容詞] 高い（単独ではほとんど用いられません）
رَفِيعُ ٱلْمُسْتَوَى	高度な 詳
رَقْمٌ √أَرْقَامٌ √رقم	[名詞] 数字 (figure)、番号 ④
رَكِبَ √رُكُوبٌ √ركب	[他動詞] に乗る (a) ⑦
رُكُوبٌ √ركب	[名詞] 乗ること ⑪
رَمَادٌ √أَرْمِدَةٌ √رمد	[名詞] 灰 詳
رَمَادِيٌّ √رمد	[形容詞] 灰色の 詳
رَمَضَانُ	[名詞] ラマダーン（ヒジュラ暦9月）⑥
رَمْلِيٌّ √رمل	[形容詞] 砂の ⑪
رَمَى √رَمْيٌ √رمي	[他動詞] を投げる (i) 詳
رِوَايَةٌ √روي	[名詞] 小説 ⑧
رُوسِيٌّ √روس	[形容詞] ロシアの；[名詞] ロシア人 ⑧
رُوسِيَا	[名詞] ロシア ⑧
اَلرُّوسِيَّةُ	[名詞] ロシア語 ⑧
رُومَا	[名詞] ローマ ⑧
رِيَاضِيٌّ √روض	[形容詞] スポーツの ④
رِيَاضَةٌ √روض	[名詞] スポーツ ③
رِيَالٌ √رِيَالَاتٌ	[名詞] リヤール ⑥
رِئَةٌ √رأ	[名詞] 肺 ⑨
اَلرِّيَاضُ	[名詞] リヤド ⑧
رِيحٌ √رِيَاحٌ √روح	[名詞] 風 ⑪
رِيفٌ √أَرْيَافٌ	[名詞] 農村 詳
رَئِيسٌ √رُؤَسَاءُ √رأس	[名詞] 長 ⑪
رَئِيسُ ٱلْجُمْهُورِيَّةِ	大統領 ⑪
رَئِيسُ ٱلْوُزَرَاءِ	首相 詳

ز

زَارَ √زِيَارَةٌ √زور	[他動詞] を訪れる (u) ⑪
زَالَ √زَوَالٌ √زول	[自動詞] なくなる；依然として～である、～であり続ける（否定形）⑪
زَائِرٌ √زُوَّارٌ √زور	[名詞] 訪問者 詳
زَبُونٌ √زَبَائِنُ √زبن	[名詞] 顧客 詳
زُجَاجَةٌ √زجّ	[名詞] ビン 詳
زَخَرَ √زَخْرٌ √زخر	[自動詞] 富んでいる（بِ ～a）⑬
زَعْلَانُ／زَعْلَانٌ √زعل	[形容詞] 立腹している（مِنْ ～に）詳
زُقَاقٌ √أَزِقَّةٌ √زقّ	[名詞] 路地 詳
زِلْزَالٌ √زَلَازِلُ √زلزل	[名詞] 地震 ⑫
زَلْزَلَ √زَلْزَلَةٌ √زلزل	[他動詞] をぐらぐら揺らす ⑫
زَمَنٌ √أَزْمَانٌ، أَزْمُنٌ √زمن	[名詞] 時 詳
زَمِيلٌ √زُمَلَاءُ √زمل	[名詞] 同級生、同僚 ③
زَهْرٌ √زُهُورٌ، أَزْهَارٌ √زهر	[名詞] 花（集合名詞）（集合名詞）、（可数名詞複数形）⑪
زَوَاجٌ √زوج	[名詞] 結婚 ⑩
زَوْجٌ √أَزْوَاجٌ √زوج	[名詞] 夫；対 ⑤
زَوْجَانِ	夫婦 ⑤
زَوْجَةٌ √زوج	[名詞] 妻 ⑤
زِيَارَةٌ √زور	[名詞] 訪問 ⑨

س

سَـ	[接頭辞]（未来を表す）～だろう ⑧
سَابِعٌ √سبع	[形容詞] 第7の；[名詞] 第7 ⑥
سَابِعًا	[副詞] 第7に ⑥
اَلسَّابِعَ عَشَرَ	[形容詞] 第17の、17番目の；[名詞] 第17
اَلسَّابِعَةَ عَشْرَةَ	（女性形）⑥
سَابِقٌ √سبق	[形容詞] 以前の、従前の、前の ⑨

سَاحَة [名詞] 広場 √سوح 詳

سَادِس [形容詞] 第6の；[名詞] 第6 √سدس 6

سَادِسًا [副詞] 第6に 6

اَلسَّادِسَ عَشَرَ [形容詞] 第16の、16番目の；[名詞] 第16 اَلسَّادِسَةَ عَشْرَةَ（女性形）6

سَارَ [自動詞] 進む (i) √سير 詳

سَاعَدَ [他動詞]（人）を手伝う；資する（عَلَى ～に関して）√سعد √مُسَاعَدَة 7

سَاعَة [名詞] 時計、時間 (hour) √سوع 6

سَافَرَ [自動詞] 旅行する √مُسَافَرَة √سفر 8

سَاقَ [他動詞] を運転する (u) √سوق √سِيَاقَة 詳

سَاكِن [名詞] 住民 √سُكَّان √سكن 13

سَأَلَ [自動詞] 尋ねる（عَنْ ～について）(a) √سأل √سُؤَال 11

سَامَحَ [他動詞] を大目に見る √سمح √مُسَامَحَة 12

سَائِح [名詞] 観光客 √سيح √سُيَّاح 詳

سَائِق [名詞] 運転手、ドライバー √سوق √سَائِقَة 3

سَبَّابَة [名詞] 人差し指 √سبّ 9

سِبَاق [名詞] レース、競争 √سبق √سِبَاقَات 詳

سَبَب [名詞] 理由、原因 √أَسْبَاب √سبّ 7

بِسَبَبِ ～ ～という理由で、～なので、～ゆえに 11

اَلسَّبْت [名詞] 土曜日 √سبت 6

سِبْتَمْبِر [名詞] 9月（西暦）6

سِبَاحَة [自動詞] 泳ぐ (a) √سبح 詳

سُبْع [名詞] 7分の1 √سبع √أَسْبَاع 6

سَبْعُون [名詞] 70；[形容詞] の70 √سبع 6

سَبْعَة [名詞] 7；[形容詞] 7の سَبْع（女性形）√سبع 6

سَبْعَةَ عَشَرَ [名詞] 17；[形容詞] 17の سَبْعَ عَشْرَةَ（女性形）6

سَبَقَ [他動詞] に先行する (a) √سبق √سبق سَبَقَ لِ... أَنْ ～は以前に～する 13

سَبُّورَة [名詞] 黒板 √سبر 7

سِتُّون [名詞] 60；[形容詞] 60の √ست 6

سِتَّة [名詞] 6；[形容詞] 6の سِتّ（女性形）√ست 6

سِتَّةَ عَشَرَ [名詞] 16；[形容詞] 16の سِتَّ عَشْرَةَ（女性形）6

سَجَدَ [自動詞] 平伏する (u) √سجد √سُجُود 詳

سَجَّلَ [自動詞] 登録する、記録する √سجل √تَسْجِيل 詳

سَحَبَ [他動詞] を引く；を撤退させる (a) √سحب √سَحْب 8

سَخِيف [形容詞] くだらない √سخف 詳

سُدُس [名詞] 6分の1 √أَسْدَاس √سدس 6

سِرّ [名詞] 秘密 √سرّ √أَسْرَار 9

سُرْعَة [名詞] 速さ、スピード √سرع 詳

سَرِقَة [名詞] 窃盗、盗み √سرق 11

سُرُور [名詞] うれしさ（بِ ～で、の）√سرّ 詳

سَرِيع [形容詞] 速い √سرع 5

سِعْر [名詞] 価格 √أَسْعَار √سعر 詳

سُعُودِيّ [形容詞] サウジアラビアの；[名詞] サウジアラビア人 11

اَلسُّعُودِيَّة [名詞] サウジアラビア 8

سَعِيد [形容詞] 幸せな سُعَدَاء √سعد 1

سِفَارَة [名詞] 大使館 √سفر 詳

سَفَر [名詞] 旅 √أَسْفَار √سفر جَوَاز السَّفَر パスポート、旅券 12

سَكِرَ [自動詞] 酔う (a) √سكر 詳

سُكَّر [名詞] 砂糖 √سكر 7

سَكَنَ [自動詞] 住む (u) √سكن 8

سَكَن [名詞] 住居 √سكن اَلسَّكَن اَلْجَامِعِيّ 大学寮 4

سَلَام [名詞] 和平、平和、平安 √سلم 1

سَلَامَة [名詞] 無事、安全 √سلم 1

سَلْطَنَة [名詞] スルタン制、スルタン国 √سلطن 8

سُلْطَة [名詞] 権威；当局（常に複数形）√سُلْطَات √سلط 詳

سَلَّمَ [他動詞] を渡す（لِ ～に）；[自動詞] 挨拶する（عَلَى ～に）√سلم √تَسْلِيم 12

سَمَاء [名詞] 空、天 √سَمَوَات √سمو 詳

سَمَاد [名詞] 肥料 √سمد √أَسْمِدَة 詳

سَمَاوِيّ [形容詞] 空の、天の；天啓の √سمو	سُورَة [名詞] （コーランの）章 سور／سُوَر 詳	√شرب 9
سَمَحَ [自動詞] 許す ～に لِ、～を بِ (a) سمح／سَمَاحٌ 12	سَوْفَ [小辞] （未来を表す）〜だろう 8	شَارِع [名詞] 通り、街；街区 شرع／شَوَارِع 4
سَمِعَ [他動詞] を聞く (a) سمع／سَمَاعٌ، سَمْعٌ 7	سُوق [名詞] 市場（両性名詞） سوق／أَسْوَاق 4	شَارَكَ [自動詞] 参加する (فِي) ～に شرك／مُشَارَكَة 8
سُمْعَة [名詞] 評判 √سمع 詳	سَوِيًّا [副詞] 一緒に √سوي 11	شَاعِر [名詞] 詩人 شعر／شُعَرَاء 詳
سَمَك [名詞] 魚（集合名詞）、سَمَكَة （可数名詞複数形） √سمك 詳	سَيِّئ [形容詞] 悪い √سوأ 詳	شَاغِر [形容詞] 空いている、空席の √شغر 3
سَمَّى [他動詞] に〜と名づける、を〜と呼ぶ سمي／تَسْمِيَة 11	سِيَاحِيّ [形容詞] 観光の √سوح 8	شَاقّ [形容詞] 過酷な √شقّ 9
سِنّ [名詞] 歯；年齢 سنّ／أَسْنَان 9	سَيَّارَة [名詞] 自動車 سير 2	اَلشَّام [名詞] ダマスカス；（歴史的）シリア 8
سَنَوِيّ [形容詞] 年の √سنّ 詳	سِيَاسِيّ [形容詞] 政治の、政治的な；[名詞] 政治家 سَاسَة √سوس 13	شَامِل [形容詞] 包括的な √شمل 詳
سَنَة [名詞] 年 سِنُونَ، سَنَوَات／سنّ 6	سِيَاسَة [名詞] 政治、政策 √سوس 12	شَأْن [名詞] こと、事柄、（用）件、問題 شأن／شُؤُون 9
رَأْسُ السَّنَة 年始 11	سَيِّد [名詞] 〜くん、〜さん、〜氏（男性）；サイイド سَادَة √سود 2	شَاهَدَ [他動詞] を観る；を目撃する شهد／مُشَاهَدَة 7
سَهْل [形容詞] 容易な；[名詞] 平野、平原、平地 سُهُول／سهل 1	سَيِّدَة [名詞] 〜さん（女性）、〜女史 √سود 2	شَاي [名詞] 茶 √شاي 7
أَهْلًا وَسَهْلًا ようこそ	سَيَّرَ [他動詞] を進める تَسْيِير／سير 詳	شُبَاط [名詞] 2月（西暦）6
سُهُولَة [名詞] 容易、容易であること √سهل 11	سَيْطَرَ [自動詞] 制圧する、支配する (عَلَى) 〜を سيطرة／سيطر 11	شُبَّاك [名詞] 窓 شبك／شَبَابِيك 4
بِسُهُولَة 容易に	سِينَمَا [名詞] 映画 7	شَبِعَ [自動詞] 満腹になる (a) شبع／شَبْع 詳
سَوَاد [名詞] 黒 √سود 詳	سِيُول [名詞] ソウル 8	شَبْعَان [形容詞] 満腹な شبع／شَبْعَى 詳
سُؤَال [名詞] 問い、質問 أَسْئِلَة／سأل 2		شِبْه [名詞] 準〜 √شبه 詳
اَلسُّودَان [名詞] スーダン 8	ش	اَلشِّتَاء [名詞] 冬 √شتو 6
سُودَانِيّ [形容詞] スーダンの；[名詞] スーダン人 7	شَاءَ [他動詞] を望む (a) مَشِيئَة／شيأ 2	شَتَمَ [他動詞] を侮辱する、を罵る (u) شتم／شَتْم، شَتِيمَة 詳
سُور [名詞] 塀、外壁 أَسْوَار／سور 4	شَابّ [名詞] 青年 شبّ／شَبَاب 2	شُجْعَان [形容詞] 勇敢な شجع 10
سُورِيّ [形容詞] シリアの；[名詞] シリア人 3	شَاحِب [形容詞] 蒼い、蒼白の شحب／شَوَاحِب 9	شَجَاعَة [名詞] 勇気 √شجع 12
سُورِيَة／سُورِيَا [名詞] シリア 3	شَارِب [名詞] 口ひげ شَوَارِب	شَجَرَة [名詞] 木（集合名詞）、أَشْجَار （可数名詞複数形） √شجر 詳
		شَحَّات [名詞] 乞食、物乞い

شحت √ 10	شَكَّ √ شَكّ (u) 詳	صَادِق [形容詞] 誠実な √ صدق 詳
شَخْصٌ [名詞] 人、個人 √ أَشْخَاصٌ √ شخص 12	شَكَا [他動詞] について不平を言う、訴える (إِلَى ～に)；[自動詞] 苦悩を訴える (من ～について) (u) شَكْوَى √ شكو √ 詳	صَارَ [自動詞] になる；し始める（未完了直説形を伴う）(i) √ صَيْرٌ √ صير 詳
شَخْصِيًّا [副詞] 個人的に √ شخص 12	شَكَرَ [他動詞] に感謝する (عَلَى ～について) (u) شُكْرٌ √ شكر 7	صَالَةٌ [名詞] ホール 4
شَدَّدَ [自動詞] 強調する (بِ、عَلَى ～を) √ تَشْدِيدٌ √ شدّ 詳	شُكْرًا [副詞] ありがとう、感謝しつつ (لِ 人) に、(عَلَى 物事) に関して √ شكر 1	صَالُونَاتٌ √ صَالُون [名詞] サロン 詳
شَدِيدٌ [形容詞] 激しい √ شدّ 詳	شَكْلٌ [名詞] かたち；発音記号 أَشْكَالٌ √ شكل 4	صَامَ [自動詞] 断食する (u) صِيَامٌ، صَوْمٌ √ صوم √ 詳
شَرٌّ [名詞] 悪；[形容詞] 悪しき、より悪しき、もっとも悪しき √ شرّ 詳	شِلِنَاتٌ √ شِلِنْ [名詞] シリング 6	صَامِتٌ [形容詞] 沈黙している √ صمت 10
شَرِبَ [他動詞] を飲む (a) √ شرب 7	شَمَّ [他動詞] を嗅ぐ (u) √ شمّ 11	صَبَّ [他動詞] を注ぐ (u) √ صبّ 詳
شَرَحَ [他動詞] を説明する (لِ ～に)；[自動詞] 説明する (لِ ～に、عَنْ ～について) (a) شَرْحٌ √ شرح 7	اَلشَّمَالُ [名詞] 北 √ شمل 13	صَبَاحٌ [名詞] 朝 √ صبح 1
	شَمَالِيٌّ [形容詞] 北の √ شمل 8	صَبَاحًا [副詞] 朝 6
شُرْطِيٌّ [名詞] 警官 √ شرط 詳	اَلشَّمْسُ [名詞] 太陽 (女性名詞) √ شمس 詳	صَبْرٌ [名詞] 忍耐、辛抱、我慢 √ صبر 12
شُرْطَةٌ [名詞] 警察 √ شرط 11	شَهْرٌ [名詞] 月 (month)、أَشْهُرٌ √ شُهُورٌ √ شهر 6	صَبُورٌ [形容詞] 忍耐強い √ صبر 10
شَرْعِيٌّ [形容詞] 合法的な √ شرع 13	شَوَّالٌ [名詞] シャウワール（ヒジュラ暦10月）6	صِحَافِيٌّ [名詞] 記者、ジャーナリスト √ صحف 詳
اَلشَّرْقُ [名詞] 東；東洋；東欧、東側陣営 √ شرق 3	شَيْءٌ [名詞] もの、事、何か شَيْئًا √ أَشْيَاءُ 11	صَحْرَاءُ [名詞] 砂漠 (女性名詞) صَحْرَاوَاتٌ √ صحر √ 詳
اَلشَّرْقُ اَلْأَوْسَطُ 中東 3	شَيْئًا فَشَيْئًا 徐々に、少しずつ 詳	صَحِيحٌ [形容詞] 正しい √ صحّ 4
شَرِكَةٌ [名詞] 会社 √ شرك 3	شَيْخٌ [名詞] 長老、シャイフ شُيُوخٌ √ شيخ √ 詳	صُحُفٌ √ صَحِيفَةٌ [名詞] 新聞 √ صحف 詳
شَعْبٌ [名詞] 人民、国民、民衆 شُعُوبٌ √ شعب 詳	شِيكَلٌ [名詞] シェケル شِيكَلَاتٌ 6	صِحَّةٌ [名詞] 健康；正しさ、正解 √ صحّ 3
شَعْبَانُ [名詞] シャアバーン（ヒジュラ暦8月）6	ص	صُدَاعٌ [名詞] 頭痛 √ صدع 9
شَعْبِيٌّ [形容詞] 人民の、国民の、大衆の √ شعب 8	صَاحِبٌ [名詞] 持ち主、飼い主 أَصْحَابٌ √ صحب 4	صَدْرٌ [名詞] 胸 صُدُورٌ √ صدر 9
شَعَرَ [自動詞] 感じる (بِ ～を) (u) شُعُورٌ √ شعر 9		صَدَّرَ [他動詞] を輸出する تَصْدِيرٌ √ صدر 7
شَعْرٌ [名詞] 毛、毛髪 √ شعر 9		صُدْفَةً [副詞] 偶然に √ صدف 7
شُقَقٌ √ شَقَّةٌ [名詞] アパート 詳		صَدَّقَ [他動詞] を信用する تَصْدِيقٌ √ صدق 13
شَكَّ [自動詞] 疑う (فِي ～を)		

صَدِيقٌ [名詞] 友人、親友 √أَصْدِقَاء/صدق ③	صُورَةٌ [名詞] 絵、写真、イメージ √صُوَر/صور ③	√ضغط ⑨
صَرِيحٌ [形容詞] 率直な、素直な √صرح ⑩	اَلصُّومَالُ [名詞] ソマリア ⑧	ضِيَافَةٌ [名詞] 接客、もてなし √ضيف ⑫
صَعْبٌ [形容詞] 難しい √صعب ②	صُومَالِيٌّ [形容詞] ソマリアの；[名詞] ソマリア人 ⑧	ضُيُوفٌ [名詞] 来客 √ضيف ⑧
صَعِدَ [自動詞] 上る (a) √صعد 詳	اَلصَّيْفُ [名詞] 夏 √صيف ⑥	ضَيِّقٌ [形容詞] 狭い √ضيق ②
صَغُرَ [自動詞] 小さくなる (u) √صغر/صغر 詳	صَيْفِيٌّ [形容詞] 夏の √صيف ⑪	.... ط ....
صِغَارٌ [形容詞] 小さい √صغر ②	اَلصِّينُ [名詞] 中国 ⑧	طَابِقٌ [名詞] 階 √طَوَابِق/طبق ⑥
صَفٌّ [名詞] クラス、学年；列 √صُفُوف/صف ⑥	صِينِيٌّ [形容詞] 中国の；[名詞] 中国人 ⑧	طَارَ [自動詞] 飛ぶ (i) √طَيَرَان/طير 詳
صَفَحَاتٌ [名詞] ページ √صحف 詳	اَلصِّينِيَّةُ [名詞] 中国語 ⑧	طَازَجٌ [形容詞] 新鮮な √طزج ⑨
صَفَرٌ [名詞] サファル（ヒジュラ暦2月) ⑥	.... ض	طَالَ [自動詞] 長くなる、長引く (u) √طُول/طول 詳
صِفْرٌ [名詞] 0 √صفر ⑥	ضَبَّاطٌ [名詞] 士官 √ضُبَّاط/ضباط ⑪	طَالَبَ [他動詞] を要求する（بِ ～を／بِ ～に） √مُطَالَبَة/طلب ⑧
صِفَةٌ [名詞] 性質；形容詞 √وصف ④	ضَوَاحٍ [名詞] 郊外 √ضحي 詳	طَلَبَةٌ [名詞] 学生 √طُلَّاب/طالب ②
صَلَاةٌ [名詞] 礼拝 √صَلَوَات/صلو 詳	ضَارٌّ [形容詞] 有害な、害のある（بِ ～に）√ضرّ ③	طَاوِلَةٌ [名詞] テーブル ③
صَلَّى [自動詞] 礼拝する √تَصْلِيَة/صلو 詳	ضَاعَ [自動詞] 迷う、無くなる (i) √ضَيَاع/ضيع 詳	طَائِرَةٌ [名詞] 飛行機、航空機 √طير ③
صَمْتٌ [名詞] 沈黙 √صمت ⑨	ضَجَّةٌ [名詞] 騒がしさ、喧騒 √ضجّ ⑫	طَبَّاخٌ [名詞] コック √طبخ 詳
صِنَاعِيٌّ [形容詞] 工業の、産業の、人工的な √صنع 詳	ضَحِكَ [自動詞] (ゲラゲラ) 笑う（مِنْ ～を、～のことで）；嘲る（عَلَى ～を）(a) √ضَحِك/ضحك ⑦	طَبَخَ [他動詞] (料理名) を料理する (u) √طبخ 詳
صَنَادِيقُ [名詞] 箱 √صندوق ⑤	ضِدَّ [前置詞] ～に反対した (against) √ضدّ 詳	طَبْعًا [副詞] もちろん √طبع ③
صَنَعَ [他動詞] を製造する (a) √صُنْع、صِنَاعَة/صنع ⑬	ضَرَّ [自動詞] 有害になる（بِ ～に）；[他動詞] にとって有害になる (u) √ضَرّ/ضرّ ⑬	طَبِيبٌ [名詞] 医師 √أَطِبَّاء/طب ②
صَنْعَاءُ [名詞] サナア ⑧	ضَرَبَ [他動詞] を打つ (i) √ضرب 詳	طَبِيعِيٌّ [形容詞] 自然の、天然の；自然な、本質的な √طبع ⑬
صَوْتٌ [名詞] 声、音；票 √أَصْوَات/صوت ⑦	ضَرُورِيٌّ [形容詞] 必要な、不可欠な √ضرّ ⑤	طَبِيعَةٌ [名詞] 性質、本質、本性、天性；自然 √طَبَائِع/طبع ⑫
صَوَّرَ [他動詞] を撮影する、を写す √تَصْوِير/صور 詳	ضُغُوطٌ [名詞] 圧力 √ضغط	طَرَابُلْسُ [名詞] トリポリ ⑧
		طَرْدٌ [名詞] 小包 √طُرُود/طرد 詳
		أَطْرَافٌ [名詞] 当時者 √طرف ⑧
		طَرِيقٌ [名詞] 道、街道；方法 (両

3　(性名詞) طُرُق√طرق ～を経て、～を経由して　عَنْ طَرِيق ～　13	5　ظَنّ√ظُنُونٌ [名詞] 推測	6　عَامّ√أَعْوَامٌ [名詞] 年
4　طَرِيقَةٌ [名詞] 方法 طُرُق√ طَرَائِقُ√	3　ظُهْر√ [名詞] 正午	4　عَامّ√عَمّ [形容詞] 一般的な、全般的な、総合的な
5　طَعَامٌ [名詞] 食事、食べ物 طعم√أَطْعِمَةٌ	6　ظُهْرًا [副詞] 正午、昼	詳　عَامِلٌ [名詞] 労働者；要素 عمل√عَوَامِلُ
詳　طَعْمٌ [名詞] 味 طعم√	....................ع....................	12　عَامِّيَّةٌ [名詞] アーンミーヤ、俗語 عمّ√
詳　طِفْلٌ [名詞] 児童、幼児 طفل√أَطْفَالٌ	8　عَاجِلٌ [形容詞] 速い、急いでいる عجل√	11　عَانَى [自動詞] 苦労する、苦しむ、悩まされる (مِنْ ～に) عني√مُعَانَاةٌ
3　طَقْسٌ [名詞] 天気 طقس√	8　عَاجِلًا أَوْ آجِلًا 遅かれ早かれ	5　عَائِلَةٌ [名詞] 家族、世帯 عول√عَوَائِلُ
8　طُلَّابِيّ [形容詞] 学生の طلب√	11　عَادَ [自動詞] 戻る、帰る；もう～しない、再び～しない (非定形、未完了形短形) عود√عَوْدَةٌ	9　عَبَّرَ [自動詞] 表現する (عَنْ ～を) عبر√تَعْبِيرٌ
7　طَلَبَ [他動詞] を頼む (مِنْ ～に) (u) طلب√طَلَبٌ	詳　عَادِلٌ [形容詞] 公正な عدل√	8　الْعِبْرِيَّةُ [名詞] ヘブライ語
5　طَلَبٌ [名詞] 注文、要請 طلب√طَلَبَاتٌ	7　عَادَةٌ [名詞] 習慣 عود√	12　عَثَرَ [自動詞] 見つける (عَلَى ～を) (i/u) عثر√عَثْرٌ
10　طَمَّاعٌ [形容詞] 強欲な طمع√	8　عَادَةً [副詞] 通常、普通は 7　كَالْعَادَةِ 通常通り	詳　عَجُوزٌ [名詞] 老人 عجز√عَجَائِزٌ
8　طَهْرَانٌ [名詞] テヘラン	詳　عَارَضَ [他動詞] に反対する عرض√مُعَارَضَةٌ	詳　عَدَّ [他動詞] を数える；を～とみなす (u) عدّ√عَدٌّ
詳　طَوَّرَ [他動詞] を開発する طور√تَطْوِيرٌ	11　عَاشَ [自動詞] 暮らす (i) عيش√مَعِيشَةٌ	8　عَدَا [前置詞] を除いて√عدو مَا عَدَا [前置詞] を除いて
1　طُوكِيُو [名詞] 東京	6　عَاشِرٌ [形容詞] 第10の；[名詞] 第10 عشر√	5　عَدَدٌ [名詞] 数 (かず) عدّ√أَعْدَادٌ
2　طَوِيلٌ [形容詞] 背が高い、長い طول√طِوَالٌ	6　عَاشِرًا [副詞] 第10に	詳　عَدَمٌ [名詞] 無～、不～、非～、未～ عدم√
10　طَيِّبٌ [形容詞] 良い طيب√	2　عَاصِفٌ [形容詞] 嵐の عصف√	8　عِدَّةٌ [名詞] たくさんの～ (複数形の名詞があとに続いて)；[形容詞] たくさんの (名詞の複数形を修飾して) عدّ√
....................ظ....................	詳　عَاصِمَةٌ [名詞] 首都 عصم√عَوَاصِمُ	8　الْعِرَاقُ [名詞] イラク
詳　ظَاهِرَةٌ [名詞] 現象 ظهر√ظَوَاهِرُ	11　عَافَى [他動詞] を健康にする、を癒やす عفو√مُعَافَاةٌ	8　عِرَاقِيّ [形容詞] イラクの；[名詞] イラク人
12　ظَرْفٌ [名詞] 封筒；状況 (常に複数形) ظرف√ظُرُوفٌ	11　عَافِيَةٌ [名詞] 健康 عفو√	5　عَرَبِيّ [形容詞] アラブの；[名詞] アラブ人 عرب√عَرَبٌ
13　ظَلَّ [自動詞] し続ける、のままでいる (a) ظلّ√ظَلٌّ	5　عَالٍ [形容詞] (高さが) 高い علو√	
11　ظَنَّ [他動詞] だと思う、と推測する、と推定する (u) ظنّ√ظَنٌّ	5　عَالَمٌ [名詞] 世界 علم√عَوَالِمُ	
	詳　عَالِمٌ [名詞] 学者 علم√عُلَمَاءُ	
	詳　عَامَ [自動詞] 浮く (u) عوم√عَوْمٌ	

Arabic	品詞	意味	参照
اَلْعَرَبِيَّةُ	[名詞]	アラビア語 √عرب	2
عَرَضَ	[他動詞]	を提供する、を供給する；を示す、を表す；を披露する (i) عَرْضٌ √عرض	13
مَعْرِفَةٌ	[他動詞]	を知る (i) √عرف	8
عَرْقَلَ	[他動詞]	を妨害する、を阻害する √عَرْقَلَة عرقل	13
عَزْفٌ	[名詞]	演奏、弾くこと（عَلَى）（楽器）を √عزف	8
أَعِزَّاءُ	[形容詞]	親愛なる √عزّ	詳
عِشَاءٌ	[名詞]	夕食 √عشي	8
أَعْشَارٌ	[名詞]	10分の1 عُشْرٌ √عشر	6
عِشْرُونَ	[名詞]	20；[形容詞] 20の √عشر	6
عَشَرَةٌ	[名詞]	10；[形容詞] 10の（女性形） عَشْرٌ √عشر	6
عَصَوَ/عُصِيٌّ	[名詞]	棒 √عصو	詳
عَصْرٌ	[名詞]	アスル（午後）；時代 √عُصُورٌ عصر	詳
عَصْرًا	[副詞]	午後	6
عَصَافِيرُ/عُصْفُورٌ	[名詞]	小鳥 √عصفر	詳
أَعْضَاءٌ/عُضْوٌ	[名詞]	メンバー √عضو	詳
عَطْشَانُ/عَطْشَى	[形容詞]	喉が渇いた √عطش	4
عُطْلَةٌ	[名詞]	休日、休み √عطل	7
عُظَمَاءُ/عَظِيمٌ	[形容詞]	偉大な √عظم	詳
عَفْوًا	[副詞]	どういたしまして √عفو	1
عَقْدٌ/عُقُودٌ	[名詞]	10年 √عقد	6
عِلَاجٌ	[名詞]	治療 √علج	詳
عَلَاقَةٌ	[名詞]	関係（بِ ～と）√علق	詳
عَلَّامَةٌ	[名詞]	偉大な学者（男性名詞）√علم	詳
عَلَمٌ/أَعْلَامٌ	[名詞]	旗 √علم	5
عَلِمَ	[他動詞]	（知識）を知る (a) عِلْمٌ √علم	詳
عَلَّمَ	[他動詞]	を教える تَعْلِيمٌ √علم	詳
عِلْمٌ	[名詞]	知識；科学（通常は複数形）عُلُومٌ √علم	詳
عَلَى	[前置詞]	～の上に (on)	1
عَلَيْكَ بِـ		あなた（男性）に～をお勧めします	9
عَمٌّ	[名詞]	（父方の）叔父、伯父 أَعْمَامٌ/عَمٌّ	5
عَنْ + مَا = عَمَّا			13
عِمَارَةٌ	[名詞]	建物 √عمر	詳
عَمَّانُ	[名詞]	アンマン	8
عُمَانُ	[名詞]	オマーン	8
عُمَانِيٌّ	[形容詞]	オマーンの；[名詞] オマーン人	8
عُمْرٌ/أَعْمَارٌ	[名詞]	年齢 √عمر	6
عَمَّقَ	[他動詞]	を深める تَعْمِيقٌ √عمق	12
عَمَلٌ	[名詞]	仕事、行為、事業、作品 أَعْمَالٌ √عمل	5
أَعْمَالٌ مَنْزِلِيَّةٌ		家事	7
عَمِلَ	[他動詞]	をする、を作る；[自動詞] 行動する (a) عَمَلٌ √عمل	7
عَمَلِيَّةٌ	[名詞]	手術；作戦；プロセス √عمل	5
عَمَّةٌ	[名詞]	（父方の）叔母、伯母 √عمّ	5
عَنْ	[前置詞]	～について、から (about, from)	3
عِنْدَ	[前置詞]	～のところに	2
عِنْدَئِذٍ	[副詞]	その時、そこで	詳
عِنْدَمَا	[接続詞]	～する時、～した時 √عند	12
عُنْوَانٌ	[名詞]	住所、タイトル عَنَاوِينُ/عنوان	4
عَنَى	[他動詞]	を意味する；[自動詞] 大事にされる（受動態）عِنَايَةٌ/عَنْيٌ (بِـ ～に) يَعْنِي つまり	5
عَوْدَةٌ	[名詞]	帰還、帰宅、戻ること √عود	8
عَوْلَمَ	[自動詞]	グローバル化する عَوْلَمَةٌ	詳
عَيْبٌ	[名詞]	落ち度、欠点、欠陥、不備；恥 عُيُوبٌ/عيب	13
عِيدٌ/أَعْيَادٌ	[名詞]	祭り	6
عَيْنٌ	[名詞]	目；泉、源泉 عُيُونٌ、عين/أَعْيُنٌ	4

غ

Arabic	品詞	意味	参照
غَابَ	[自動詞]	不在にする、欠席する (i) غِيَابٌ/غيب	11
غَادَرَ	[他動詞]	から出発する、を発つ مُغَادَرَةٌ/غدر	詳
غَارَةٌ	[名詞]	空爆 √غور	11
غَالٍ	[形容詞]	値段の高い、高価な √غلو	5
غَالِبًا	[副詞]	大方、だいたい √غلب	詳
غَامِضٌ	[形容詞]	曖昧な √غمض	4
غَائِبٌ	[形容詞]	欠席している（عَنْ ～を）、不在の	

～において) √غيب ④	～以外のもの；[形容詞]（形容詞属格を伴い）非～な、不～な غير ⑤	فِرْقَة [名詞] 楽団；師団 √فرق ⑫
غَائِم [形容詞] 曇っている √غيم 詳		فَرَنْسَا [名詞] フランス ⑧
غَدْ [名詞] 明日 √غدو ⑥		فَرَنْسِيّ [形容詞] フランスの；[名詞] フランス人 ⑤
بَعْدَ غَدٍ 明後日 ⑥	## ف	الْفَرَنْسِيَّة [名詞] フランス語 ⑧
غَدًا [副詞] 明日 ②	فَ [接続詞] すると、そこで ⑤	فِرْنَك [名詞] フラン ⑥
غَدَاء [名詞] 昼食 √غدو ⑫	فَاجَأَ [他動詞] の不意を突く、を驚かす فجأ√مُفَاجَأَة 詳	فَرِيق [名詞] チーム فرق√فُرُوق ⑪
غَرَابَة [名詞] 奇妙 √غرب ⑬	الْفَارِسِيَّة [名詞] ペルシャ語 ⑧	فَسَاد [名詞] 腐敗、汚職 √فسد 詳
الْغَرْب [名詞] 西；西洋、西欧、西側陣営 √غرب 詳	فَاصِلَة [名詞] 小数点 √فصل 詳	فَشَل [名詞] 失敗（فِي ～で） √فشل ⑧
غُرْفَة [名詞] 部屋 √غرف غُرَف ②	فَاكِهَة [名詞] 果物 √فكه فَوَاكِه ⑨	فَشِلَ [自動詞] 失敗する（فِي ～で）(a) فشل√فَشَل 詳
غَرِيب [形容詞] 変な、奇妙な غرب√غُرَبَاء ⑦	فَائِدَة [名詞] 利益、メリット فيد√فَوَائِد ⑤	فَصَّلَ [他動詞] を詳述する فصل√تَفْصِيل 詳
غَسَلَ [他動詞]（手など）を洗う、を洗濯する (i)、غَسِيل√غَسْل 詳	فَبْرَايِر [名詞] 2月（西暦） ⑥	فَصْل [名詞] 季節；学期；章 فصل√فُصُول ⑥⑦
	فَتَاة [名詞] 少女 فتي√فَتَيَات ④	فَضَّلَ [他動詞] を好む、の方を選ぶ（عَلَى～ よりも） تَفْضِيل√فضل ⑬
غَضَب [名詞] 怒り √غضب ⑤	فَتَّاحَة [名詞] 栓抜き √فتح 詳	فَضْل [名詞] 好意 فضل√فُضُول 詳
غَضْبَان/غَضْبَى [形容詞] 怒っている（مِنْ ～に） √غضب 詳	فَتَحَ [他動詞] を開く、開ける (a) √فَتْح ⑨	مِنْ فَضْلِكَ（男性形） どうぞ ②
غَفَرَ [他動詞] を赦す (i) √غفر 詳	فَتْرَة [名詞] 期間 فَتَرَات ⑫	فَضِيلَة [名詞] 美徳 فضل√فَضَائِل 詳
غَنَّى [他動詞] を歌う غني√تَغْنِيَة ⑪	فَتْوَى [名詞] ファトワー فتو√فَتَاوَى 詳	فُطُور [名詞] 朝食 √فطر ⑪
غِنًى [名詞] 豊富さ、豊かであること（بِ～で） √غني ⑬	فَجْأَةً [副詞] 突如 فجأ√ ⑦	فَعَلَ [他動詞] を行う、をする (a) فعل√فِعْل ⑦
غَنِيَ [自動詞] 豊富である (a)、（بِ～で） غني√غِنًى ⑬	فَحَسْبُ [副詞] だけ ⑬	فَقَدَ [他動詞] を失う (i) √فقد 詳
غَنِيّ [形容詞] 金持ちな、豊かな（بِ～で） غني√أَغْنِيَاء ②	فَرَّ [自動詞] 逃げる（مِنْ ～から）(i) فِرَار√ 詳	فَقْر [名詞] 貧困 √فقر 詳
غِيَاب [名詞] 欠席、不在（عَنْ ～を） √غيب ⑫	فَرَّحَ [他動詞] を喜ばせる（بِ～で） فرح√تَفْرِيح 詳	فَقَطْ [副詞] たった、だけ ⑬
غِيتَار [名詞] ギター غِيتَارَات ⑧	فَرِحَ [自動詞] 喜ぶ（بِ～を）(a) فرح√فَرَح 詳	فَقِير [形容詞] 貧しい فقر√فُقَرَاء ②
غَيَّرَ [他動詞] を変える √غير تَغْيِير ⑫	فُرْصَة [名詞] 機会 فرص√فُرَص ①	
غَيْر [名詞]（名詞属格を伴い）	فَرَضَ [他動詞] を課す、科す（عَلَى～ に）(i) فرض√فَرْض ⑫	
	فَرْق [名詞] 違い、差異（بَيْنَ～ وَ… ～と…の） فرق√فُرُوق ⑤	

فَقِيهٌ √فِقْه √فُقَهاءُ [名詞] 法学者 詳	قَارَّة [名詞] 大陸 √قرّ 11	قَبُولٌ [名詞] 受け入れ（ること） √قبل 13
فَكَّرَ [自動詞] 考える、思考する（～について في）√فكر √تَفْكِيرٌ 9	قَاسَ [自動詞] を計る (i) √قيس 詳	قَدْ [副詞] すでに～（完了形）; ～であろう（未完了直説形）√قد 11
فِكْرَةٌ [名詞] 考え方、アイデア √فكر √فِكَرٌ 3	قَاضِي [名詞] 裁判官 √قُضَاةٌ √قضي 詳	قُدْرَةٌ [名詞] 能力（عَلَى ～の）√قدر 11
فَكَّةٌ [名詞] 小銭 √فك 3	قَاعِدَةٌ [名詞] 基地；文法、ルール（常に複数形）√قَوَاعِدُ √قعد 4	اَلْقُدْسُ [名詞] エルサレム 8
فَلْ～ [接頭辞] させておけ、～しましょう 9	قَاعَةٌ [名詞] 講堂、ホール、教室 √قوع 2	قَدَمٌ [名詞] 足 √أَقْدَامٌ √قدم 4
فَلَّاحٌ [名詞] 農民 √فلح 詳	قَالَ [他動詞] と言う（لِ ～に）(u) √قَوْلٌ √قول 2	كُرَةُ الْقَدَمِ サッカー 4
فِلَسْطِينُ [名詞] パレスチナ 8	قَامَ [自動詞] 立つ；行う（بِ ～を）(u) √قِيَامٌ √قوم 11	قَدَّمَ [他動詞] を提出する、を提示する、を出す（لِ ～に）√تَقْدِيمٌ √قدم 7
فِلَسْطِينِيٌّ [形容詞] パレスチナの；[名詞] パレスチナ人 8	قَامُوسٌ [名詞] 辞書 √قمس 2	قَدِيمٌ [形容詞] 古い、قُدَمَاءُ √قُدَامَى √قدم 2
فَمٌ [名詞] 口 √أَفْوَاهٌ فم 9	قَانُونِيٌّ [形容詞] 法律の、(合) 法的な √قنّ 5	قَرَأَ [他動詞] を読む (a) √قِرَاءَةٌ √قرأ 11
فِنْجَانٌ [名詞] カップ √فَنَاجِينُ 7	قَاهِرِيٌّ [形容詞] カイロの 詳	قِرَاءَةٌ [名詞] 読むこと、読書、読解 √قرأ 8
فُنْدُقٌ [名詞] ホテル √فَنَادِقُ 2	اَلْقَاهِرَةُ [名詞] カイロ 3	اَلْقُرْآنُ [名詞] コーラン √قرأ 詳
فَهِمَ [他動詞] を理解する (a) √فَهْمٌ فهم 9	قَاوَمَ [他動詞] に抵抗する √مُقَاوَمَةٌ √قوم 詳	قَرَارَاتٌ [名詞] 決定、決議 √قرّ 詳
فَوْرًا [副詞] すぐに、即座に、直ちに √فور 9	قَائِدٌ [名詞] 指導者；運転手 √قَادَةٌ √قود 4	قُرْبَ [前置詞] 近くに √قرب 8
فَوْقَ [前置詞] ～の上に（above）3	قَبَضَ [自動詞] 捕らえる（عَلَى ～を）(i) √قَبْضٌ √قبض 詳	بِالْقُرْبِ مِنْ ～の近くに 9
فِي [前置詞] ～のなかに（in）2	قَبِلَ [他動詞] を受け入れる、を受諾する (a) √قَبُولٌ، قَبْلٌ √قبل 9	قَرَّرَ [他動詞] を決心する、を決定する √تَقْرِيرٌ √قرّ 11
فِيلٌ [名詞] ゾウ √أَفْيَالٌ، فِيَلَةٌ 詳	قَبْلَ [前置詞] （時間）の前に（before, ago）3	قَرَعَ [他動詞] をノックする (a) √قَرْعٌ √قرع 詳
فِيلْمٌ [名詞] 映画；フィルム √أَفْلَامٌ 2	قَبْلَ أَنْ ～する前に 12	قَرْنٌ [名詞] 世紀 √قُرُونٌ √قرن 6
فِيمَا فِي + مَا 12	قَبْلُ [副詞] 以前に、これまでに √قبل	قَرِيبٌ [形容詞] 近い（مِنْ ～に）; [名詞] 親戚 √أَقْرِبَاءُ √قرب 3
················ ق ················	مِنْ قَبْلُ [副詞] 以前に、これまでに 7	قَرْيَةٌ [名詞] 村 √قُرًى √قري 詳
قَابَلَ [他動詞] に会う、と面談する √مُقَابَلَةٌ √قبل 7	قَبَّلَ [他動詞] にキスする √تَقْبِيلٌ √قبل 詳	قِسْمٌ [名詞] 課、学科 √أَقْسَامٌ √قسم 3
قَادِرٌ [形容詞] 能力がある（عَلَى ～の）、できる（عَلَى ～が）√قدر 10		قَصَّ [他動詞]（ハサミで）を切る；を物語る (u) √قَصٌّ √قصّ 詳
قَادِمٌ [形容詞] 来たる、次の √قدم 6		

قَصَدَ [他動詞] を意図する (i) √قصد√قَصْد ⑧	قَمّ√قِمَم ミット	كَانَ [自動詞] 〜である (u) √كون√كِيَان、كَوْنٌ ⑩
قُصُورٌ [名詞] 城、砦、宮殿 √قصر 詳	قَهْوَة [名詞] コーヒー ②	كَانُونُ الْأَوَّلُ [名詞] 12月（西暦) ⑥
قَصِيرٌ [形容詞] 背が低い、短い قصر√قِصَار ②	قُوَّة [名詞] 力 √قوي قُوَّاتٌ [名詞] 軍 詳 قُوَى [名詞] 勢力	كَانُونُ الثَّانِي [名詞] 1月（西暦) ⑥
قِصَّة [名詞] 物語、短編小説 قصّ√قِصَص 詳	قَوِيٌّ [形容詞] 強い قوي√أَقْوِيَاء ⑤	كَبَابٌ [名詞] ケバブ 詳
قَضَى [他動詞] を過ごす；[自動詞] 根絶する (عَلَى 〜を) √قضي√قَضَاء (i) ⑪	قِيمَة [名詞] 価値 قيم√قِيَم 詳	كَبُرَ [自動詞] 大きくなる (u) كبر√كُبْر 詳
قَضِيَّة [名詞] 案件、問題、課題 قضي√قَضَايَا ⑬	ك	كَبِيرٌ [形容詞] 大きい كبر√كِبَار ②
قِطَارَاتٌ [名詞] 汽車、列車 قطر√ ②	كَ [代名詞] あなたの・を（男性形）、كِ（女性形）、كُمَا（双数形)、كُمْ（男性複数形)、كُنَّ（女性複数形) ①	كِتَابٌ [名詞] 本 كتب√كُتُب ②
قَطَرْ [名詞] カタール ⑧	كَ [前置詞] 〜のような、〜のように (as) ③	كَتَبَ [他動詞] を書く (u) كتب√كِتَابَة ⑦
قَطَرِيٌّ [形容詞] カタールの；[名詞] カタール人 ⑧	كَذَلِكَ そのように、同様に ③	كَتِفٌ [名詞] 肩 كتف√أَكْتَاف ⑨
قَطَعَ [他動詞] を切る、を絶つ قطع√قَطْع (a) 詳	كَابُول [名詞] カブール ⑧	كُتْلَة [名詞] かたまり、ブロック كتل√كُتَل 詳
تَقْطِيعٌ [他動詞] を切り刻む قطع√ 詳	كَاتَبَ [他動詞] と文通する مُكَاتَبَة√كتب 詳	كُتَيِّبٌ [名詞] 小冊子 كتب√كُتَيِّبَاتٌ 詳
قِطَّةٌ [名詞] ネコ قطّ√قِطَطٌ ⑪	كَاتِبٌ [名詞] 作家、著者 كتب√كُتَّاب ②	كَثِيرٌ [形容詞] 多い كثر√كِثَار ④ كَثِيرٌ مِنْ〜 多くの〜 ⑬ كَثِيرًا [副詞] たくさん كثر√ ⑨
قَلْبٌ [名詞] 心、心臓、ハート قلب√قُلُوبٌ ⑨	كَادَ [自動詞] もう少しで〜するところだ；ほとんど〜しない、まず〜しない（否定形)(a) √كود 詳	كَذَّابٌ [名詞] 嘘つき √كذب 詳
قَلِقَ [自動詞] 心配する、懸念する (مِنْ 〜を) (a) قلق√قَلَق ⑨	كَارِثَة [名詞] 災難、災害 كرث√كَوَارِثُ 詳	كَذَبَ [自動詞] 嘘をつく (عَلَى 〜に) (i) كذب√كِذْب 詳
قَلَمٌ [名詞] ペン قلم√أَقْلَامٌ ②	كَأْسٌ [名詞] コップ、カップ كأس√كُؤُوسٌ ⑦	كُرَة [名詞] ボール كرو√كُرًى ④ كُرَةُ الْقَدَم サッカー ④
قَلِيلٌ [形容詞] 少ない قلّ√أَقِلَّاءُ、قَلَائِلُ قَلِيلًا [副詞] 少し قلّ√ ③	كَافٍ [形容詞] 充分な (لِ 〜にとって) كفي√ ⑩	كُرْدِسْتَان [名詞] クルディスタン ⑧
الْقَمَرُ [名詞] 月；衛星 قمر√أَقْمَارٌ 詳	كَامِلٌ [形容詞] 完全な、完璧な كمل√ ⑪	كُرْدِيٌّ [形容詞] クルドの；[名詞] クルド人 أَكْرَادٌ ⑧
الْقُمُرُ [名詞] コモロ ⑧	كَأَنَّ [接続詞] あたかも〜のように 詳	الْكُرْدِيَّة [名詞] クルド語 ⑧
قَمْعٌ [名詞] 抑圧 قمع√ ⑬		كَرَاسِيُّ [名詞] 椅子 كرس√كُرْسِيٌّ 詳
قِمَّة [名詞] 頂上、峰、頂点、サ		كَرِيمٌ [形容詞] 寛大な、كِرَام كرم√كُرَمَاءُ ②

241

كَسَرَ [他動詞] を壊す (i) √كسر 詳

كَسَّرَ [他動詞] を粉々に壊す √كسر/تَكْسِيرٌ 詳

كَسِلَ [自動詞] 怠ける (a) √كسل 詳

كَسْلَانُ/كَسْلَانٌ [形容詞] 怠けている √كسل/كَسْلَى، كَسَالَى ⑨

كَفٌّ [名詞] 手のひら、平手 √كف/أَكُفٌّ، كُفُوفٌ ⑨

كِفَايَةٌ [名詞] 充分、いっぱい √كفي

كِفَايَةً [副詞] 充分です。もういいです。 ⑩

كَفَى [自動詞] 充分です (لِ 〜にとって) (i) √كفي/كِفَايَةٌ ⑩

كُلُّ [名詞] 各〜、すべての〜、〜じゅう √كل ④

كَلَامٌ [名詞] 言葉、話 √كلم ⑤

كَلْبٌ [名詞] 犬 √كلب/كِلَابٌ ④

كَلَّفَ [他動詞] (もの・ことは人) に負担させる；(人) に課す (بِ 〜を) √كلف/تَكْلِيفٌ ⑩

كَلِمَةٌ [名詞] 語、単語 √كلم ⑩

كُلَيْبٌ [名詞] 子犬 √كلب/كُلَيْبَاتٌ 詳

كُلِّيَّةٌ [名詞] 学部 √كل ③

كَمْ [疑問詞] いくつ、どれだけ ⑥

كَمَا [接続詞] 〜の通り ⑧

كَمَنَ [自動詞] 隠れている (u) √كمن/كُمُونٌ ⑬

كَنَسَ [他動詞] を掃く (i) √كنس 詳

كَنَكَةٌ [名詞] トルコ・コーヒーを入れるのに用いられる手鍋

√كنك ⑦

كَهْرَبَاءٌ [名詞] 電気 ⑧

كُوبٌ [名詞] コップ كوب/أَكْوَابٌ ⑦

كُورِيٌّ [形容詞] 韓国の、朝鮮の；[名詞] 韓国人、朝鮮人 ⑧

كُورِيَا [名詞] コリア
كُورِيَا ٱلْجَنُوبِيَّةُ 韓国 ⑧
كُورِيَا ٱلشَّمَالِيَّةُ 朝鮮 ⑧
ٱلْكُورِيَّةُ 韓国語 ⑧

كُوعٌ [名詞] ひじ √كوع/أَكْوَاعٌ ⑨

كُومْبِيُوتَر [名詞] コンピュータ كُومْبِيُوتَرَات ③

ٱلْكُوَيْتُ [名詞] クウェート ⑧

كُوَيْتِيٌّ [形容詞] クウェートの；[名詞] クウェート人 ⑧

كَيْ [接続詞] 〜するために ⑫

كِيَانٌ [名詞] 存在；「كَانَ」の動名詞 √كون ⑬

كَيْفَ [疑問詞] どのように ①

كَيْلَا [接続詞] 〜しないために、〜しないように ⑫

.... **ل** ....

لِ [前置詞] 〜のために (for)、〜の (of)；[接続詞] 〜するために；[接頭辞] 〜させておけ、〜しましょう ① ⑥ ⑫

لَا [副詞] いいえ；[否定辞] 〜でない；〜するな √لا ②

لَاءَمَ [他動詞] と合致する مُلَاءَمَةٌ/√لأم 詳

لَابُدَّ しなければならない (لِ…는〜を/مِنْ/أَنْ〜) √بدّ 詳

لَاجِئٌ [名詞] 難民 √لجأ ⑬

ٱللَّاذَقِيَّةُ [名詞] ラタキア (シリアの県、都市) 詳

لَازِمٌ [形容詞] 必要な、義務の √لزم ⑤

لَاعِبٌ [名詞] 選手、プレーヤー √لعب 詳

لِئَلَّا [接続詞] 〜しないために、〜しないように ⑫

لِأَنْ [接続詞] 〜するために 詳

لِأَنَّ [接続詞] なぜなら ⑩

لَبَّ [自動詞] 賢明である (u) √لبّ/لَبٌّ 詳

لِبَاسٌ [名詞] 衣服 √لبس/أَلْبِسَةٌ ⑤

لَبِسَ [他動詞] を着る (a) √لبس ⑬

لُبْنَانُ [名詞] レバノン ⑧

لُبْنَانِيٌّ [形容詞] レバノンの；[名詞] レバノン人 ⑧

لِحْيَةٌ [名詞] 顎ひげ、√لحي/لِحًى ⑨

لَدَى [前置詞] 〜のもとで ③

لَذِيذٌ [形容詞] おいしい √لذّ ②

لِسَانٌ [名詞] 舌；言語 (両性名詞) √لسن/أَلْسِنَةٌ ⑨

لَطِيفٌ [形容詞] 優しい、√لطف/لُطَفَاءُ، لِطَافٌ ②

لَعِبَ [他動詞] を遊ぶ；(スポーツなど) をする；(役割) を演じる (a) √لعب/لَعِبٌ ⑦

لَعِبٌ [名詞] 遊び √لعب/أَلْعَابٌ ④

لَعِقَ [他動詞] をなめる (a) √لعق 詳

لُغَوِيٌّ [形容詞] 言語の √لغو ③

لُغَةٌ [名詞] 言語 √لغو ②

語	意味	課
لِقَاءٌ	[名詞] 面会、面談；出会い 複 لِقَاءَاتٌ / 動 لقي	1
لَقَدْ	[副詞] すでに〜 (完了形)；〜であろう (未完了直説形) / قد	12
لَقِيَ	[他動詞] に出くわす；を見つける (a) / لِقَاءٌ	13
لٰكِنْ	[接続詞] しかし	10
لٰكِنَّ	[接続詞] しかし	10
لِكَيْ	[接続詞] 〜するために	12
لِكَيْلَا	[接続詞] 〜しないために、〜しないように	12
لَمْ	[否定辞] 〜しなかった	9
لَمَّا	[接続詞] 〜した時	12
لِمَاذَا	[疑問詞] なぜ	5
لَنْ	[否定辞] 〜するだろう	9
لَنْدَن	[名詞] ロンドン	8
لَوْ ... لَـ〜	[接続詞] もし…なら〜	12
لُؤْلُؤَةٌ	[名詞] 真珠 (集合名詞)、複 لَآلِئٌ / لَأْلَأَ	詳
لَوْنٌ	[名詞] 色 複 أَلْوَانٌ	5
لِيبِيٌّ	[形容詞] リビアの；[名詞] リビア人	8
لِيبِيَا	[名詞] リビア	8
لَيْتَ	[接続詞] 〜だったらなあ	12
لِيرَةٌ	[名詞] ポンド	6
لَيْسَ	[自動詞] 〜でない / ليس	3
لَيْسَ〜 فَحَسْبُ بَلْ...	〜だけでなく…	13
لَيْسَ〜 فَقَطْ بَلْ...	〜だけでなく…	13
لَيْلٌ	[名詞] 夜 (集合名詞)、複 لَيَالٍ	詳
لَيْلًا	[副詞] 夜	6

.... م ....

語	意味	課
مَا	[疑問詞] 何；[関係詞] 〜であるところのもの；〜するものは、なんでも；[否定辞] 〜しなかった	1 12
مَاءٌ	[名詞] 水 複 مِيَاهٌ	詳
مَاتَ	[自動詞] 死ぬ (u) / موت	11
مَادَّ / مَادَ	[他動詞] を延ばす / مَدَّ / مُمَادَدَةٌ / مُمَادَّةٌ	詳
مَاذَا	[疑問詞] 何 مَاذَا بِكَ どうしたのですか مَاذَا عَنْكَ? あなたはどうですか	7 9 12
مَارَسَ	[他動詞] (行為) を行う / مرس / مُمَارَسَةٌ	8
مَارِس	[名詞] 3月 (西暦)	6
مَاضٍ	[形容詞] 過去の、先の / مضي	6
اَلْمَاضِي	[名詞] 過去	9
مَالٌ	[名詞] 財産、財源 複 أَمْوَالٌ	詳
مَانِعٌ	[名詞] 障害 複 مَوَانِعُ / منع	13
مَاهِرٌ	[形容詞] 腕の良い / مهر	詳
مَائِدَةٌ	[名詞] 食卓 / ميد	11
مَايُو	[名詞] 5月 (西暦)	6
مُبَارَاةٌ	[名詞] 試合 / بري	9
مُبَاشَرَةً	[副詞] 直接に / بشر	10
مَبْدَأٌ	[名詞] 原則、原理 複 مَبَادِئُ / بدأ	詳
مَبْسُوطٌ	[形容詞] 楽しんでいる / بسط	詳
مُبَكِّرًا	[副詞] 早く / بكر	11
مُتَأَخِّرٌ	[形容詞] 遅い (時間など) / أخر	9
مُتَّحِدٌ	[形容詞] 統一された、統一的な、連合の / أحد	8
اَلْأُمَمُ الْمُتَّحِدَةُ	国連	13
مَتْحَفٌ	[名詞] 博物館 複 مَتَاحِفُ / تحف	11
مُتَحَيِّرٌ	[形容詞] 迷っている、戸惑っている / حير	12
مُتَخَصِّصٌ	[形容詞] 専攻している (〜を) / خصص / فِي	3
مُتَرْجِمٌ	[名詞] 通訳、翻訳者 / ترجم	2
مُتَزَوِّجٌ	[形容詞] 既婚の；[名詞] 既婚者 / زوج	詳
مُتَشَائِمٌ	[形容詞] 悲観的な / شأم	10
مُتَطَرِّفٌ	[形容詞] 過激な；[名詞] 過激派 / طرف	10
مُتَطَلَّبٌ	[名詞] 要件 複 مُتَطَلَّبَاتٌ / طلب	13
مُتَطَوِّعٌ	[名詞] ボランティア / طوع	詳
مُتَظَاهِرٌ	[名詞] デモ参加者 / ظهر	詳
مُتْعِبٌ	[形容詞] 疲れている / تعب	9
مُتْعِبٌ	[形容詞] (人を) 疲れさせる / تعب	5
مُتَعَدِّدٌ	[形容詞] 多数の、多くの / عدد	5
مُتَغَيِّبٌ	[形容詞] 欠席している (〜を)、不在の (〜において) / غيب / عَنْ	4
مُتَفَائِلٌ	[形容詞] 楽観的な / فأل	10
مُتَكَبِّرٌ	[形容詞] 傲慢な / كبر	4
مُتَمَيِّزٌ	[形容詞] 特別な、特権的な / ميز	詳
مُتَنَوِّعٌ	[形容詞] 様々な、多様な	

243

7	مِرَارًا [副詞] 何度も √مرّ
13	مُرَاعَاة [名詞] 配慮（すること） √رعي
2	مَرَّة √مَرَّات [名詞] 回 √مرّ
1	مَرْحَبًا [副詞] こんにちは √رحب
詳	مَرَاسِيم √مَرْسُوم [名詞] 法令 √رسم
詳	مَرْفُوض [形容詞] 拒否される、拒否されるべき √رفض
詳	مَرْكَز [名詞] センター、中心 √ركز √مَرَاكِز
2	مُرِيح [形容詞] 快適な √روح
9	مَرِيض [形容詞] 病気の；[名詞] 病人 √مرض √مَرْضَى
3	مُزْدَحِم [形容詞] 渋滞している、混雑している √زحم
2	مُزْعِج [形容詞] 不快な √زعج
11	مَسَّ [他動詞] に触れる、に抵触する (a) √مسّ √مَسَاس
1	مَسَاء [名詞] 晩 √مسو
6	مَسَاءً [副詞] 晩
詳	مُسَابَقَة [名詞] コンテスト、コンクール、大会 √سبق
詳	مُسَاعِد [名詞] 助手 √سعد
7	مُسَاعَدَة [名詞] 手伝い、手助け √سعد
11	مَسَافَة [名詞] 距離 √سوف
詳	مُسْتَشْرِق [名詞] オリエンタリスト √شرق
9	مُسْتَشْفَيَات √مُسْتَشْفَى [名詞] 病院 √شفي
6	مُسْتَعِدّ [形容詞] 準備ができている (لِ ～の) √عدّ
9	مُسْتَقْبَل [名詞] 未来、将来 √قبل
詳	مُسْتَمِرّ [形容詞] 連続的な √مرّ

9	مَحْدُود [形容詞] 限られた、限定的な √حدّ
6	مُحَرَّم [名詞] ムハッラム（ヒジュラ暦1月）
3	مَحَطَّة [名詞] 駅 √حطّ
詳	مَحْكَمَة [名詞] 裁判所 √حكم √مَحَاكِم
詳	مَحَلّ √مَحَلَّات [名詞] 店 √حل
12	مَحْمُول [形容詞] 携帯の；運ばれた √حمل
13	مُحِيطَات √مُحِيط [名詞] 大洋 √حوط
8	مُخْتَلِف [形容詞] 異なる (عَنْ ～と、فِي ～において)；色々な √خلف
11	مُدَّة [名詞] 期間、～間 √مدّ لِمُدَّة ～間 (期間)
詳	مَدَاخِل √مَدْخَل [名詞] 入り口 √دخل
12	مُدَخِّن [名詞] 喫煙者 √دخن
2	مُدَرِّس [名詞] 教師 √درس
詳	مَدْرَسِيّ [形容詞] 学校の √درس
3	مَدَارِس √مَدْرَسَة [名詞] 学校 √درس
3	مُدِير [名詞] 経営者、（局）長 √دور √مُدَرَاء
2	مَدِينَة [名詞] 都市；市（行政区画）√مدن √مُدُن
12	مَذَاق [名詞] 味 √ذوق
13	مُذَكِّرَات [名詞] 回顧録（常に複数形）√ذكر
13	مَرَّ [自動詞] 過ぎる、通る、通り過ぎる (بِ ～を) (u) √مرّ مُرُور
8	مُرَاجَعَة [名詞] 復習；参照 √رجع

11	نَوْع √
13	مُتَوَاصِل [形容詞] 継続的な √وصل
4	مُتَوَاضِع [形容詞] 謙虚な √وضع
2	مَتَى [疑問詞] いつに；いつ；[関係詞] いつ～しても
3	مِثْل [前置] ～のような、～のように (like) √مثل
	مِثْل [名詞] 類似したもの √مثل √أَمْثَال
詳	مَثَلًا [副詞] 例えば √مثل
12	مُثْمِر [形容詞] 成果のある √ثمر
詳	مُثِير [形容詞] 面白い、興味深い √ثور
詳	مَجَال [名詞] 余地 (لِ ～の)；分野 √جول √مَجَالَات
12	مُجْتَمَعَات √مُجْتَمَع [名詞] 社会 √جمع
2	مُجْتَهِد [形容詞] 勤勉な、まじめな √جهد
詳	مُجْرِم [名詞] 犯罪者 √جرم
詳	مَجَلَّة [名詞] 雑誌 √جلّ
詳	مَجْلِس [名詞] 議会、評議会 √جلس √مَجَالِس
詳	مَجْمُوعَة [名詞] 集団、グループ √جمع
7	مُحَادَثَة [名詞] 会話 √حدث
2	مُحَاضَرَة [名詞] 講義 √حضر
	مُحَافَظَة [名詞] 県；保守（主義）√حفظ
5	مُحَامٍ [名詞] 弁護士 √حمي
詳	مُحْتَرَم [形容詞] 尊敬に値する、尊敬されている √حرم
詳	مُحْتَوَيَات √مُحْتَوًى [名詞] 内容（常に複数形）√حوي

見出し語	語根	意味	課
مُسْتَمِعٌ	سمع✓	[名詞] 聴講生	詳
مُسْتَهْلِكٌ	هلك✓	[名詞] 消費者	13
مُسْتَوًى／مُسْتَوَيَاتٌ	سوي✓	[名詞] レベル	詳
مَسْجِدٌ／مَسَاجِدُ	سجد✓	[名詞] モスク	4
مَسْرَحٌ／مَسَارِحُ	سرح✓	[名詞] 劇場	4
مَسْرَحِيَّةٌ	سرح✓	[名詞] 劇、演劇	13
مَسْرُورٌ	سرّ✓	[形容詞] うれしい (بِ ～で)	詳
مَسْقَطُ		[名詞] マスカト	8
مُسْلِمٌ	سلم✓	[名詞] イスラーム教徒	8
مَسْمُوحٌ	سمح✓	[形容詞] 許されている	4
مَسْؤُولٌ	سأل✓	[名詞] 責任者；高官、幹部、首脳	13
مَسْؤُولِيَّةٌ	سأل✓	[名詞] 責任 (عَنْ ～に対する)	13
مُشَارَكَةٌ	شرك✓	[名詞] 参加 (فِي ～への)	10
مُشَاهَدَةٌ	شهد✓	[名詞] 観ること、観覧、観戦	8
مُشْتَرَكٌ	شرك✓	[形容詞] 共同の、合同の、共通の	13
مَشْرُوعٌ／مَشَارِيعُ	شرع✓	[名詞] プロジェクト、案；法案；[形容詞] 合法的な	5
مَشْعَرٌ／مَشَاعِرُ	شعر✓	[名詞] 感情（常に複数形）	9
مَشْغُولٌ	شغل✓	[形容詞] 忙しい (بِ ～で)	2
مَشْفًى／مَشَافِي	شفي✓	[名詞] 病院	9
مُشْكِلَةٌ／مُشْكِلَاتٌ، مَشَاكِلُ	شكل✓	[名詞] 問題 (problem)	3
مَشْهُورٌ	شهر✓	[形容詞] 有名な	2
مَشَى	مشي✓	[自動詞] 歩く (i)	11
مَشْيٌ	مشي✓	[名詞] 歩くこと	8
مِصْرُ		[名詞] エジプト	6
مَصْرِفٌ／مَصَارِفُ	صرف✓	[名詞] 銀行；出費	詳
مِصْرِيٌّ	مصر✓	[形容詞] エジプトの；[名詞] エジプト人 اَلْقُدَمَاءُ الْمِصْرِيُّونَ 古代エジプト人	7 / 11
مِصْعَدٌ／مَصَاعِدُ	صعد✓	[名詞] エレベーター	3
مَصْلَحَةٌ／مَصَالِحُ	صلح✓	[名詞] 利益、国益；局	13
مَصْنَعٌ／مَصَانِعُ	صنع✓	[名詞] 工場	詳
مِضْرَبٌ／مَضَارِبُ	ضرب✓	[名詞] ラケット	詳
مَضْمُونٌ／مَضَامِينُ	ضمن✓	[形容詞] 保障された；[名詞] 中味、内容	詳
مَضَى	مضي／مُضِيٌّ✓	[自動詞] (時が) 過ぎる (i)	詳
مَطَارٌ／مَطَارَاتٌ	طير✓	[名詞] 空港	9
مَطْبَخٌ／مَطَابِخُ	طبخ✓	[名詞] 台所、調理場	2
مَطَرٌ／أَمْطَارٌ	مطر✓	[名詞] 雨	11
مُطْرِبٌ	طرب✓	[名詞] 歌手	7
مَطْعَمٌ／مَطَاعِمُ	طعم✓	[名詞] レストラン、食堂	2
مَطْلَبٌ／مَطَالِبُ	طلب✓	[名詞] 要求	詳
مُظَاهَرَةٌ	ظهر✓	[名詞] デモ	詳
مَعَ		[前置詞] ～と一緒に (with)	1
مَعًا		[副詞] 一緒に	7
مَعَ أَنْ		[接続詞] ～であるけれども	詳
مُعْتَدِلٌ	عدل✓	[形容詞] 穏健な、穏やかな	11
مَعِدَةٌ／مِعَدٌ	معد✓	[名詞] 腹	9
مَعْرِفَةٌ	عرف✓	[名詞] 知ること；知識 (بِ ～について(の))	10
مَعْرُوفٌ／مَعَارِفُ	عرف✓	[形容詞] 知られている	8
مُعَقَّدٌ	عقد✓	[形容詞] 複雑な	詳
مَعْقُولٌ	عقل✓	[形容詞] 理にかなった、適正な	5
مَعْلَمٌ／مَعَالِمُ	علم✓	[名詞] 名所、場所	8
مُعَلِّمٌ	علم✓	[名詞] 教師	詳
مَعْنًى／مَعَانٍ	عني✓	[名詞] 意味	7
مَعْهَدٌ／مَعَاهِدُ	عهد✓	[名詞] 研究所、専門学校	詳
مُغَادَرَةٌ	غدر✓	[名詞] 出立、去ること	詳
اَلْمَغْرِبُ	غرب✓	[名詞] モロッコ、マグリブ；日暮れ	8
مَغْرِبِيٌّ／مَغَارِبَةٌ		[形容詞] モロッコの；[名詞] モロッコ人	8
مَغْسَلَةٌ	غسل✓	[名詞] 洗面所、クリーニング屋	詳
مُغَنٍّ	غني✓	[名詞] 歌う人、歌手	詳
مُفَاجِئٌ	فجأ✓	[形容詞] 突然の、不意を突くような、抜きうちの	12
مِفْتَاحٌ／مَفَاتِيحُ	فتح✓	[名詞] 鍵	4

245

語	品詞・意味	語根	番号
مَفْرُوض	[形容詞] 課された	فرض√	詳
مُفَضَّل	[形容詞] 好きな、好みの	فضل√	5
مَفْهُوم	[形容詞] 理解された；[名詞] 概念 مَفَاهِيم√	فهم√	詳
مُفِيد	[形容詞] 有益な (لِ ~に)	فيد√	5
مُقَابَلَة	[名詞] 面談、面会	قبل√	5
مَقَالَة	[名詞] 記事、論説	قول√	11
مَقْبُول	[形容詞] 受け入れられた	قبل√	5
مُقَدَّس	[形容詞] 神聖な	قدس√	11
مُقَدِيشُو	[名詞] モガディシオ		8
مَقَرّ	[名詞] 本拠地、本社 مَقَارّ√، مَقَرّات√	قرّ√	12
مُقَرَّر	[形容詞] 決められた	قرّ√	12
مِقْرَعَة	[名詞] ドアノッカー مَقَارِع√	قرع√	詳
مِقَصّ	[名詞] ハサミ	قصّ√	詳
مَقْعَد	[名詞] 腰掛け、座席 مَقَاعِد√	قعد√	3
مَقْهَى	[名詞] カフェ、喫茶店 مَقَاهٍ√	قهو√	6
مَكَان	[名詞] 場所 أَمَاكِن√	مكن√	5
مَكَّة	[名詞] メッカ		詳
مَكْتَب	[名詞] 事務所、オフィス；局（部局）；机 مَكَاتِب√	كتب√	2
مَكْتَبَة	[名詞] 図書館；本屋	كتب√	2
مَكْتُوب	[形容詞] 書かれている	كتب√	4
مِكْنَسَة	[名詞] ほうき	كنس√	詳
مَكِّيّ	[形容詞] メッカの		詳
مُكَيِّفَات	[名詞] エアコン	كيف√	詳
مُلَاحَظَة	[名詞] 注目（すること）、着目（すること）；コメント	لحظ√	4
مَلَابِس	[名詞] 服 مَلَابِس√	لبس√	13
مُلْحَقّ	[名詞] 付録 مَلَاحِقّ√	لحقّ√	詳
مَلْعَب	[名詞] 競技場、スタジアム مَلَاعِب√	لعب√	4
مِلْعَقَة	[名詞] スプーン	لعق√	詳
مَلِك	[名詞] 王 مُلُوك√	ملك√	詳
مَلْمُوس	[形容詞] 具体的な	لمس√	4
مِلْيَار	[名詞] 十億；[形容詞] 十億の مِلْيَارَات√		6
مِلْيُون	[名詞] 百万；[形容詞] 百万の مَلَايِين√		6
مِمَّا	مِنْ + مَا		13
مُمَارَسَة	[名詞] （行為）を行うこと	مرس√	8
مُمْتَاز	[形容詞] 優れた、すばらしい	ميز√	2
مُمْتِع	[形容詞] 面白い	متع√	2
مُمَثِّل	[名詞] 俳優；代表	مثل√	詳
مِمْحَاة	[名詞] 消しゴム	محو√	5
مُمَرِّض	[名詞] 看護師	مرض√	2
مُمْطِر	[形容詞] 雨の、雨が降っている	مطر√	2
مُمْكِن	[形容詞] 可能な	مكن√	5
مُمِلّ	[形容詞] 退屈な、つまらない	ملّ√	2
مَمْلَكَة	[名詞] 王国	ملك√	8
مَمْنُوع	[形容詞] 禁じられた	منع√	詳
مَنْ	[疑問詞] 誰；[関係詞] ~である人；~する人ならば誰でも		3
مِنْ	[前置詞] ~から (from)		1
مُنَاسِب	[形容詞] 適切な、ふさわしい (لِ ~に)	نسب√	2
مُنَاسَبَة	[名詞] 機会 بِالْمُنَاسَبَة ところで	نسب√	5
الْمَنَامَة	[名詞] マナマ		8
مُنْتَج	[名詞] 製品、産物（常に複数形）مُنْتَجَات√	نتج√	13
مِنْحَة	[名詞] 奨学金 مِنَح√	منح√	詳
مِنْدِيل	[名詞] ハンカチ مَنَادِيل√	مندل√	詳
مُنْذُ	[前置詞] ~以来、~前に (since, ago)	منذ√	3
مُنْذُ أَنْ	[接続詞] ~して以来	منذ√	詳
مَنْزِل	[名詞] 家、宅 مَنَازِل√	نزل√	8
مَنْزِلِيّ	[形容詞] 家の أَعْمَال مَنْزِلِيَّة 家事	نزل√	7
مِنْطَقَة	[名詞] 地域；地区 مَنَاطِق√	نطق√	8
مِنْظَار	[名詞] 望遠鏡 مَنَاظِير√	نظر√	詳
مَنْظَر	[名詞] 景色、光景		

نِيرَانٌ [名詞] 火（女性名詞）√نور 詳	مُوسْكُو [名詞] モスクワ 8	نظر√ 詳
نَاسٌ [名詞] 人々（常に複数形）√أنس 8	مُوسِيقَى [名詞] 音楽 8	مَنَعَ [他動詞] に禁じる（مِنْ ～を）(a) √مَنْع/منع 詳
نَاطِقٌ [名詞] 話者、報道官√نطق نَاطِقٌ بِاسْمِ ～の報道官、…のスポークスマン 詳	مُؤَشَّرٌ [名詞] 兆候 مُؤَشَّرَاتٌ √أشر 詳	مُنْفَصِلٌ [形容詞] 分離した √فصل 詳
نَاقَشَ [他動詞] について議論する نقش√مُنَاقَشَةٌ 8	مَوْضُوعٌ [名詞] 主題、テーマ、話題 مَوَاضِيعُ√وضع 5	مِنْقَارٌ [名詞]（鳥の）くちばし مَنَاقِيرُ√نقر 詳
نَامَ [自動詞] 眠る (a) √نَوْمٌ/نوم 11	مَوْضُوعِيٌّ [形容詞] 客観的な √وضع 詳	مُهَذَّبٌ [形容詞] 礼儀正しい √هذب 2
نَبَأٌ [名詞] ニュース、知らせ أَنْبَاءٌ√نبأ 詳	مُوَظَّفٌ [名詞] 従業員、職員 √وظف 2	مَهْرَجَانٌ [名詞] 祭典 مَهْرَجَانَاتٌ √مهرجان 6
نَبْتَةٌ [名詞] 植物 نَبَاتٌ（集合名詞）、نَبَاتَاتٌ（可数名詞複数形）√نبت 詳	مَوْعِدٌ [名詞] 約束（の期日） مَوَاعِدُ√وعد 4	مُهِمٌّ [形容詞] 重要な √هم 2
نَتِيجَةٌ [名詞] 結果 √نتج/نَتَائِجُ نَتِيجَةَ لِ ～の結果として、～のために 13	مَوْقِعٌ [名詞] 地点；位置、サイト（インターネット） مَوَاقِعُ√وقع 13	مَهْمَا [関係詞] いかに～でも、どれほど～でも √مهم 詳
نَجَا [自動詞] 救われる、助かる (u) √نَجَاةٌ/نجو 詳	مَوْقِفٌ [名詞] 立場、態度（مِنْ ～に対する）；止まる場所 مَوَاقِفُ√وقف 3	مُهِمَّةٌ [名詞] 任務 √هم 詳
نَجَاحٌ [名詞] 成功、合格（فِي ～における）√نجح 13	مِئَةٌ [名詞] 100；[形容詞] 100の √مئة 6	مُهَنْدِسٌ [名詞] 技師 √هندس 6
نَجَحَ [自動詞] 成功する、合格する (a)（فِي ～に）√نجاح/نجح 12	مَيْدَانٌ [名詞] 現地、広場 مَيَادِينُ√ميدان 詳	مُوَاصَلَةٌ [名詞] 交通（常に複数形） مُوَاصَلَاتٌ√وصل 5
نَجَمَ [自動詞] もたらされる（عَنْ ～から）；起因する（عَنْ ～に）(u) √نُجُومٌ/نجم 13	مِيعَادٌ [名詞] 期日、約束（の時間） مَوَاعِيدُ√وعد 11	مُوَاطِنٌ [名詞] 市民 √وطن 詳
نَجْمٌ [名詞] 星 نُجُومٌ√نجم 詳	مِيلَادٌ [名詞] 誕生 √ولد 6	مُوَافَقَةٌ [名詞] 同意（عَلَى ～について）√وفق 9
نُجَيْمَةٌ [名詞] 小さな星 √نجم 詳	مِيلَادِيٌّ [形容詞] 西暦の √ولد 6	مُؤَامَرَةٌ [名詞] 陰謀 √أمر 詳
نَحْوَ [名詞] 方面 أَنْحَاءُ√نحو 13	اَلتَّقْوِيمُ الْمِيلَادِيُّ 西暦 6	مُوبَايِل [名詞] モバイル 9
نَخْلَةٌ [名詞] なつめやし نَخْلٌ（集合名詞）√نخل 詳		مُؤْتَمَرٌ [名詞] 大会 مُؤْتَمَرَاتٌ √أمر 10
نَدِمَ [自動詞] 悔いる、後悔する (a)（عَلَى ～を）√نَدَامَةٌ/ندم 12	.... **ن**	مَوْجُودٌ [形容詞] 存在している、いる √وجد 4
	نَاجِمٌ [形容詞] 起因している（عَنْ ～に）√نجم 13	مُؤَخَّرًا [副詞] 最近 √أخر 9
	نَادِرٌ [形容詞] 希少な、珍しい √ندر 詳	مَوْرِدٌ [名詞] 資源 مَوَارِدُ√ورد 13
	نَادَى [他動詞] に呼びかける；主唱する（بِ ～と）、نِدَاءٌ√ندو/مُنَادَاةٌ 11	مُورُونِي [名詞] モロニ 8
		مُورِيتَانِيٌّ [形容詞] モーリタニアの；[名詞] モーリタニア人 8
		مُورِيتَانِيَا [名詞] モーリタニア 8
		مَوْزَةٌ [名詞] バナナ مَوْزٌ（集合名詞）√موز 5
		مُؤْسِفٌ [形容詞] 残念な、遺憾な √أسف 5

247

ندوة [名詞] セミナー ندوات ✓ندو 8	نفس✓نفوس、أنفس [詳] نفس هو نفسه 彼自身は、それ自体は 13	هاتف [名詞] 電話 ✓هواتف 4
نزل [他動詞] を降りる；[自動詞] 泊まる (i) ✓نزول ✓نزل 7	نفسي [形容詞] 心理的な、精神的な ✓نفس [詳] 9	هادئ [形容詞] 静かな ✓هدأ [詳]
نزوح [名詞] 避難、流出、移住 ✓نزح 13	نفط [名詞] 石油 [詳]	هاشمي [形容詞] ハーシム家の 8
نسّق [他動詞] を調整する、を整える ✓تنسيق ✓نسق [詳]	نفى [他動詞] を否定する (i) ✓نفي [詳]	هامّ [形容詞] 重要な ✓همّ [詳]
نسي [他動詞] を忘れる (a) ✓نسيان ✓نسي 11	نقد [名詞] 批判、論評；お金 (常に複数形) نقود 8	هجري [名詞] ヒジュラ暦の ✓هجر 6
نشط [名詞] 活動 ✓أنشطة ✓نشط 8	نقر [他動詞] をつつく (u) ✓نقر [詳]	التقويم الهجري ヒジュラ暦 6
نشيط [形容詞] 活発な ✓نشط 3	نموذج [名詞] 典型、手本 نماذج [詳]	هجرة [名詞] 移住；ヒジュラ ✓هجر 13
نصّ [名詞] テキスト ✓نصوص ✓نصّ 7	نموذجي [形容詞] 典型的な [詳]	هدف [名詞] 目標 ✓أهداف 13
نصح [他動詞] に忠告する (a) (〜と) بـ ✓نصح ✓نصح 9	نهار [名詞] 昼、日中 ✓نهر 1	هدى [名詞] 導き ✓هدي [詳]
نصف [名詞] 半分、2分の1 ✓أنصاف ✓نصف 6	نهاية [名詞] 終わり、最後 ✓نهي 10	هدية [名詞] 贈り物 ✓هدايا ✓هدي 5
نصيحة [名詞] 忠告 نصائح ✓نصح 9	نهر [名詞] 川 ✓أنهار ✓نهر [詳]	هذا [指示代名詞] これ；[指示形容詞] この هذه (女性形)、هؤلاء (複数形) など ✓ذا 3
نطق [名詞] 発音 ✓نطق 9	نواكشوط [名詞] ヌアクショト 8	لهذا このために 13
نظام [名詞] 体制、制度、システム ✓أنظمة ✓نظم 13	نور [名詞] 光 ✓أنوار ✓نور 1	هرم [名詞] ピラミッド أهرام ✓هرم 11
نظر [自動詞] 見る (إلى 〜を) (u) ✓نظر ✓نظر 7	نوفمبر [名詞] 11月 (西暦) 6	هكذا [副詞] このように [詳]
نظّف [他動詞] を掃除する、をきれいにする ✓تنظيف ✓نظف 7	نوم [名詞] 眠り、睡眠、眠ること ✓نوم 8	هل [疑問詞] 〜か 2
نظيف [形容詞] 清潔な ✓نظفاء、نظاف ✓نظف 2	ني [代名詞] 私を 1	هنا [副詞] ここ ✓هنا 4
نعسان／نعسى [形容詞] 眠い ✓نعس ✓نعسى [詳]	نيابة [名詞] 代理 ✓نوب نيابة عن〜 〜の代わりに、〜の代理で 10	هناك [副詞] そこ ✓هنا 2
نعم [副詞] はい 2	نيسان [名詞] 4月 (西暦) 6	الهند [名詞] インド [詳]
نفس [名詞] 自身、自己；同じ〜、〜自身、〜自体、〜そのもの	.... **هـ**	هو [代名詞] 彼は、それは هي (女性形)、هما (双数形)、هم (男性複数形)、هنّ (女性複数形) 3
	ه [代名詞] 彼の・を、それの・を ها (女性形)、هما (双数形)、هم (男性複数形)、هنّ (女性複数形) 1	ها هي〜 ها هو〜 (女性形) ほら〜 ✓ها 11
	هاب [自動詞] 畏怖する (a) ✓هيب [詳]	هواية [名詞] 趣味 ✓هوي 8
		هيّا بنا それでは〜、さあ〜 4
		هيمنة [名詞] 覇権、ヘゲモニー

| 9 | √هيمن |

و

وَ [接続詞] そして、また、と；[前置詞] ～にかけて　1　3

وَاثِقٌ [形容詞] 信用している (مِنْ ～を) √وثق　10

وَاجِبٌ [名詞] 義務；宿題　√وجب/وَاجِبَاتٌ　7

وَاجِبٌ دِرَاسِيٌّ 宿題　7

وَاجَهَ [他動詞] に直面する、と対立する　√وجه/مُوَاجَهَةٌ　13

وَاحِدٌ [名詞] 1；[形容詞] 1の　√وحد　6

وَاسِعٌ [形容詞] 広い √وسع　2

وَاشِنْطُنْ [名詞] ワシントン　8

وَاصَلَ [他動詞] を続ける　√وصل/مُوَاصَلَةٌ　詳

وَاضِحٌ [形容詞] 明確な √وضح　詳

وَاقِعٌ [名詞] 現実、事実 √وقع　فِي الْوَاقِعِ 実は　9

وَالِدٌ [名詞] 親、父親 √ولد　7

وَثِقَ [自動詞] 信頼する (بِ, فِي ～を) (i) √وثق/ثِقَةٌ، وُثُوقٌ　11

وَثِيقَةٌ [名詞] 文書 √وثق/وَثَائِقُ　4

وَجَبَ [自動詞] しなければならない (i) √وجب/وُجُوبٌ يَجِبُ عَلَى... أَنْ ～ …は～しなければならない　12

وَجَبَةٌ [名詞] 定食 √وجب/وَجَبَاتٌ　13

وَجَدَ [他動詞] を見つける；を～と見出す √وجد/وُجُودٌ (i)　10

وَجْهٌ [名詞] 顔、側面 √وجه/وُجُوهٌ　9

تَوْحِيدٌ [他動詞] を統一する √وحد

| 詳 | √وحد |
| [名詞] 統一、統合；部隊；ユニット وَحْدَةٌ √وحد/وَحَدَاتٌ　11
| [形容詞] 独りの、唯一の وَحِيدٌ √وحد　5
| [副詞] 独りで وَحِيدًا √وحد　8
| وَدَّ [他動詞] を願望する (a) √ود　12
| وَرَاءَ [前置詞] ～の後ろに（場所）(behind) √وري　3
| وَرَاءَ [名詞] 後ろ（場所）√وري　詳
| وَرِثَ [他動詞] を相続する (i) (مِنْ ～を، عَنْ ～から) √ورث/وِرَاثَةٌ، إِرْثٌ　詳
| وِزَارَةٌ [名詞] 省 √وزر　13
| وَزَّعَ [他動詞] を配る (عَلَى ～に) √وزع/تَوْزِيعٌ　詳
| وَزْنٌ [名詞] 重さ √وزن/أَوْزَانٌ　5
| وَزِيرٌ [名詞] 大臣、閣僚 √وزر/وُزَرَاءُ　詳
| وَسِخٌ [形容詞] 汚い、汚れた √وسخ　2
| وَسَّخَ [他動詞] を汚す、を汚くする √وسخ/تَوْسِيخٌ　詳
| وَسَطٌ [形容詞] 中心の、中間の √وسط　詳
| وَسْطَ [前置詞] の真ん中に √وسط　詳
| وُسْطَى [名詞] 中指 √وسط　9
| وَسْوَسَ [自動詞] ひそひそ話す √وسوس/وَسْوَسَةٌ　詳
| وَسِيلَةٌ [名詞] 手段 √وسل/وَسَائِلُ　5
| وَصَلَ [自動詞] 着く (إِلَى ～に) (i) √وصل/وُصُولٌ　11
| وَضَعَ [他動詞] を置く (a) √وضع

| 11 | √وضع |
| وَضْعٌ [名詞] 状況、情勢 √وضع/أَوْضَاعٌ　8
| وَطَنٌ [名詞] 祖国、故国 √وطن/أَوْطَانٌ　11
| وَظِيفَةٌ [名詞] 職 √وظف/وَظَائِفُ　8
| وَعَدَ [他動詞] に約束する (بِ ～を) (i) √وعد/وَعْدٌ　11
| وَفَاةٌ [名詞] 死去、死亡 √وفي　9
| وَقْتٌ [名詞] 時間 (time) √وقت/أَوْقَاتٌ　2
| وَقَعَ [自動詞] 落ちる；生じる、起こる；位置する (a) √وقع/وُقُوعٌ　11
| وَقَفَ [自動詞] 止まる；立つ (i) √وقف/وُقُوفٌ، وَقْفٌ　11
| وُقُوعٌ [名詞] 落ちること；生じること √وقع　11
| وِلَايَةٌ [名詞] 州；支配、主権 √ولي　8
| وَلَدٌ [名詞] 男の子、少年 √ولد/أَوْلَادٌ　2
| وَلَكِنْ [接続詞] しかし　4
| وَلَكِنَّ [接続詞] しかし　10

ي

‫ي...‬ [代名詞] 私の　1
يَا [間投詞]（よびかけ）～よ　2
اَلْيَابَانُ [名詞] 日本　2
يَابَانِيٌّ [形容詞] 日本の；[名詞] 日本人 √يابان　5
اَلْيَابَانِيَّةُ [名詞] 日本語　8
يَدٌ [名詞] 手 √يد/أَيْدٍ، أَيَادٍ　9
يَدًا بِيَدٍ 手に手をとって、共に　13

يَسَارٌ [名詞] 左 √يسر 詳

يَمَنِيٌّ [形容詞] イエメンの；[名詞] イエメン 7

يَمِينٌ [名詞] 右 √يمن 詳

يَنَّاتٌ [名詞] 円、元 6

يَنَايِر [名詞] 1月（西暦） 6

يَهُودِيٌّ [形容詞] ユダヤの、ユダヤ人の、ユダヤ教徒の；[名詞] ユダヤ人、ユダヤ教徒 يَهُودٌ 8

يُورُوهَاتٌ [名詞] ユーロ يُورُو 6

يُولِيُو/يُولِيَه [名詞] 7月（西暦） 6

يَوْمٌ [名詞] 日 √يوم أَيَّامٌ 4
اَلْيَوْمَ [副詞] 今日（名詞として用いられるときは「اَلْيَوْمُ」） 2

يَوْمِيٌّ [形容詞] 日々の √يوم 8
يَوْمِيًّا [副詞] 毎日、日々 √يوم 8

يُونِيُو/يُونِيَه [名詞] 6月（西暦） 6

◆ 参考文献 ◆

【日本語文献】

青山弘之／イハーブ・アハマド・エベード『大学のアラビア語：表現実践』東京外国語大学出版会、2013年。
大塚和夫／小杉泰／小松久男他編『岩波イスラーム辞典』岩波書店、2002年。
池田修『アラビア語入門』岩波書店、1976年。
黒柳恒夫／飯森嘉助『現代アラビア語入門』大学書林、1999年。
新妻仁一『アラビア語文法ハンドブック』白水社、2009年。
本田孝一『ステップアップアラビア語』白水社、1998年。
八木久美子／青山弘之／イハーブ・アハマド・エベード『大学のアラビア語：詳解文法』東京外国語大学出版会、2013年。
山本薫『アラビア語新聞を読み解くために：読解と翻訳の手引き』東京外国語大学、2010年。

【外国語文献】

Abboud, Peter F. and McCarus, Ernest N., *Elementary Modern Standard Arabic,* 2 Vols. Cambridge: Cambridge University Press, 1984.
Abboud, Peter F. and McCarus, Ernest N., *Modern Standard Arabic Intermediate Level,* 3 Vols. Ann Arbor: Center for Near Eastern and North African Studies, 1971.
Badawi, E., Carter, M. C. and Gully, A., *Modern Written Arabic: A Comprehensive Grammar.* London: Routledge, 2004.
Hassanein, Ahmed Taher, Abdou, Kamar and Abo El Seoud, Dalal, *The Concise Arabic-English Lexicon of Verbs in Context.* New revised and expanded ed., Cairo: The American University in Cairo Press, 2011.
Haywood, J. A and Nahmad, H. M., *A New Arabic Grammar of the Written Language.* Humphries: Percy Lund, 1962.
Ḥusayn, Ṭāhā, *Khiṣām wa Naqd.* Beirut: Dār al-ʿIlm li-l-Malāyīn, 1955.
Ryding, K. C., *A Reference Grammar of Modern Standard Arabic.* Cambridge: Cambridge University Press, 2005.
Scheindlin, R., *201 Arabic Verbs.* New York: Barron's Educational Series, Inc., 1978.
Scheindlin, R. P., *501 Arabic Verbs: Fully Conjugated in All the Forms.* New York: Barron's Educational Series, Inc., 2007.
Wright, W., *A Grammar of the Arabic Language.* 3rd ed., Cambridge: Cambridge University Press, 1967.（邦訳、後藤三男訳『アラビア語文典』ごとう書房、1987年）

【辞典】

池田修／竹田新『現代アラビア語小辞典』 第三書館、1981年。
田村秀治 『詳解アラビア語：日本語辞典』財団法人中東調査会、1980年。
東京外国語大学言語モジュール：アラビア語フスハー正則語　語彙モジュール（http://www.coelang.tufs.ac.jp/mt/ar/vmod/）
内記良一『アラビア語小辞典』大学書林、1980年。
本田孝一／石黒忠昭『パスポート初級アラビア語辞典』白水社、1997年。
本田孝一／イハーブ・アハマド・イベード『パスポート日本語アラビア語辞典』白水社、2004年。
Baalbaki, M. an Baalbaki, R., *al-Mawrid Dictionary: English-Arabic: Arabic-English.* Beirut: Dar El-Ilm Lilmalayin, 2003.
Wehr, H., *A Dictionary of Modern Written Arabic.* 4th ed., D. Cowan, ed., Ithaca: Spoken Languages Services, Inc., 1994.

◆ 著者紹介 ◆

青山弘之（あおやま　ひろゆき）

東京外国語大学総合国際学研究院教授。専門は現代東アラブ政治、思想、歴史。著書に『膠着するシリア：トランプ政権は何をもたらしたか』（東京外国語大学出版会、2021年）、『シリア　終わらない人道危機（岩波新書）』（岩波書店、2017年）、『「アラブの心臓」に何が起きているのか：現代中東の実像』（編著、岩波書店、2014年）、『混迷するシリア：歴史と政治構造から読み解く』（岩波書店、2012年）、『現代シリア・レバノンの政治構造』（アジア経済研究所叢書5、共著、岩波書店、2009年）、『大学のアラビア語：表現実践』（共著、東京外国語大学出版会、2013年）、『大学のアラビア語：詳解文法』（共著、東京外国語大学出版会、2013年）などがある。ウェブサイト「シリア・アラブの春顛末期：最新シリア情勢」（http://syriaarabspring.info/）を運営。

スライマーン・アラーエルディーン

(SOLIMAN Alaaeldin　علاء الدين سليمان)

東京外国語大学、早稲田大学非常勤講師。東京外国語大学世界言語社会教育センター外国人主任教員（特任教授2015-2020）。専門はアラビア語と日本語の統語論、言語学。著書にFacing Finality: Cognitive and Cultural Studies on Death and Dying（共著、The Institute for Intercultural Communication, The University of Louisville、2013年）、『基礎日本語学習辞典』（アラビア語版、共訳、アッシュルーク、2010年）、『アラビア語60分（マルチリンガル・マラソン1）』（アルク、1995年）などがある。論文に「アラブ文法学における［PP＋NP］構文の分析の問題点」（『大阪大学世界言語研究センター論集』第5号、2011年）、「標準アラビア語の二重主語構文：ゼロ繋辞文を中心に」（『言語情報科学』第7号、2009年）などがある。

謝辞

　本書は、本学の2015年度（平成27年）および2016年度（平成28年）競争的経費「アラビア語専攻教材の制作の実施」の一環として制作されました。制作にあたっては、イハーブ・アハマド・エベード氏、西舘康平氏、本学においてアラビア語を学ぶ井上開氏、井上紗耶加氏（以上2013年度入学）、明石華乃氏、須賀田三志朗氏（2014年度入学）、下條実紘氏、藤木郁理氏、長谷川健司氏、本田美紅氏、新宅涼氏（以上2015年度入学）、エジプトからの留学生カリーム・サエド・エズ（كريم سيد عز）氏、ナダ・ハナフィ（ندى حنفي）氏、シリアからの留学生ムハンマド・ウバーダ・カッスーマー（محمد عبادة قسومة）氏、ミリアム・アーザル（ميريم عازر）氏、マジド・アルサーディ（مجد السعدي）氏に、本文や練習問題のアイデア提供、推敲、校正、音声データ作成などで協力頂きました。

　また兵頭輝夏氏（2014年度入学）には本文中の挿絵を提供して頂きました。ここに記して感謝の意を表します。

大学のアラビア語　初級表現

2017年3月31日　初版第1刷発行
2022年2月28日　　　　　第2刷発行

著　者　青山弘之　スライマーン・アラーエルディーン
発行者　立石博高
発行所　東京外国語大学出版会
　　　　〒183-8534　東京都府中市朝日町3-11-1
　　　　TEL. 042-330-5559　FAX. 042-330-5199
　　　　e-mail　tufspub@tufs.ac.jp

組　版　株式会社シャムス
印刷所　研究社印刷株式会社

©2017 Hiroyuki AOYAMA, SOLIMAN Alaaeldin
Printed in Japan
ISBN978-4-904575-60-4

落丁・乱丁本はお取り替えいたします。
定価はカバーに表示してあります。